ZAIHUO QICHE

DIANQI YUANLI YU ZHENGCHE DIANLU TUJI

载货汽车

电气原理与整车电路图集

李春晖 主编

化学工业出版社

·北京·

《载货汽车电气原理与整车电路图集》主要介绍各类载货汽车的电气原理和整车电路图，包括重汽、陕汽、东风、一汽等车型，全部选取最近几年的商用载货汽车的整车电路图。

全书以图为主介绍，辅以简要文字说明，全彩色印刷，便于识读、理解和掌握。

本书适合一线汽车维修人员和汽车专业师生使用，也可供汽车维修培训机构参考。

图书在版编目（CIP）数据

载货汽车电气原理与整车电路图集/李春晖主编. —北京：化学工业出版社，2015.9

ISBN 978-7-122-24540-3

Ⅰ.①载… Ⅱ.①李… Ⅲ.①载重汽车-电气设备-理论②载重汽车-电气设备-电路图-图集 Ⅳ.①U469.2

中国版本图书馆CIP数据核字（2015）第151413号

责任编辑：黄 滢　　文字编辑：陈 喆
责任校对：宋 玮　　装帧设计：王晓宇

出版发行：化学工业出版社(北京市东城区青年湖南街13号 邮政编码100011)
印　　装：北京画中画印刷有限公司
880mm×1230mm 1/16 印张$12^1/_4$ 字数299千字 2015年10月北京第1版第1次印刷

购书咨询：010-64518888(传真：010-64519686) 售后服务：010-64518899
网　　址：http://www.cip.com.cn
凡购买本书，如有缺损质量问题，本社销售中心负责调换。

定　价：88.00元

前言 PREFACE

进入新世纪以来，随着电子商务的发展，直接带动物流运输业务的高速增长。而物流运输又离不开常见的运输工具——货车，因此货车的保有量也在迅速增加。因为货车使用频繁，常常于人休车不休的状态，所以货车故障率也大大提高。

很多时候，大部分维修人员在修货车时主要关注机械方面的故障，而较少或者不关注其电气故障，特别是货车车身和底盘的电气故障。因此，为满足广大货车维修人员的日常工作需要，笔者通过各种途径收集并整理了常见载货汽车的电气原理与电路图集，汇集成《载货汽车电气原理与整车电路图集》一书，供广大一线汽车维修人员和汽车专业师生参考使用。

本书主要涵盖以下车型的车身和底盘电路图资料。

1. 重汽（中国重型汽车集团有限公司）：2012年HOWO EGR车型整车电路图（带SAC仪表）、2011年HOWO EGR车型整车电路图、2012年A7-EGR车型整车电路图（简化版）、2011年A7-GR车型整车电路图。

2. 陕汽（陕西汽车集团有限责任公司）：德龙F3000系列重型载货汽车整车电路图、德龙F2000系列重型载货汽车整车电路图、德御整车电路图、奥龙整车电路图。

3. 东风（东风汽车集团股份有限公司）：东风DFL1100B系列货车整车电路图（适用EQH发动机）、东风DFL1120B/DFL1120B1/DFL1120B2/DFL5120XXYB1系列整车电路图、东风DFL4251A8/DFL4251A9系列半挂牵引车整车电路图、东风DFL1250A11/DFL1250A12系列整车电路图、东风DFL1120B3/B4/DFL1140B2/B3/B4系列车型整车电路图、东风DFL1140B系列汽车整车电路图、东风DFL4251A/DFL4251A1/DFL4251A4系列半挂牵引车整车电路图、东风DFL4180A系列半挂牵引车整车电路图、东风EQ3251G系列自卸汽车整车电路图、东风天龙雷诺系列整车电路图、东风天龙整车电路图（适用康明斯发动机）、东风DFL4251A2/DFL4251A3/DFL4251A7/DFL4251A10系列半挂牵引车整车电路图（适用康明斯欧Ⅲ发动机）、东风DFL4160B 系列牵引车整车电路图、东风DFL4251A2/DFL4251A3/DFL4251A7/DFL4251A10系列半挂牵引车整车电路图（适用dCi发动机、EDC7系统）、东风DFL4251A8/DFL4251A9系列半挂牵引车整车电路图、东风DFL4251/ADFL4251A1/DFL4251A4系列半挂牵引车整车电路图、东风EQ3141KJ系列汽车整车电路图。

4. 一汽（中国第一汽车集团公司）：一汽解放整车线束图（配备DENS共轨燃油喷射系统）。

本书由李春晖主编，参加编写的人员还有杨飞燕、姚科业、李其龙、廖叶茂、郑跃伟、叶发金、吴江平、许连峰、丁红艳、钟丽兰、林伟康、宣承永、欧春英、杨汉珠、杨水建、潘志光、许晓嫦、揭翔、徐明敏、李贞。

由于笔者水平有限，书中难免出现不足之处，恳请广大读者批评指正。

编　者

目录 CONTENTS

第一章　重汽

一、2012年HOWO EGR车型整车电路图（带SAC仪表）

1. 电源系统、启动系统、车下启动装置和电动翻转驾驶室电路

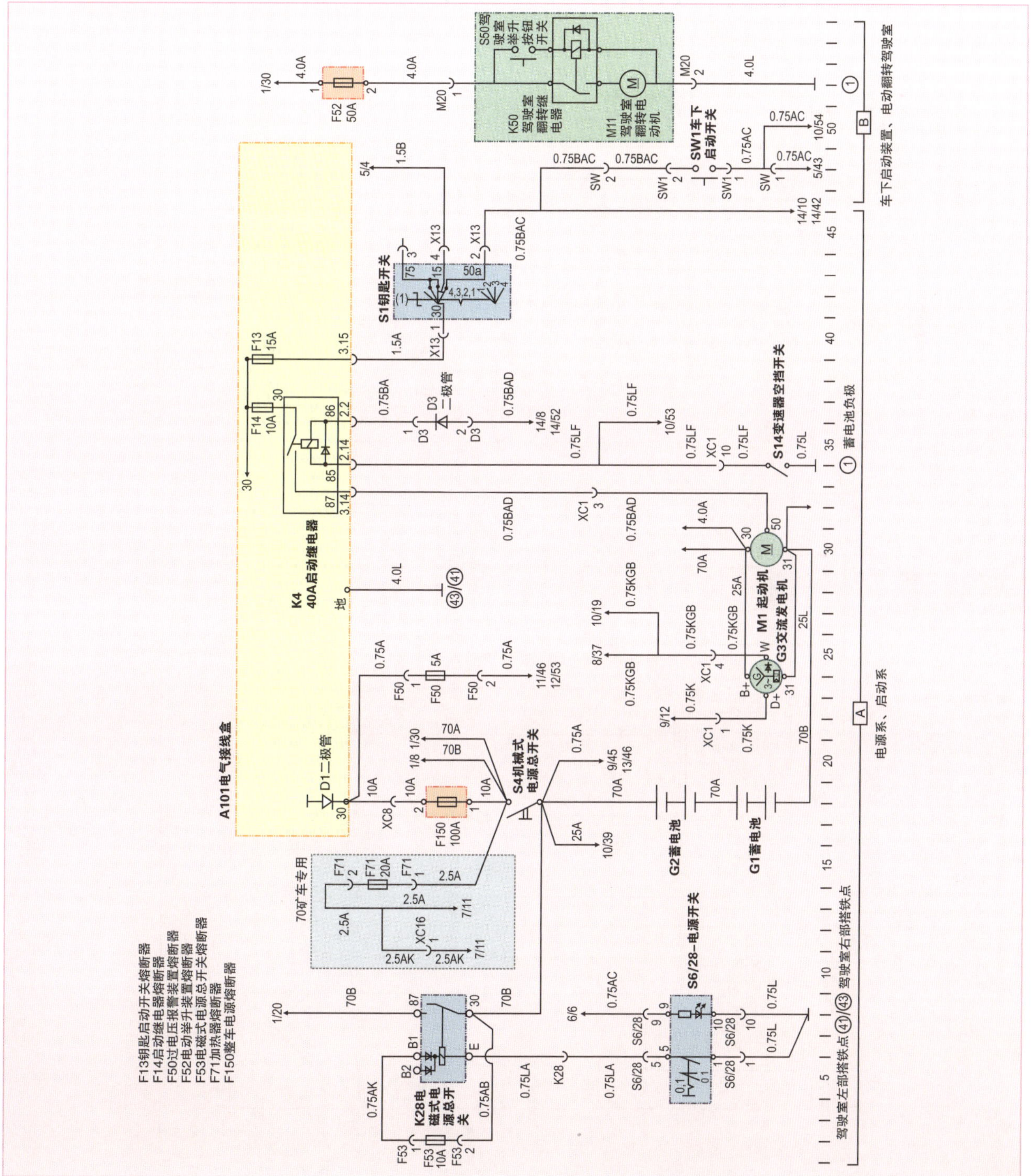

2. ADR车型电源系统和启动系统电路

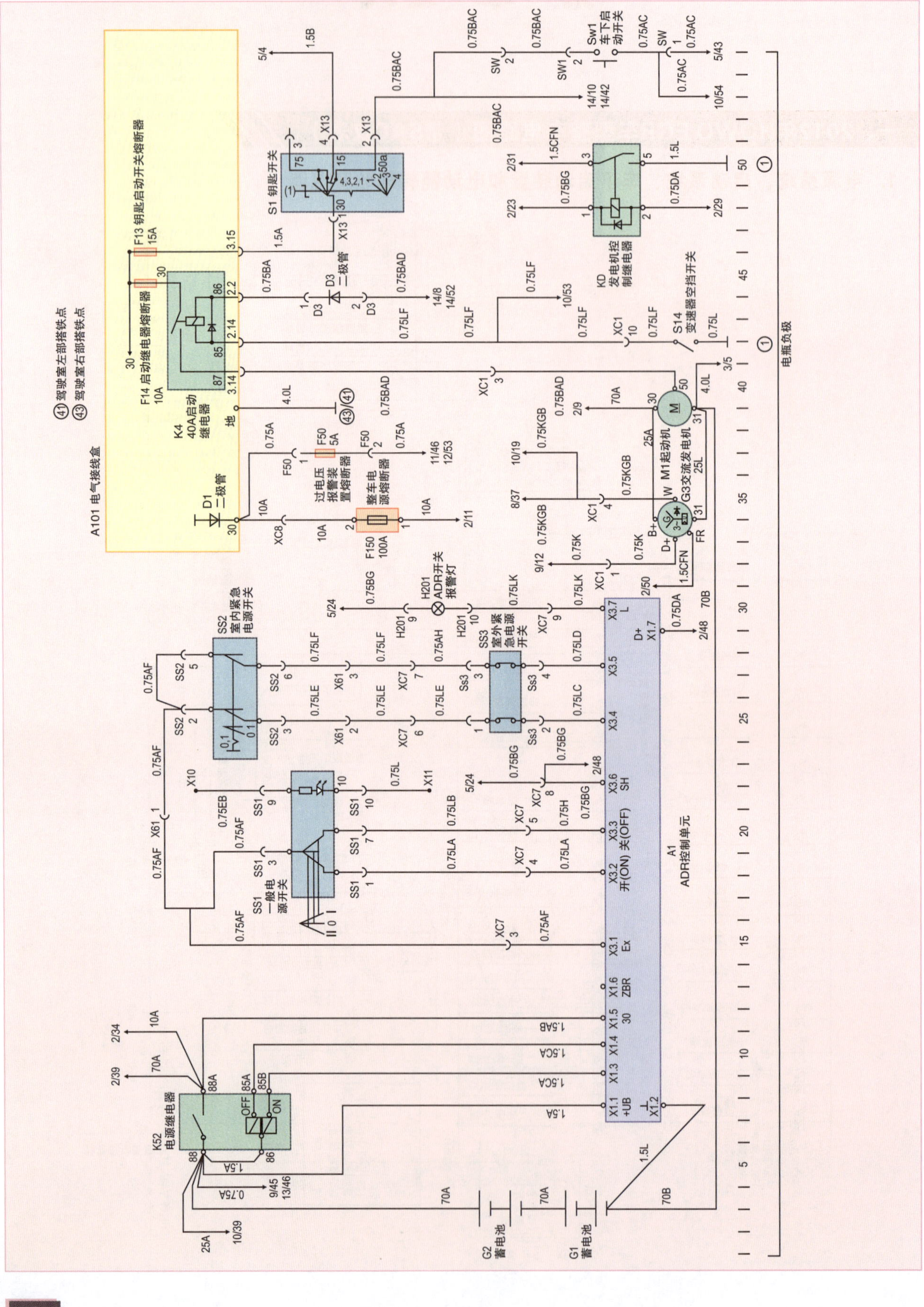

3. 位置灯、前照灯及辅助远光灯电路

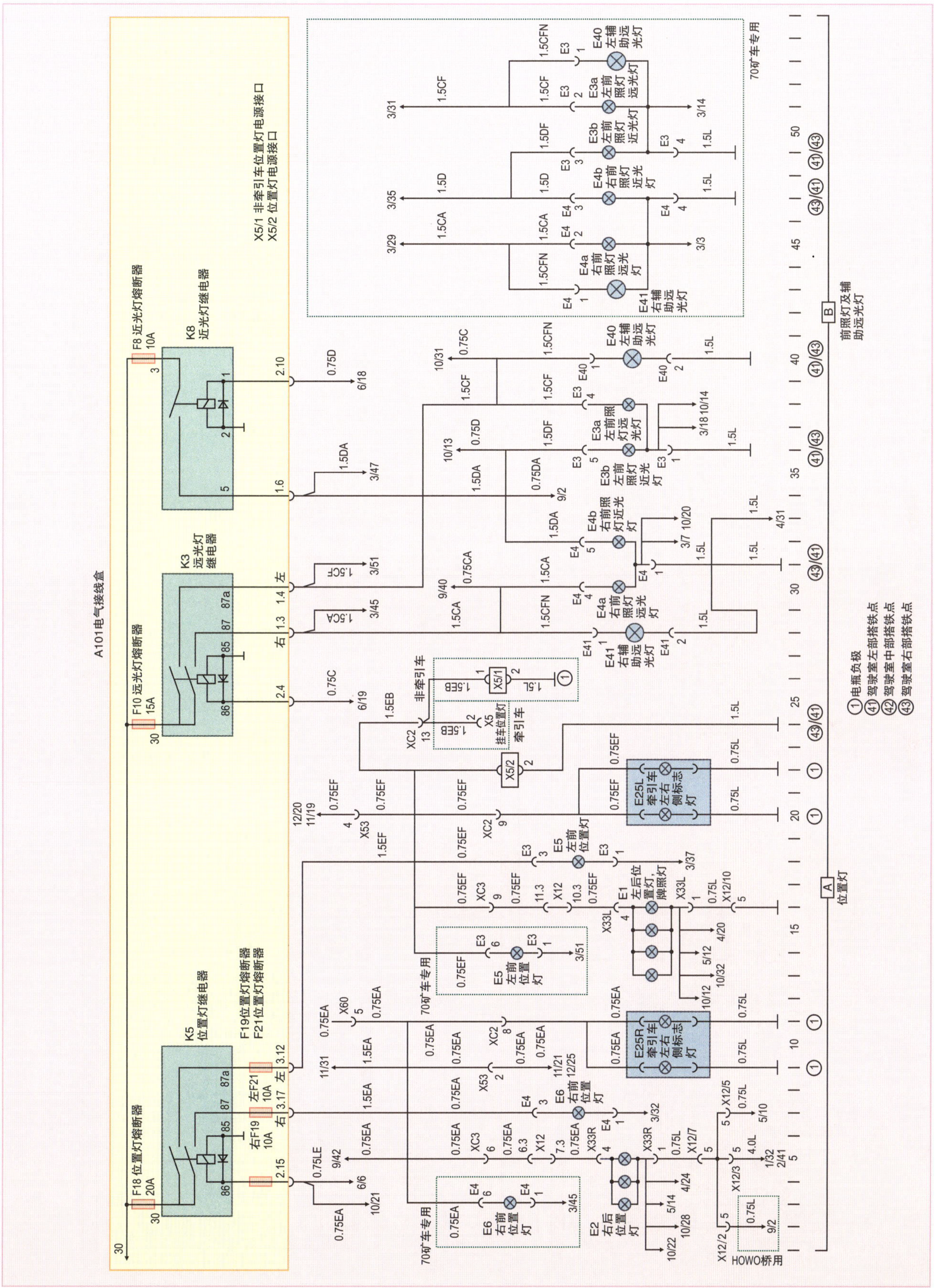

4. 电气接线盒电路

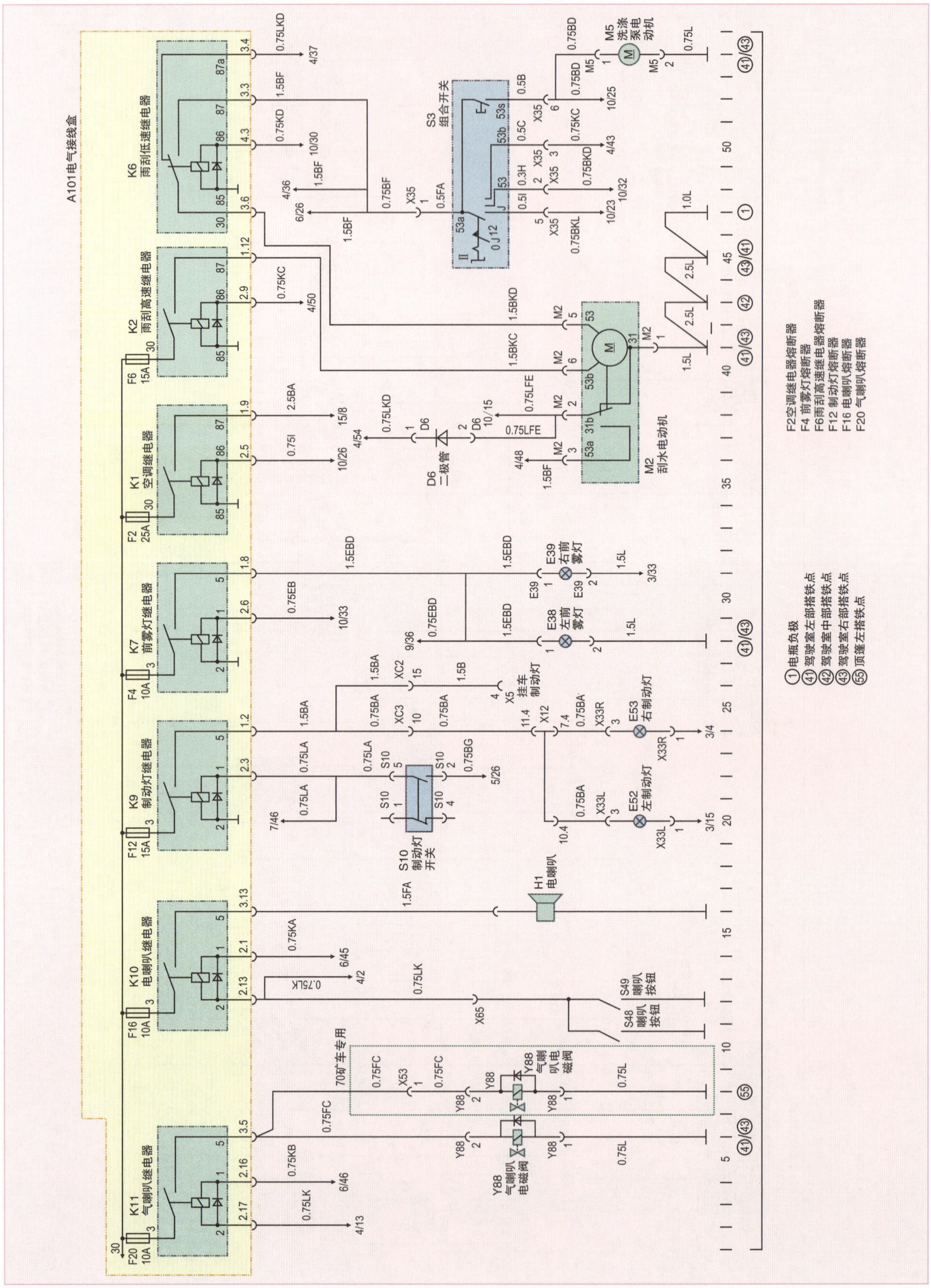
A101电气接线盒
K6 雨刮低速继电器
K2 雨刮高速继电器
K1 空调继电器
K7 前雾灯继电器
K9 制动灯继电器
K10 电喇叭继电器
K11 气喇叭继电器
S3 组合开关
M5 洗涤泵电动机
M2 刮水电动机
D6 二极管
E39 右前雾灯
E38 左前雾灯
X5 挂车制动灯
E53 右制动灯
E52 左制动灯
S10 制动灯开关
H1 电喇叭
S49 喇叭按钮
S48 喇叭按钮
Y88 气喇叭电磁阀
70矿车专用
F2空调继电器熔断器
F4 前雾灯熔断器
F6雨刮高速继电器熔断器
F12 制动灯熔断器
F16 电喇叭熔断器
F20 气喇叭熔断器
①电瓶负极
㊶驾驶室左部搭铁点
㊷驾驶室中部搭铁点
㊸驾驶室右部搭铁点
㊽顶篷左搭铁点

5. 倒车灯和电气接线盒电路

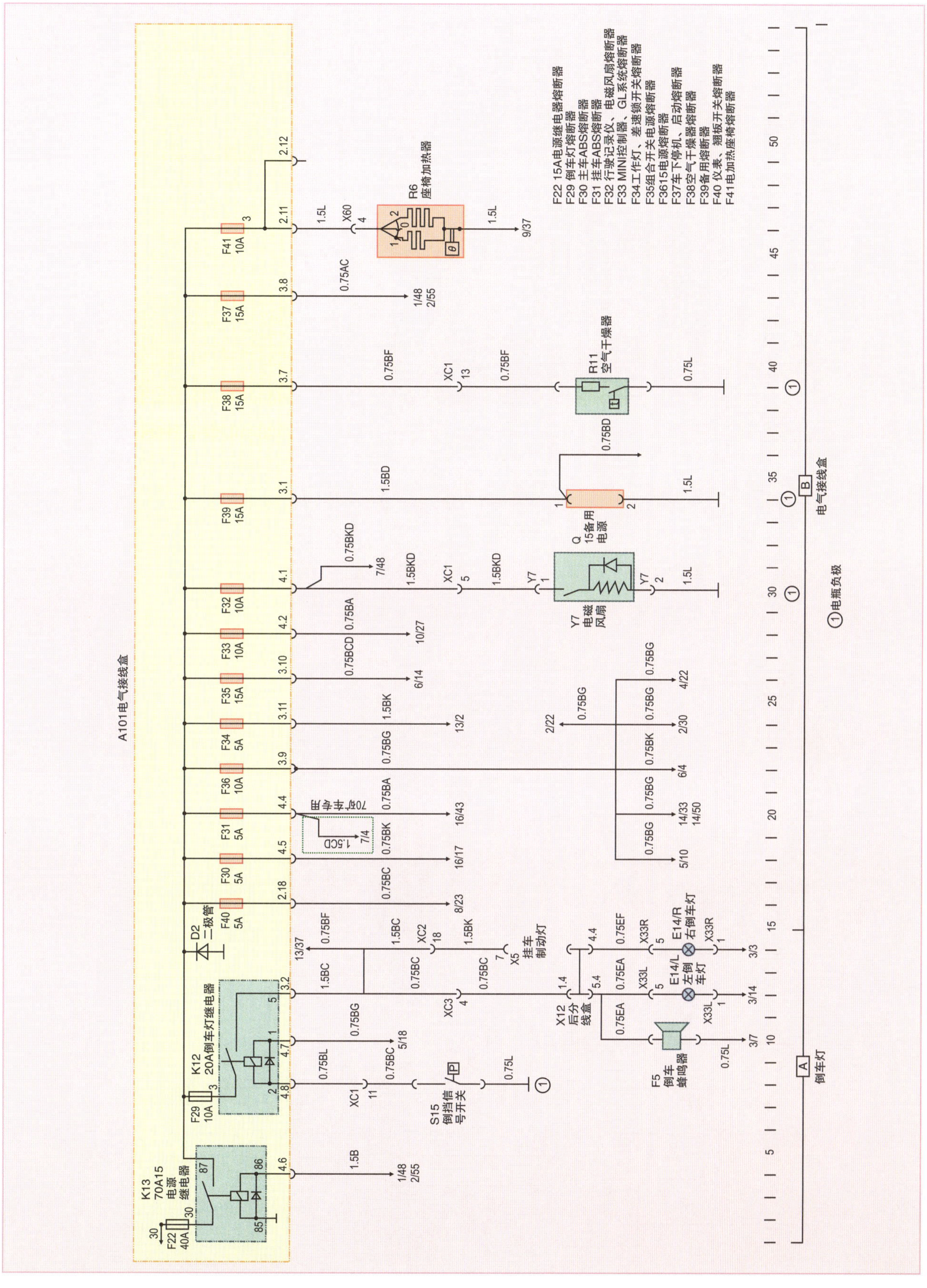

6. 组合仪表开关及翘板开关电路

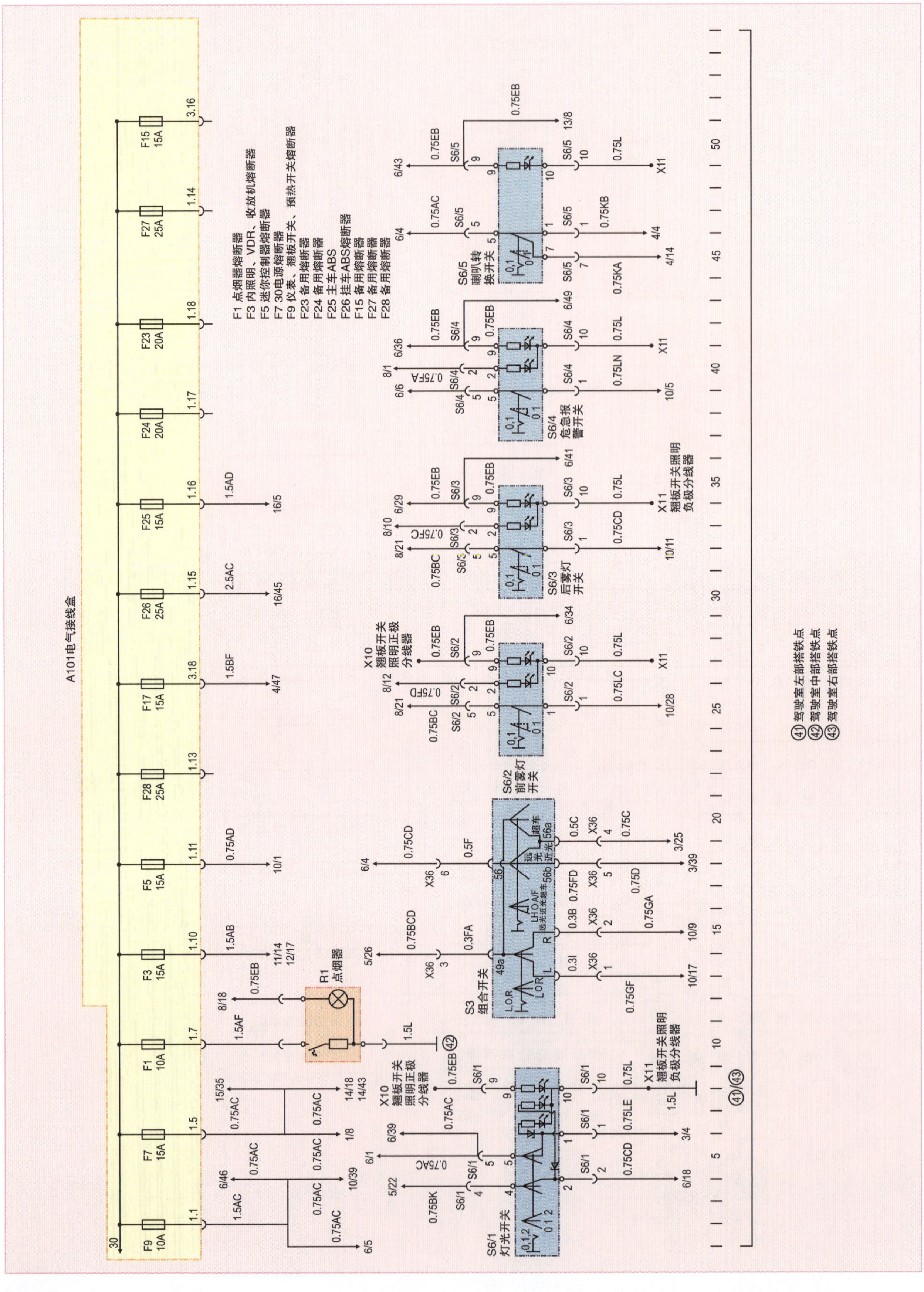

7. 制动降温、加热器、散热器、工作灯及行驶记录仪（VDR）电路

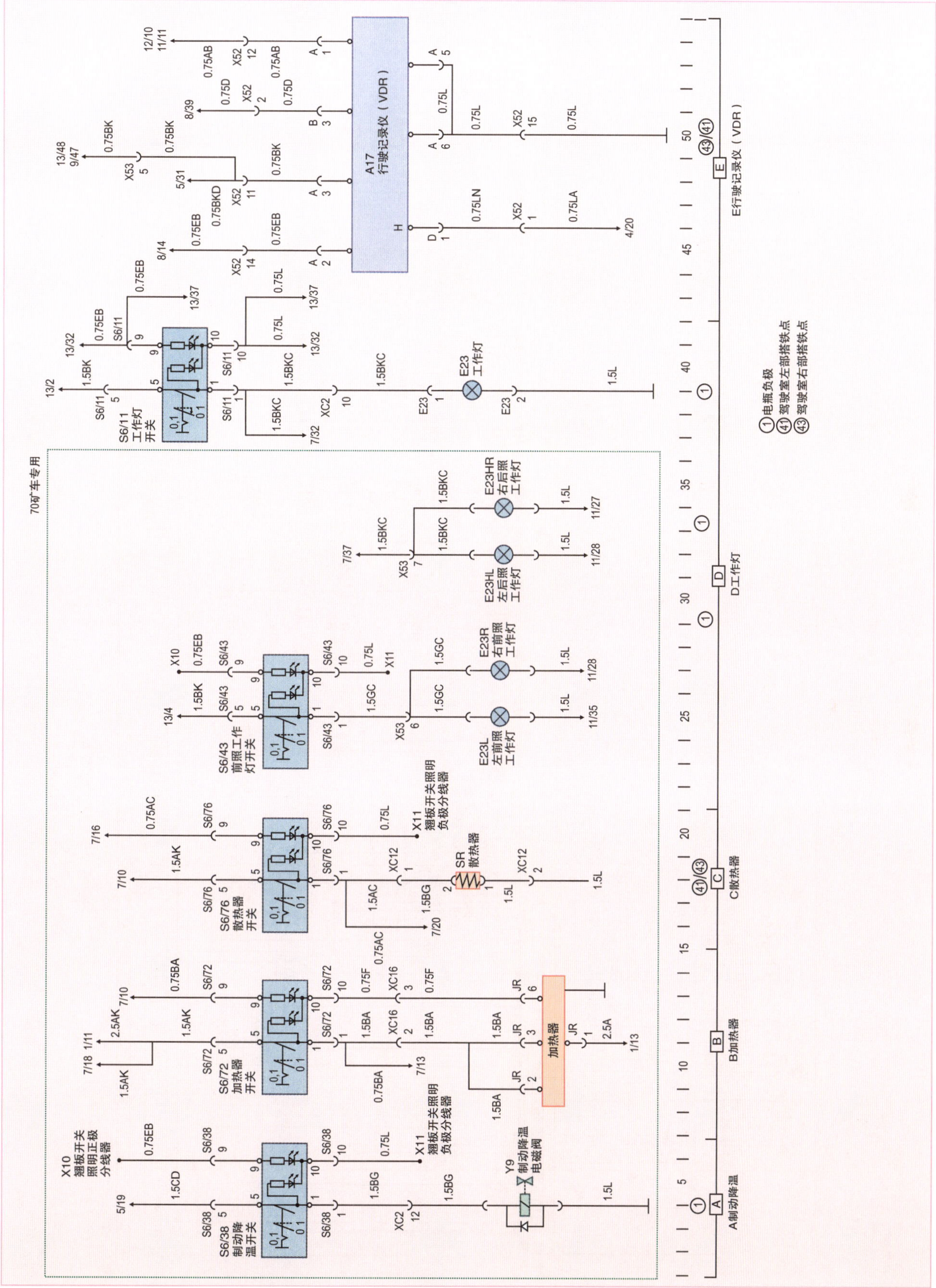

8. 组合仪表及传感器电路

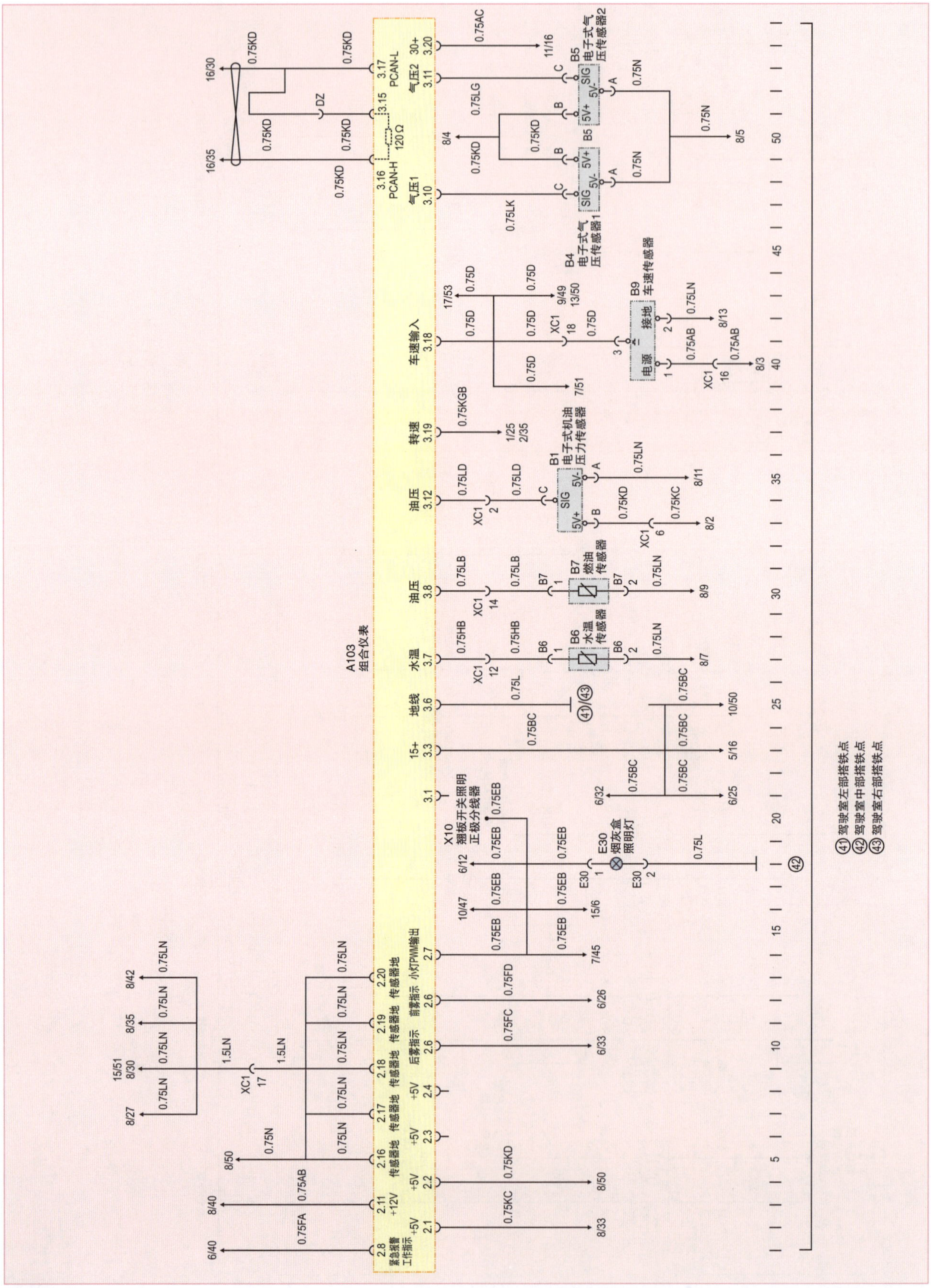

9. 组合仪表、信号开关及标准驾驶室MTCO电路

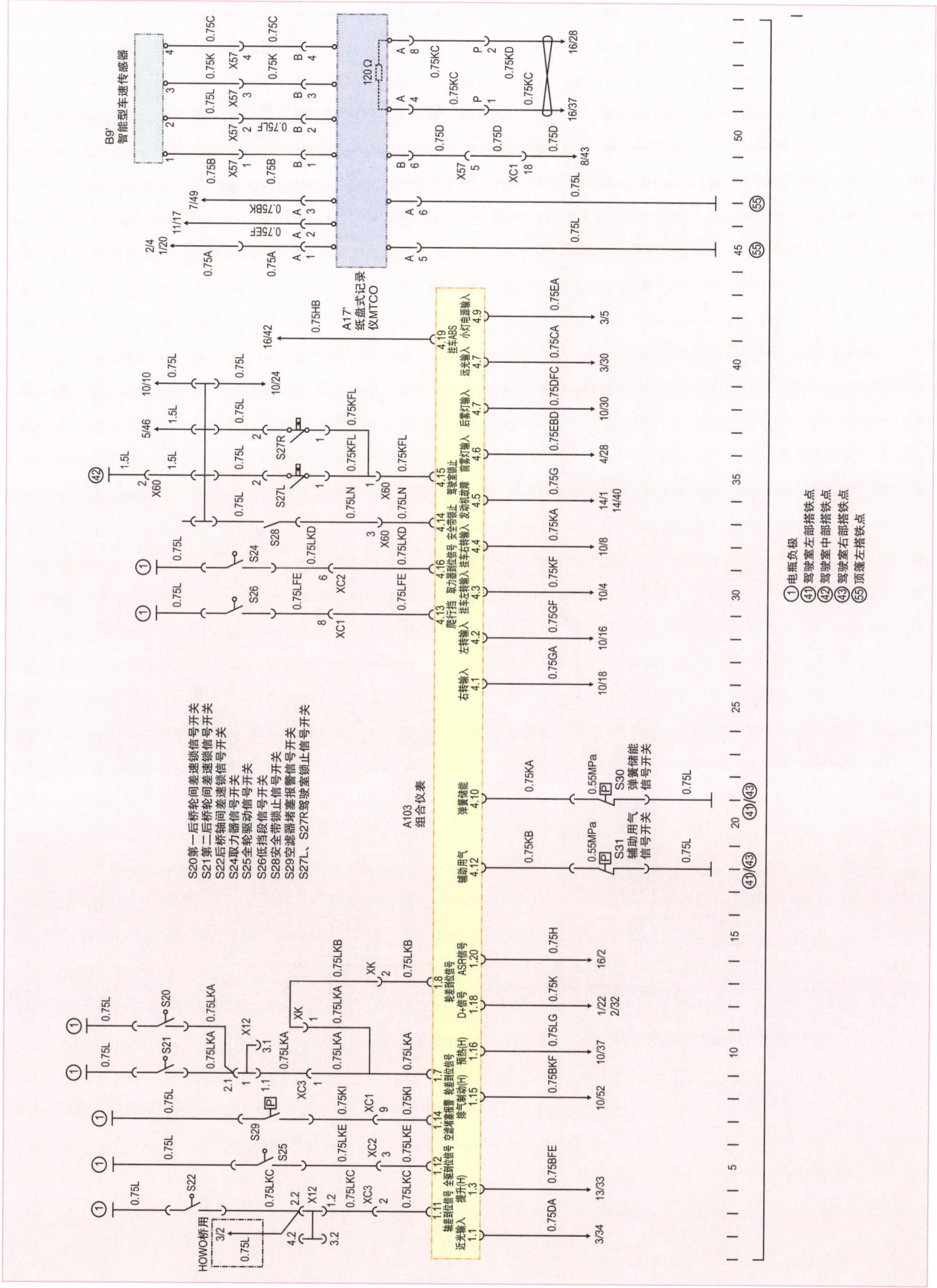

10. 电气接线盒、转向灯、后雾灯、进气道加热装置、排气制动及车下停机电路

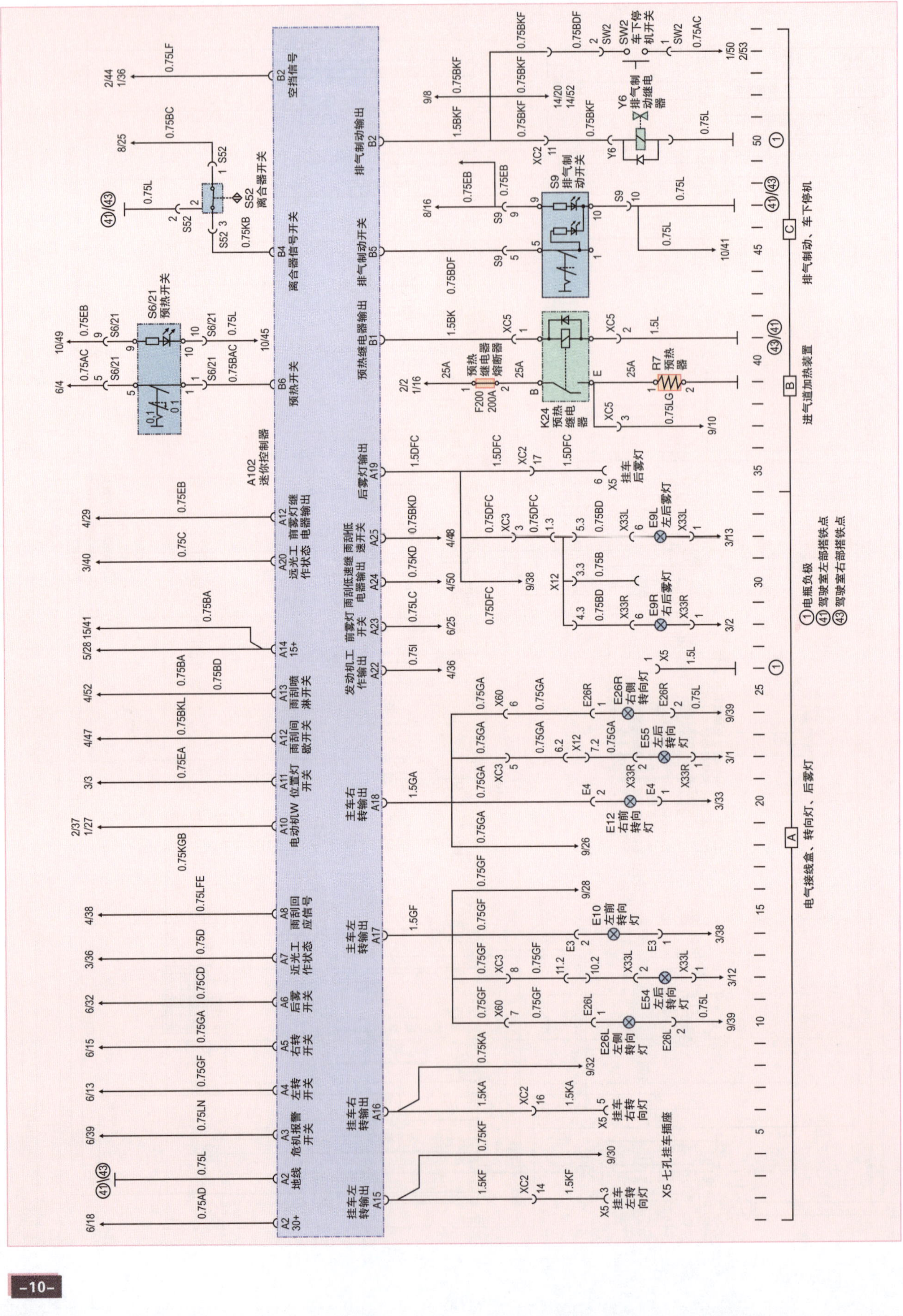

11. 标准及加长驾驶室电气设备、70矿车驾驶室电气设备和过电压报警装置电路

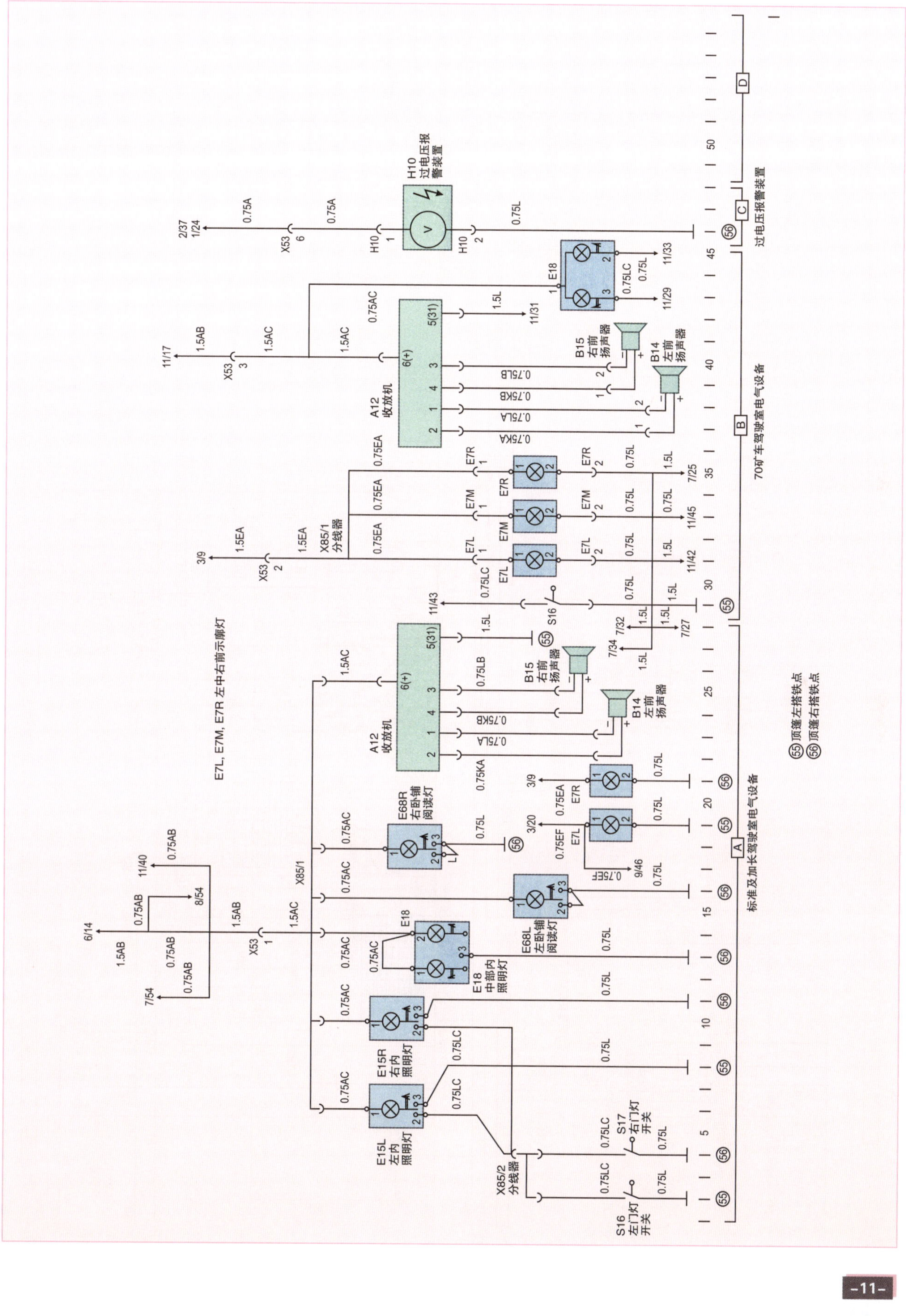

12. 高顶驾驶室电气设备和过电压报警装置电路

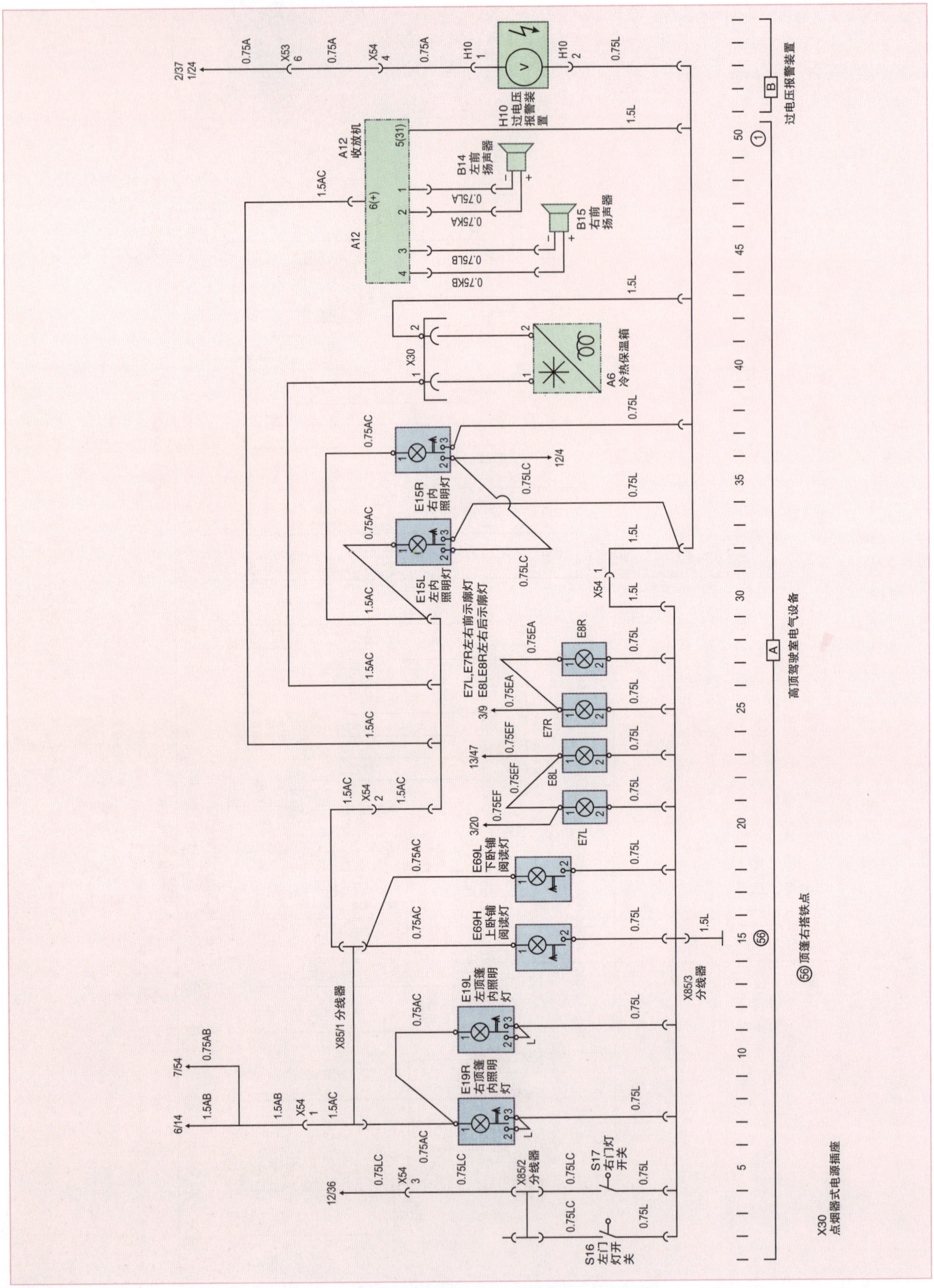

13. 电磁阀及翘板开关、高顶驾驶室MTCO电路

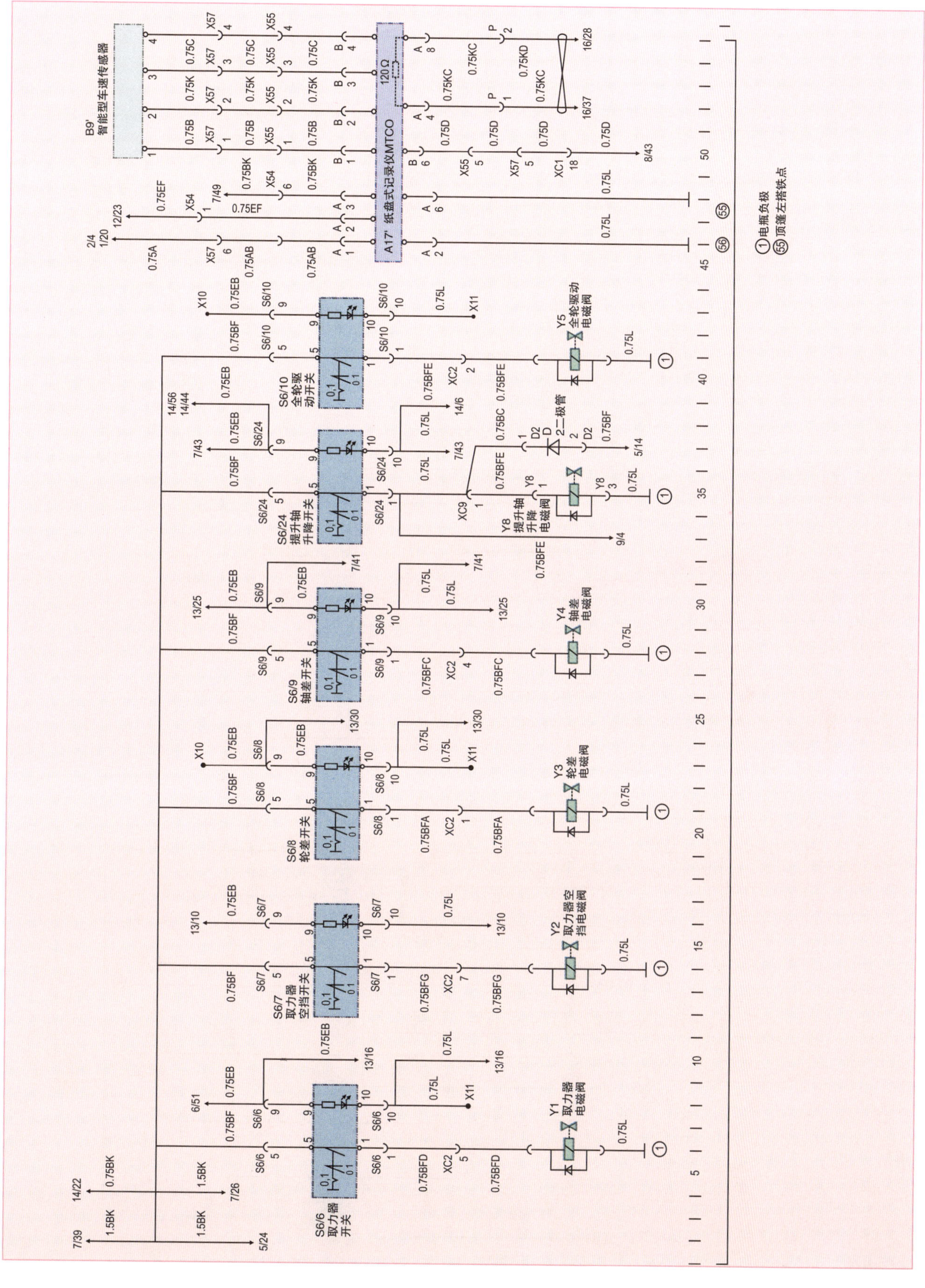

14. EGR发动机ECU外围和节能3号EGR发动机ECU外围电路

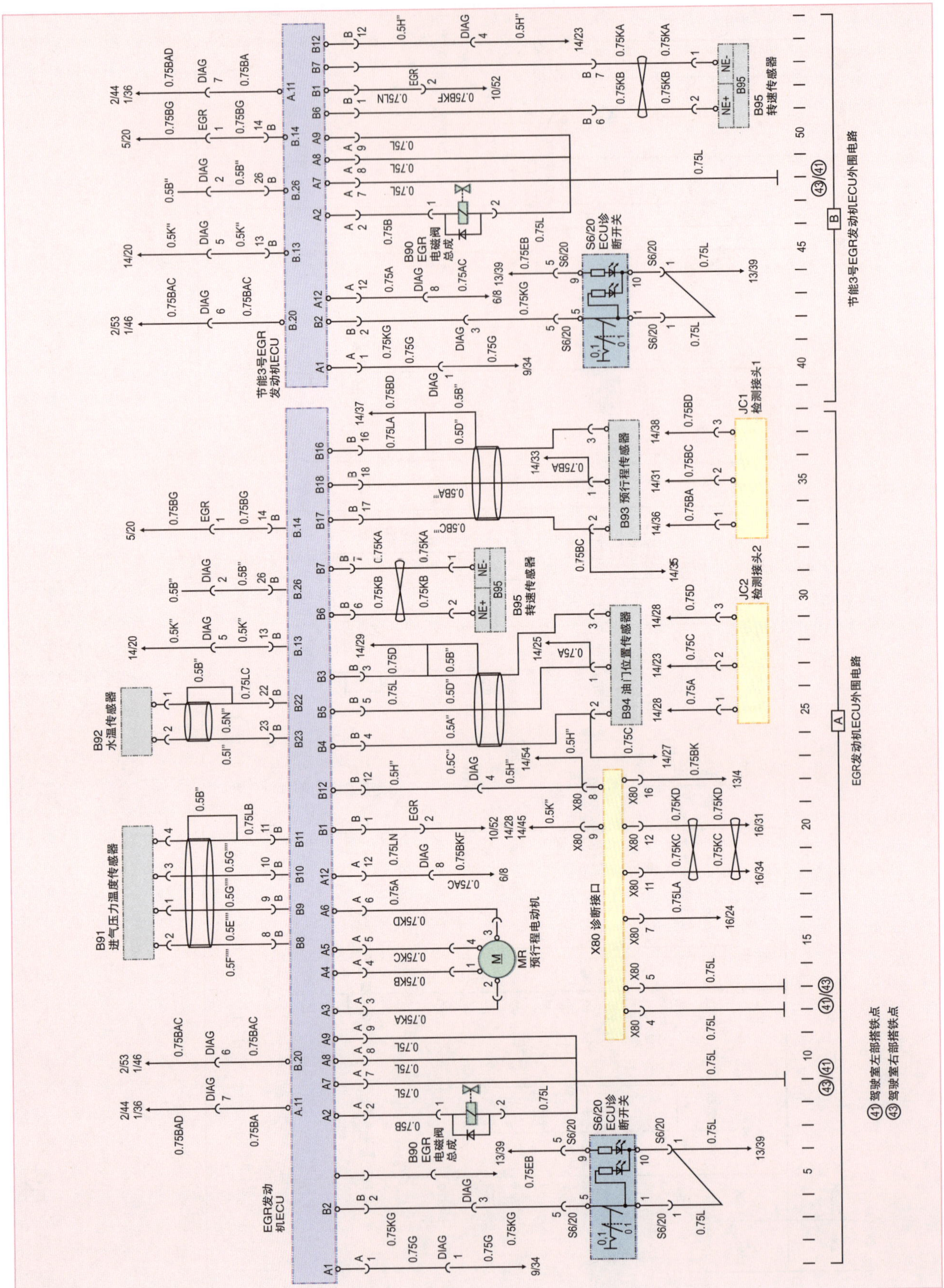

15. 智能控制空调系统、车用管理系统和双油箱电气装置电路

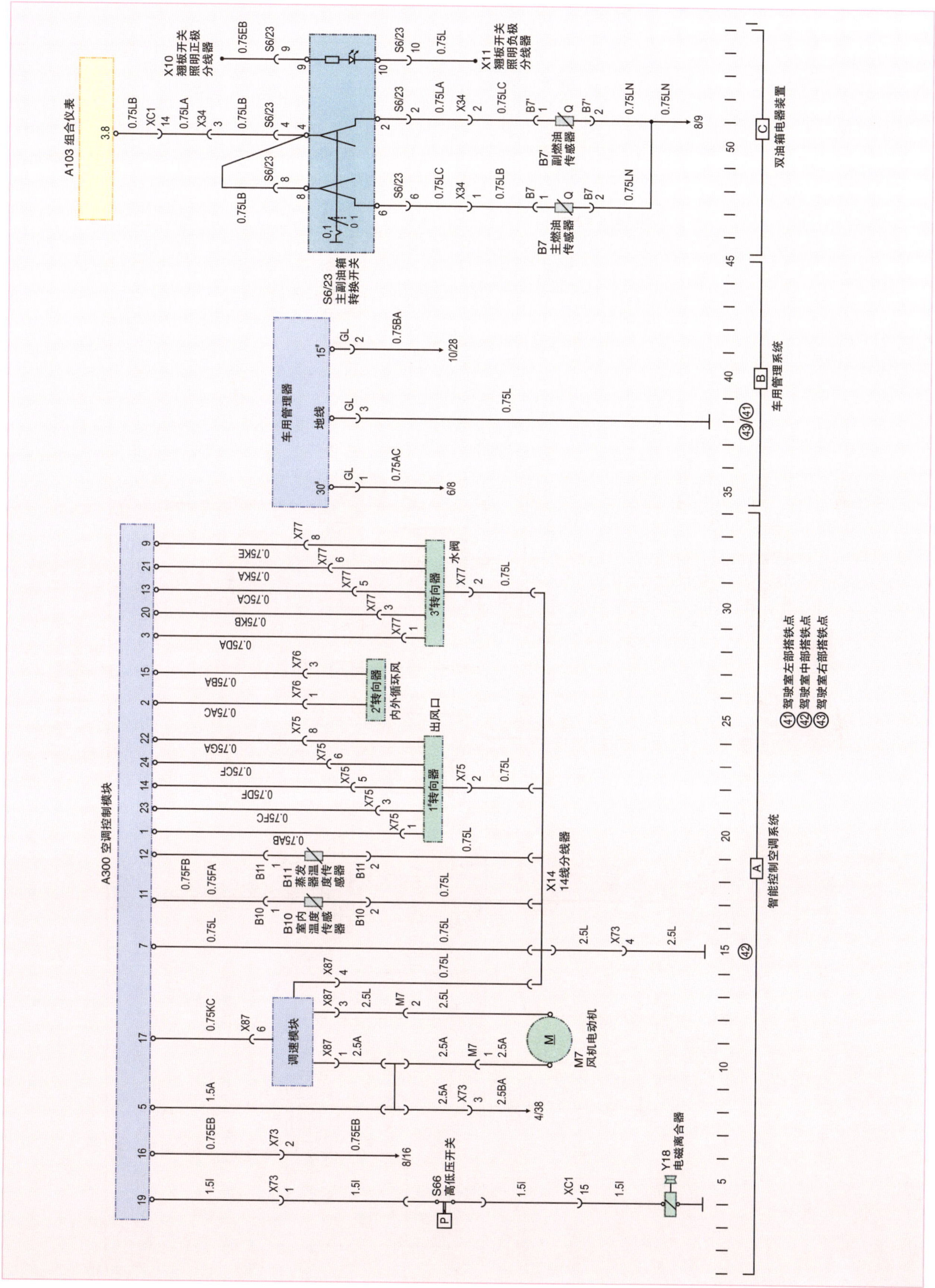

16. 制动系统（ABS、WABCO）电路

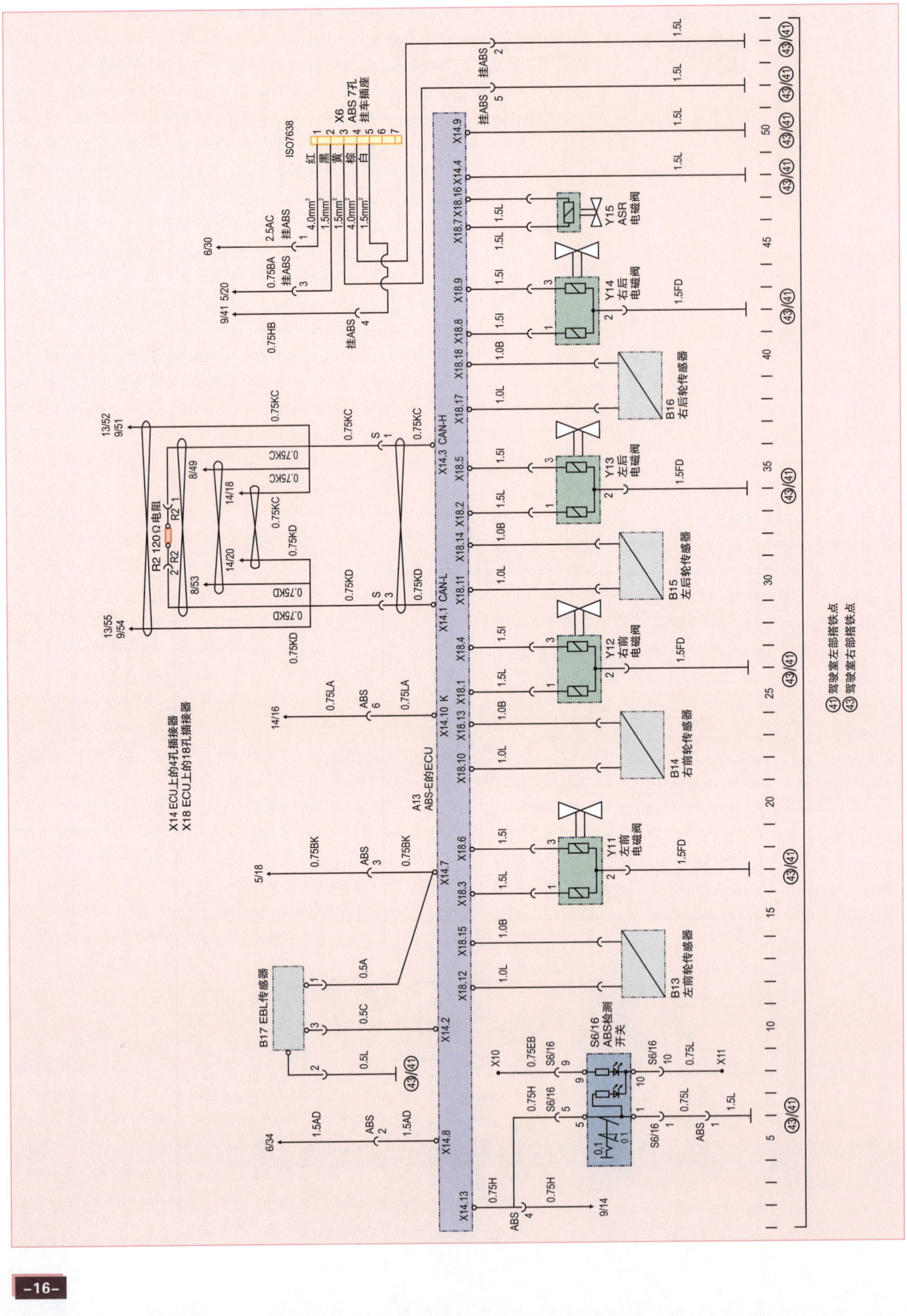

17. 消防车附加电气装置、警示灯电气装置和限速装置（VDO）电路

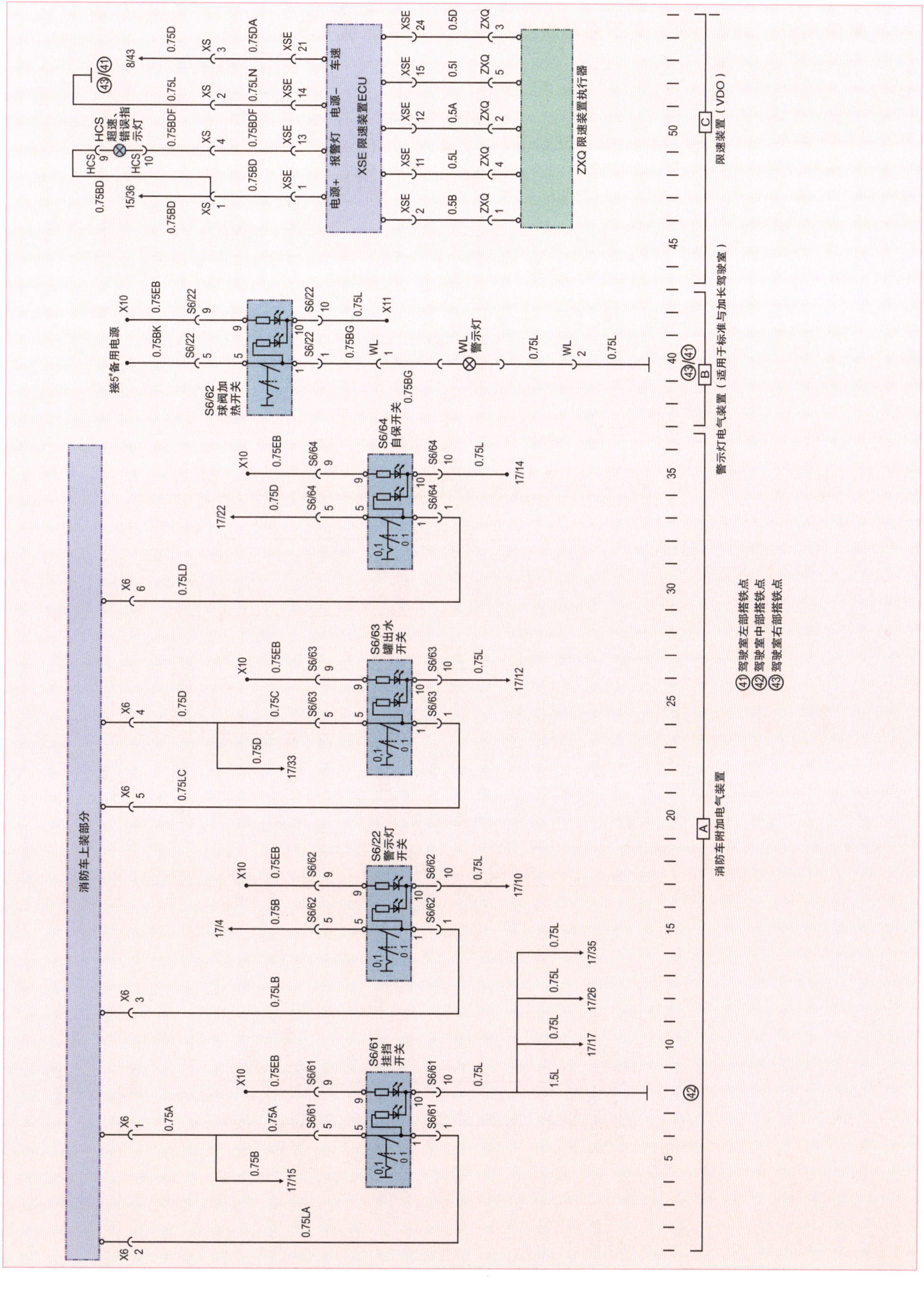

二、2011年HOWO EGR车型整车电路图

1. 电源系统、启动系统、车下启动装置和电动翻转驾驶室电路

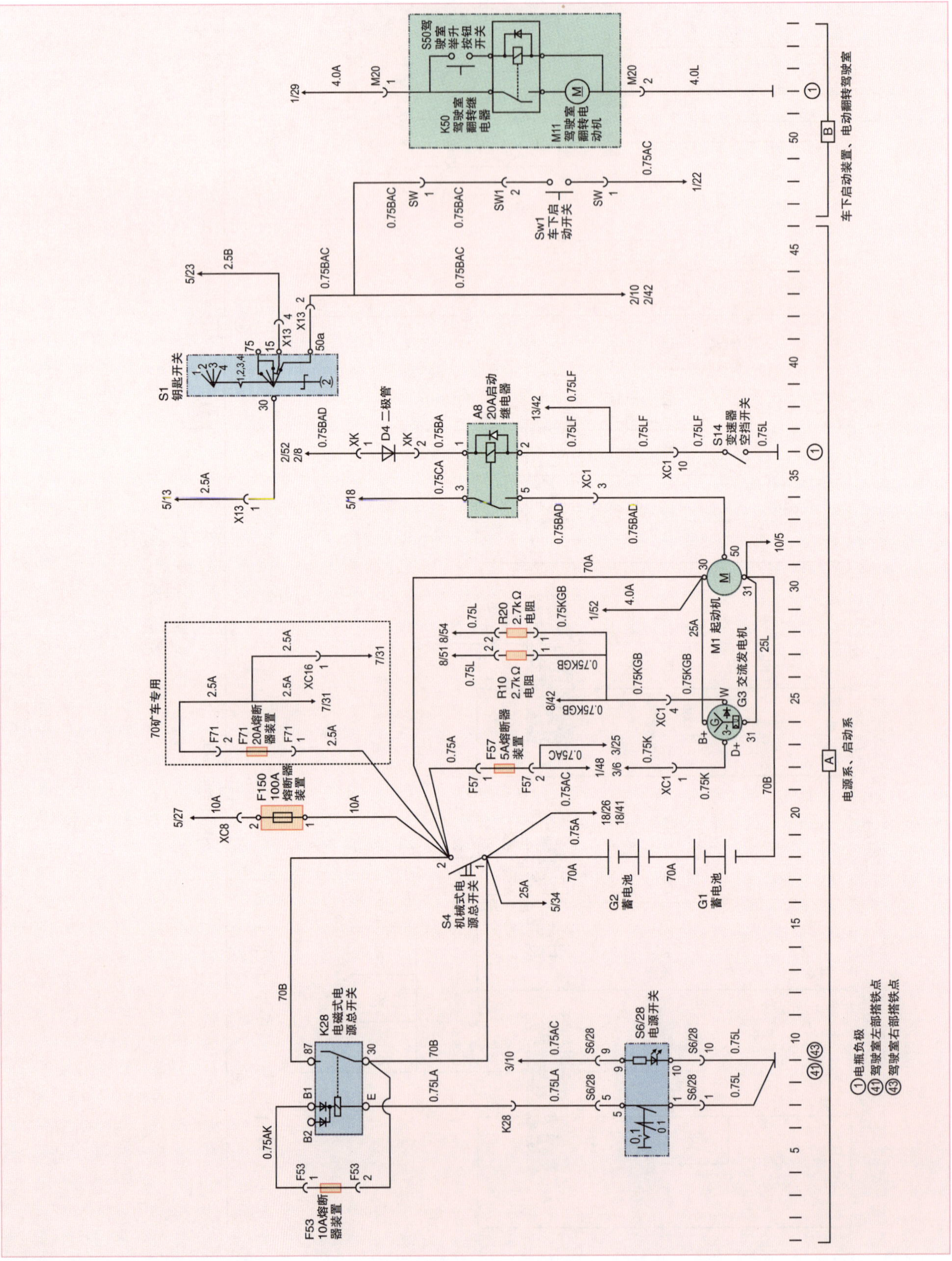

2. EGR发动机ECU外围和节能3号EGR发动机ECU外围电路

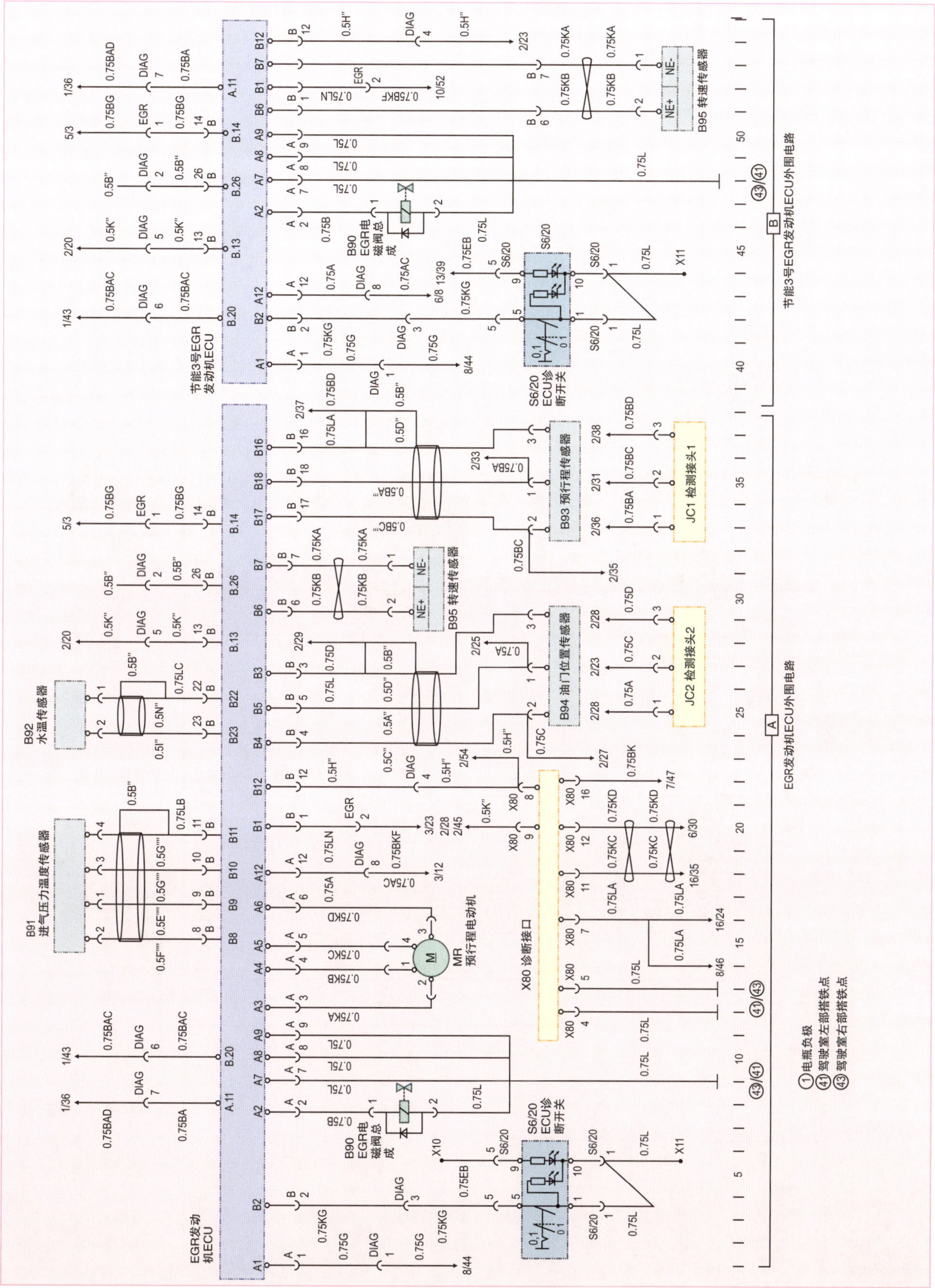

3. 电气接线盒电路（一）

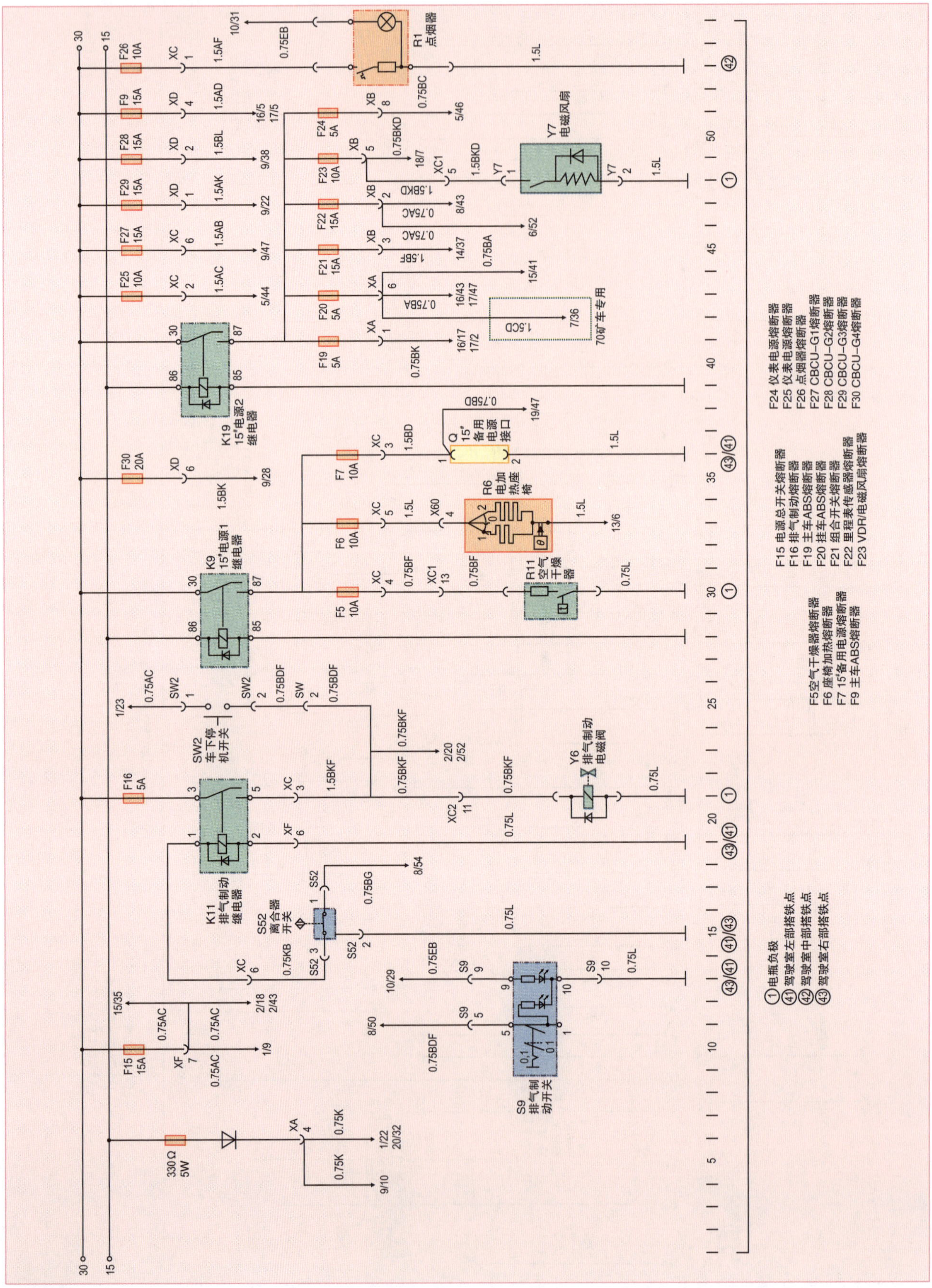
F24 仪表电源熔断器
F25 仪表电源熔断器
F26 点烟器熔断器
F27 CBCU-G1熔断器
F28 CBCU-G2熔断器
F29 CBCU-G3熔断器
F30 CBCU-G4熔断器
F15 电源总开关熔断器
F16 排气制动熔断器
F19 主车ABS熔断器
F20 挂车ABS熔断器
F21 组合开关熔断器
F22 里程表传感器熔断器
F23 VDR/电磁风扇熔断器
F5空气干燥器熔断器
F6 座椅加热熔断器
F7 15#备用电源熔断器
F9 主车ABS熔断器
①电瓶负极
㊶驾驶室左部搭铁点
㊷驾驶室中部搭铁点
㊸驾驶室右部搭铁点
R1 点烟器
Y7 电磁风扇
K19 15#电源2继电器
Q 15#备用电源接口
R6 电加热座椅
K9 15#电源1继电器
R11 空气干燥器
SW2 车下停机开关
Y6 排气制动电磁阀
K11 排气制动继电器
S52 离合器开关
S9 排气制动开关
70矿车专用

4. 电气接线盒电路（二）

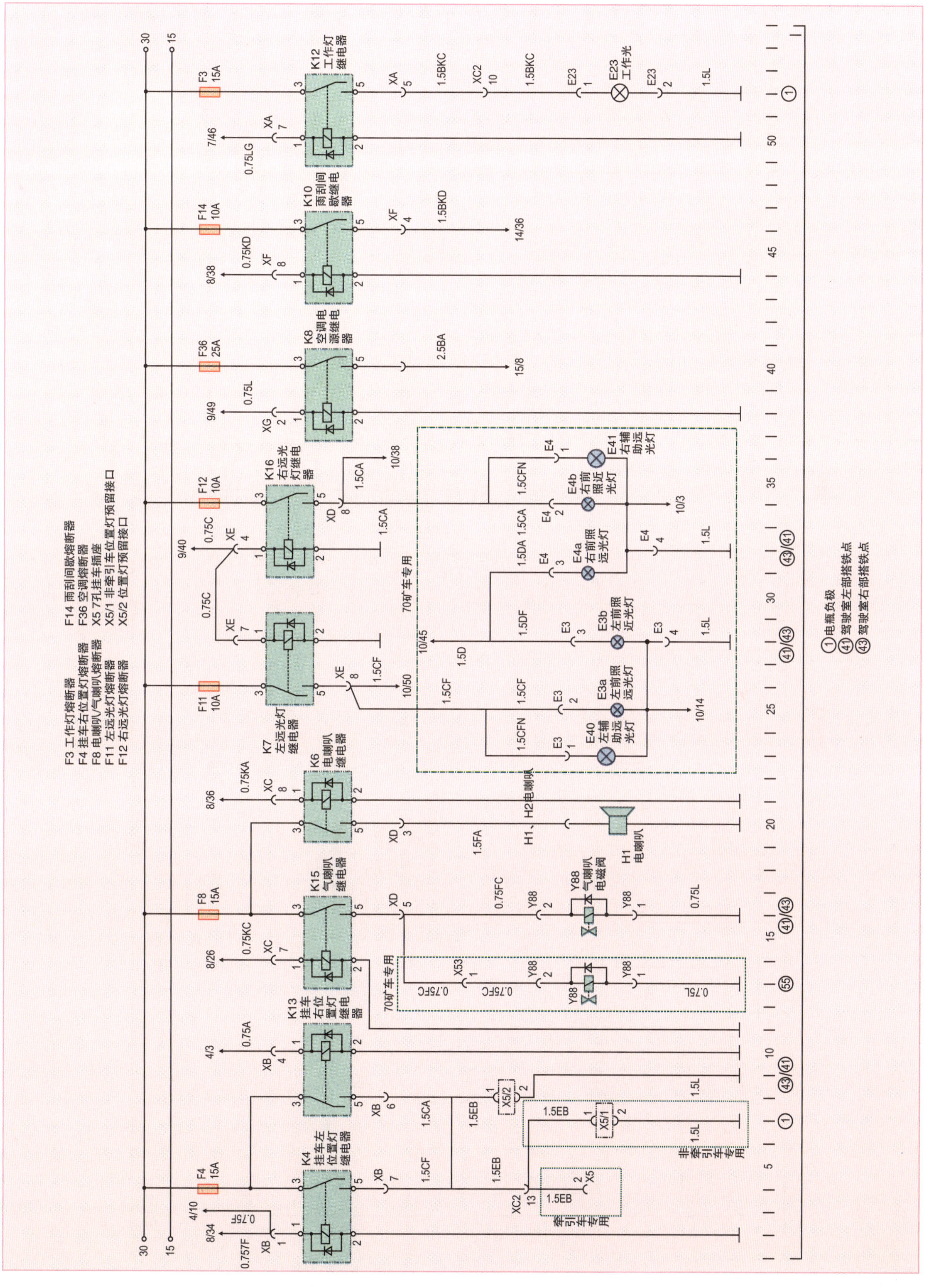
F3 工作灯熔断器
F4 挂车右位置灯熔断器
F8 电喇叭气喇叭熔断器
F11 左远光灯熔断器
F12 右远光灯熔断器
F14 雨刮间歇熔断器
F36 空调熔断器
X5 7孔挂车插座
X5/1 非牵引车位置灯预留接口
X5/2 位置灯预留接口
①电瓶负极
㊶驾驶室左部搭铁点
㊸驾驶室右部搭铁点

5. 电气接线盒、进气道加热装置和组合仪表电路

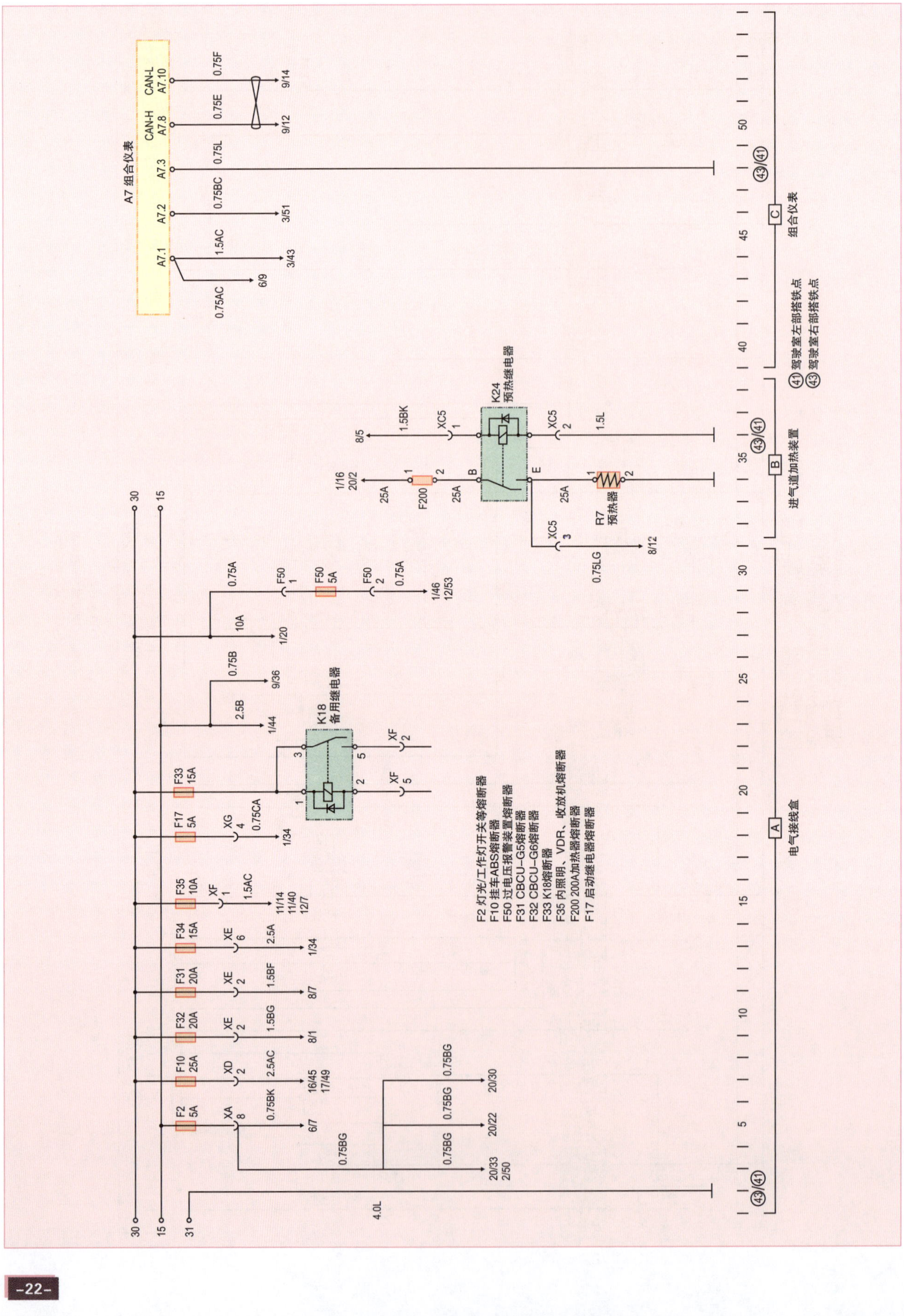

6. 组合仪表开关及翘板开关电路

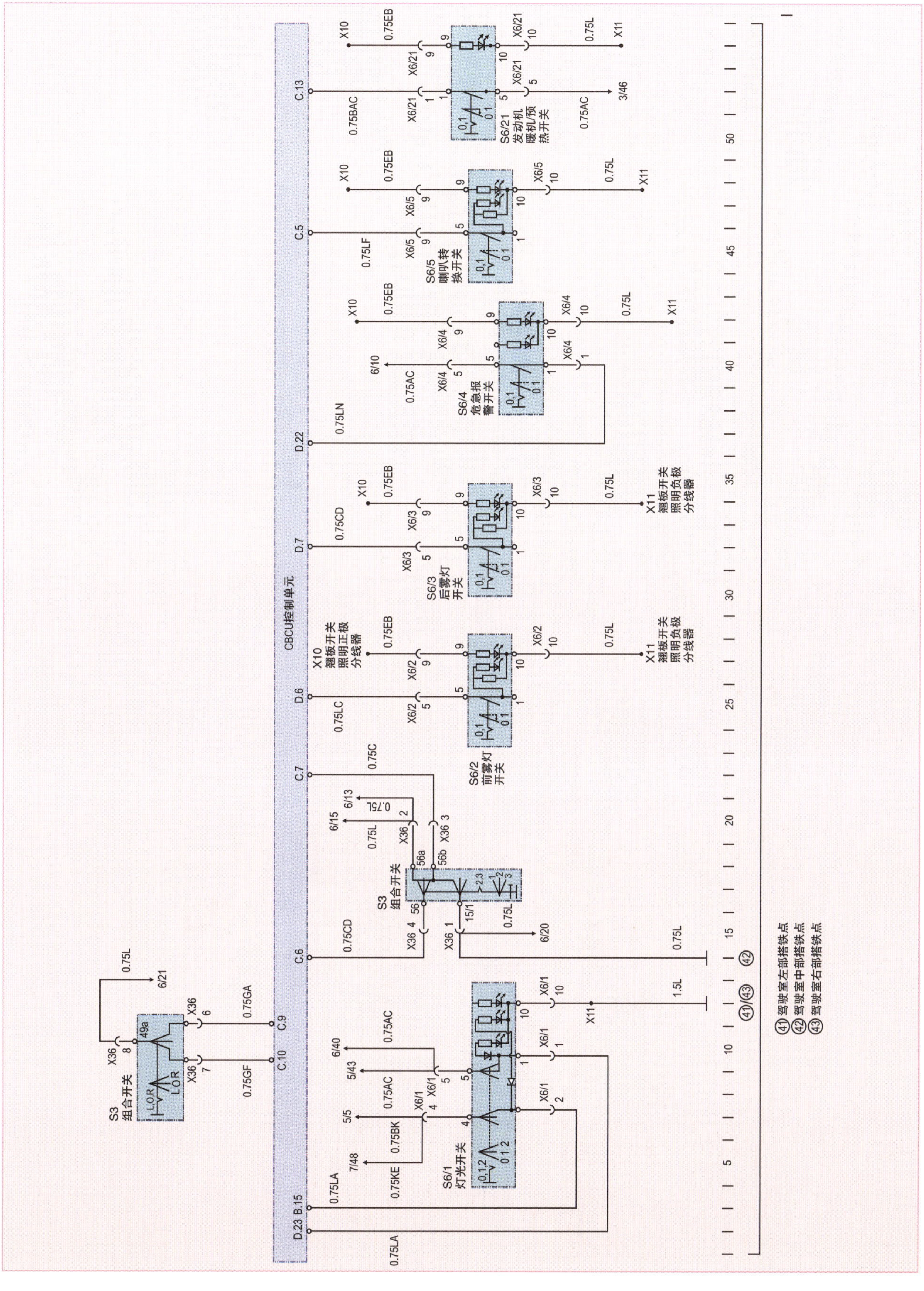

7. 翘板开关和方向盘上的喇叭按钮电路

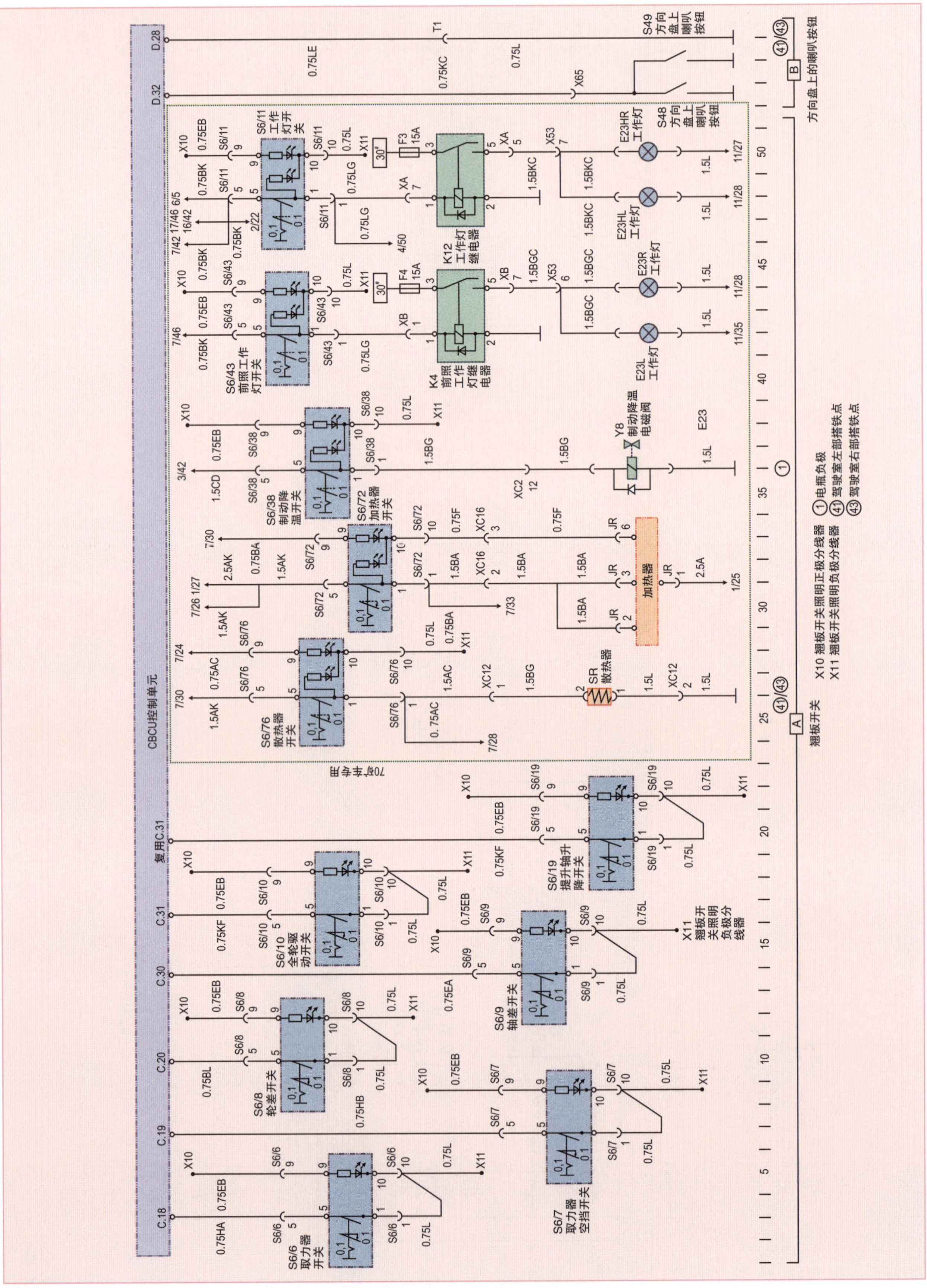

8. CBCU控制单元电路（一）

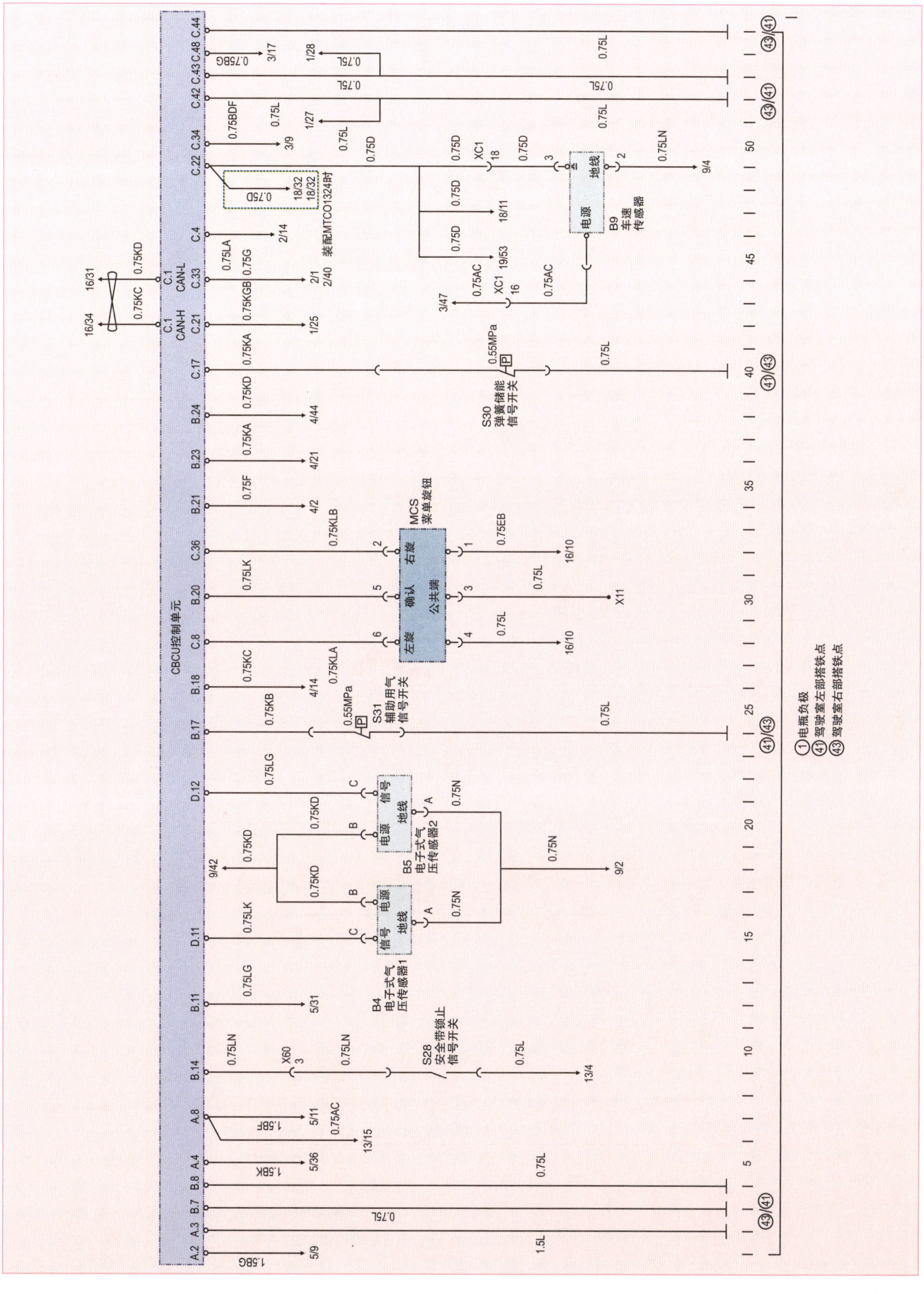

9. CBCU控制单元电路（二）

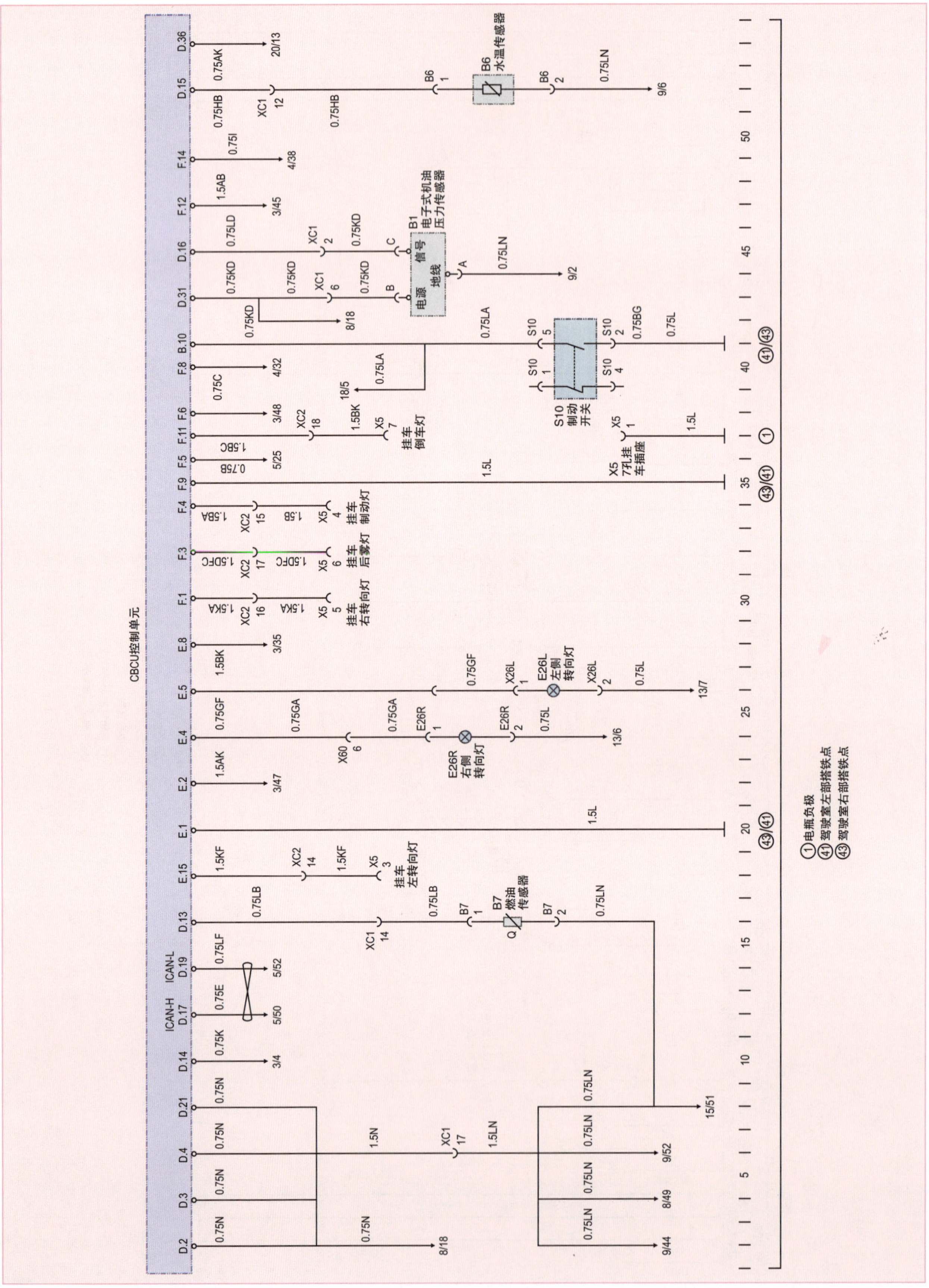

10. 位置灯、前照灯及辅助远光灯电路

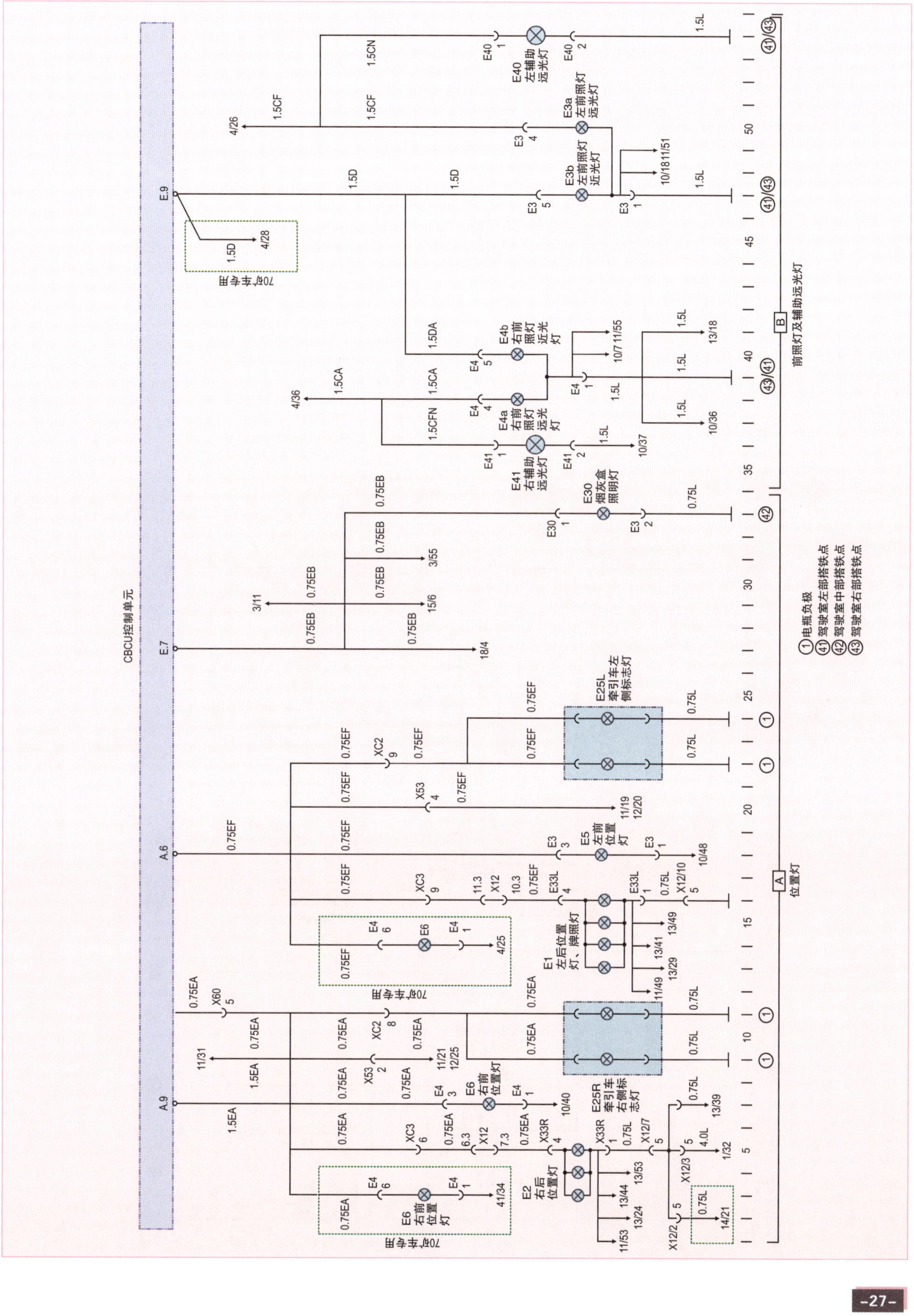

11. 标准及加长驾驶室电气设备、70矿车驾驶室电气设备、过电压报警装置和转向灯电路

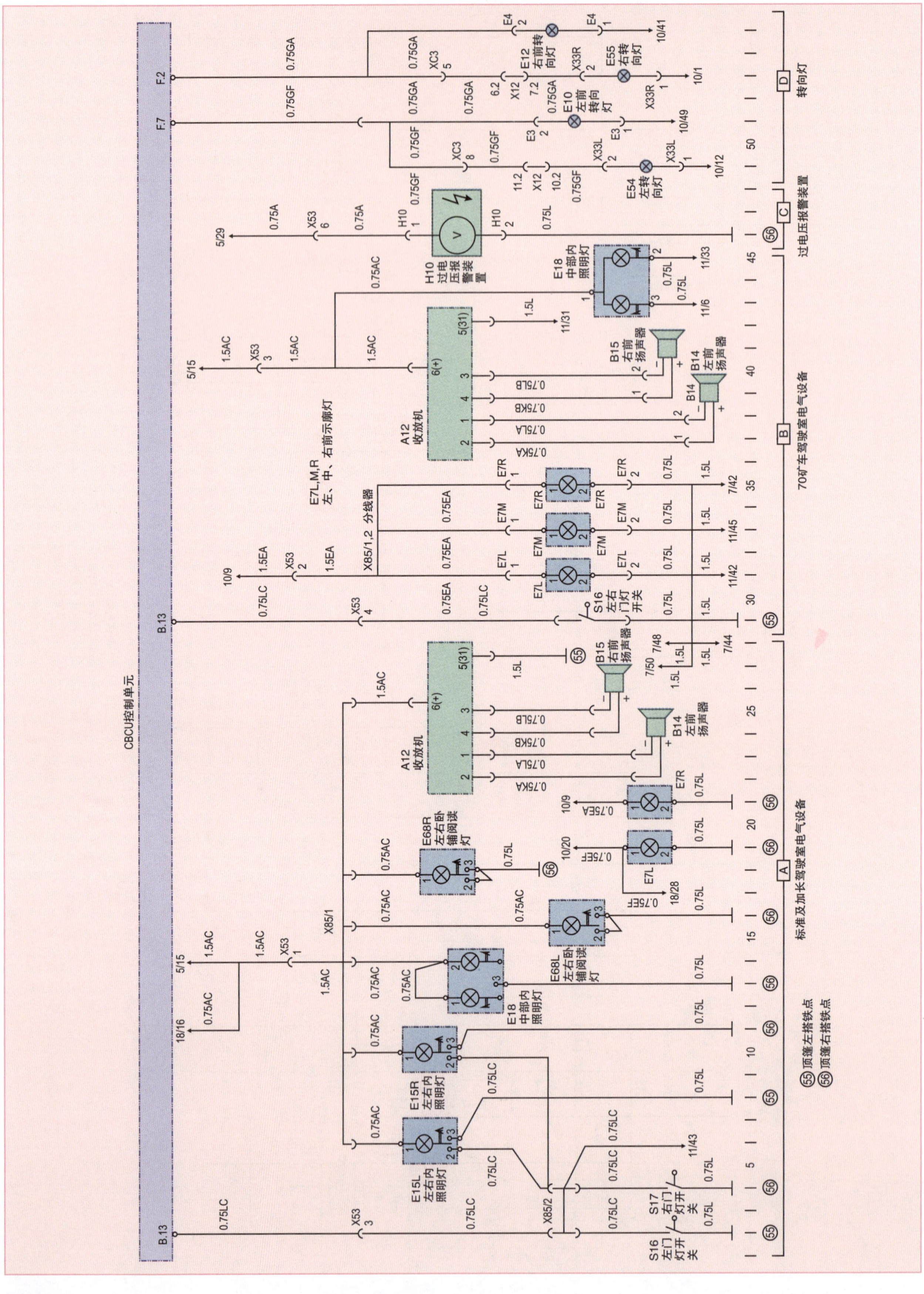

12. 高顶驾驶室电气设备和过电压报警装置电路

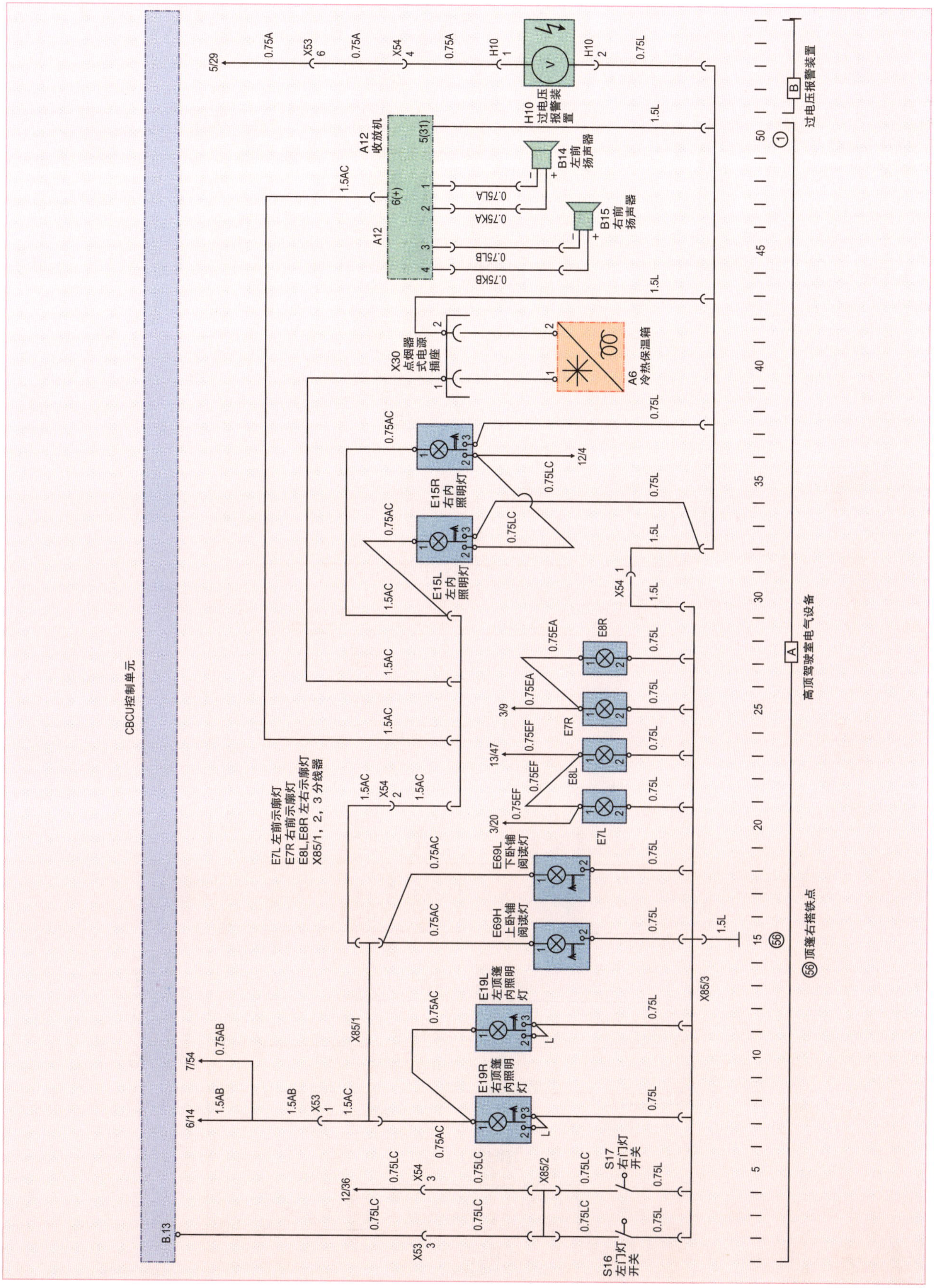

13. 开关量信号输入、前雾灯、后雾灯、倒车灯和制动灯电路

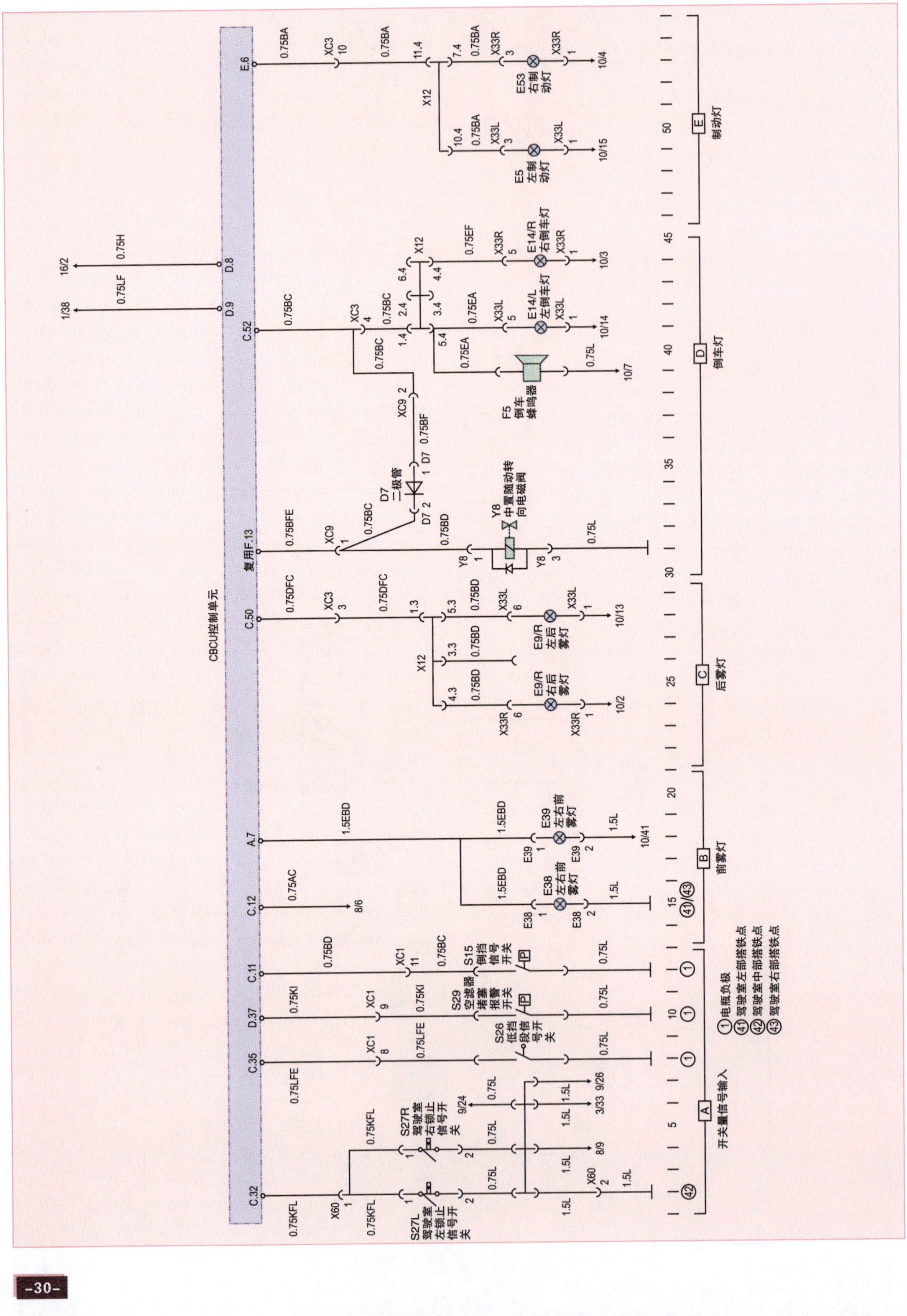

14. 差速锁、取力器系统、风挡玻璃雨刮和洗涤电路

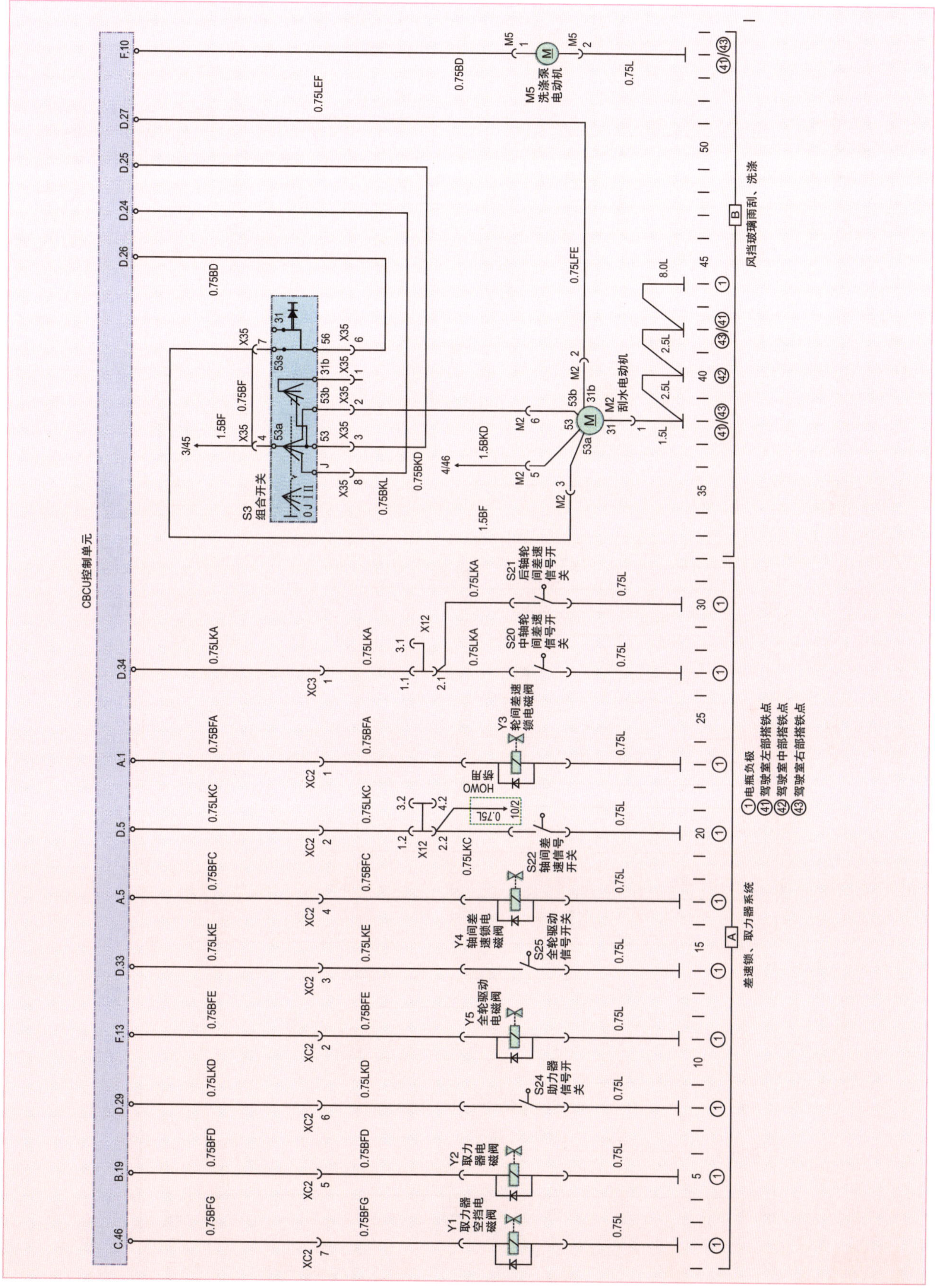

15. 智能控制空调系统、车用管理系统和双油箱电气装置电路

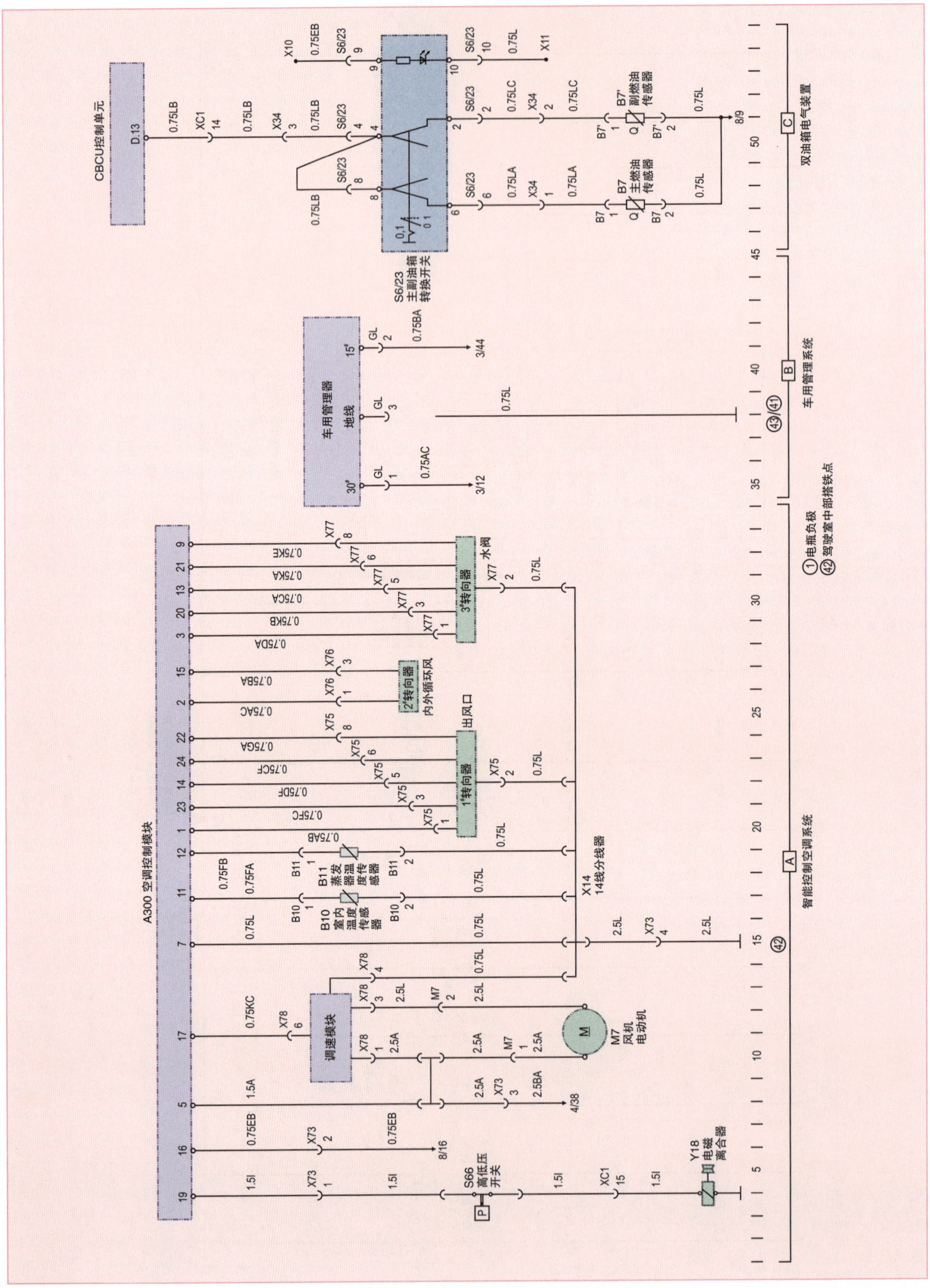

16. 制动系统（ABS、WABCO）电路

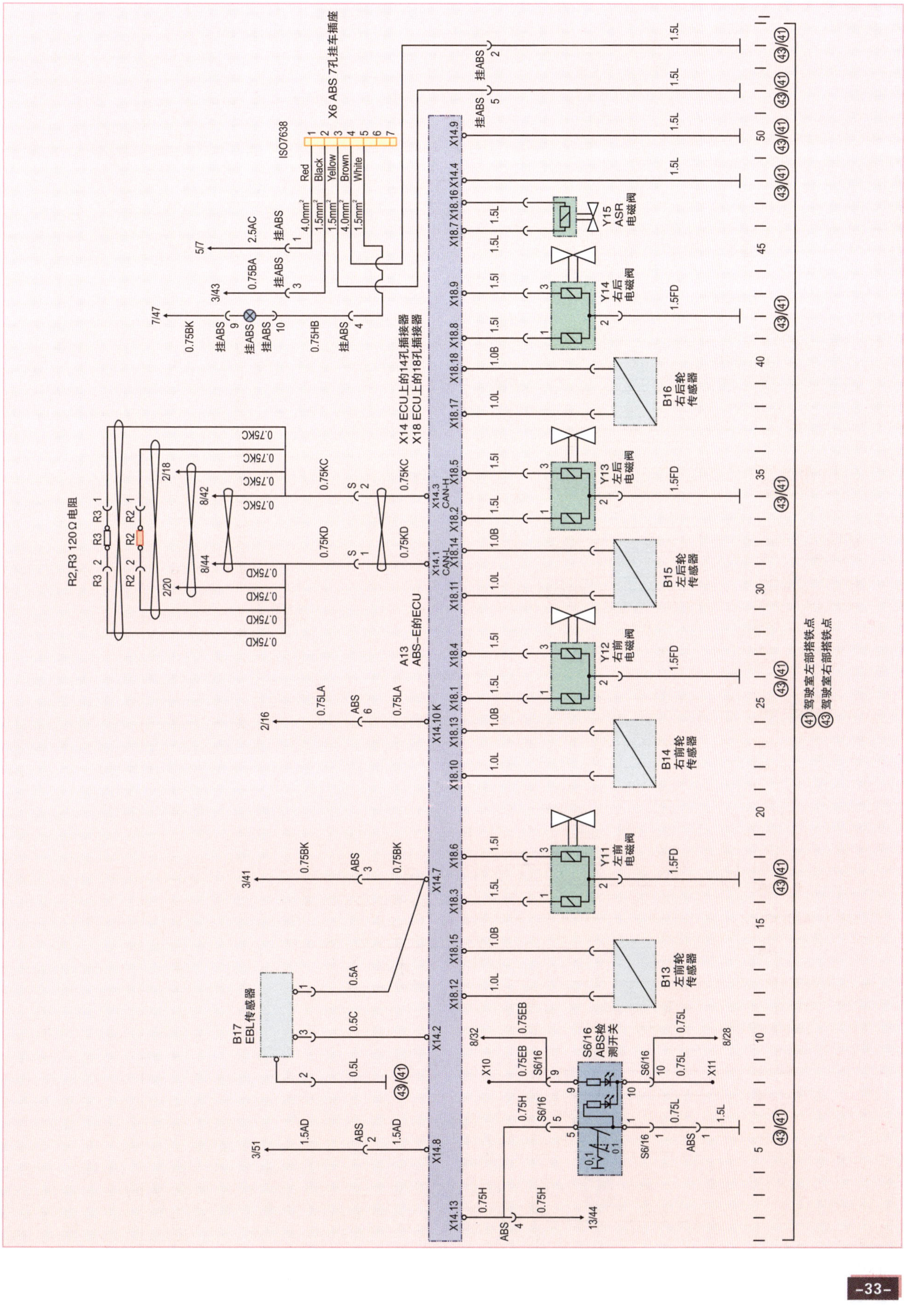

17. 制动系统（ABS、KNORR）电路

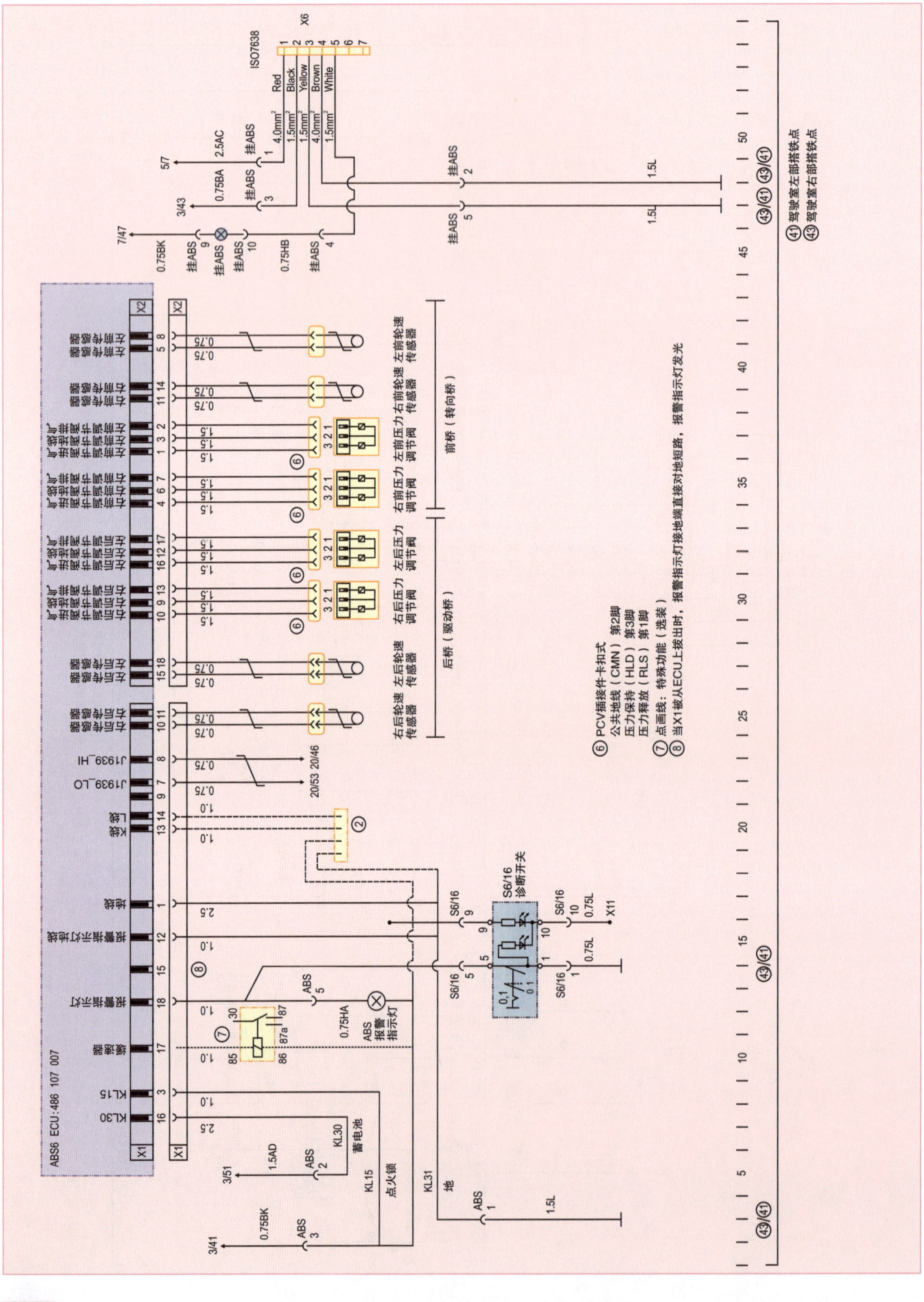

18. 行驶记录仪(VDR)、行驶记录仪(标准CAB/MTCO1324)、行驶记录仪(高顶CAB/MTCO1324)

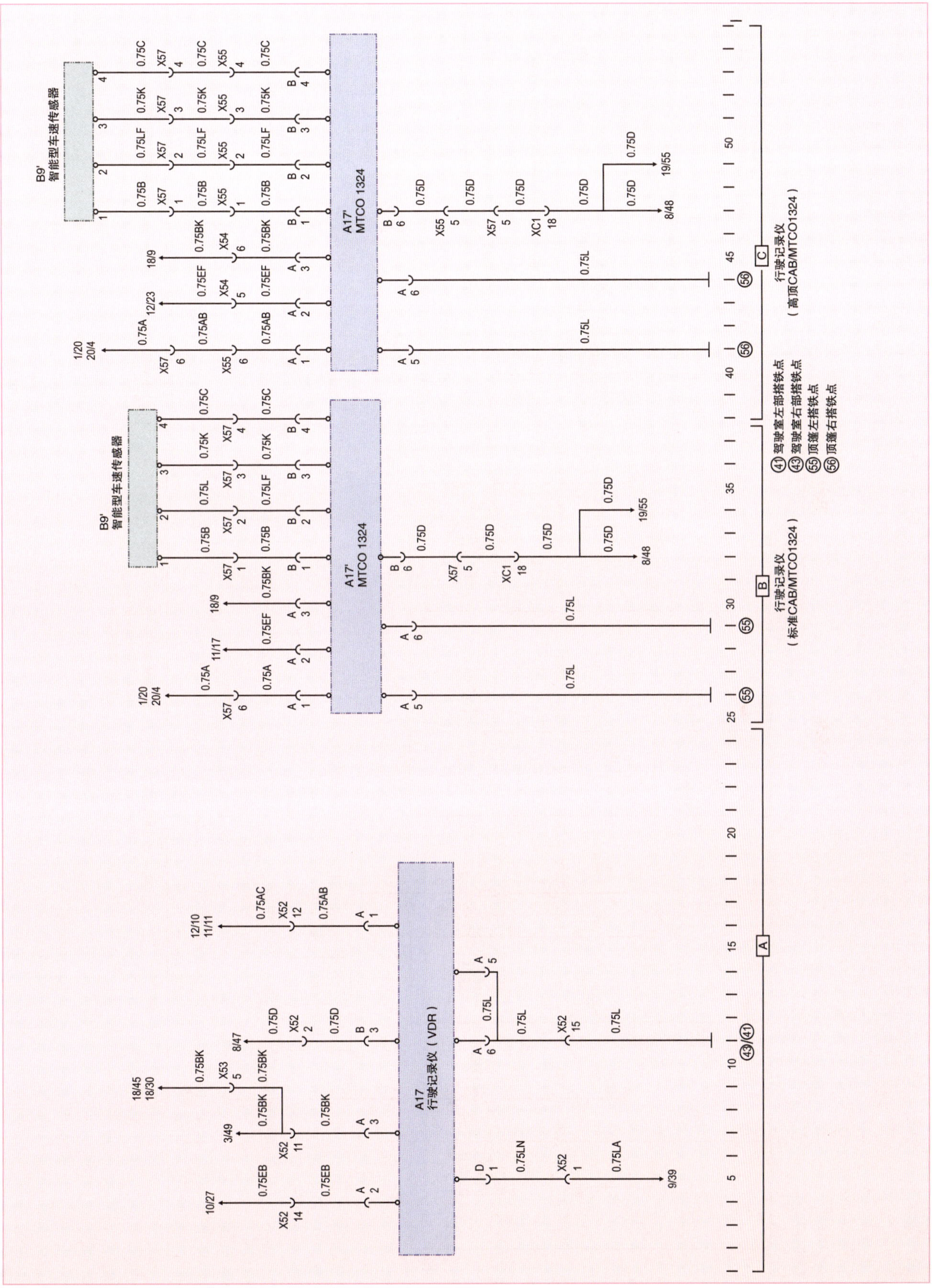

19. 消防车附加电气装置、警示灯电气装置和限速装置（VDO）电路

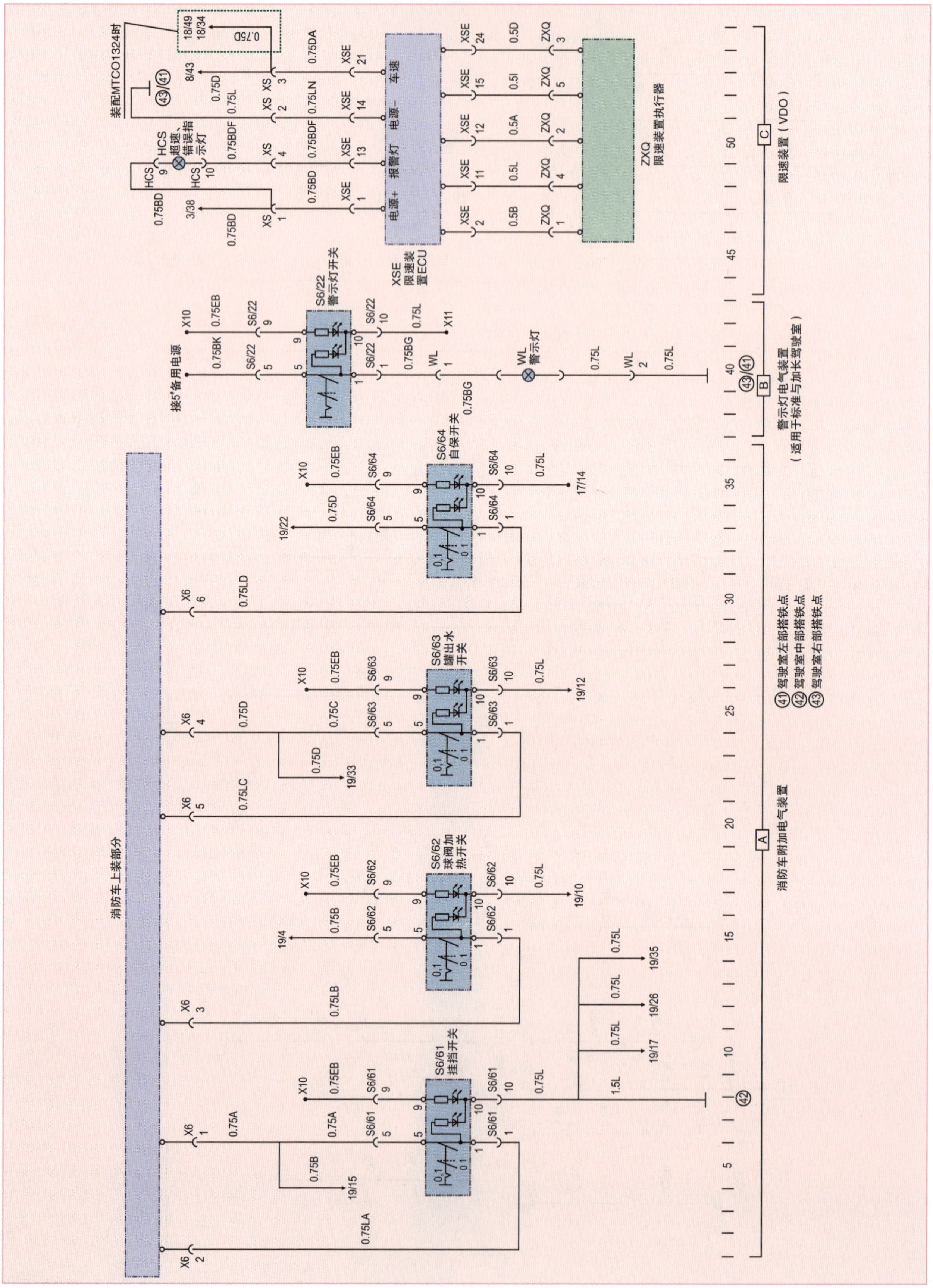

20. ADR车型电源系统和启动系统电路

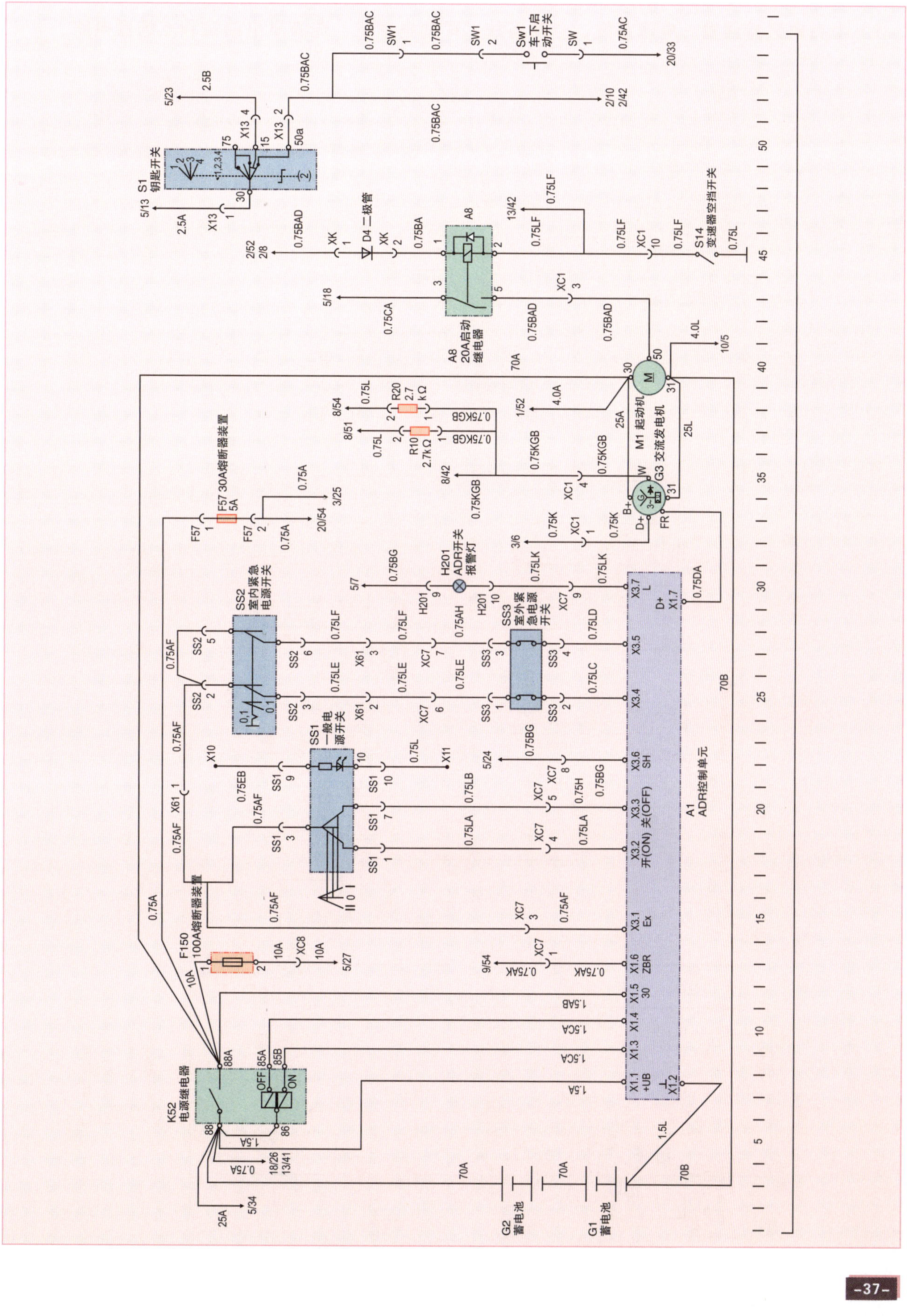

三、2012年A7-EGR车型整车电路图（简化版）

1. 中央电气接线盒、电源系统、启动系统、雨刮电动机、洗涤泵电动机和点烟器电路

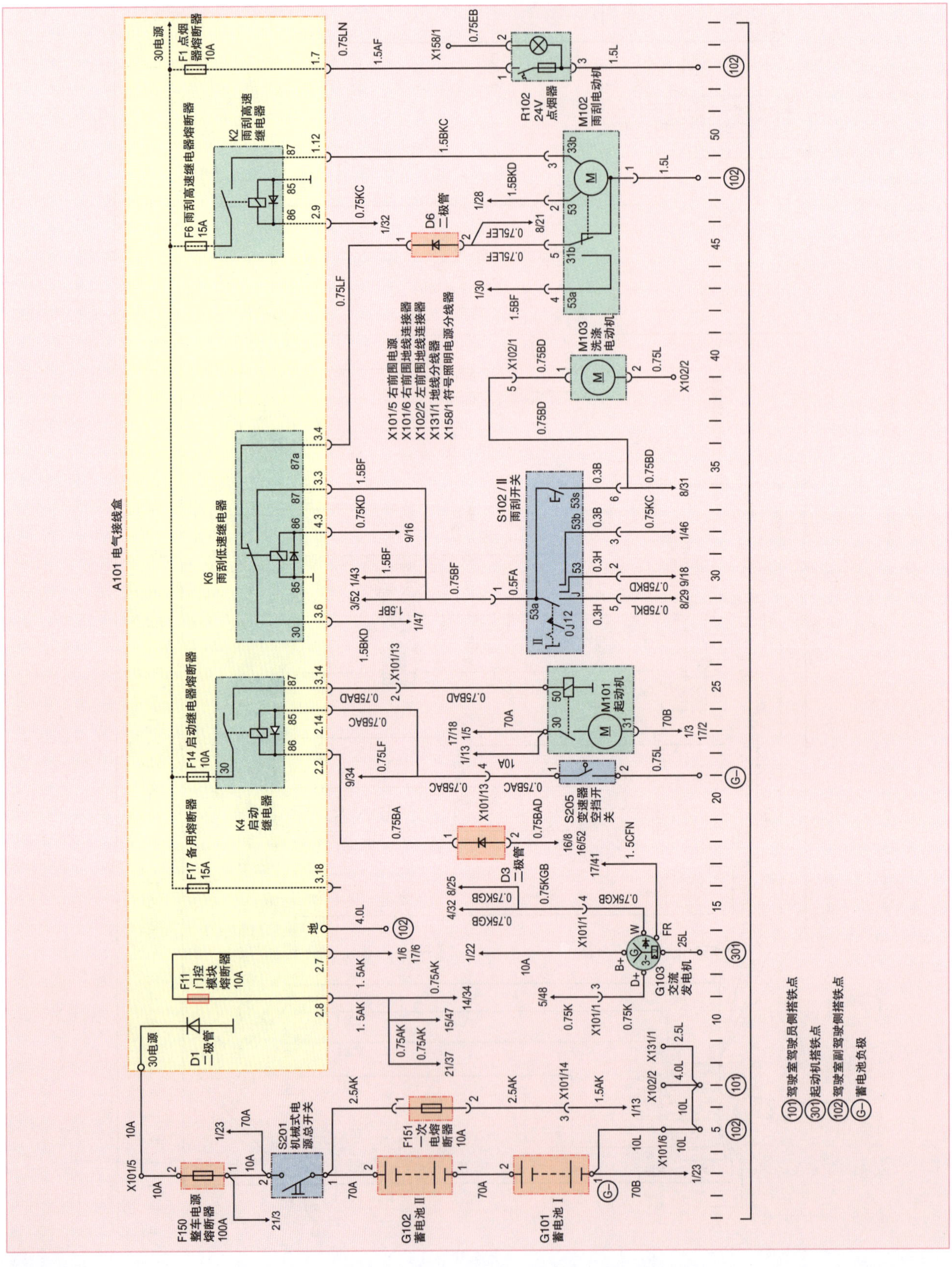

2. 电气接线盒电路

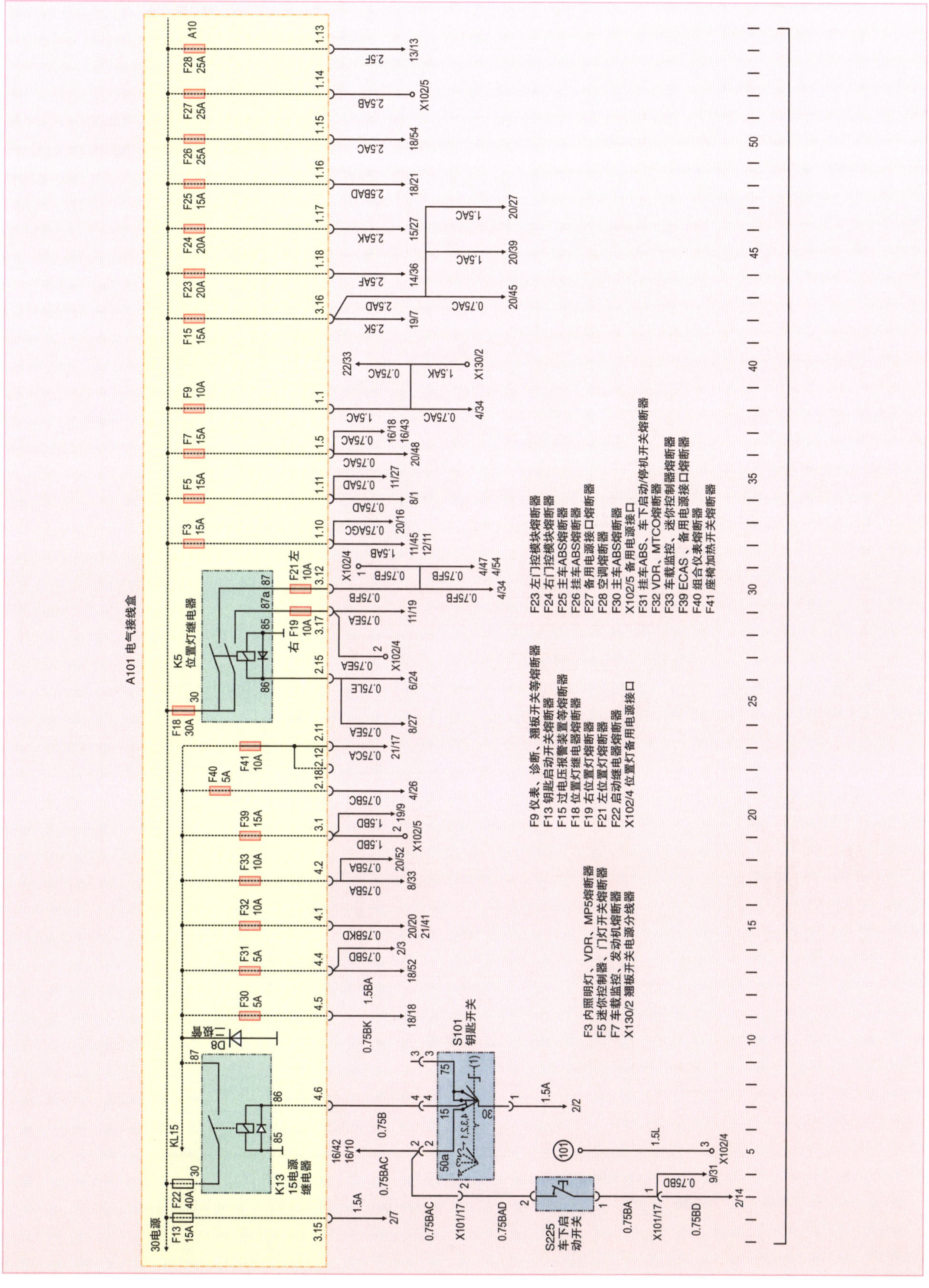
A101 电气接线盒
K5 位置灯继电器
K13 15电源继电器
S101 钥匙开关
S225 车下启动开关
30电源
F3 内照明灯、VDR、MP5熔断器
F5 迷你控制器、门灯开关熔断器
F7 车载监控、发动机熔断器
X130/2 翘板开关电源分线器
F9 仪表、诊断、翘板开关等熔断器
F13 钥匙启动开关熔断器
F15 过电压报警装置等熔断器
F18 位置灯继电器熔断器
F19 右位置灯熔断器
F21 左位置灯熔断器
F22 启动继电器熔断器
X102/4 位置灯备用电源接口
F23 左门控模块熔断器
F24 右门控模块熔断器
F25 主车ABS熔断器
F26 挂车ABS熔断器
F27 备用电源接口熔断器
F28 空调熔断器
F30 主车ABS熔断器
X102/5 备用电源接口
F31 挂车ABS、车下启动/停机开关熔断器
F32 VDR、MTCO熔断器
F33 车载监控、迷你控制器熔断器
F39 ECAS、备用电源接口熔断器
F40 组合仪表熔断器
F41 座椅加热开关熔断器

3. 电气接线盒、电喇叭、气喇叭、左右远光灯、左右近光灯、倒车灯、空气干燥器电路

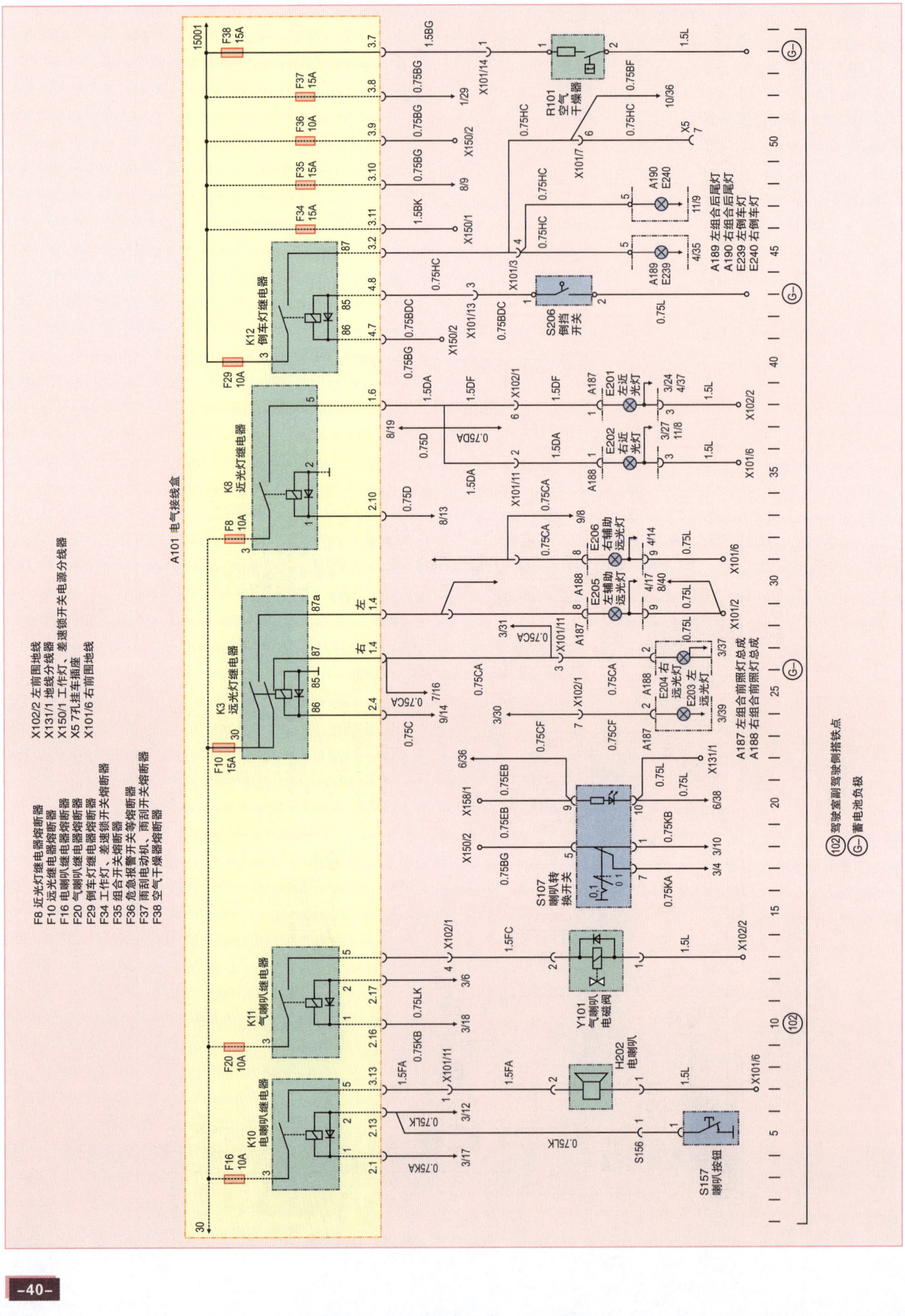

4. 电气接线盒、仪表、制动灯、左前位置灯、前雾灯、空调继电器、燃油传感器电路

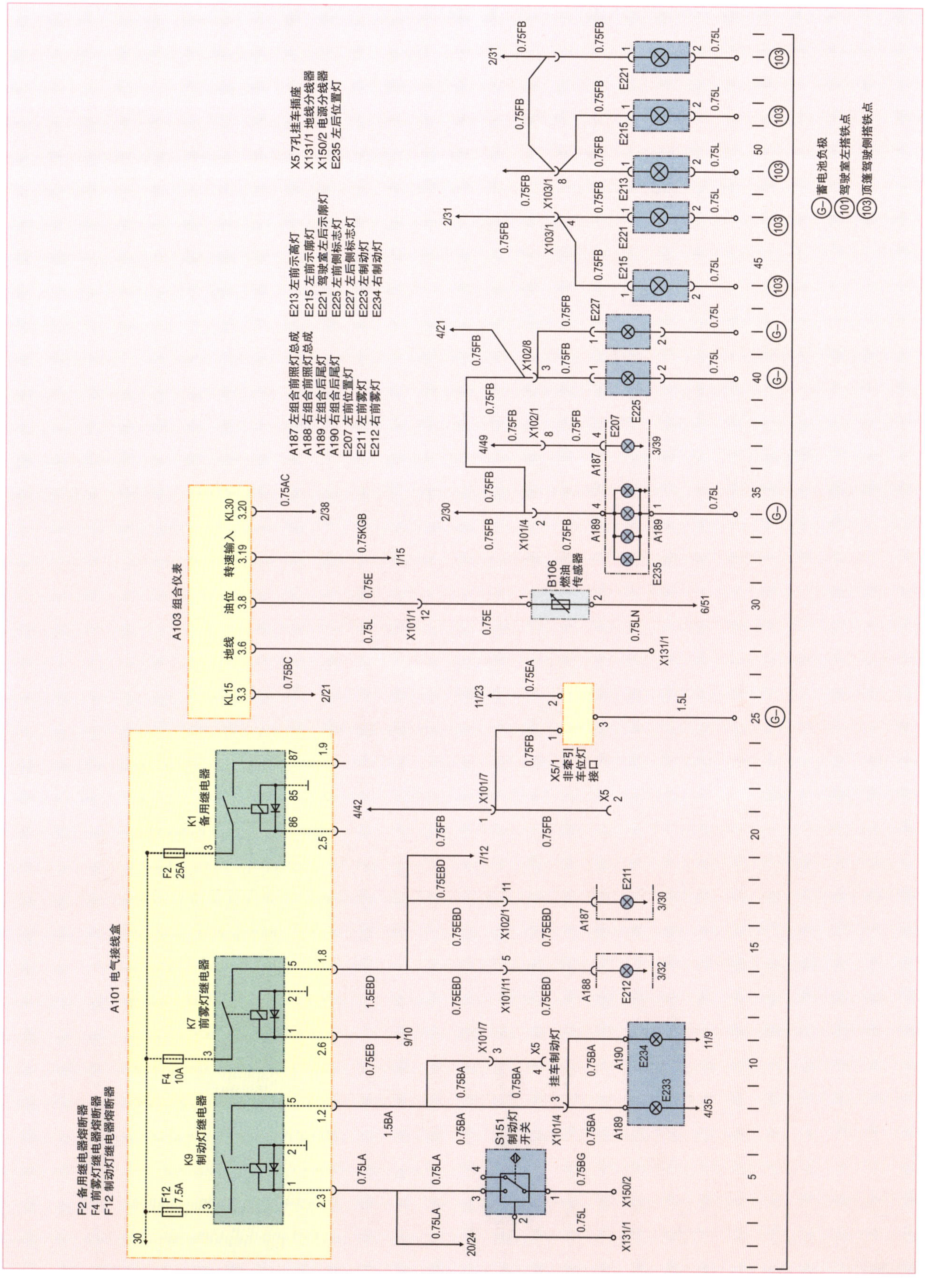

5. 组合仪表、差速锁信号开关、冷却液位开关、空滤器堵塞报警开关电路

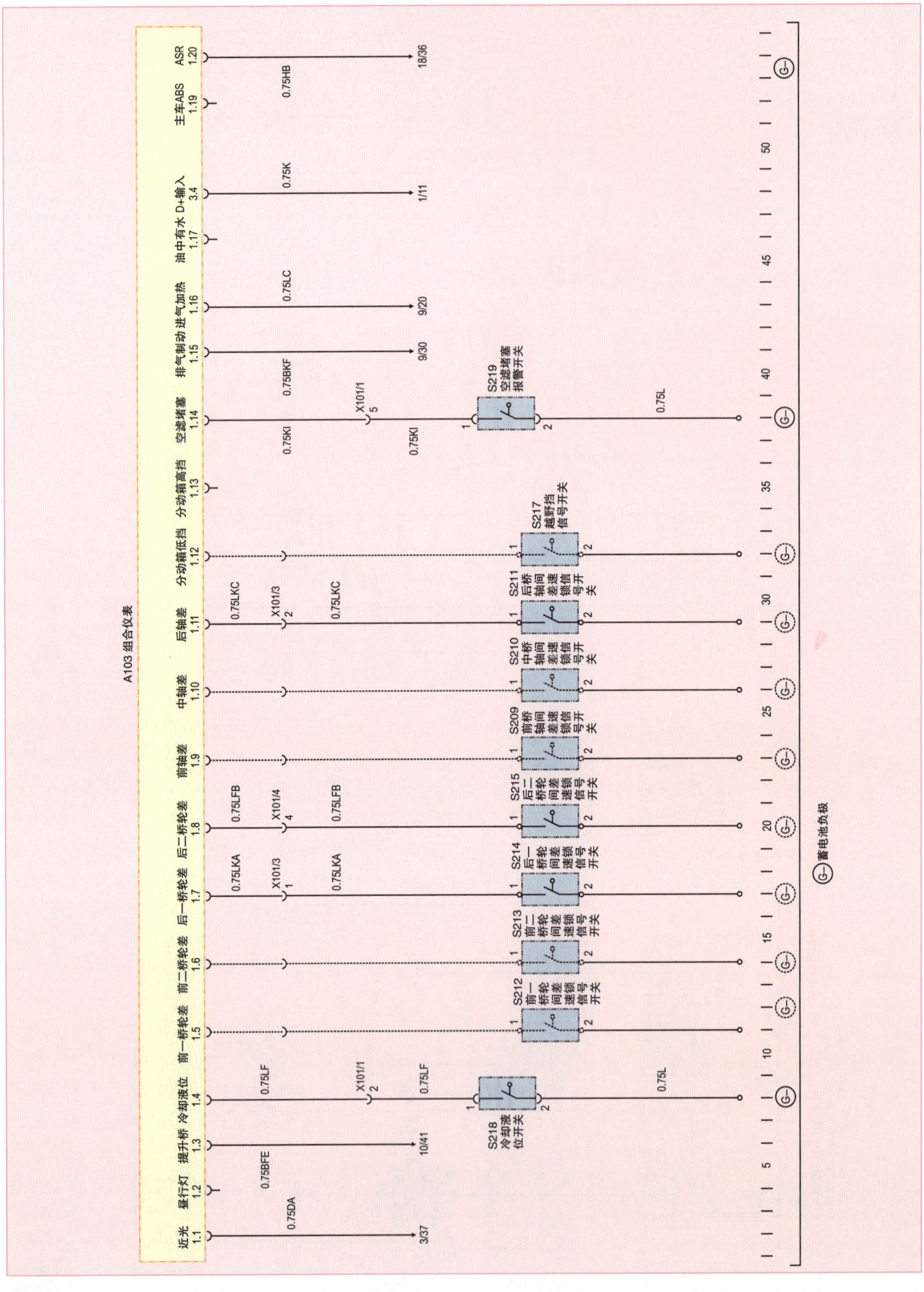

6. 组合仪表、气压传感器、油压传感器、水温传感器、车速传感器、灯光旋钮开关、危机报警开关电路

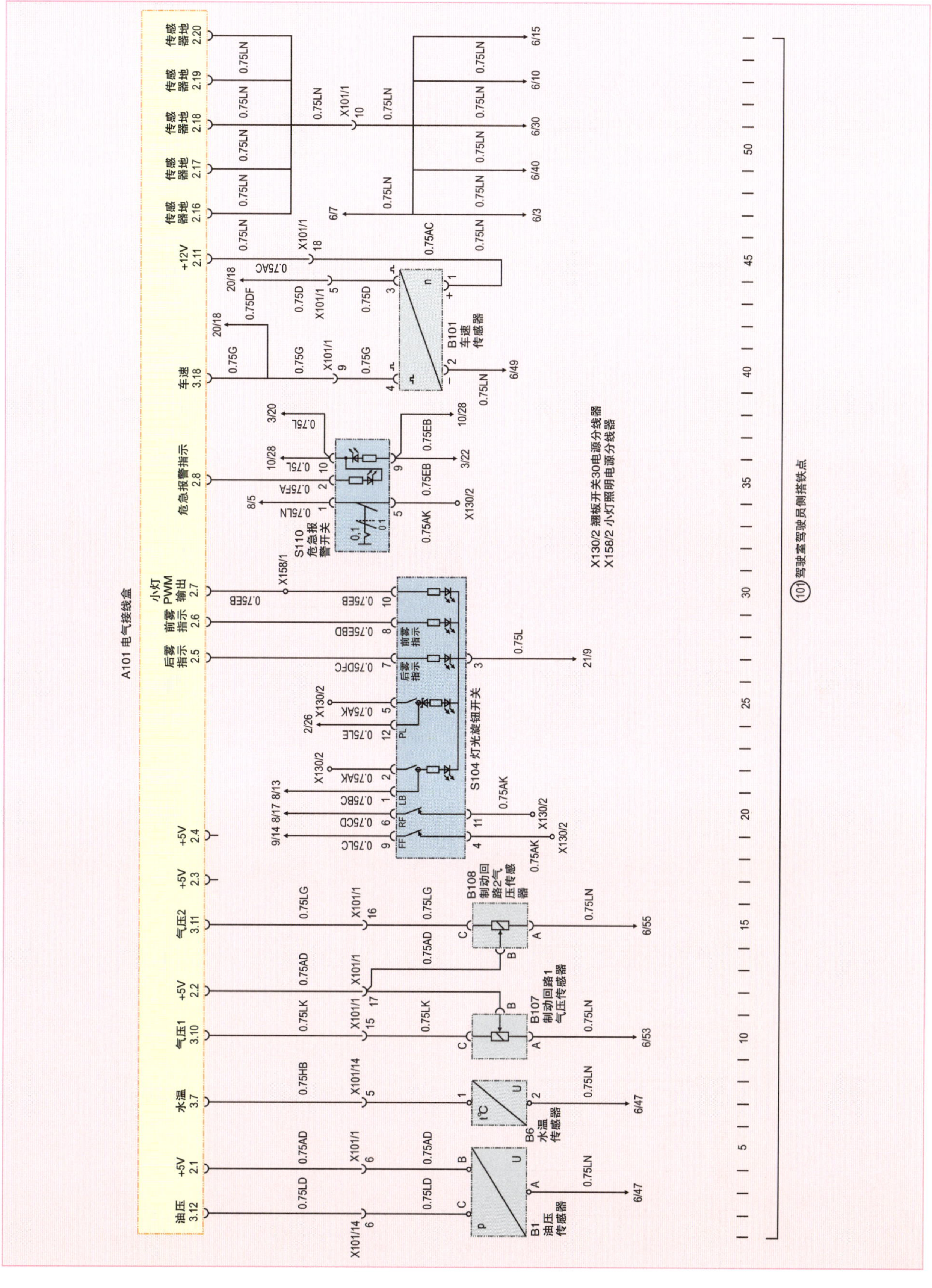

7. 组合仪表、制动回路3/4信号开关、低速挡信号开关、安全带/驾驶室锁止信号开关、取力器信号电路

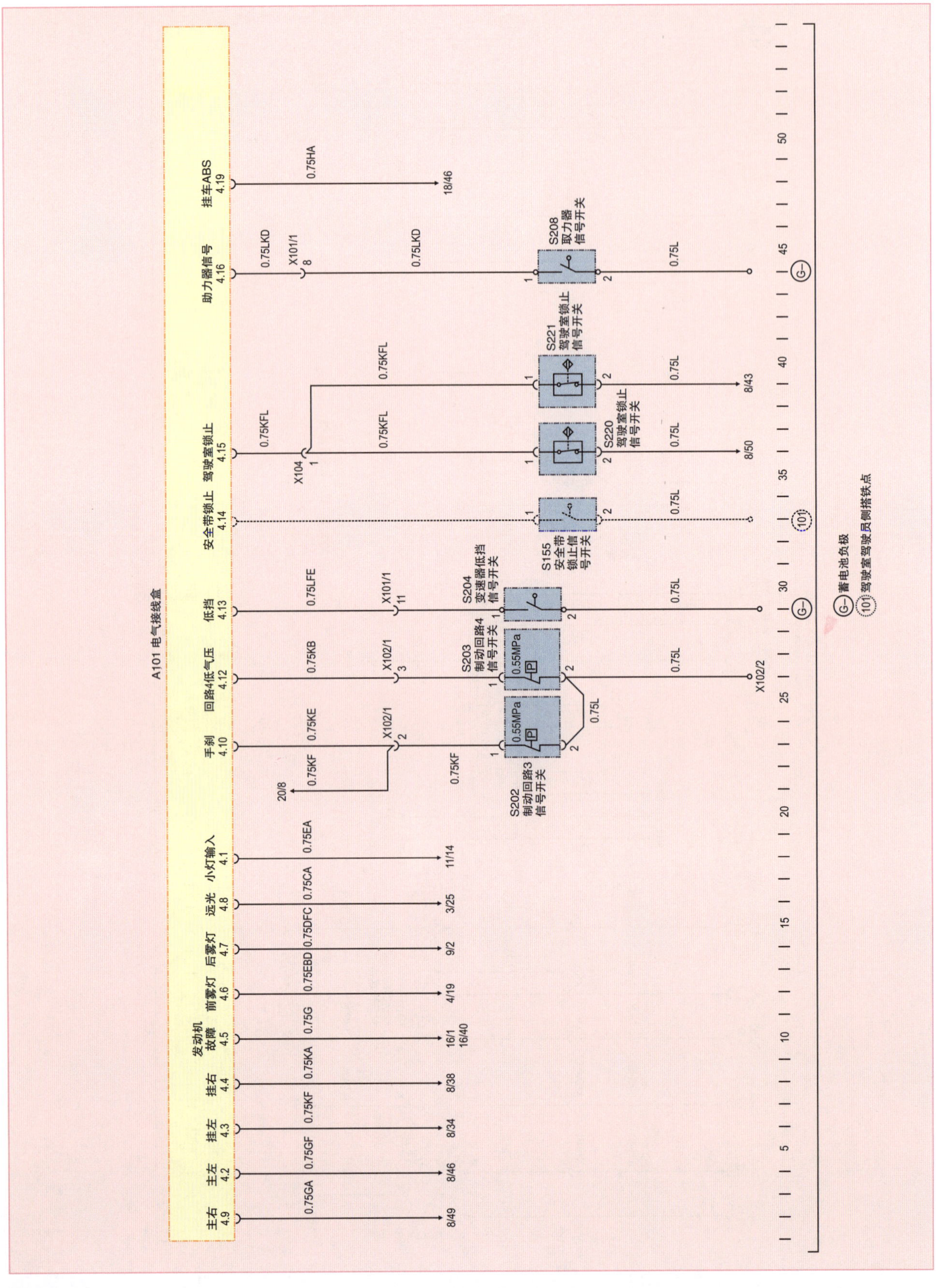

8. 迷你控制器、灯光组合开关、左/右转向灯电路

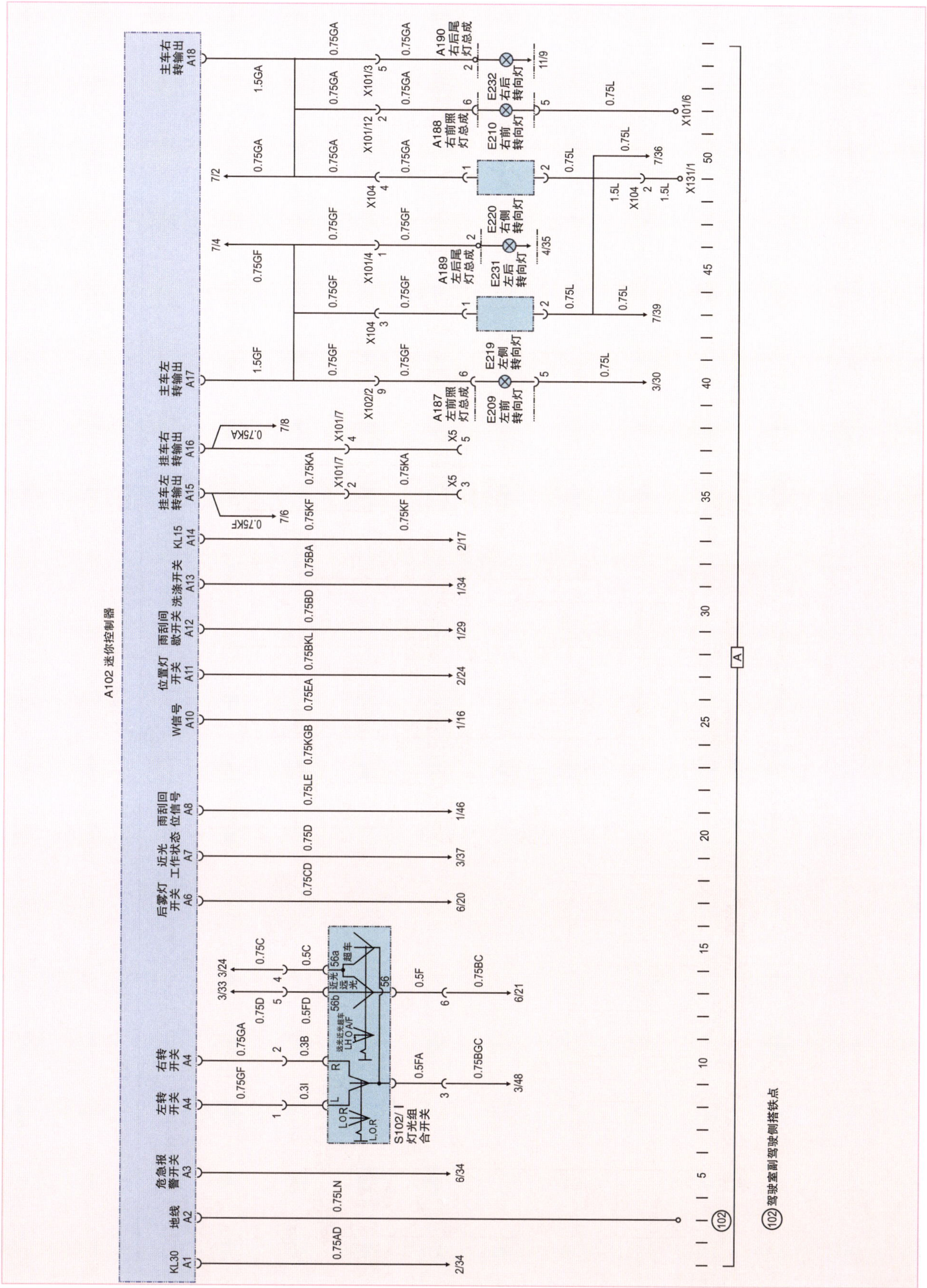

9. 迷你控制器、后雾灯、预热装置、排气制动装置、车下停机、离合器开关电路

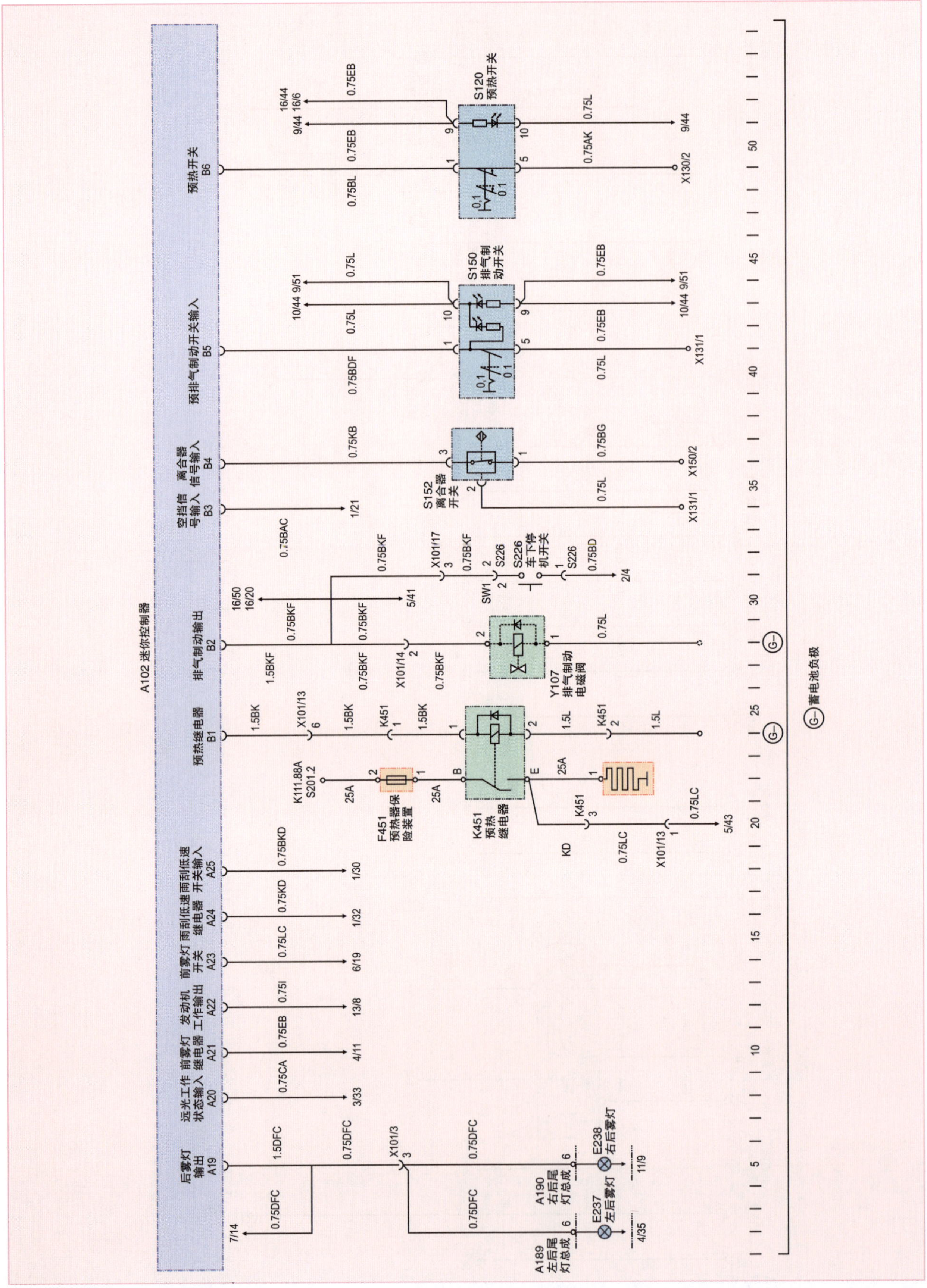

10. 差速锁、提升桥、工作灯电路

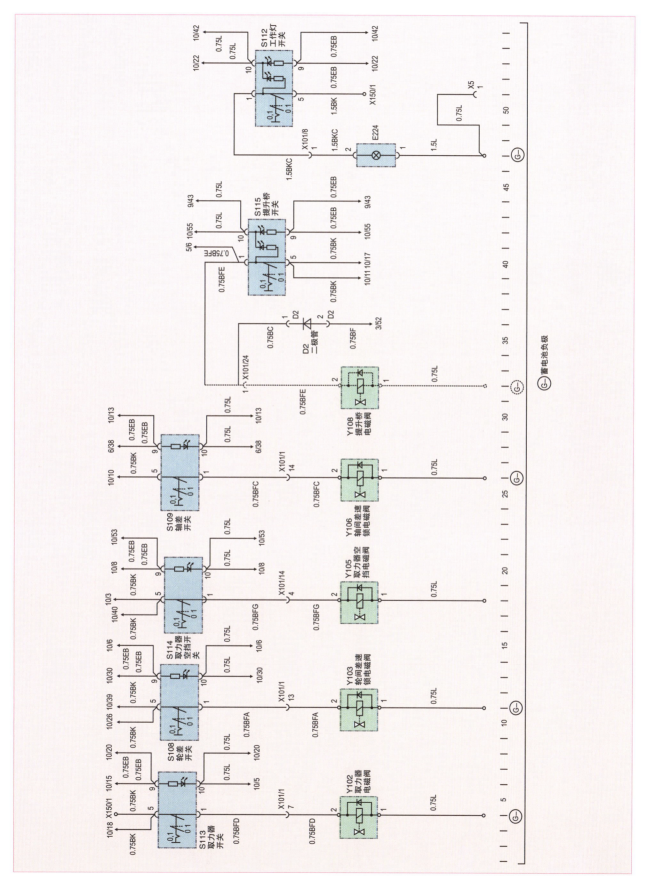

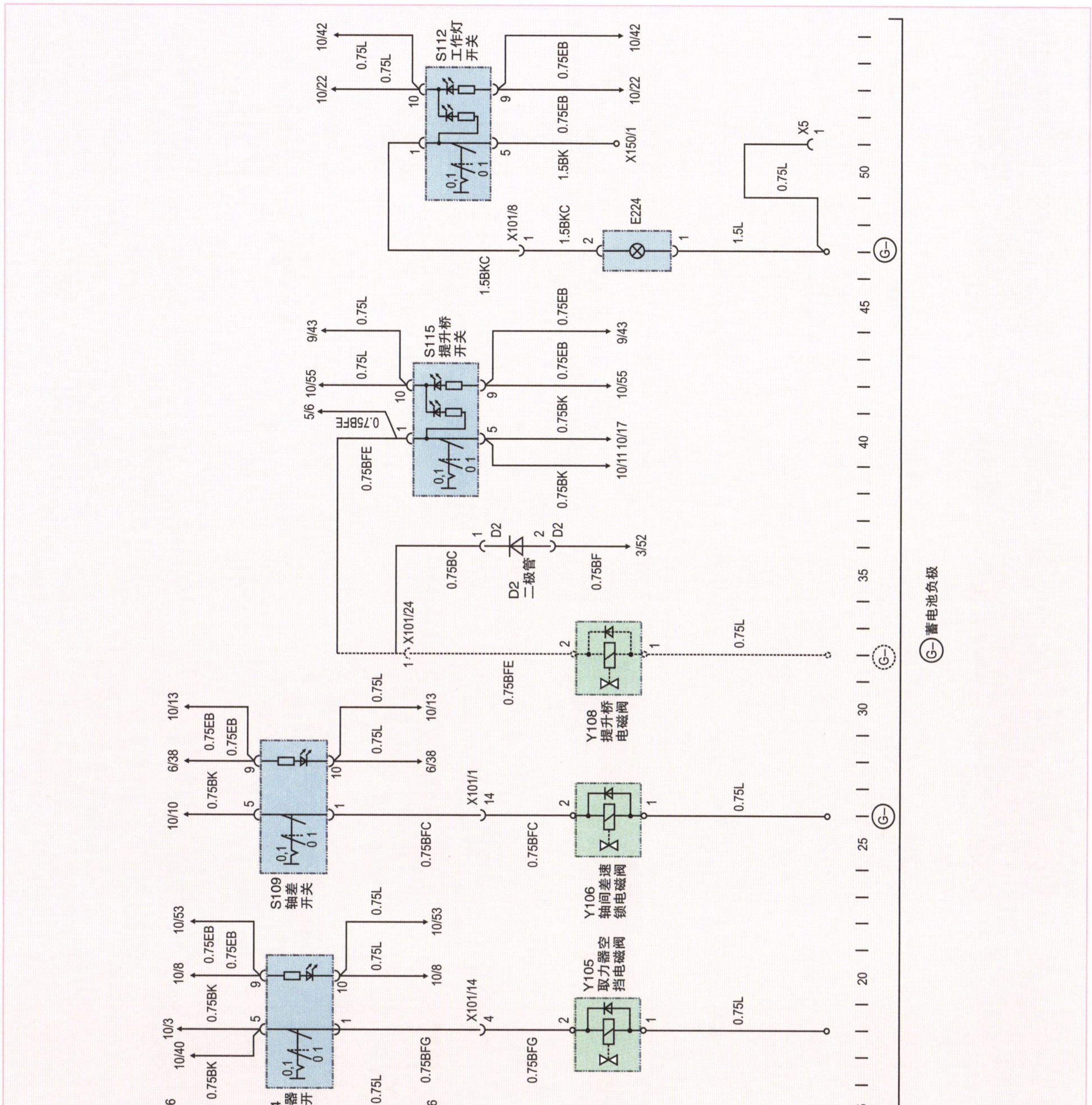

11. 右位置灯、标准驾驶室内照明灯电路

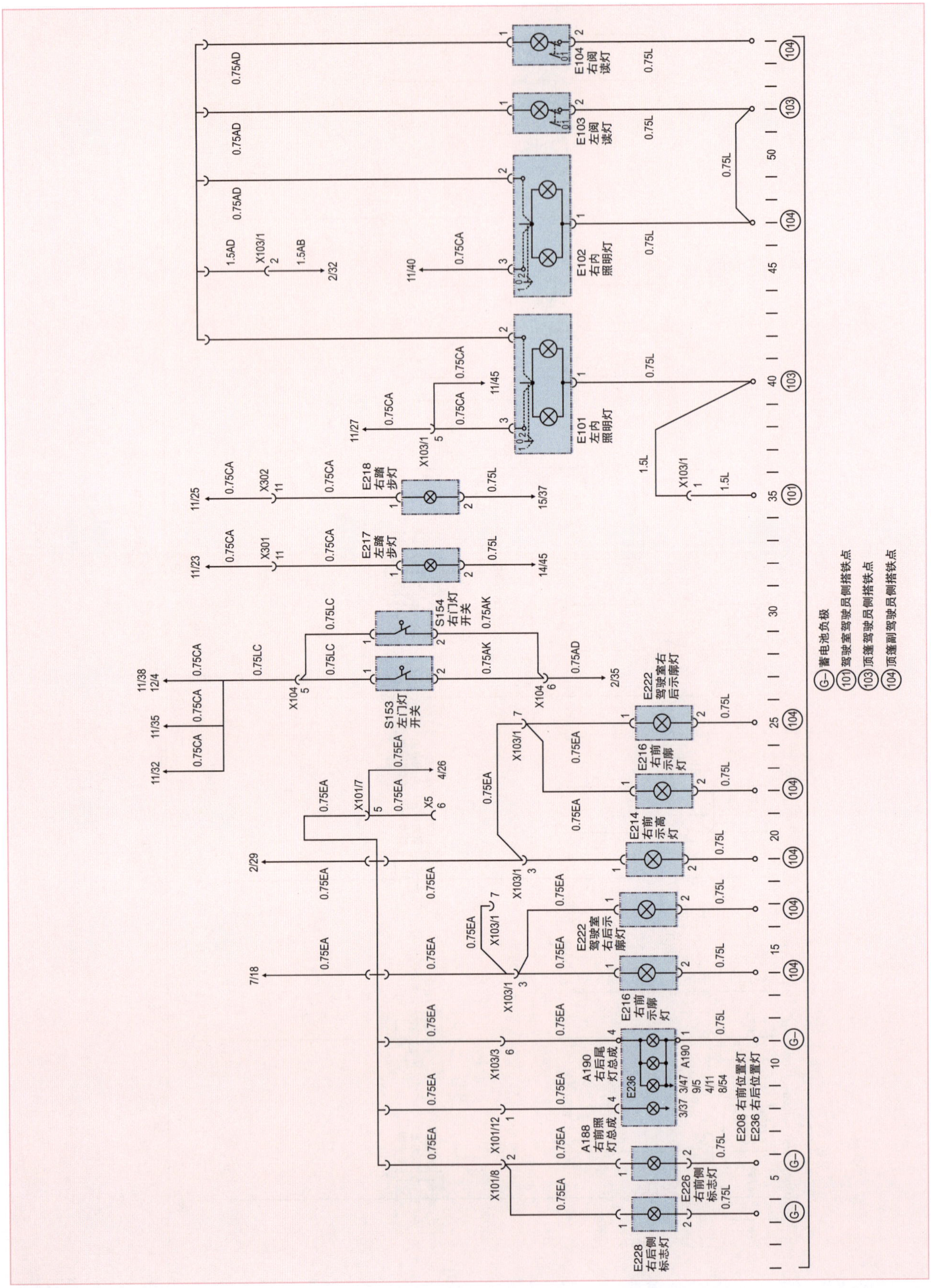

12. 高顶驾驶室内部照明灯、警示灯电路

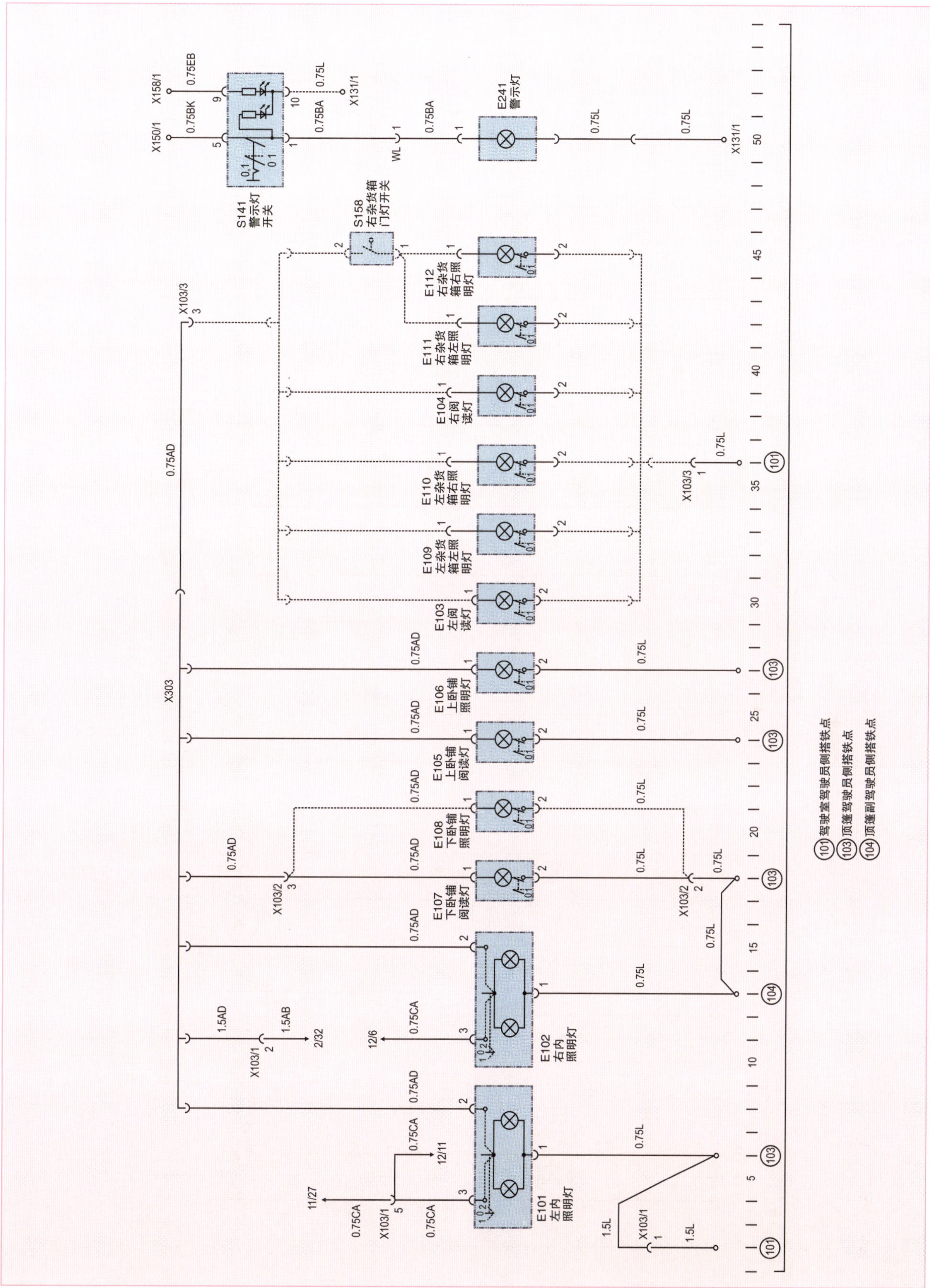

13. 空调控制模块外围电路

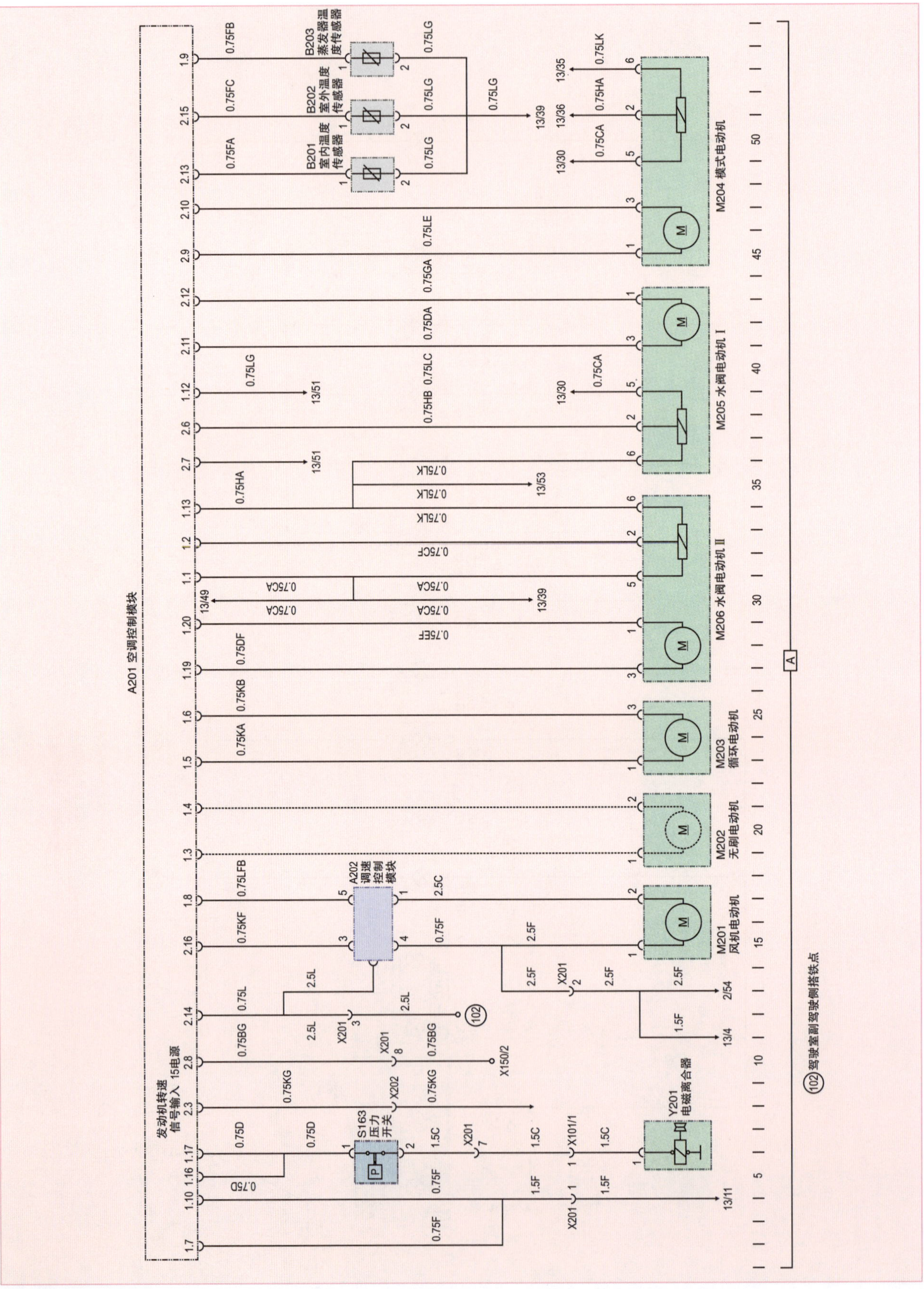

14. 驾驶员侧门控模块外围电路

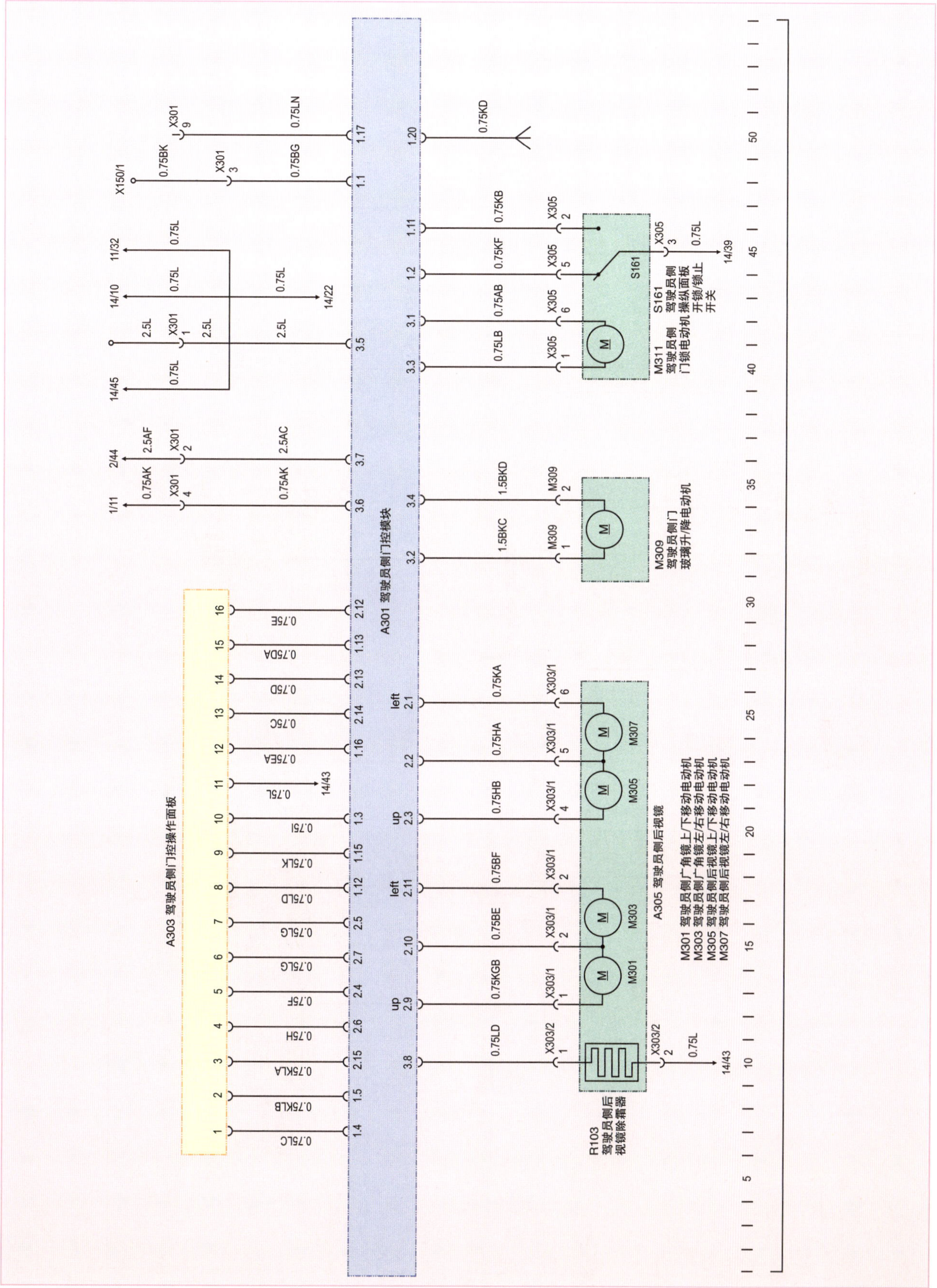

15. 右门控模块外围电路

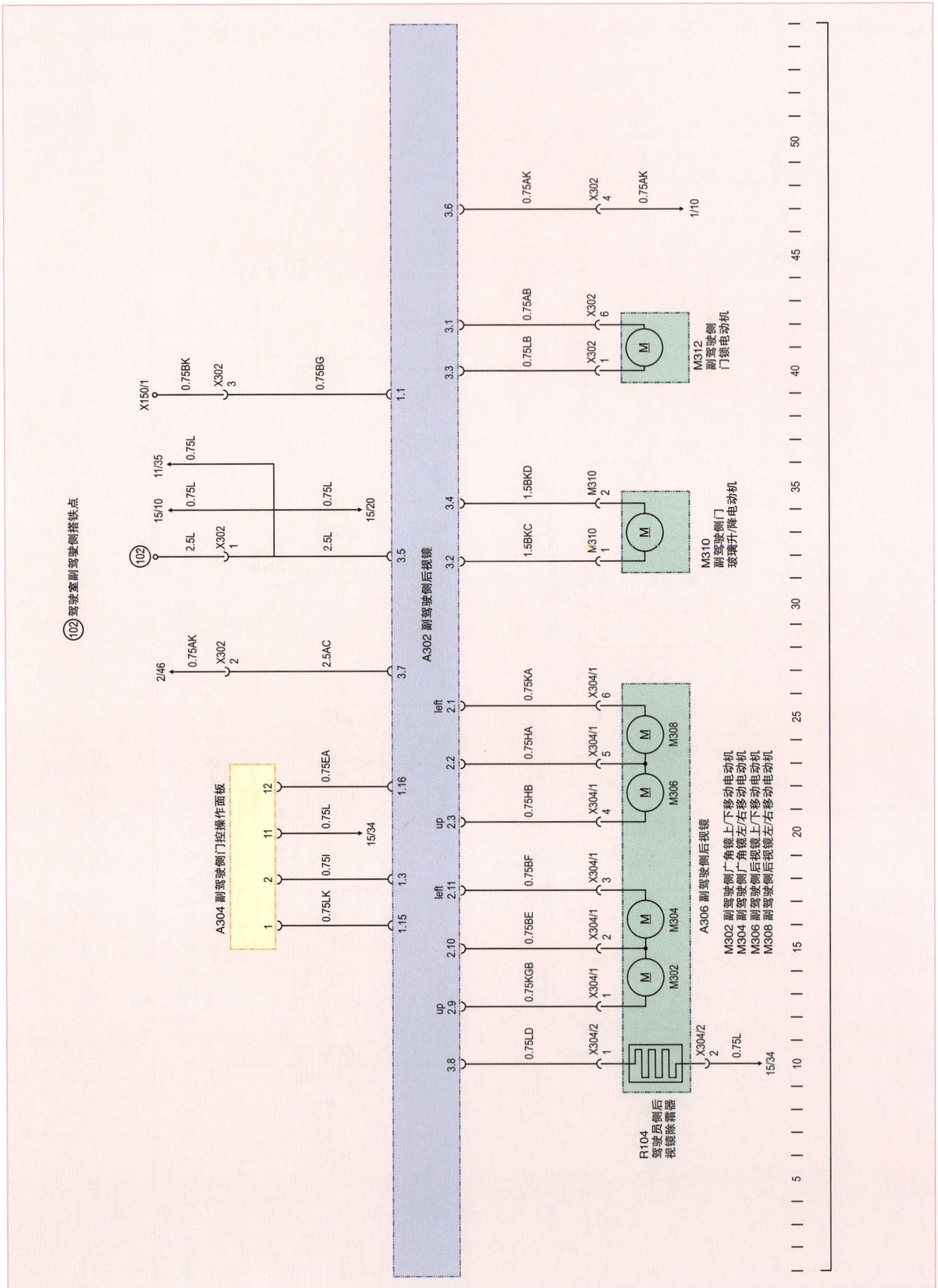

16. EGR发动机ECU外围和节能3号EGR发动机ECU外围电路

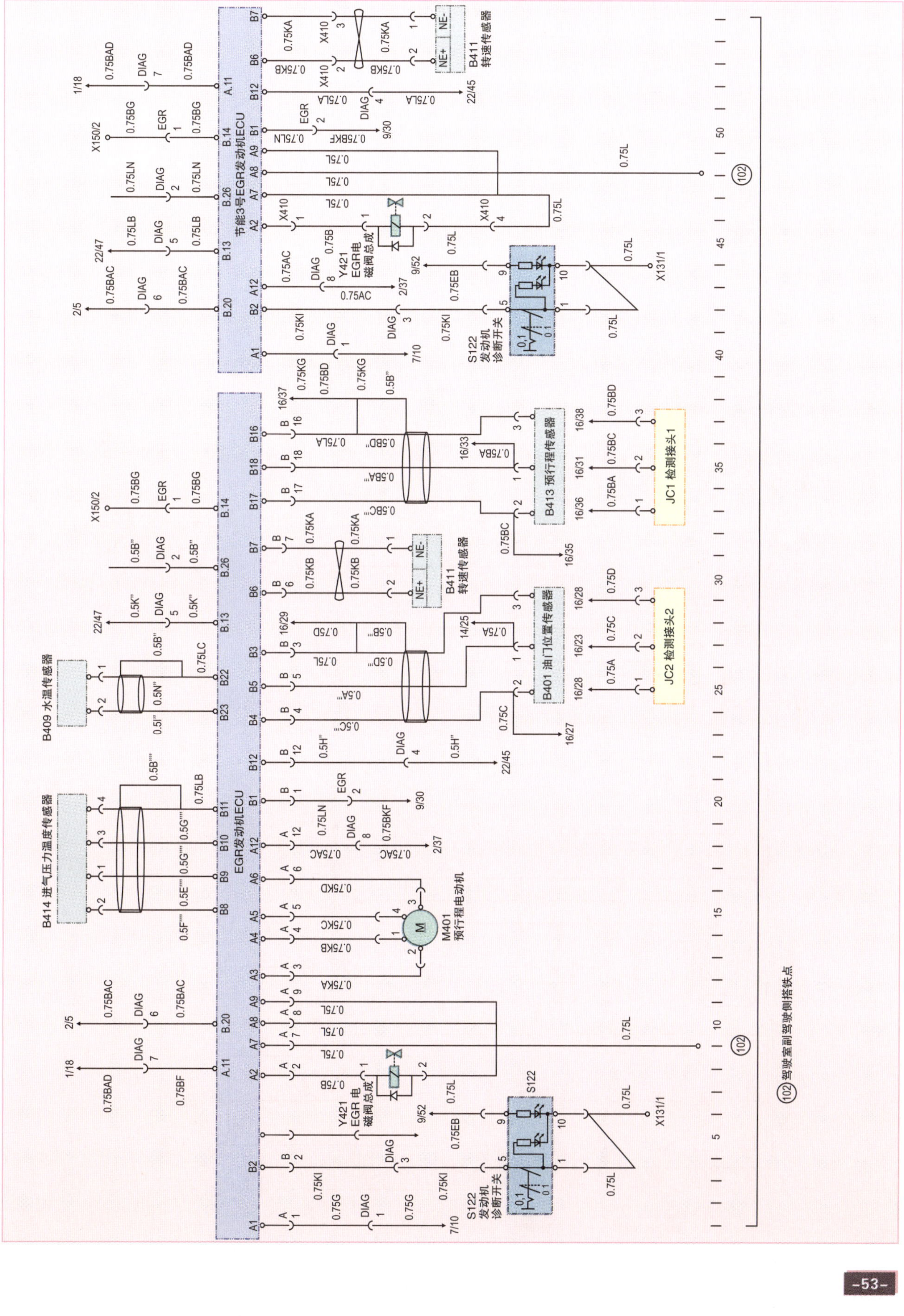

17. ADR控制器外围电路

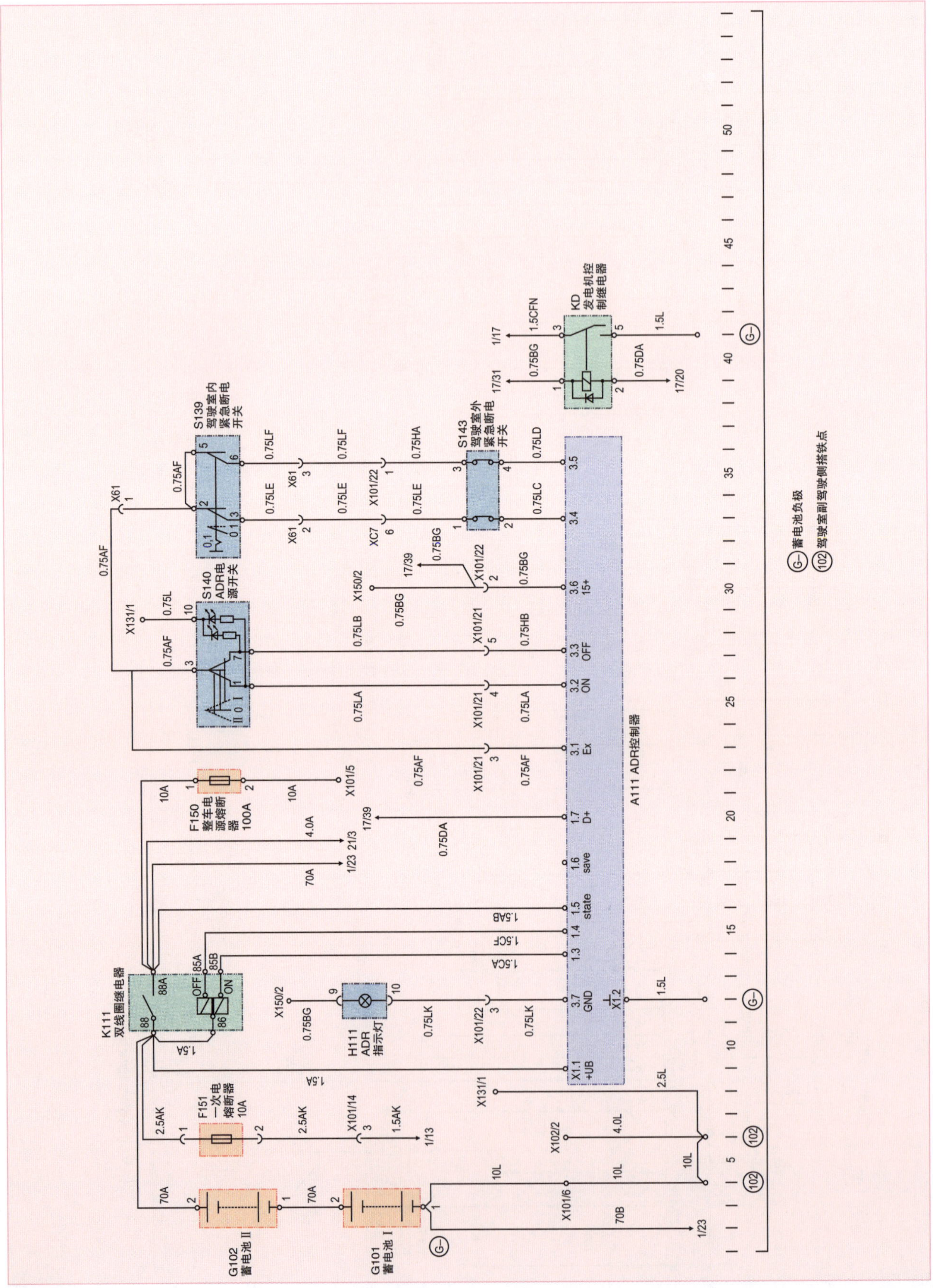

18. ABS E-VERSION BASIC 4S/4M、挂车ABS插座电路

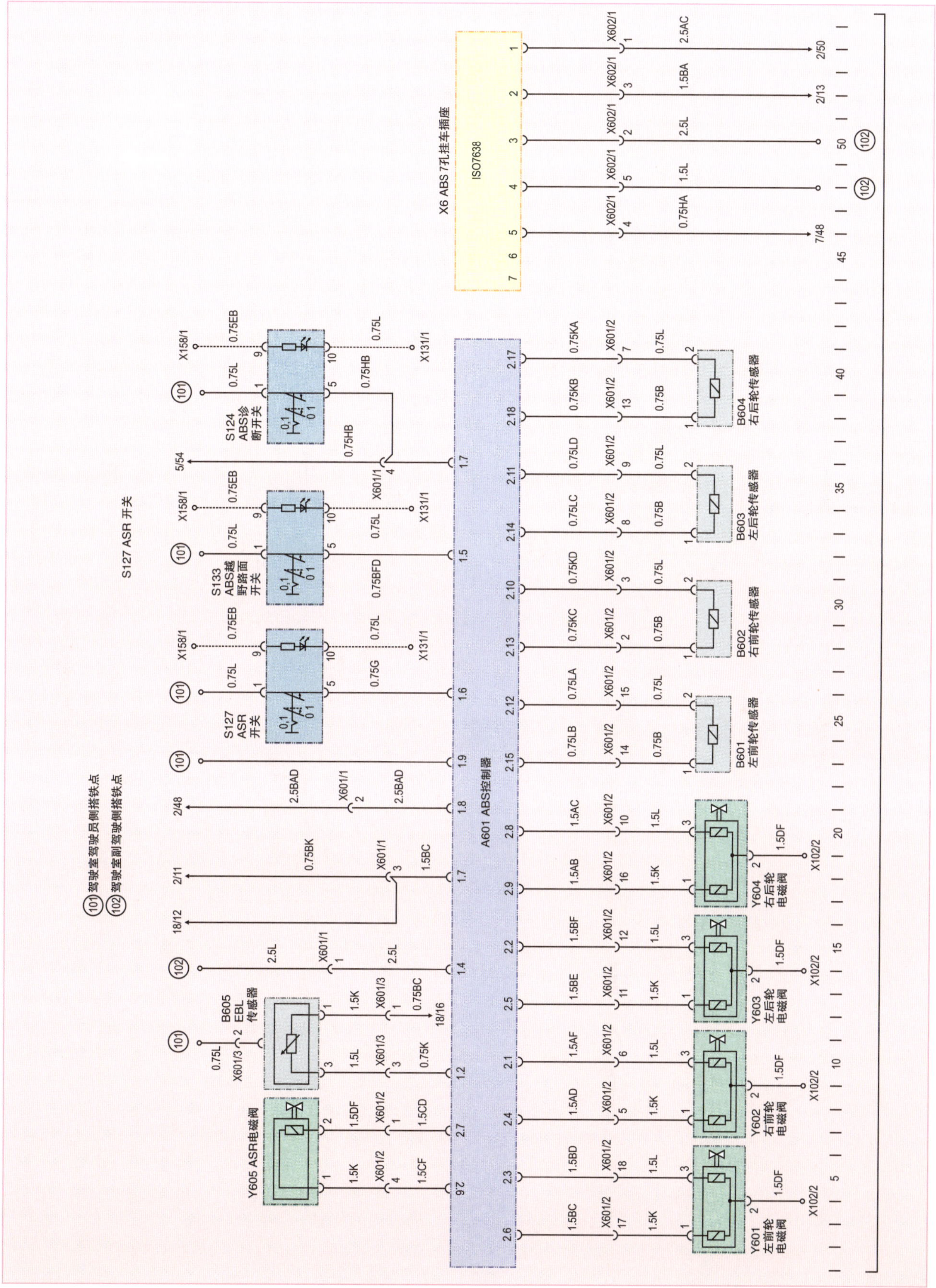

19. ECAS BASIC 6×2 DA+LA电路

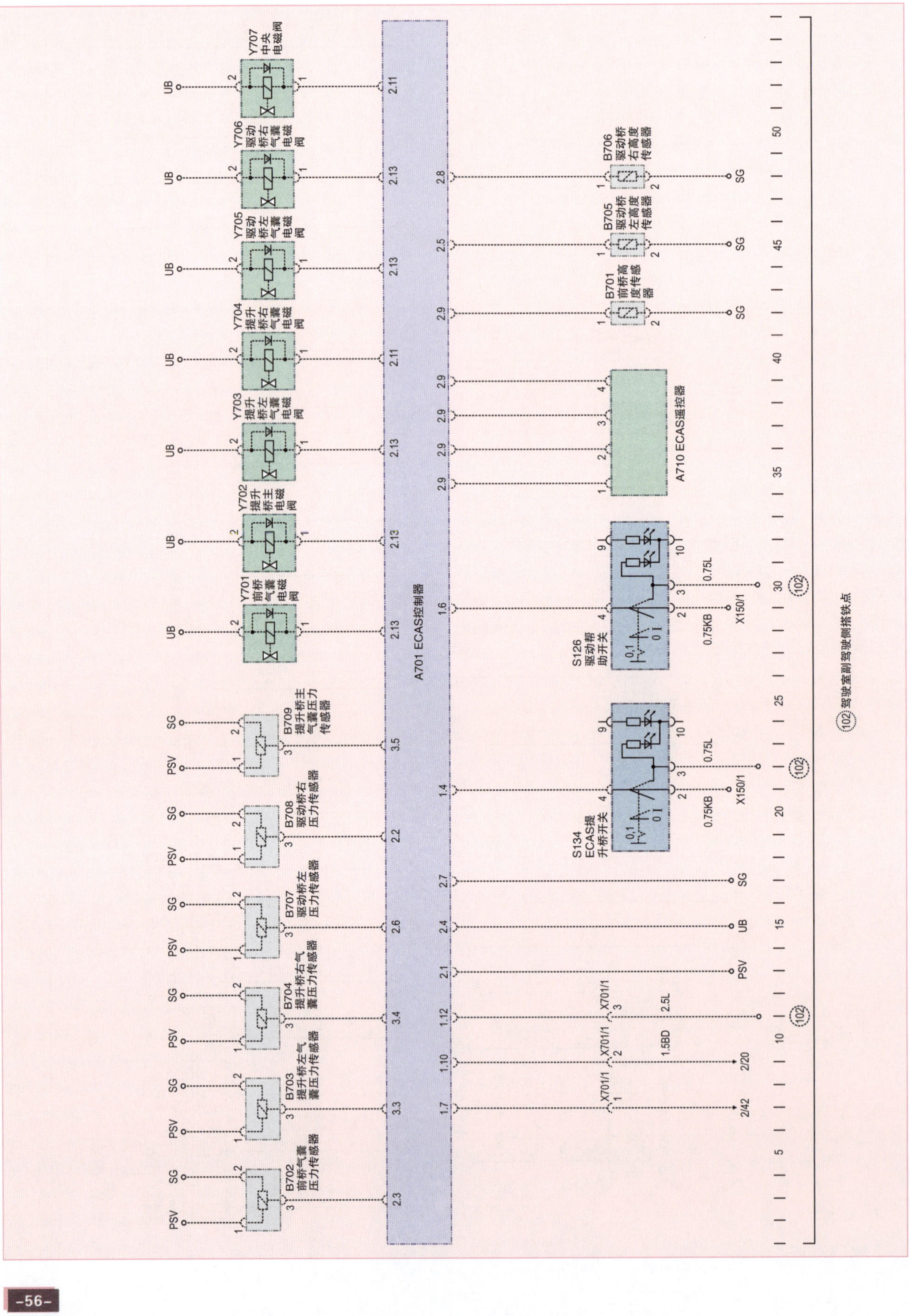

20. MP5、备用电源及过电压报警、VDR、车载监控设备电路

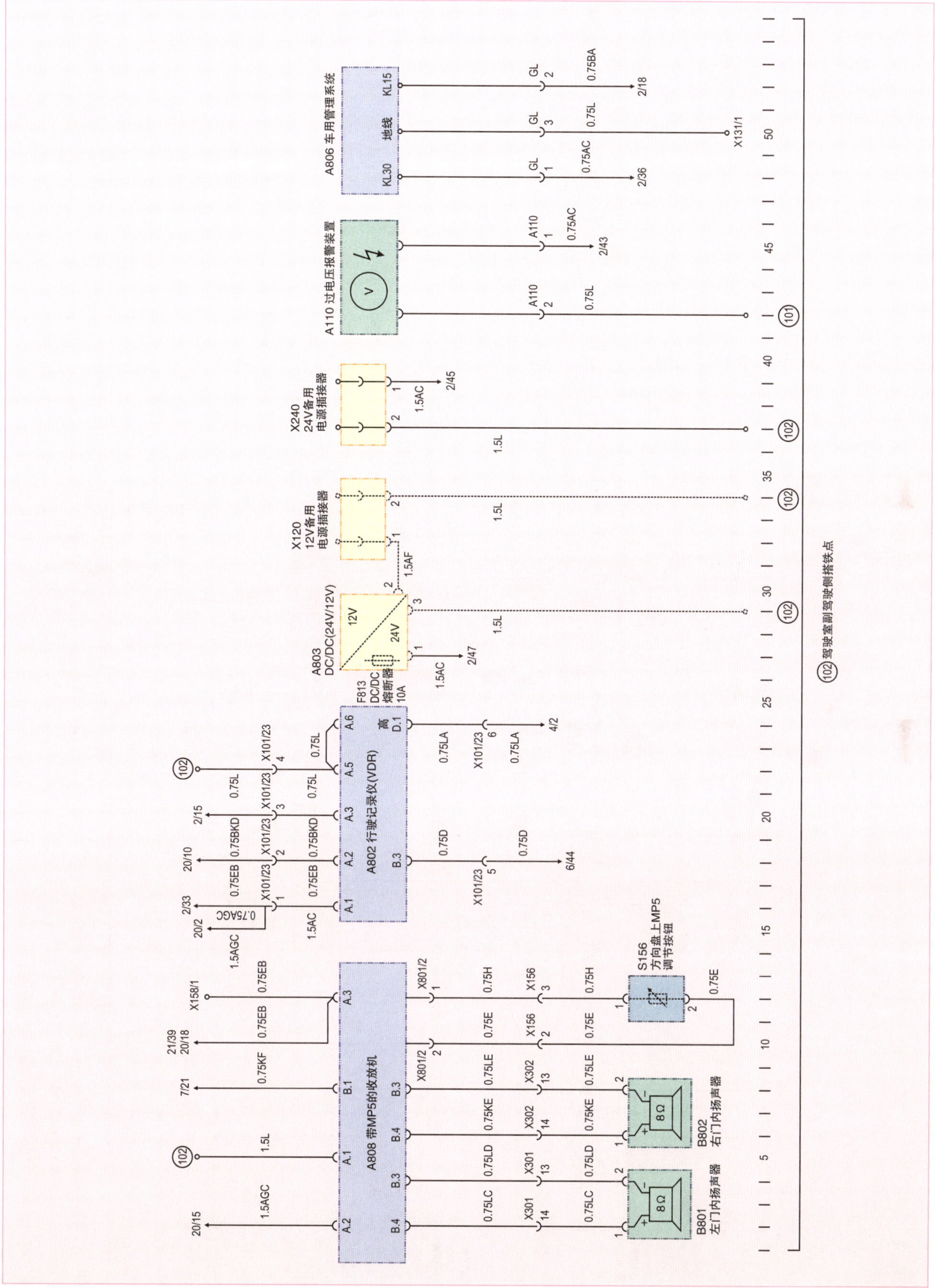

21. 电动举升、座椅电加热、MTCO电路

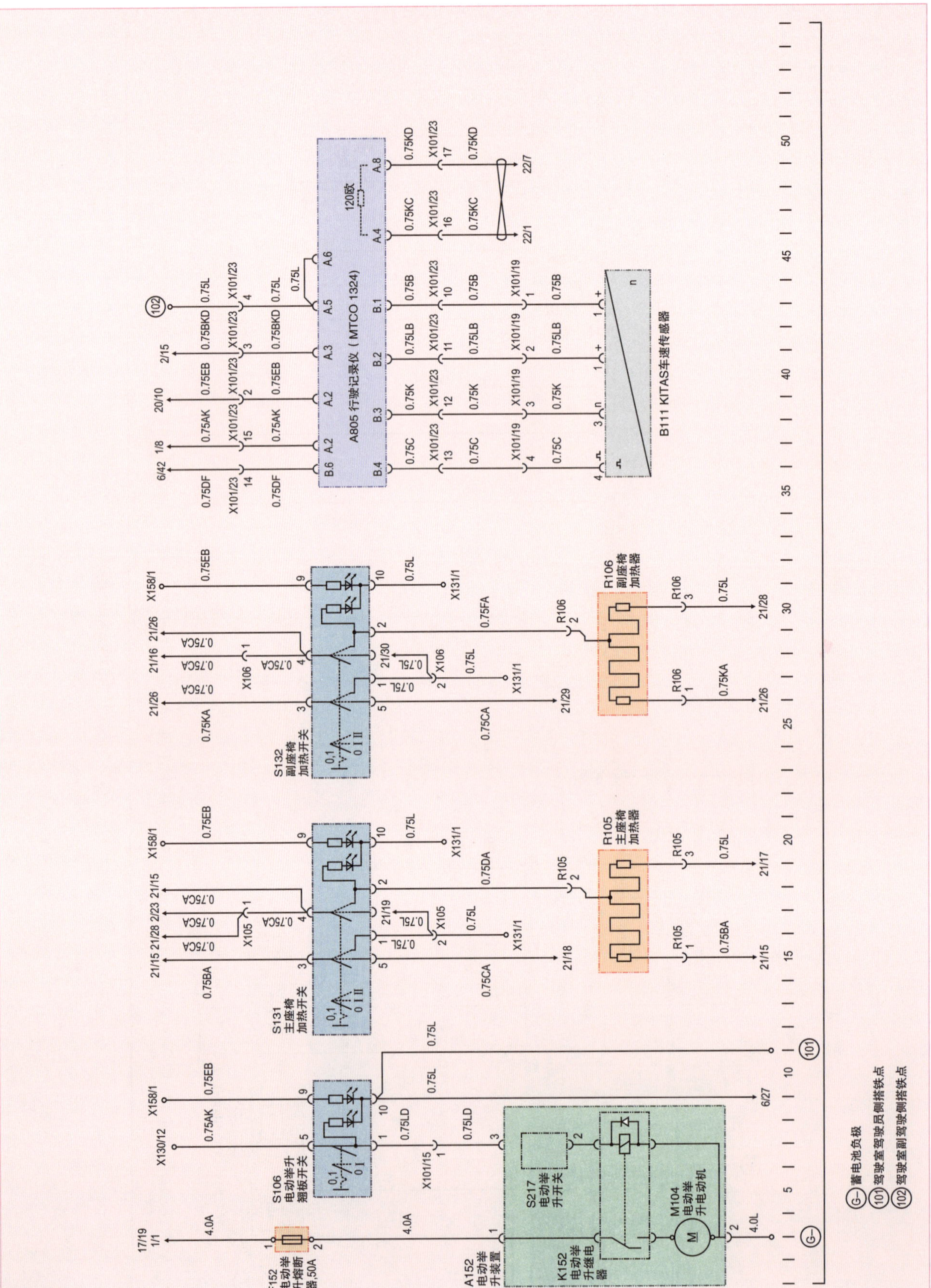

22. 整车CAN电路

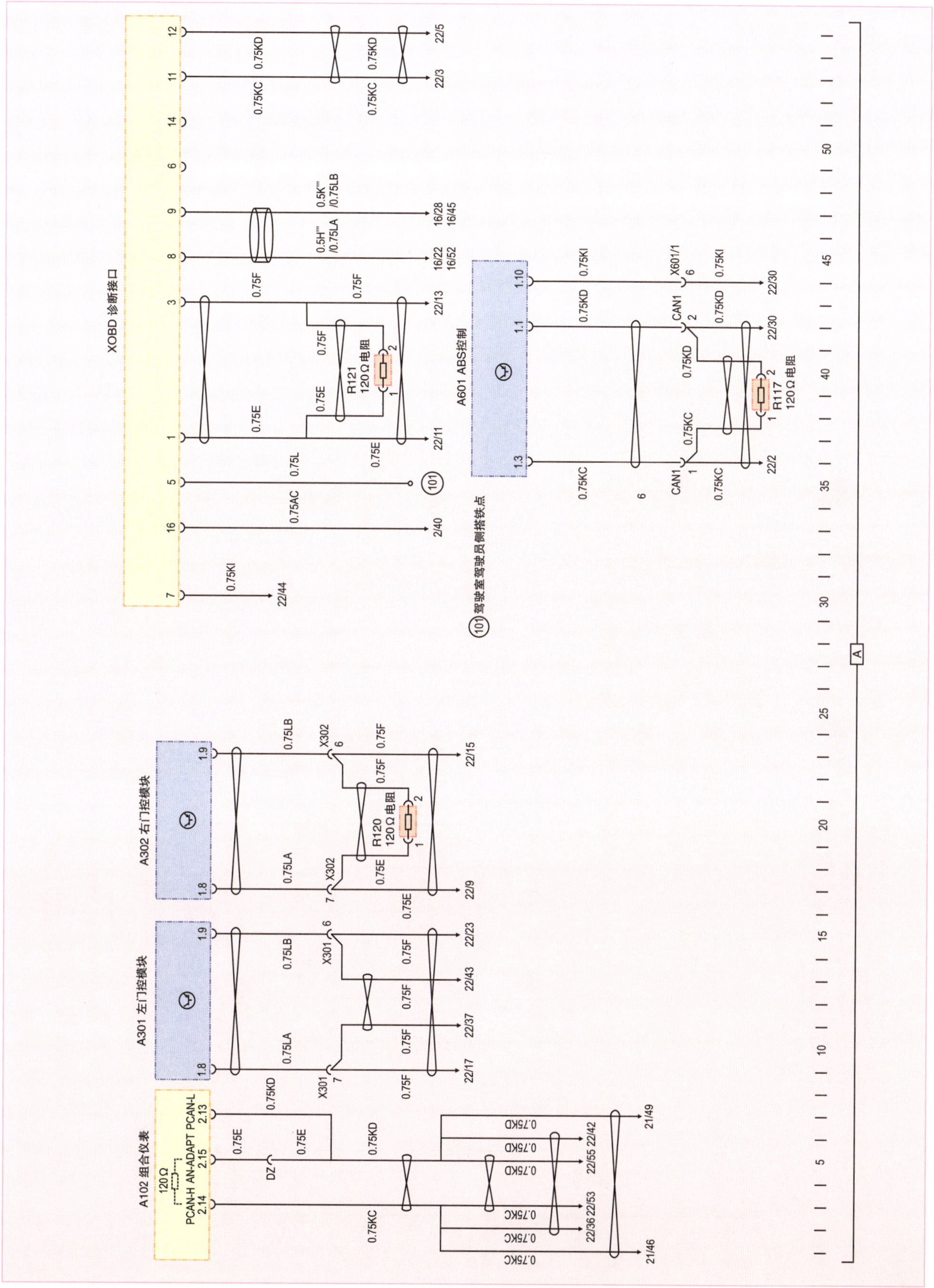
XOBD 诊断接口
A601 ABS控制
A302 右门控模块
A301 左门控模块
A102 组合仪表
PCAN-H AN-ADAPT PCAN-L
R121 120Ω 电阻
R117 120Ω 电阻
R120 120Ω 电阻
101 驾驶室驾驶员侧搭铁点

四、2011年A7-EGR车型整车电路图

1. 中央电气接线盒、蓄电池、发动机、起动机、雨刮电动机、电喇叭、气喇叭和点烟器电路

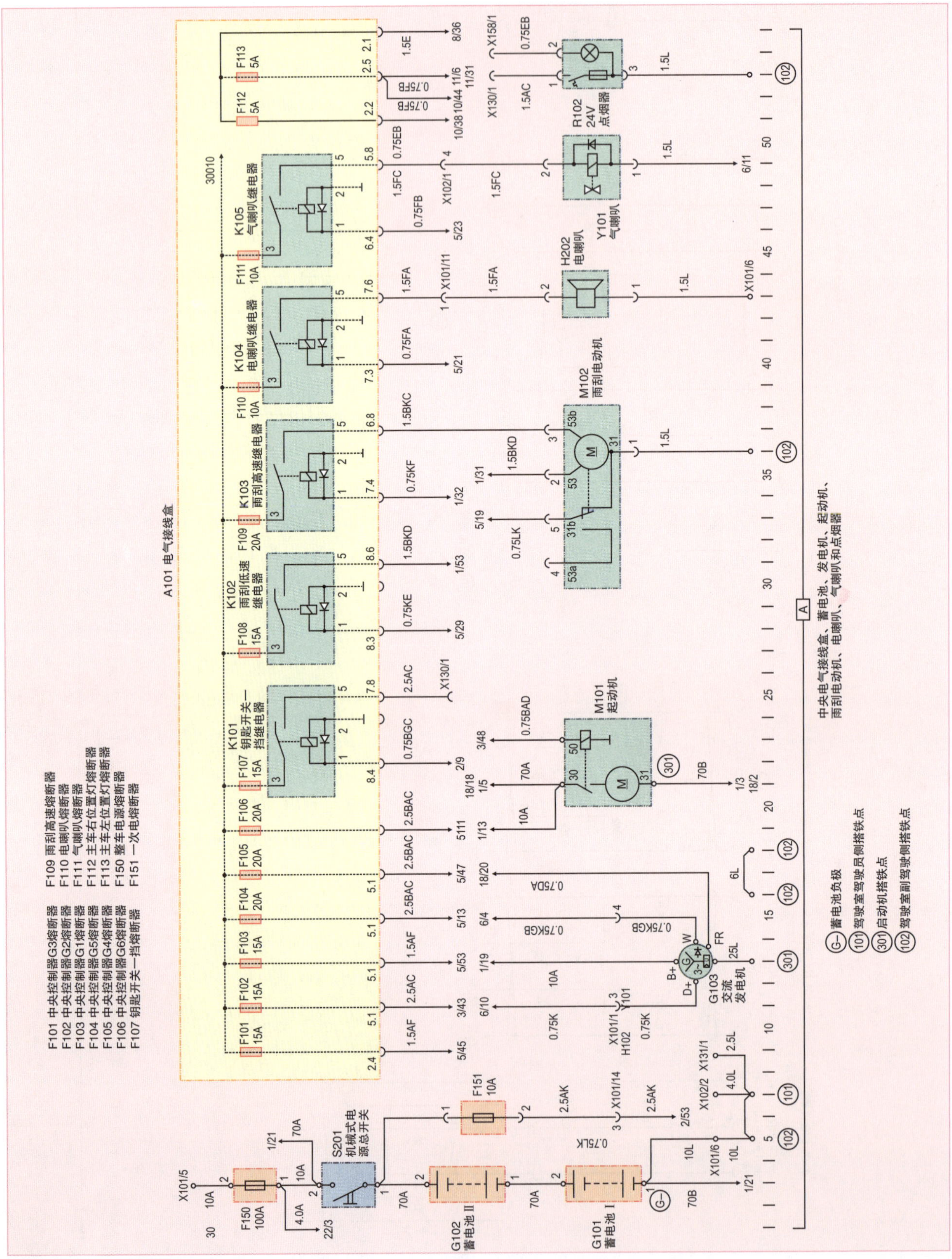

2. 中央电气接线盒和钥匙启动开关电路

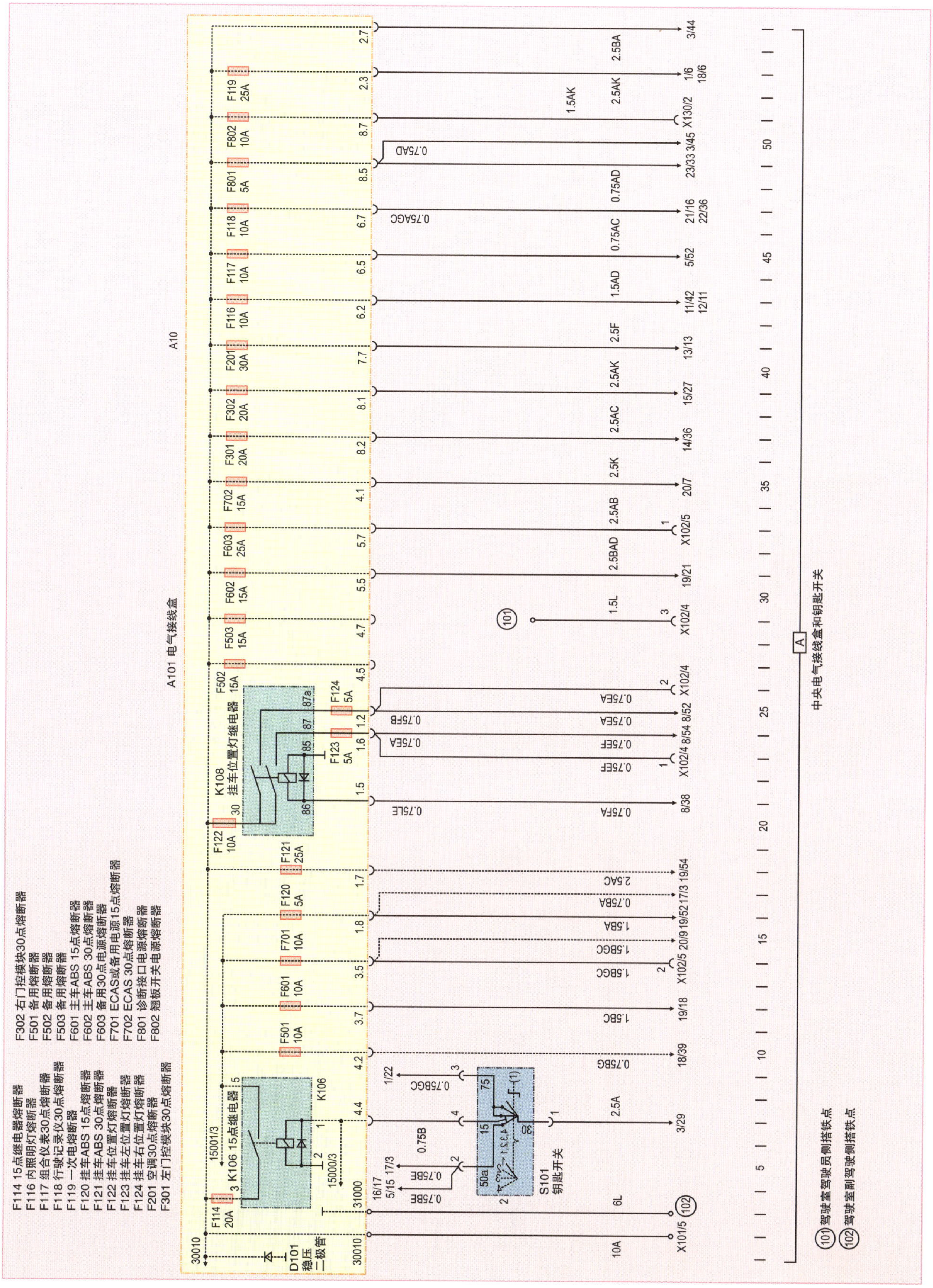

3. 中央电气接线盒、空气干燥器电路

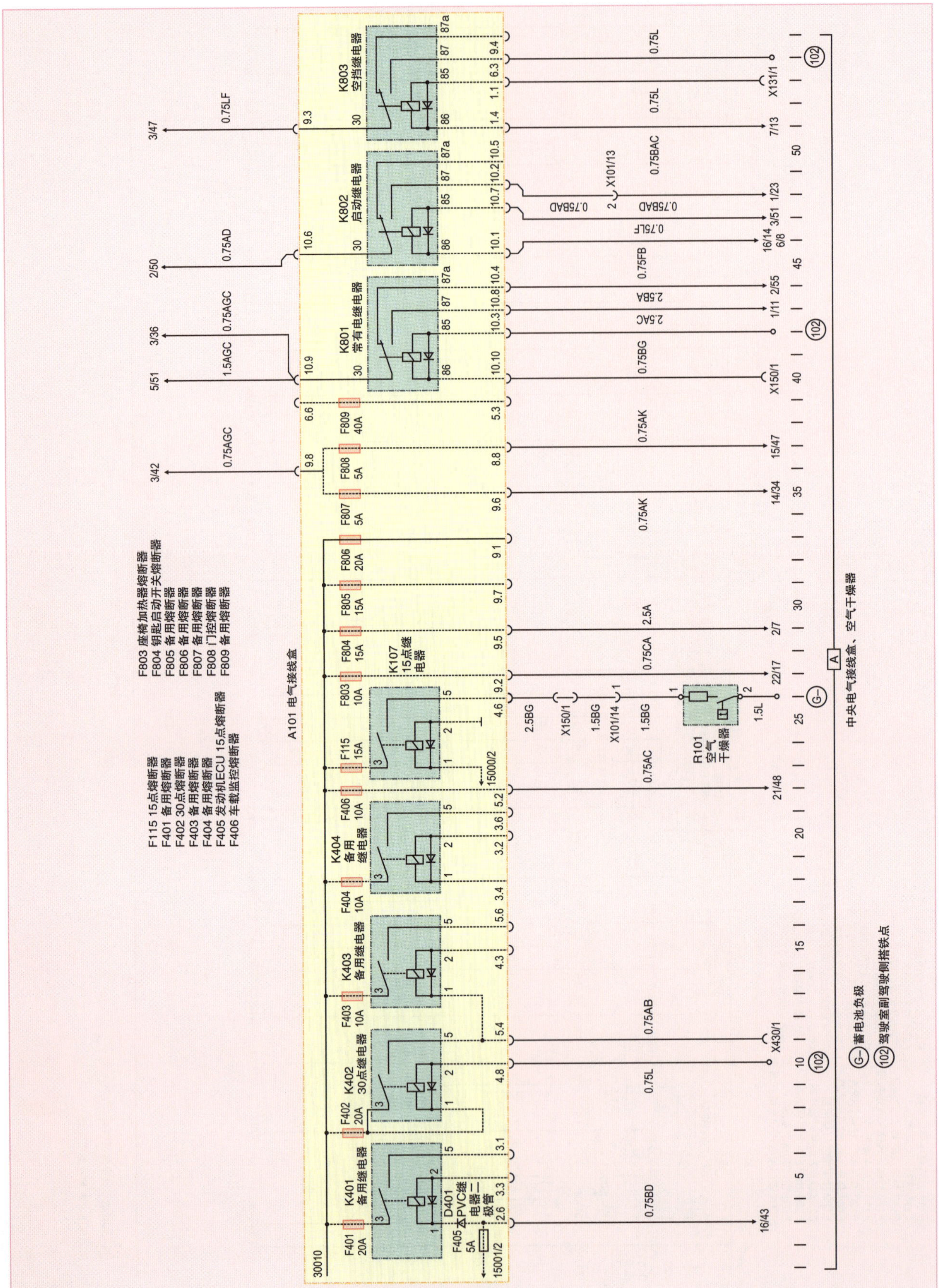

4. 组合仪表、灯光/雨刮组合开关、灯光旋钮、仪表菜单旋钮及翘板开关电路

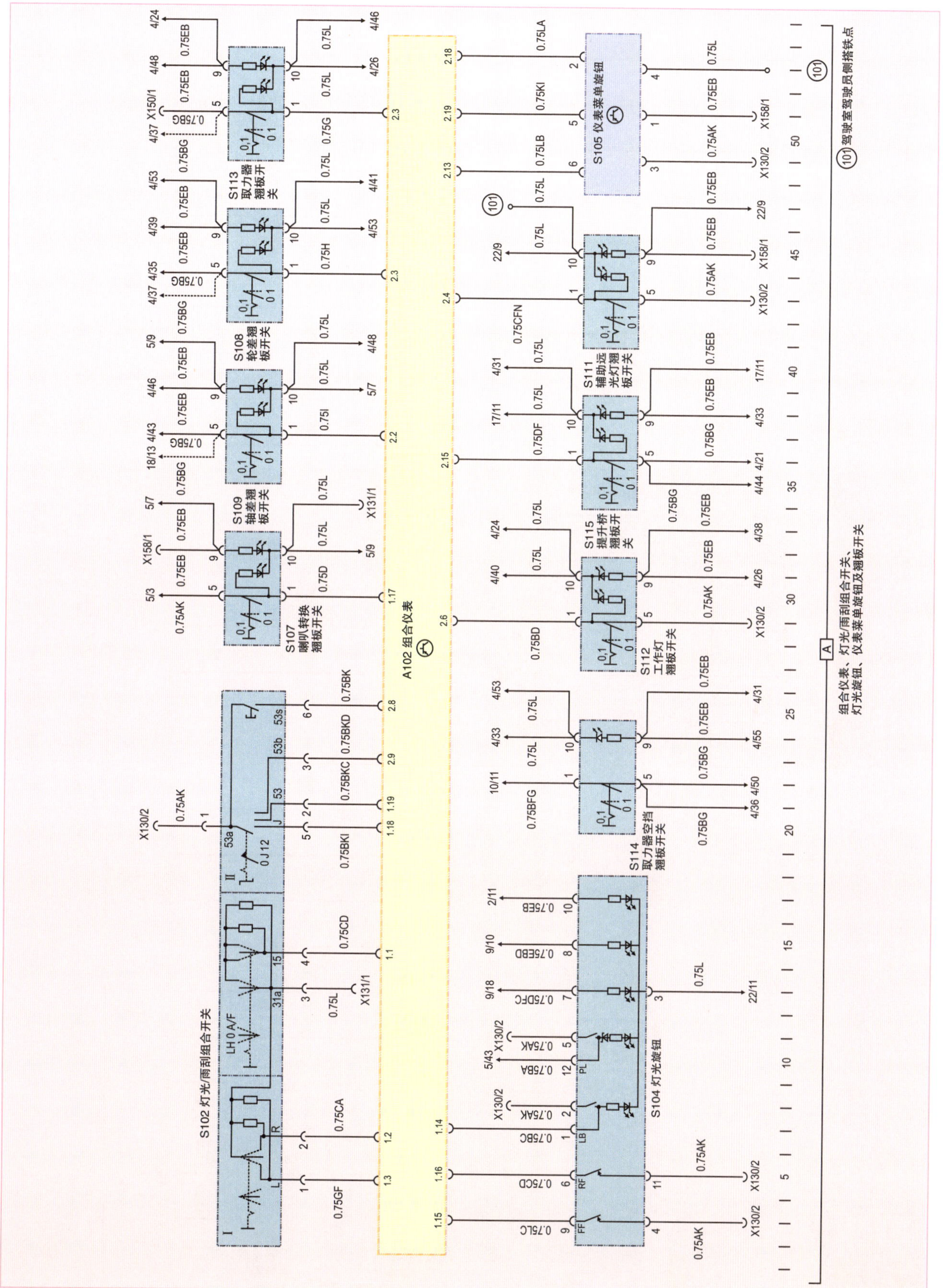

5. 组合仪表、喇叭开关及翘板开关电路

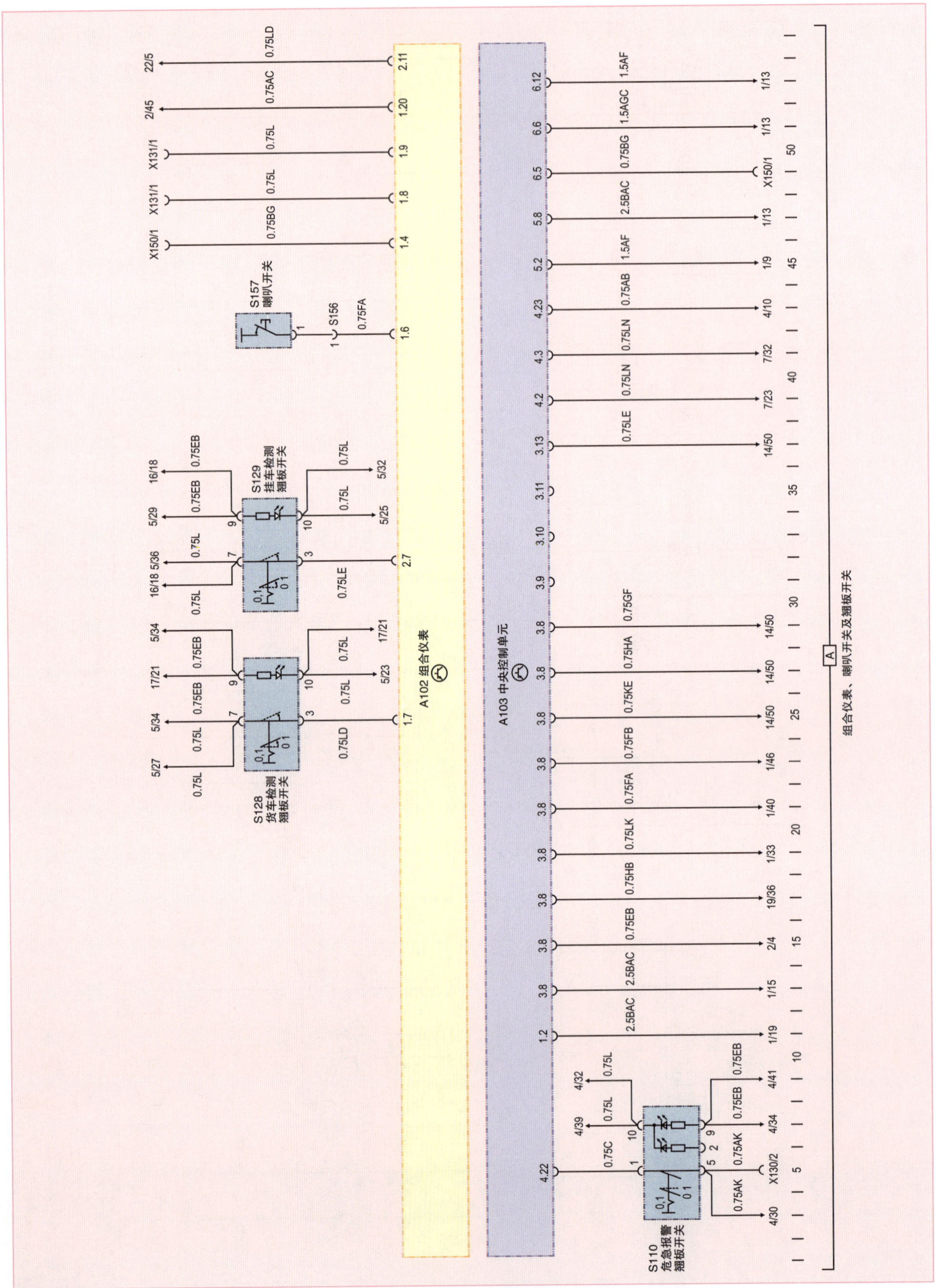

6. 中央控制单元及信号开关电路（一）

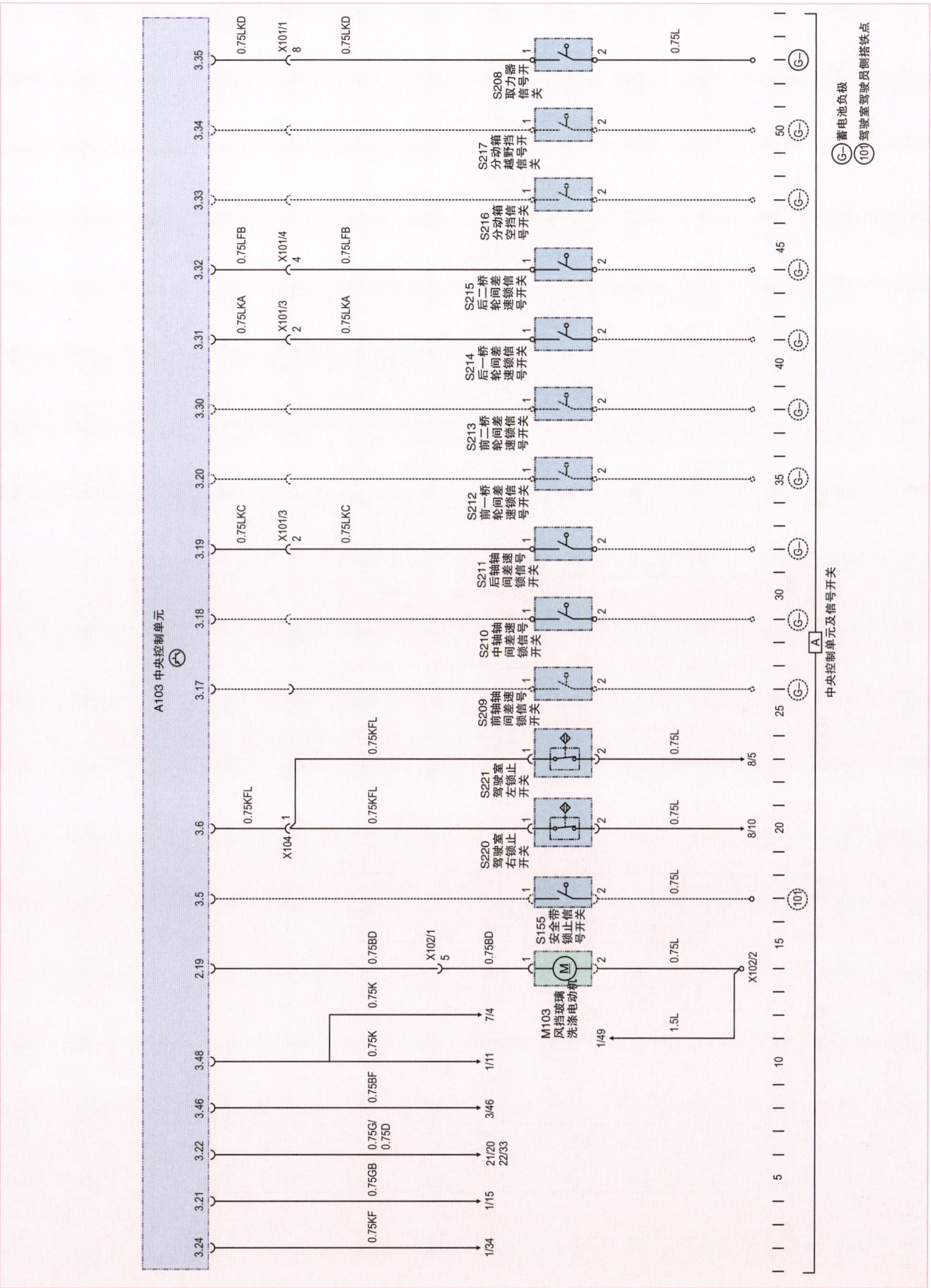

7. 中央控制单元及信号开关电路（二）

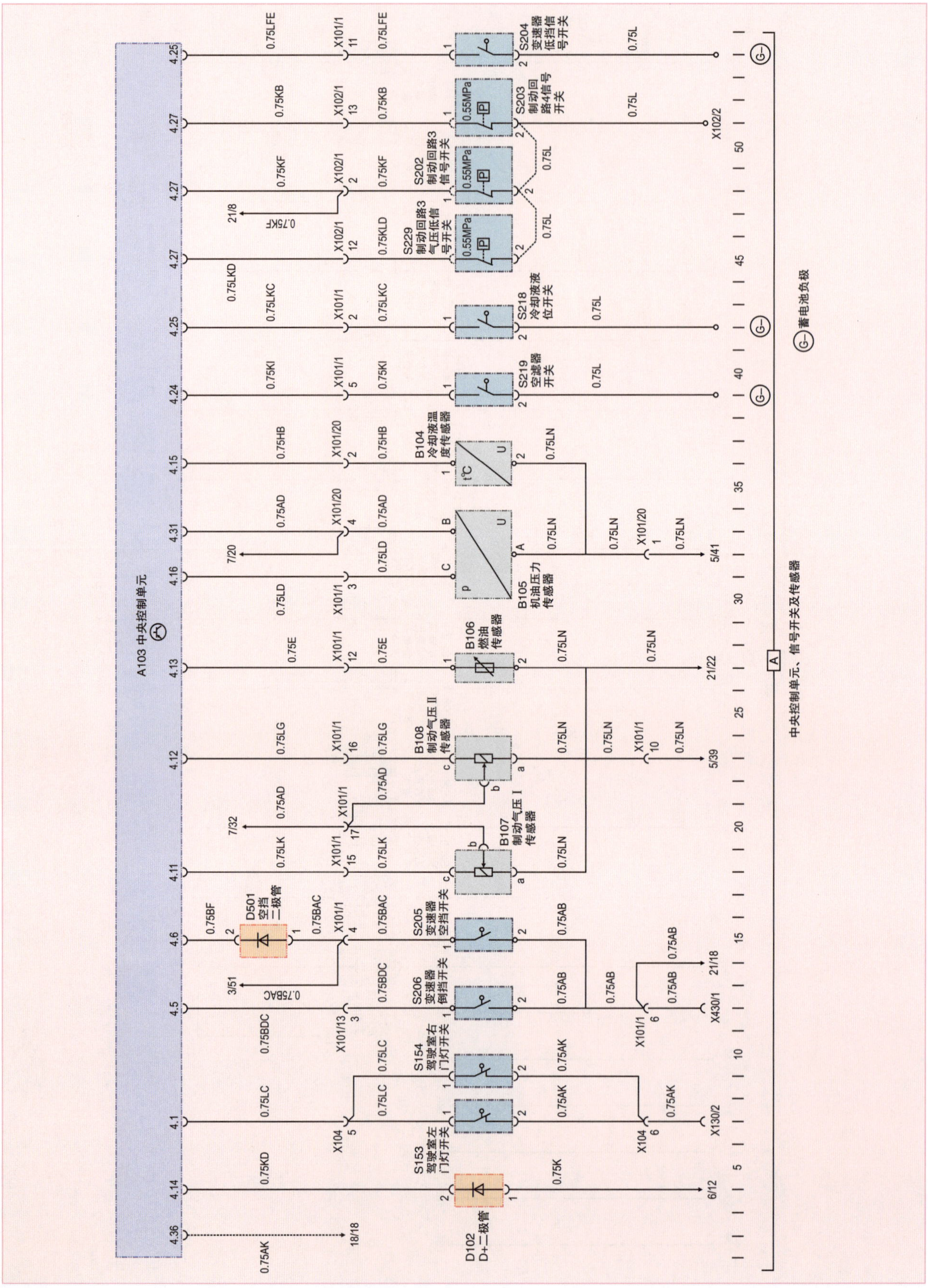

8. 中央控制单元、主车灯光及挂车插座电路

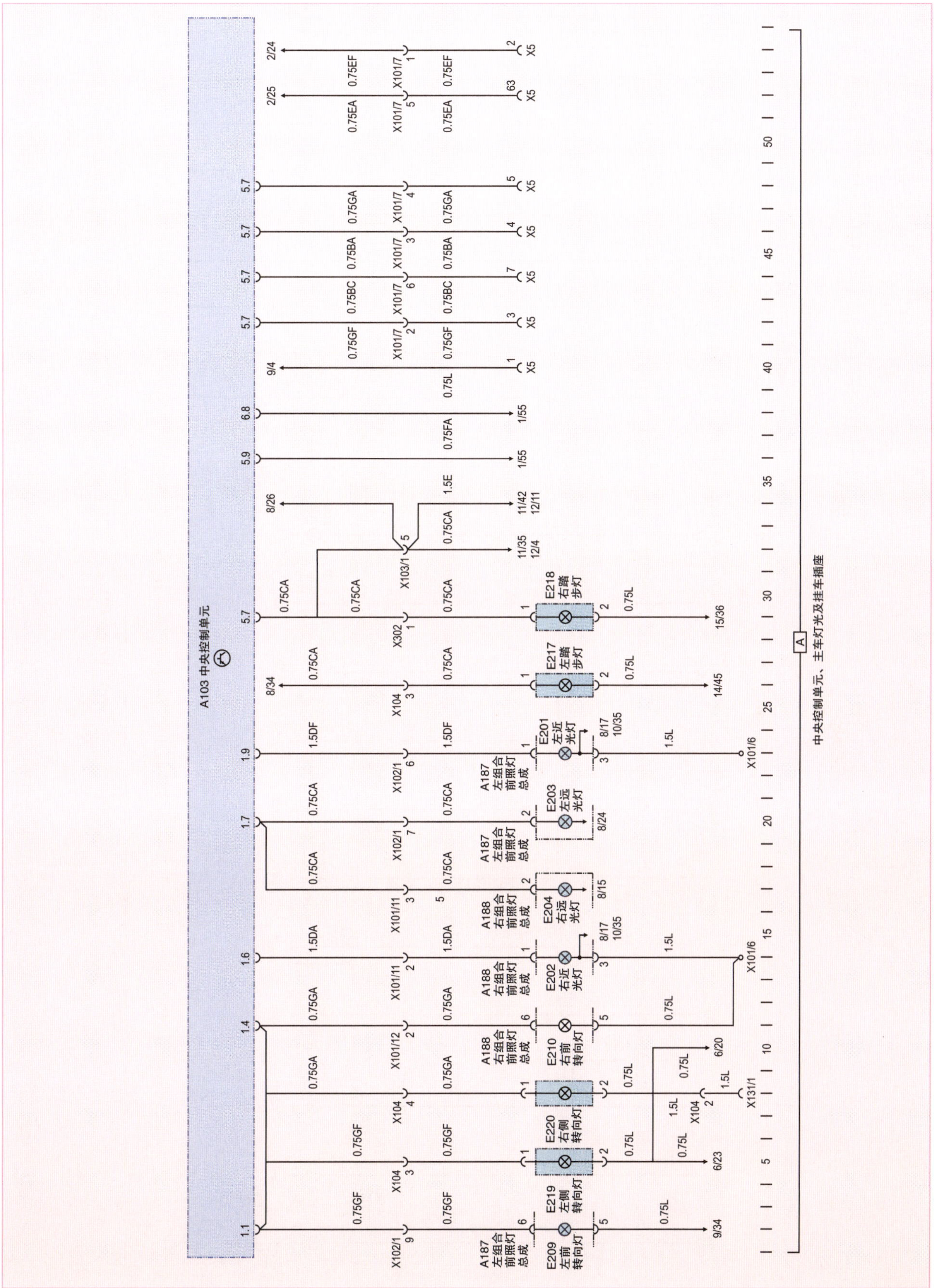

9. 中央控制单元、主车灯光电路

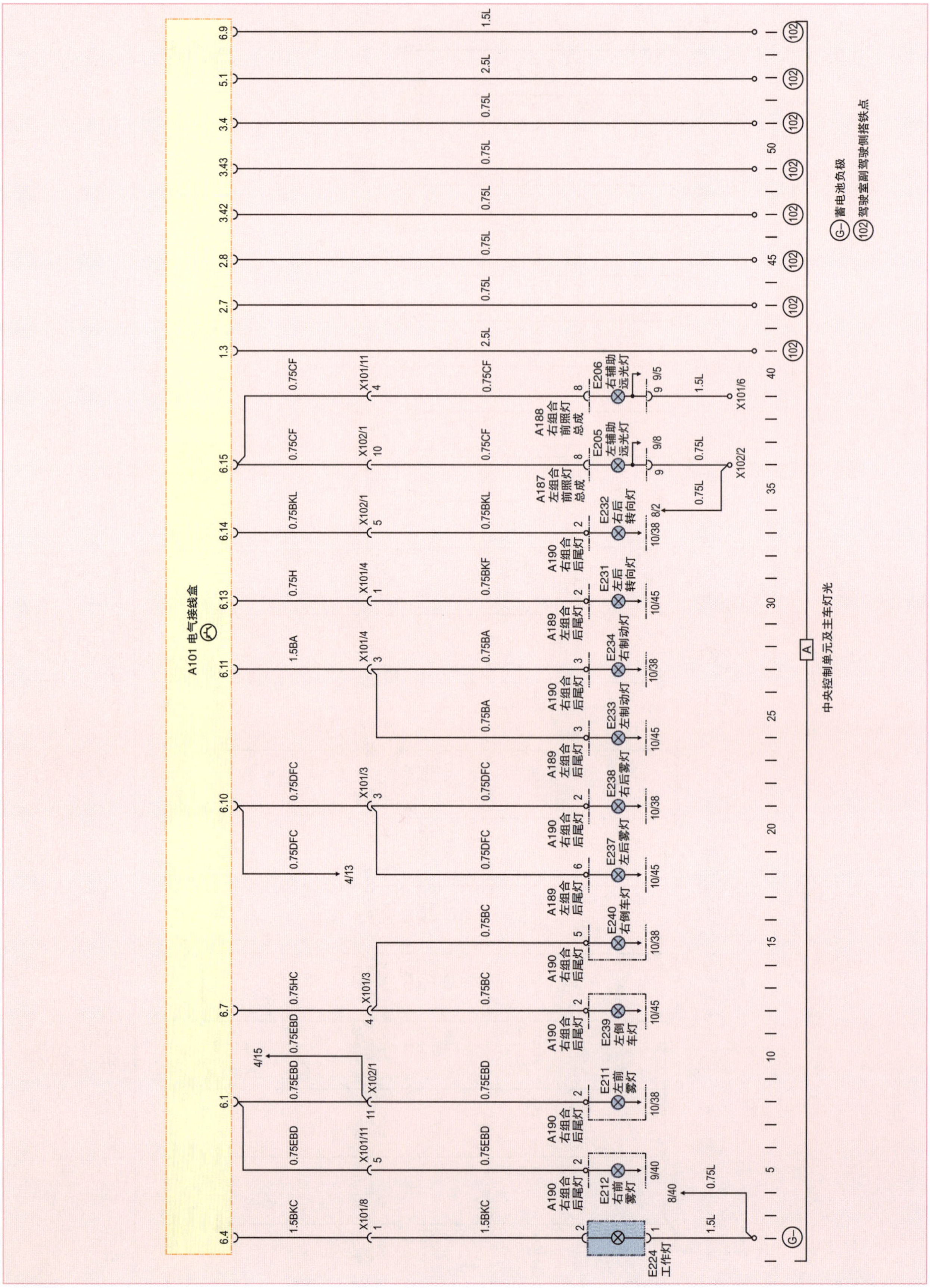

10. 中央控制单元及电磁阀电路

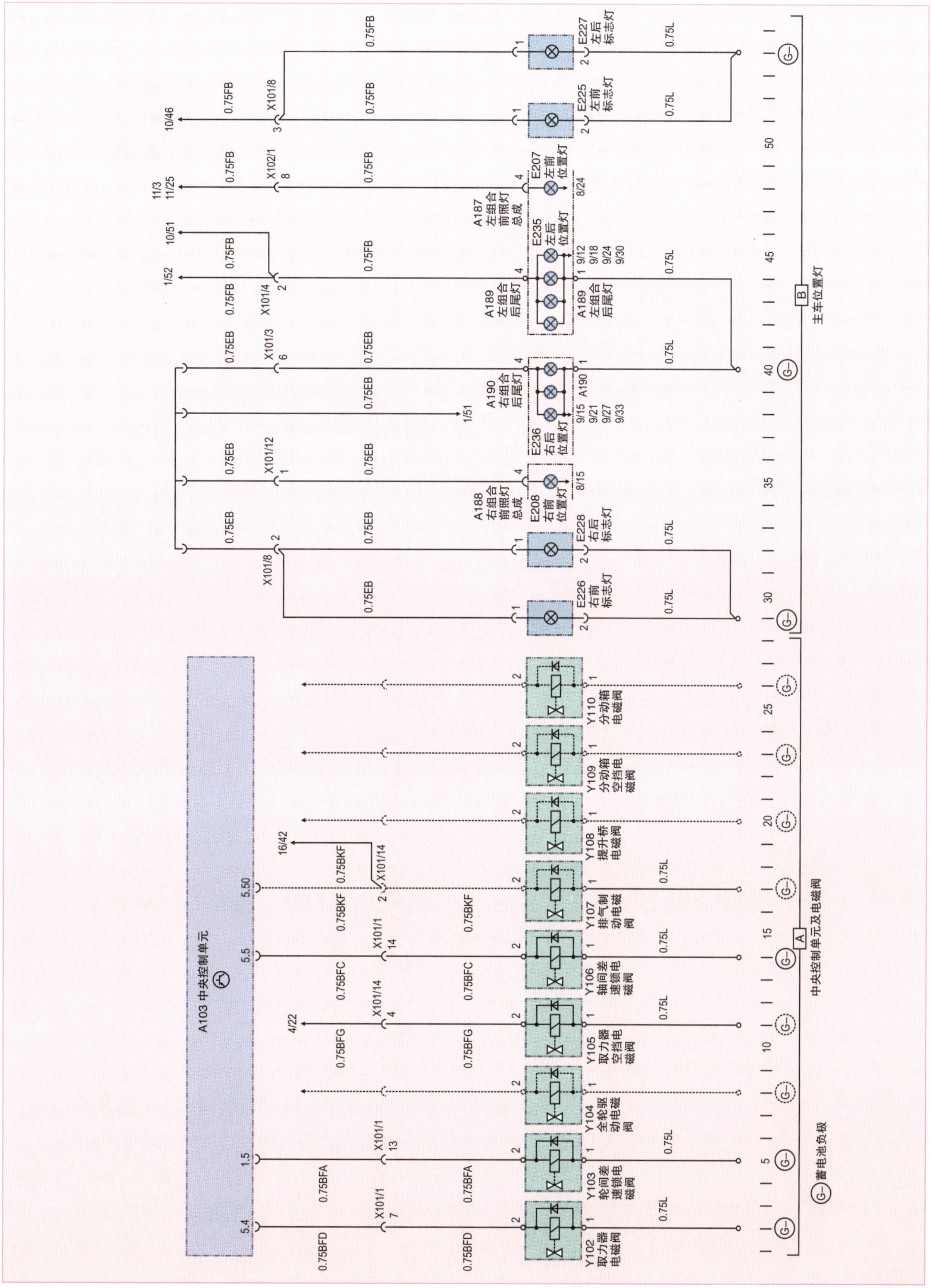

11. 标准驾驶室示廓灯、标准驾驶室内照明灯电路

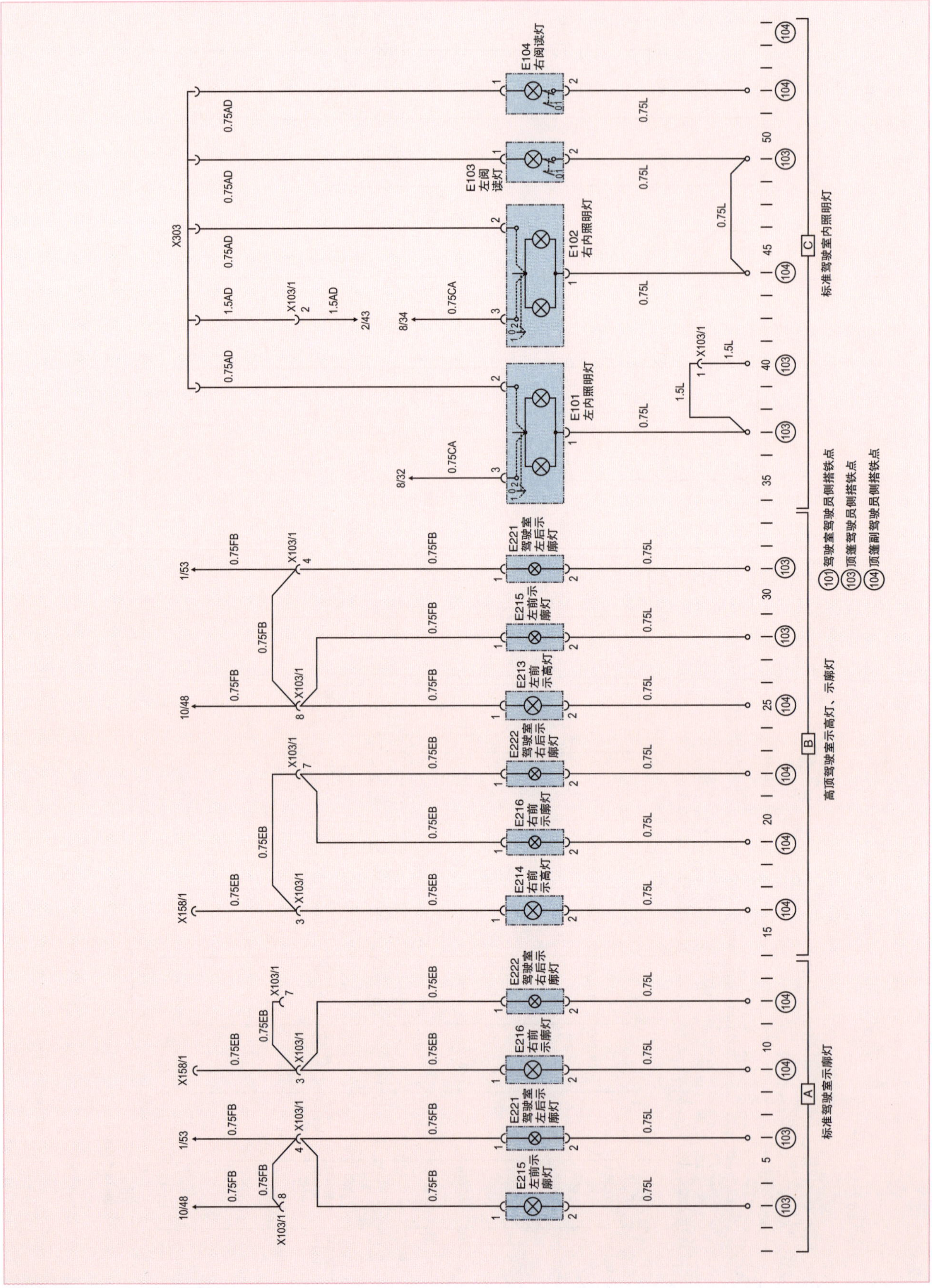

12. 高顶驾驶室内部照明灯、警示灯电路

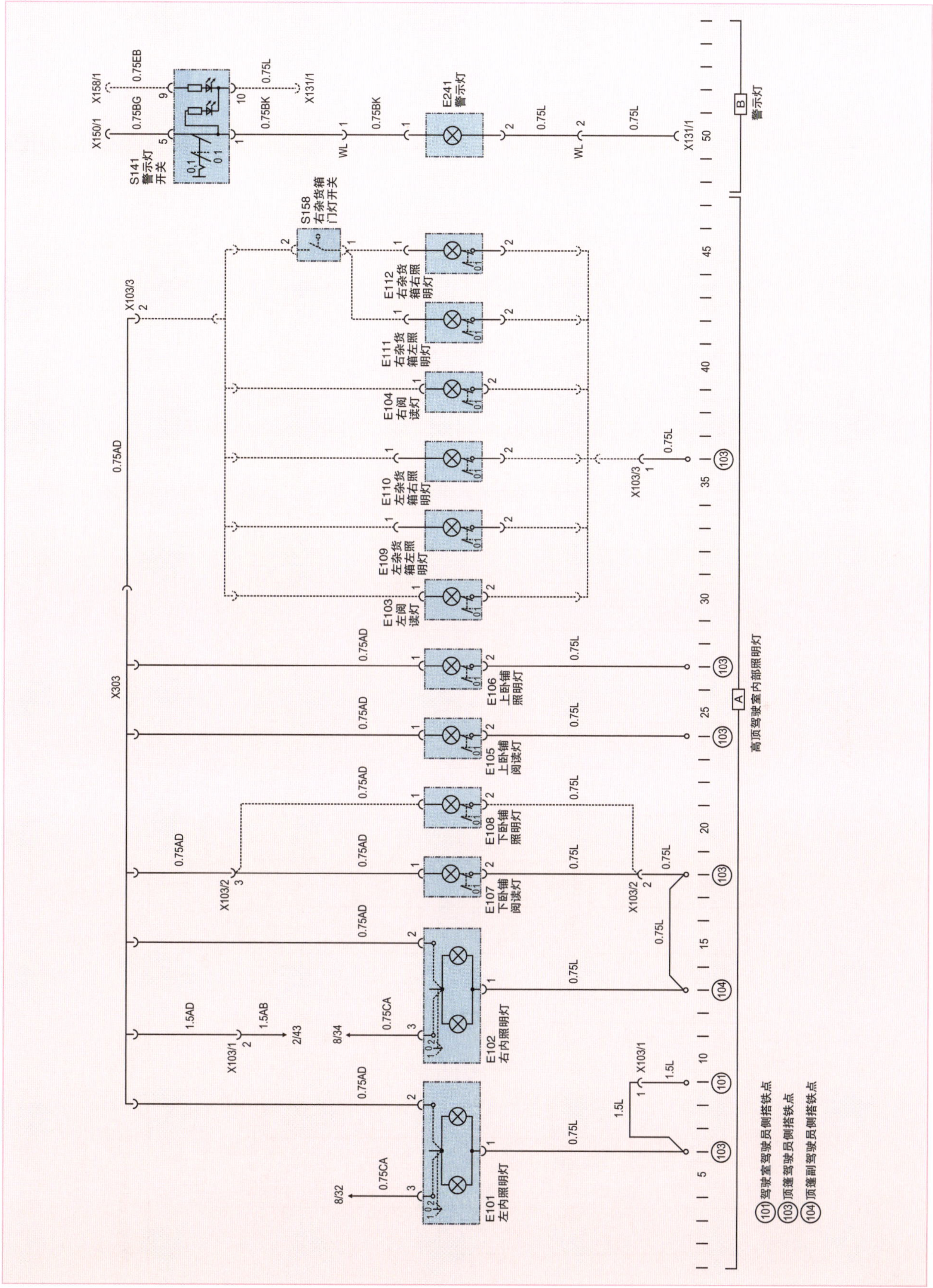

13. 空调控制模块外围电路

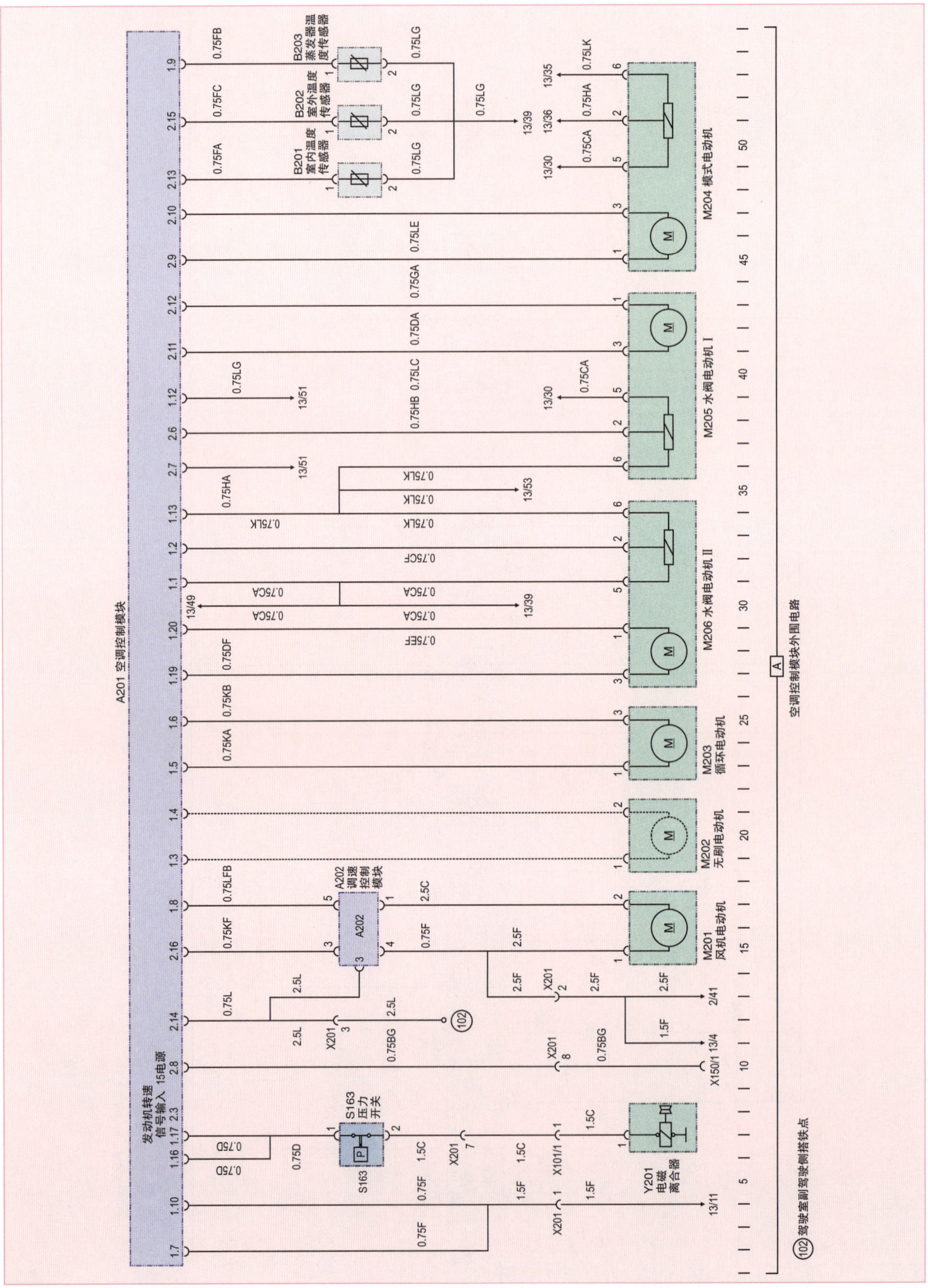

14. 驾驶员侧门模块外围电路

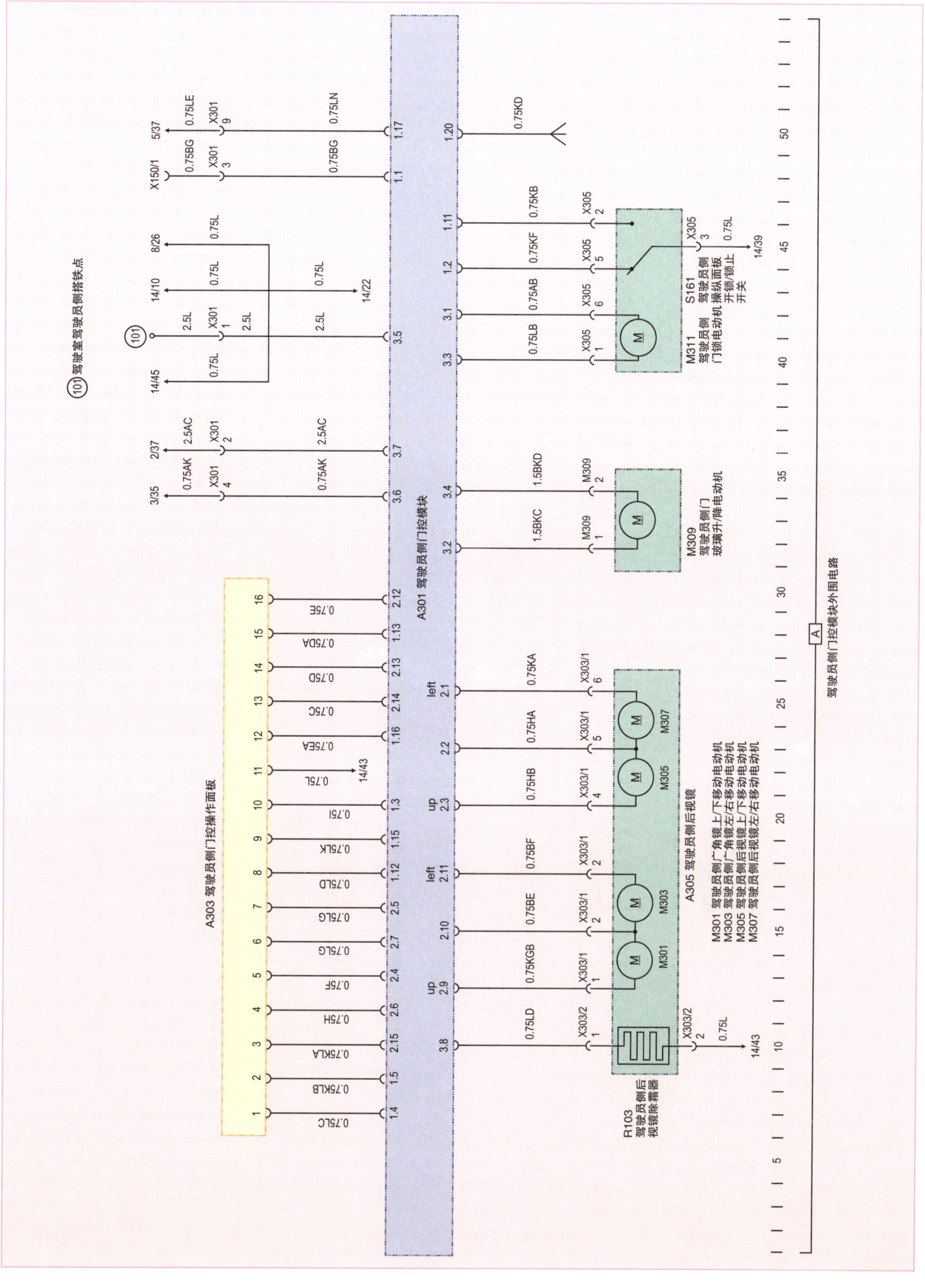

15. 右门控制模块外围电路

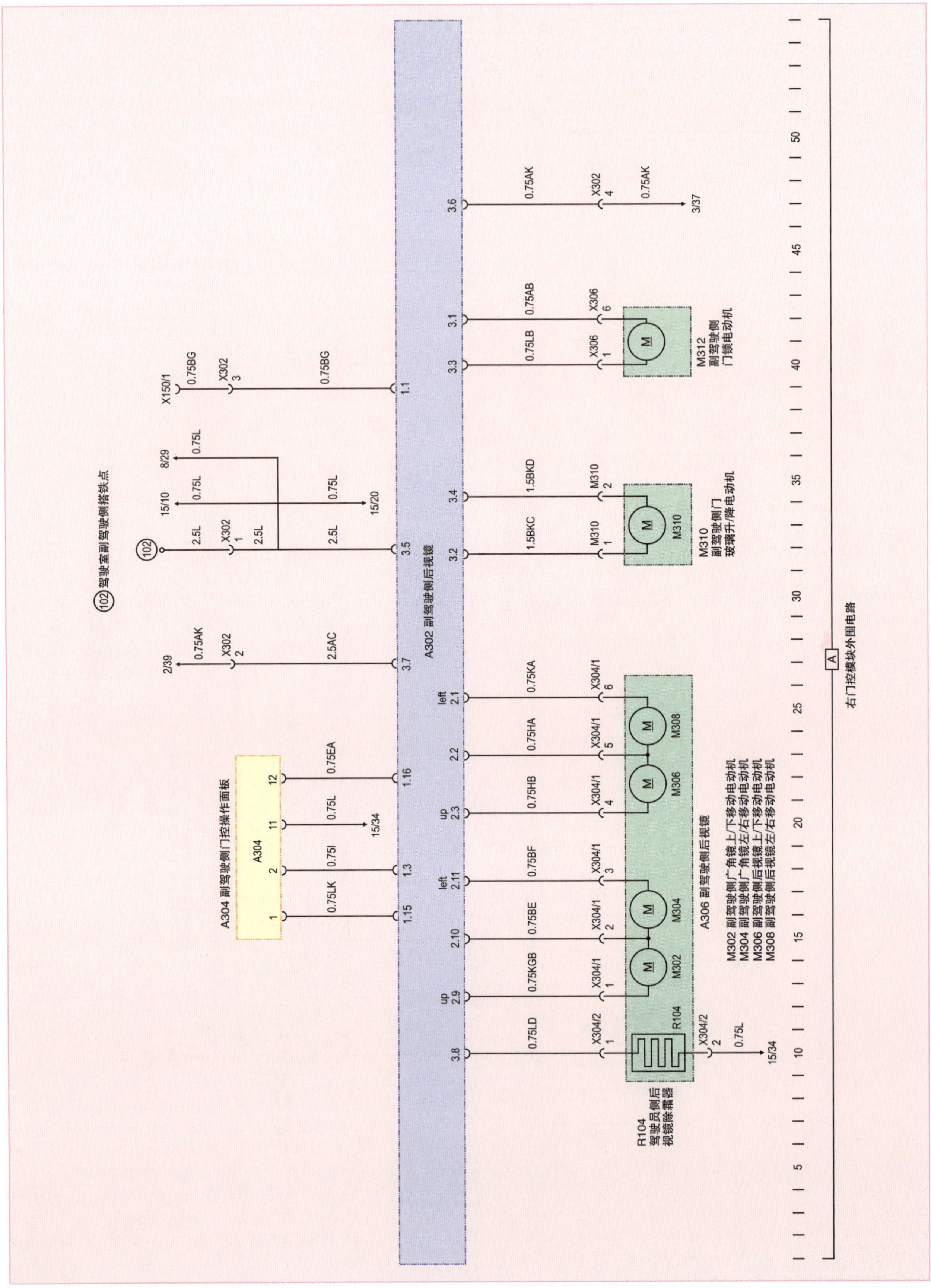

16. EGR发动机ECU外围电路

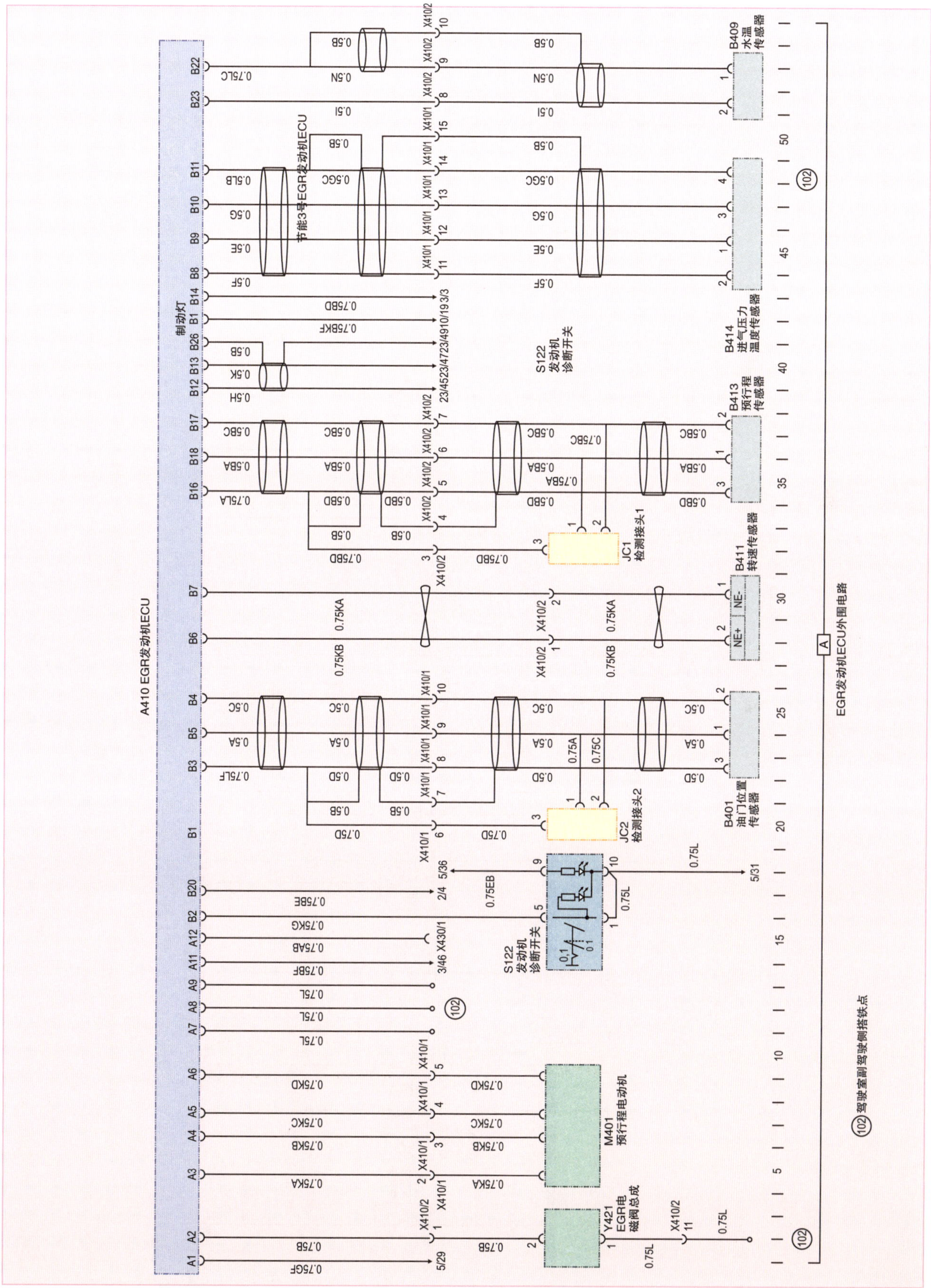

17. 排气制动、主车制动开关和车下启动、发动机预热、离合器开关、节能3号发动机控制器外围电路

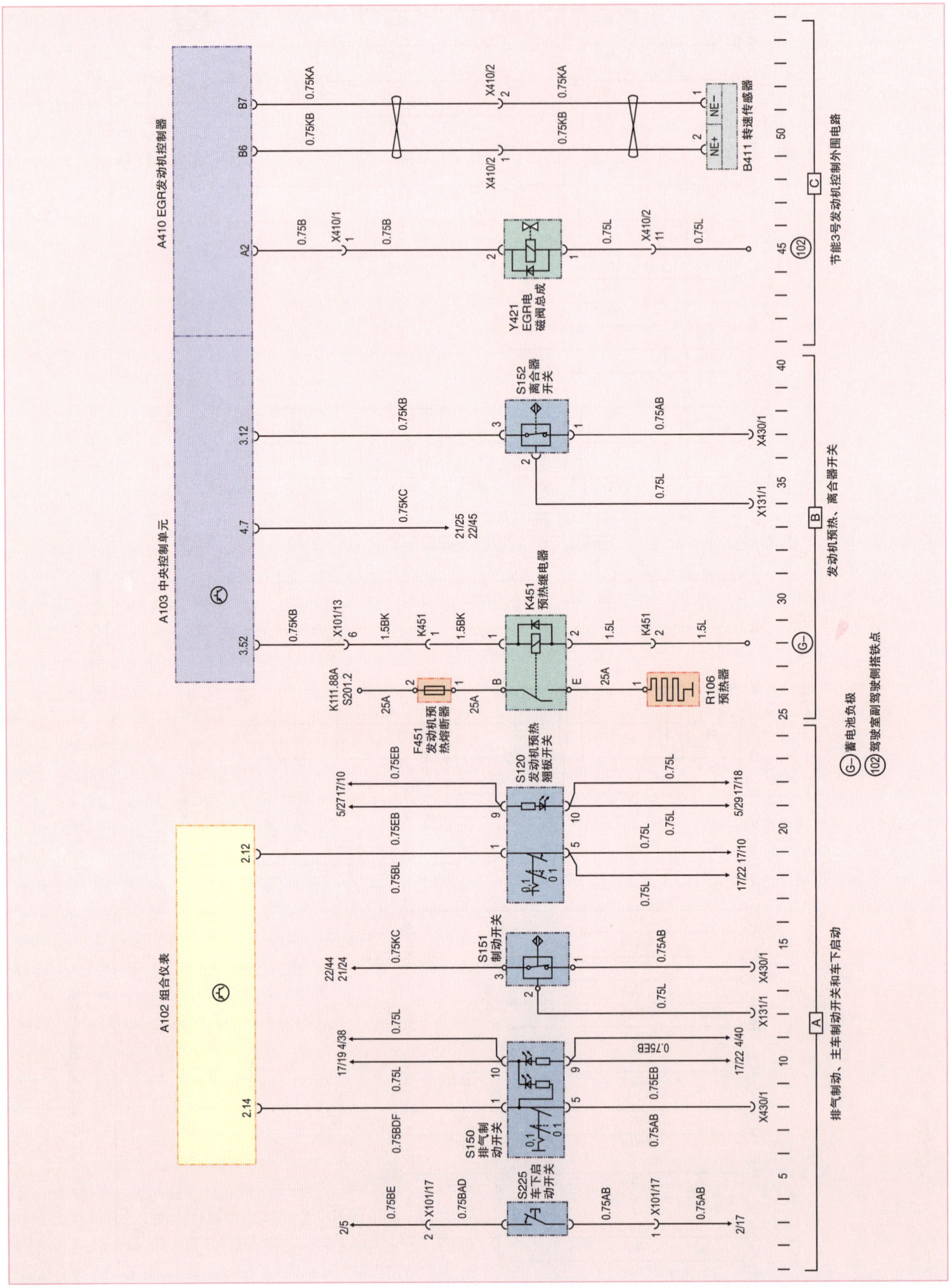

18. ADR控制器外围、车辆限制装置外围电路

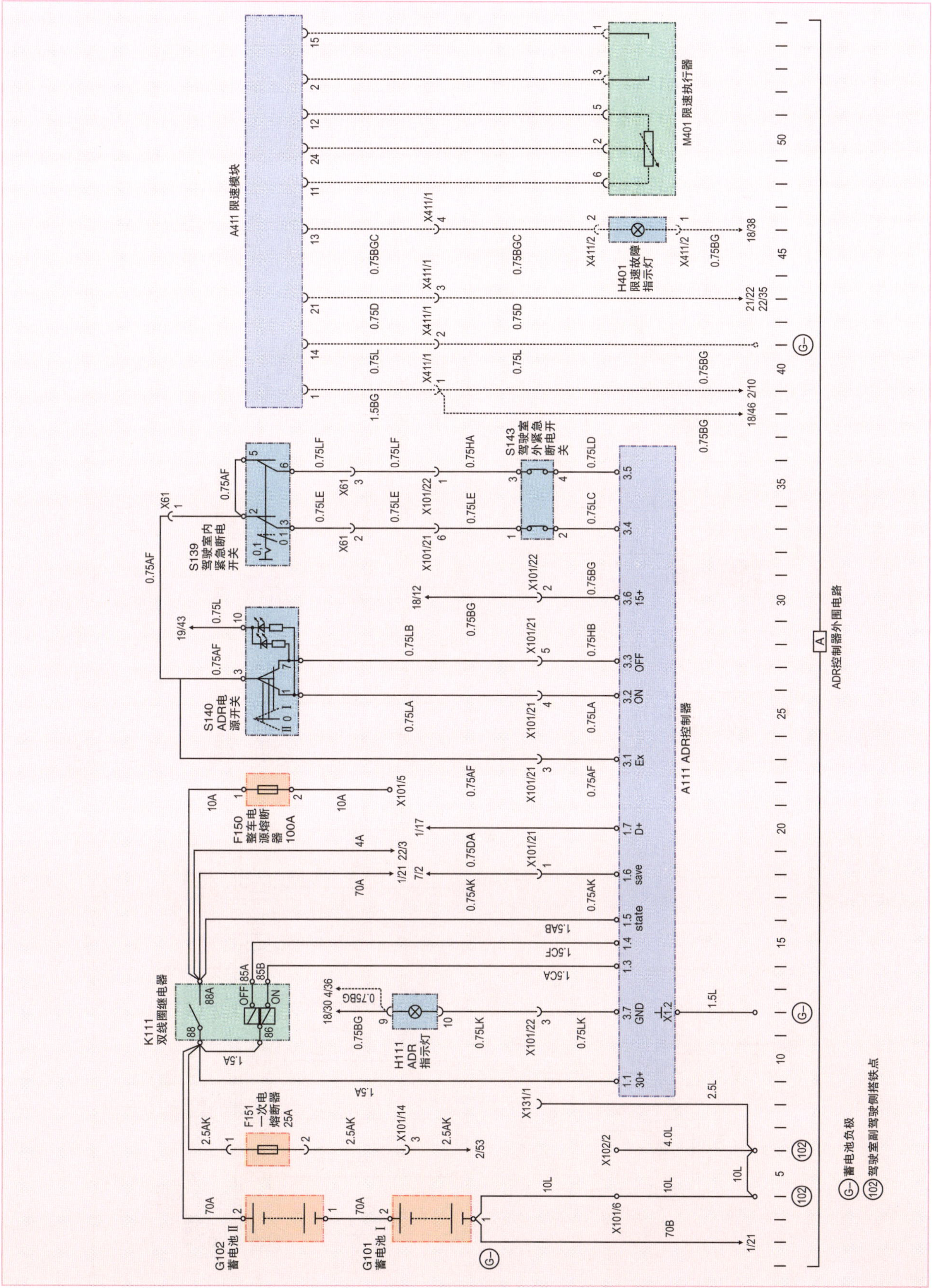

19. ABS E-VERSION BASIC 4S/4M WABCO电路

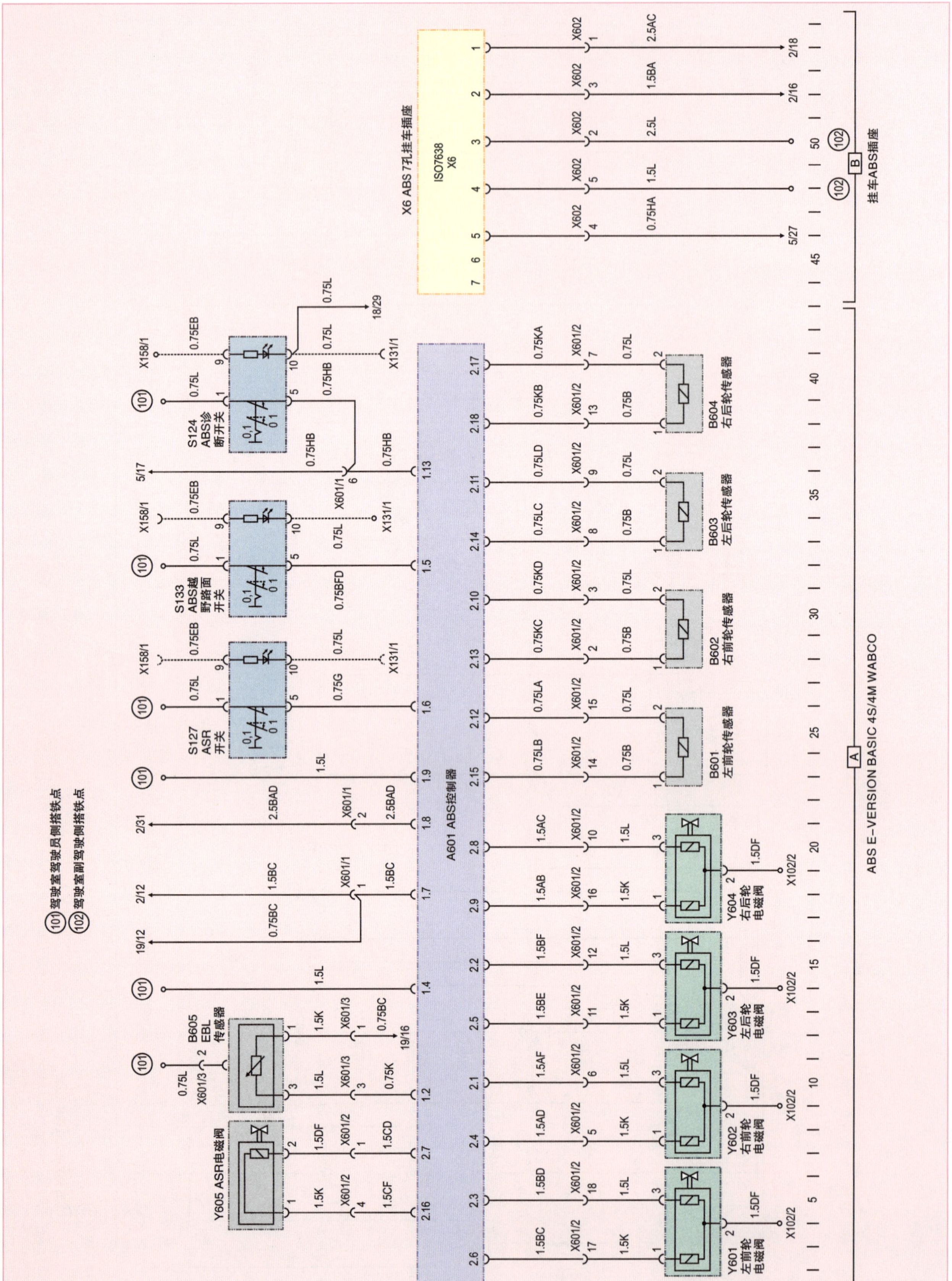

20. ECAS BASIC 6 × 2 DA+LA WABCO

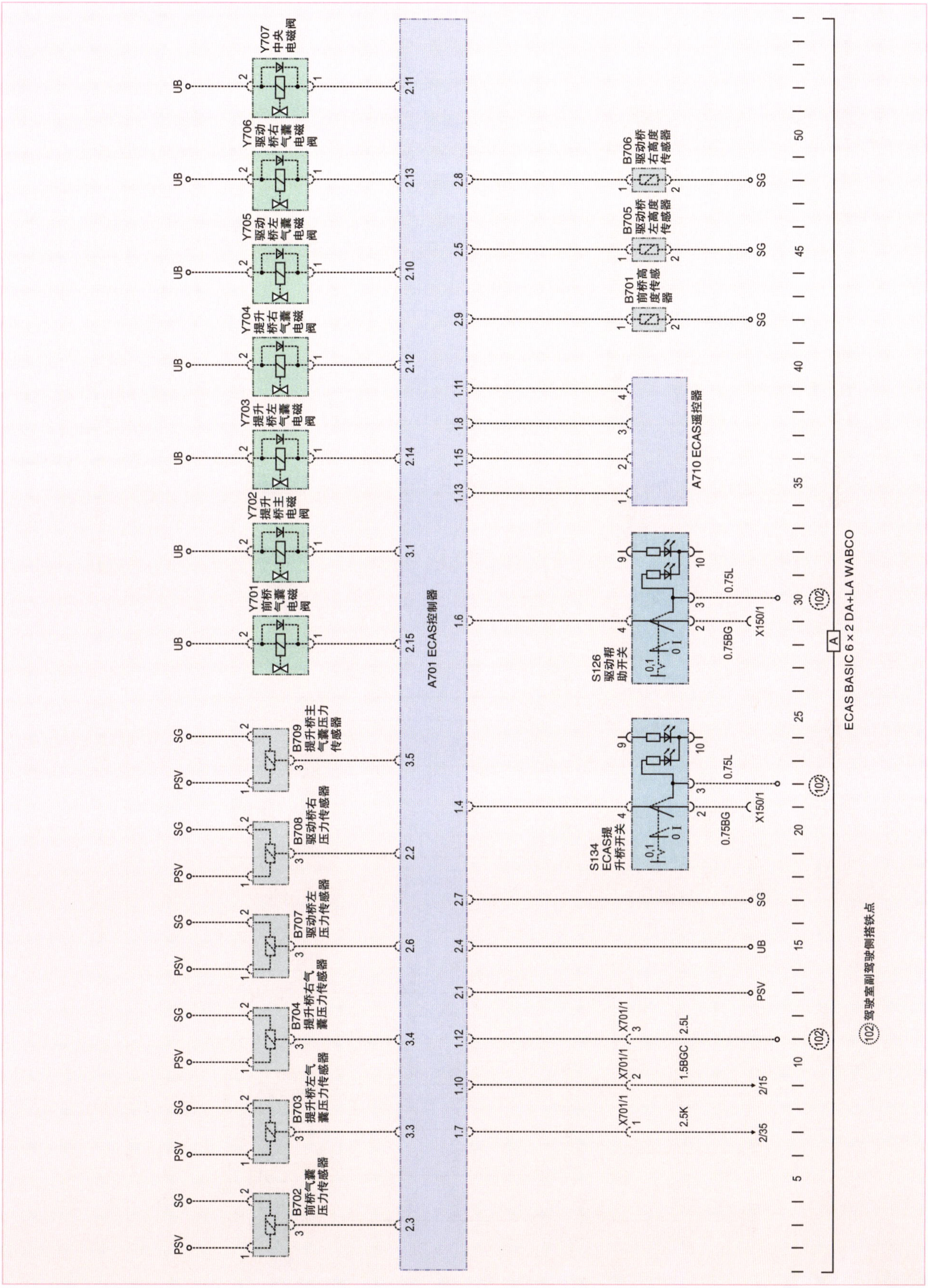

21. MP5外围电路、备用电源及过电压报警、行驶记录仪外围电路、车用管理系统

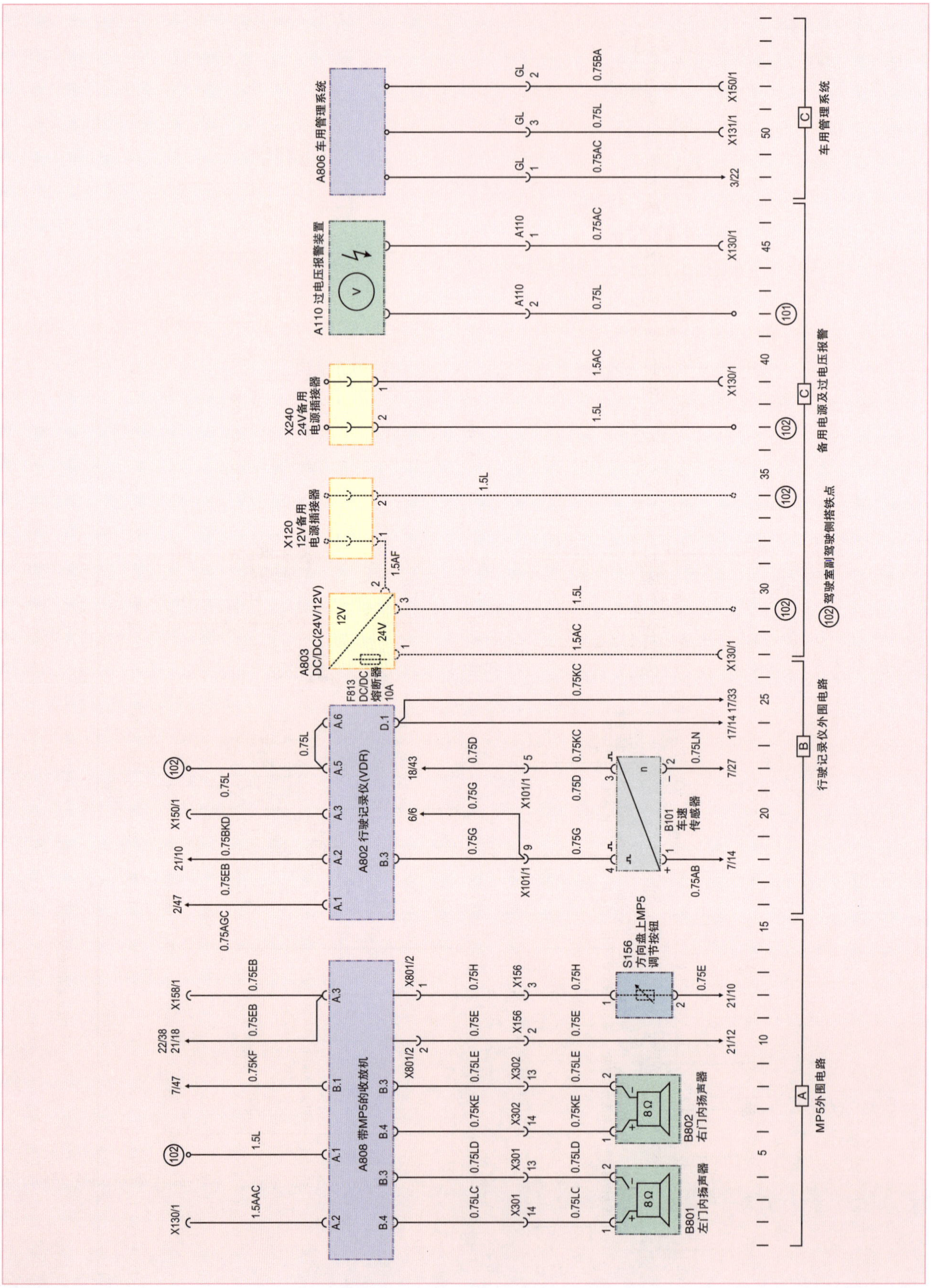

22. 电动举升、座椅电加热、纸盘式行驶记录仪（MTCO 1324）

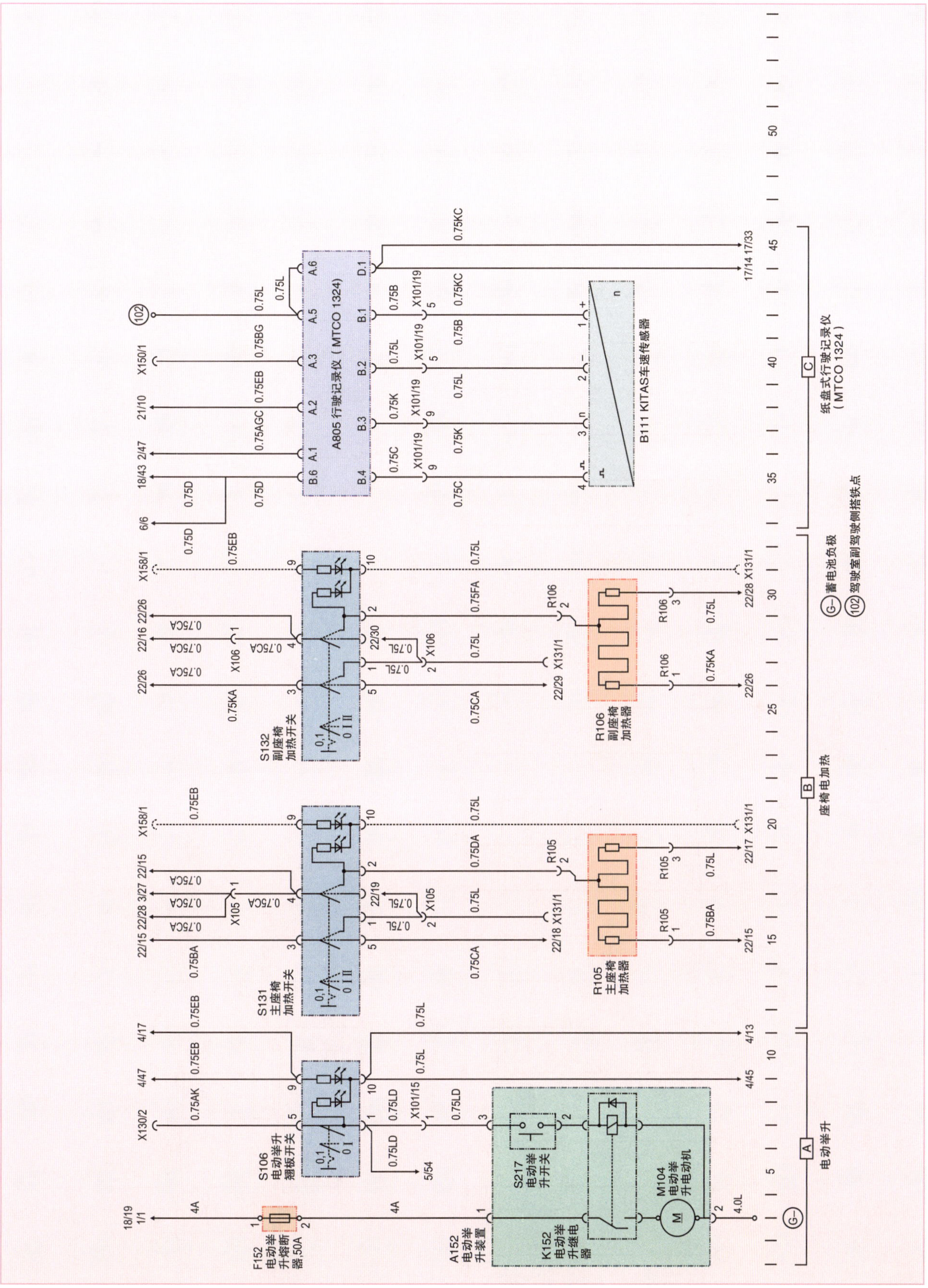

23. 整车CAN

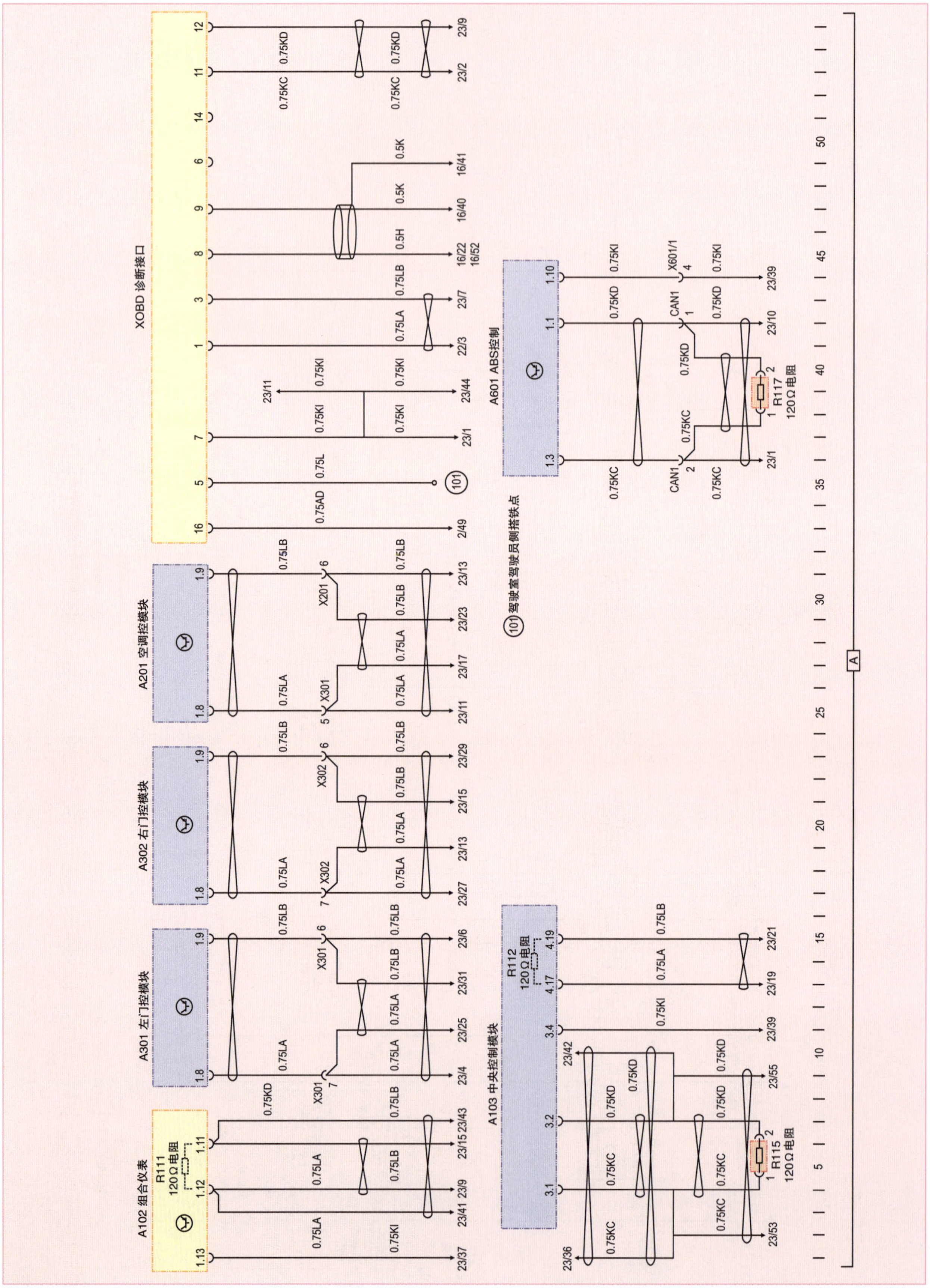
XOBD 诊断接口
A601 ABS控制
A201 空调控制模块
A302 右门控制模块
A301 左门控制模块
A102 组合仪表
A103 中央控制模块
101 驾驶室驾驶员侧搭铁点
R111 120Ω电阻
R112 120Ω电阻
R115 120Ω电阻
R117 120Ω电阻

第二章 陕汽

一、德龙F3000系列重型载货汽车整车电路图

1. CBCU电源电路

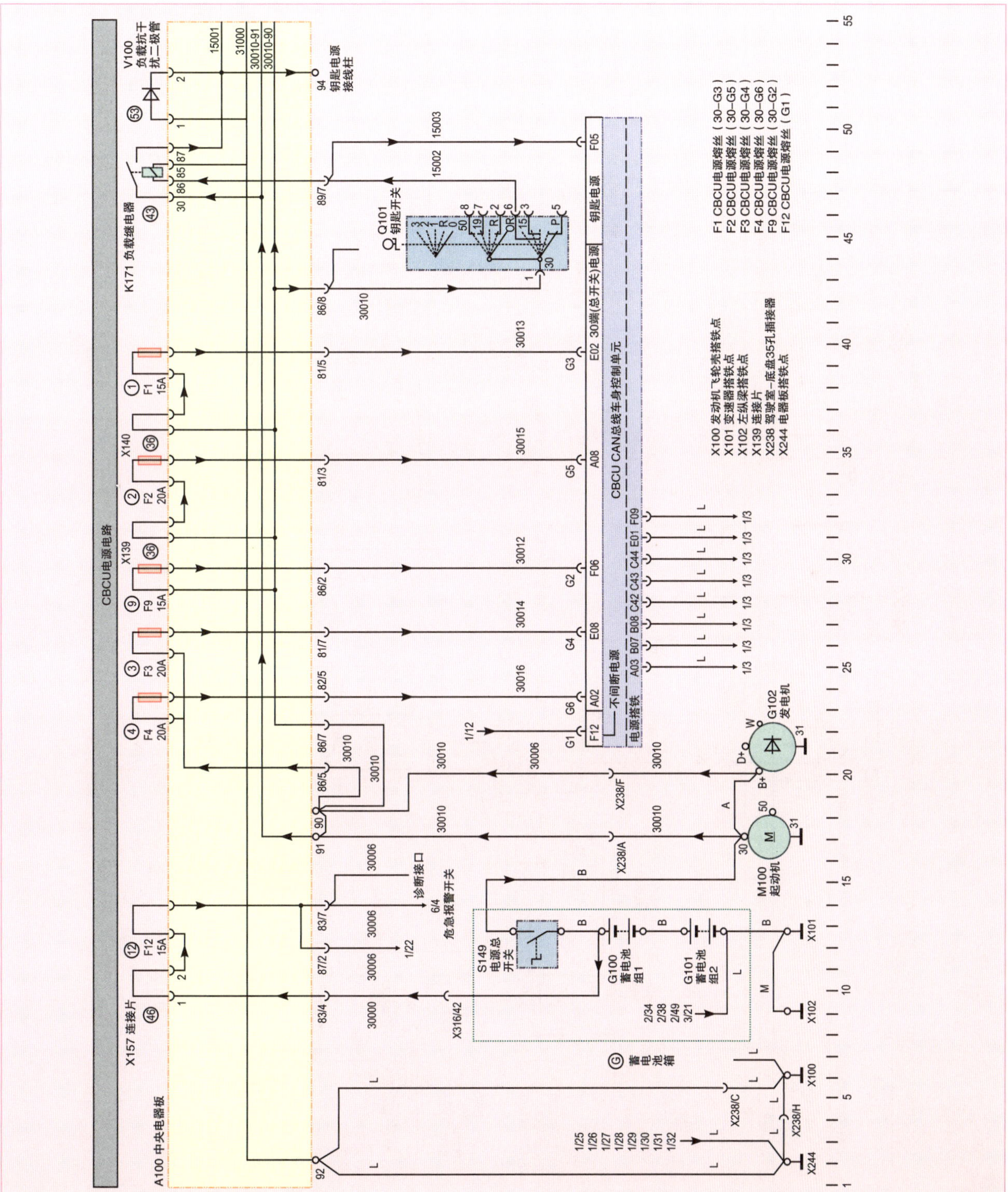

2. 前照灯及位置灯

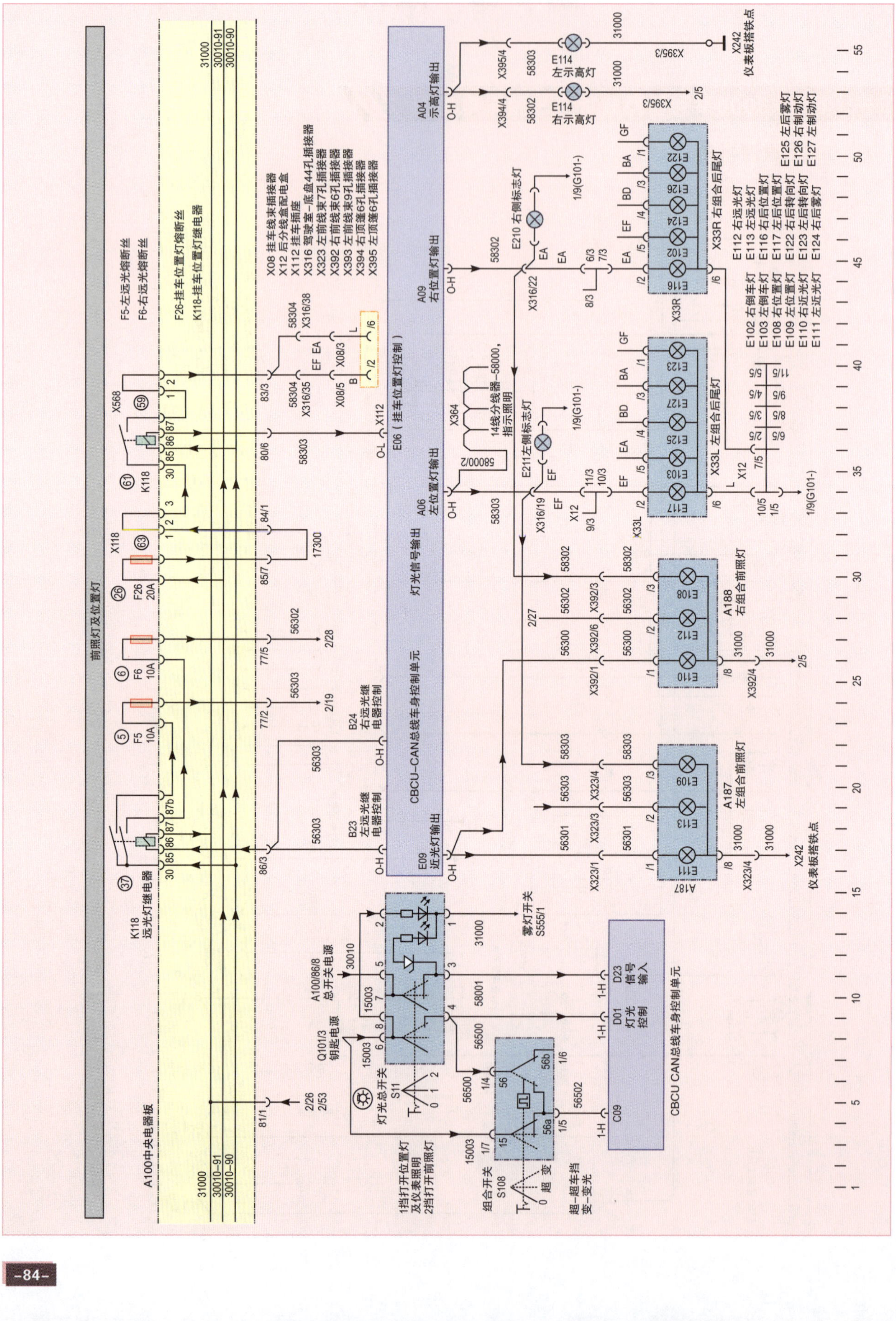
前照灯及位置灯
A100中央电器板
K118 远光灯继电器
F5-左远光熔断丝
F6-右远光熔断丝
F26-挂车位置灯熔断丝
K118-挂车位置灯继电器
X08 挂车线束插接器
X12 后分线盒配电盒
X112 挂车插座
X316 驾驶室-底盘44孔插接器
X323 左前线束7孔插接器
X392 右前线束6孔插接器
X393 左前线束9孔插接器
X394 右顶篷6孔插接器
X395 左顶篷6孔插接器
CBCU-CAN总线车身控制单元
CBCU CAN总线车身控制单元
A187 左组合前照灯
A188 右组合前照灯
X33L 左组合后尾灯
X33R 右组合后尾灯
E114 左示高灯
E114 右示高灯
E210 右侧标志灯
E211左侧标志灯
X242 仪表板搭铁点
E102 右倒车灯
E103 左倒车灯
E108 右位置灯
E109 左位置灯
E110 右近光灯
E111 左近光灯
E112 右远光灯
E113 左远光灯
E116 右后位置灯
E117 左后位置灯
E122 右后转向灯
E123 左后转向灯
E124 右后雾灯
E125 左后雾灯
E126 右制动灯
E127 左制动灯
灯光总开关 S11
组合开关 S108
1挡打开位置灯及仪表照明
2挡打开前照灯
超-超车挡
变-变光
雾灯开关 S555/1
Q101/3 钥匙电源
A100/86/8 总开关电源
14线分线器-58000，指示照明

3. 雾灯

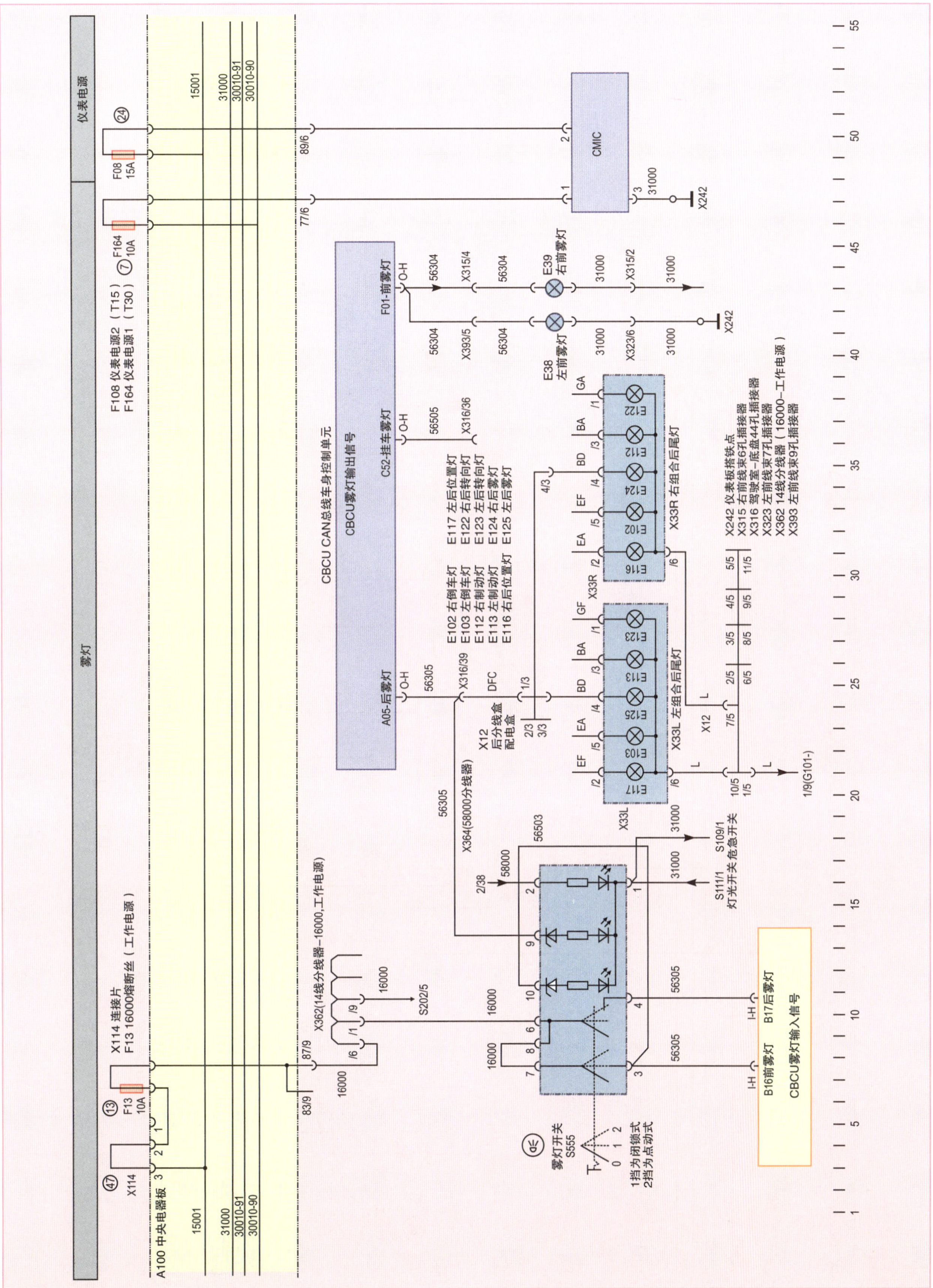
仪表电源
雾灯
A100 中央电器板
X114 连接片
F13 16000熔断丝（工作电源）
F108 仪表电源2（T15）
F164 仪表电源1（T30）
CBCU CAN总线车身控制单元
CBCU雾灯输出信号
F01-前雾灯
C52-挂车雾灯
A05-后雾灯
CMIC
E38 左前雾灯
E39 右前雾灯
X33R 右组合后尾灯
X33L 左组合后尾灯
X12 后分线盒配电盒
X362(14线分线器-16000,工作电源)
X364(58000分线器)
雾灯开关 S555
1挡为闭锁式
2挡为点动式
S111/1 灯光开关
S109/1 危急开关
B16前雾灯
B17后雾灯
CBCU雾灯输入信号
E102 右倒车灯
E103 左倒车灯
E112 右制动灯
E113 左制动灯
E116 右后位置灯
E117 左后位置灯
E122 右后转向灯
E123 左后转向灯
E124 右后雾灯
E125 左后雾灯
X242 仪表板搭铁点
X315 右前线束6孔插接器
X316 驾驶室-底盘44孔插接器
X323 左前线束7孔插接器
X362 14线分线器（16000-工作电源）
X393 左前线束9孔插接器

4. 辅助远光灯、工作灯电路

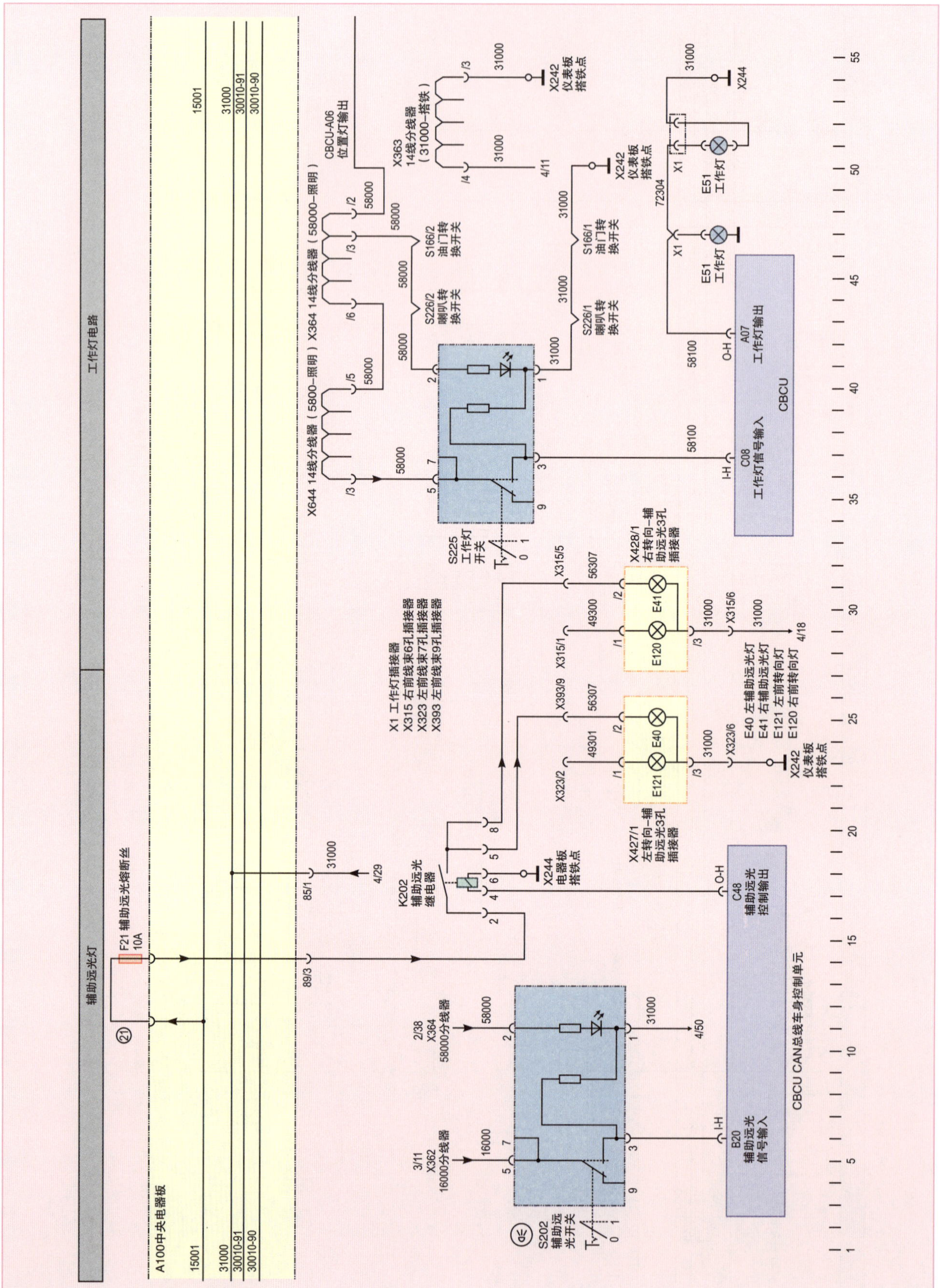

5. 制动灯、倒车灯

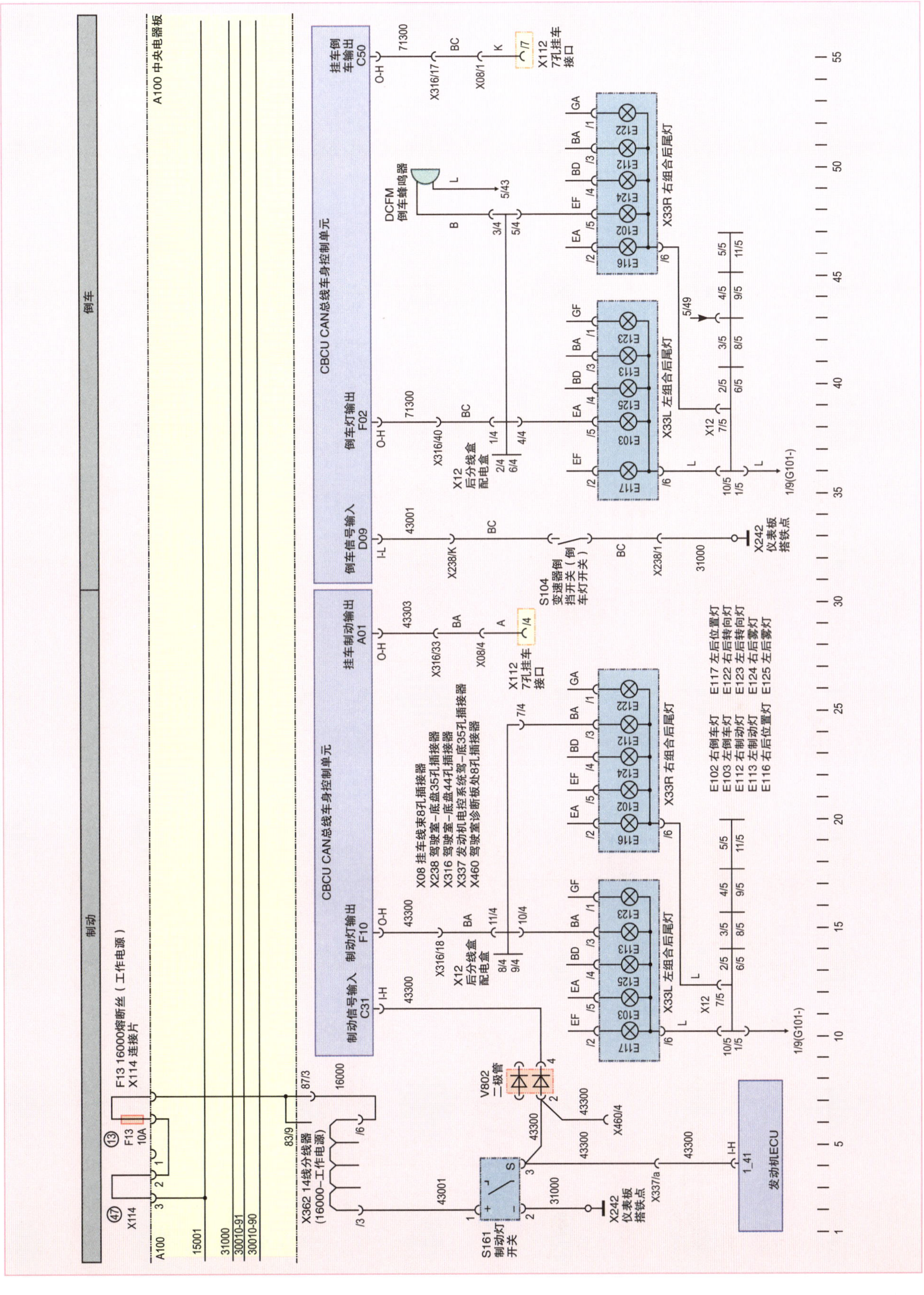

制动
倒车
A100 中央电器板
F13 16000熔断丝（工作电源）
X114 连接片
F13
10A
X114
X362 14线分线器
(16000-工作电源)
S161
制动灯
开关
V802
二极管
X242
仪表板
搭铁点
发动机ECU
CBCU CAN总线车身控制单元
制动信号输入
C31
制动灯输出
F10
挂车制动输出
A01
倒车信号输入
D09
倒车灯输出
F02
挂车倒
车输出
C50
X12
后分线盒
配电盒
X112
7孔挂车
接口
S104
变速器倒
挡开关（倒
车灯开关）
DCFM
倒车蜂鸣器
X33L 左组合后尾灯
X33R 右组合后尾灯
X08 挂车线束8孔插接器
X238 驾驶室-底盘35孔插接器
X316 驾驶室-底盘44孔插接器
X337 发动机电控系统驾-底35孔插接器
X460 驾驶室诊断板处8孔插接器
E102 右倒车灯
E103 左倒车灯
E112 右制动灯
E113 左制动灯
E116 右后位置灯
E117 左后位置灯
E122 右后转向灯
E123 左后转向灯
E124 右后雾灯
E125 左后雾灯

6. 闪光灯

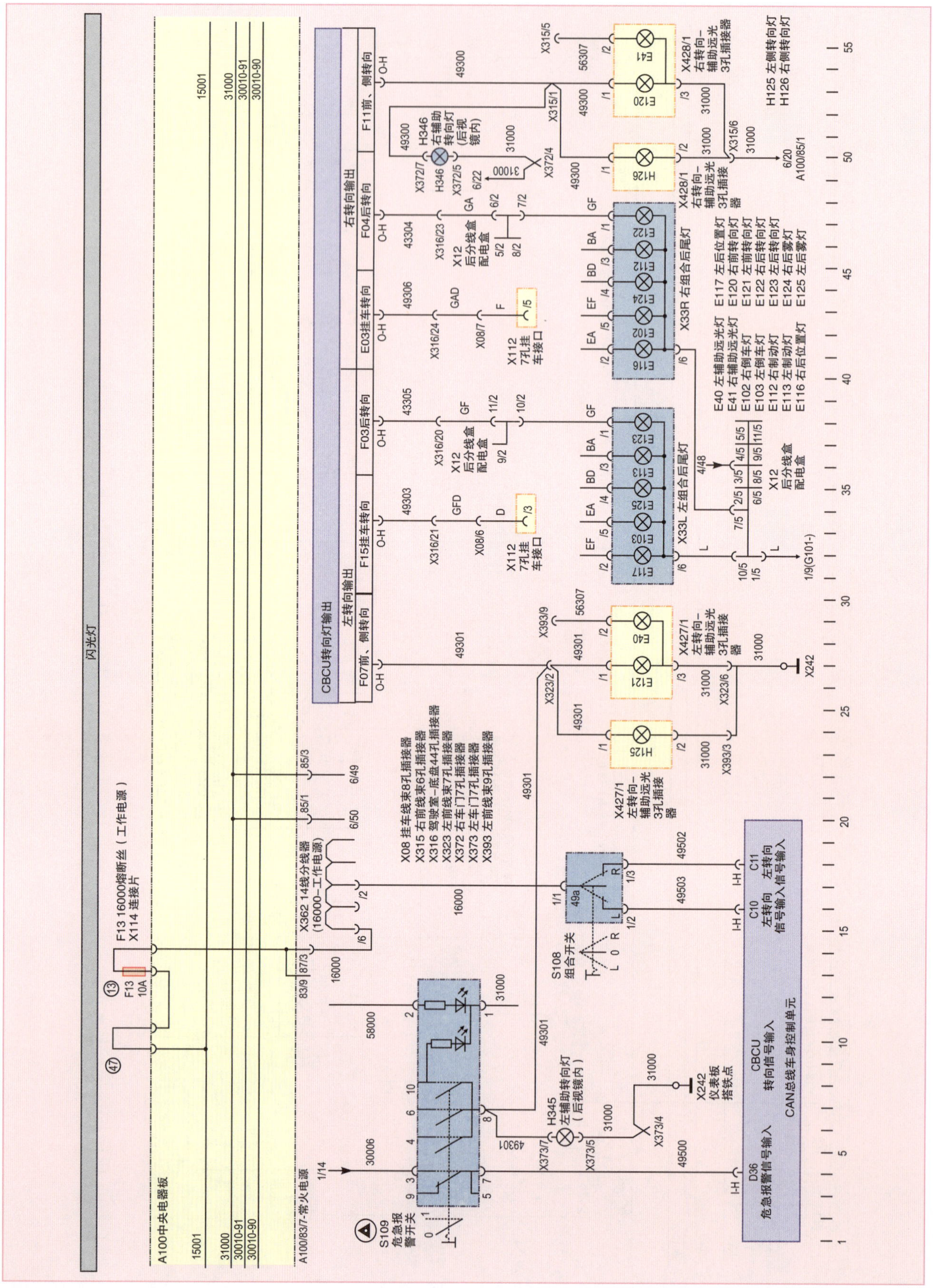
闪光灯
A100中央电器板
A100/83/7-常火电源
F13 16000熔断丝（工作电源）
X114 连接片
X362 14线分线器（16000-工作电源）
CBCU转向灯输出
左转向输出
右转向输出
F07前、侧转向
F15挂车转向
F03后转向
E03挂车转向
F04后转向
F11前、侧转向
S109 危急报警开关
S108 组合开关
H345 左辅助转向灯（后视镜内）
H346 右辅助转向灯（后视镜内）
X242 仪表板搭铁点
CBCU 转向信号输入 CAN总线车身控制单元
D36 危急报警信号输入
C10 左转向信号输入
C11 右转向信号输入
X33L 左组合后尾灯
X33R 右组合后尾灯
X112 7孔挂车接口
X12 后分线盒配电盒
X427/1 左转向-辅助远光3孔插接器
X428/1 右转向-辅助远光3孔插接器
X08 挂车线束8孔插接器
X315 右前线束6孔插接器
X316 驾驶室-底盘44孔插接器
X323 左前线束7孔插接器
X372 右车门7孔插接器
X373 左车门7孔插接器
X393 左前线束9孔插接器
E40 左辅助远光灯
E41 右辅助远光灯
E102 右倒车灯
E103 左倒车灯
E112 右制动灯
E113 左制动灯
E116 右后位置灯
E117 左后位置灯
E120 右前转向灯
E121 左前转向灯
E122 右后转向灯
E123 左后转向灯
E124 右后雾灯
E125 左后雾灯
H125 左侧转向灯
H126 右侧转向灯

7. 刮水控制

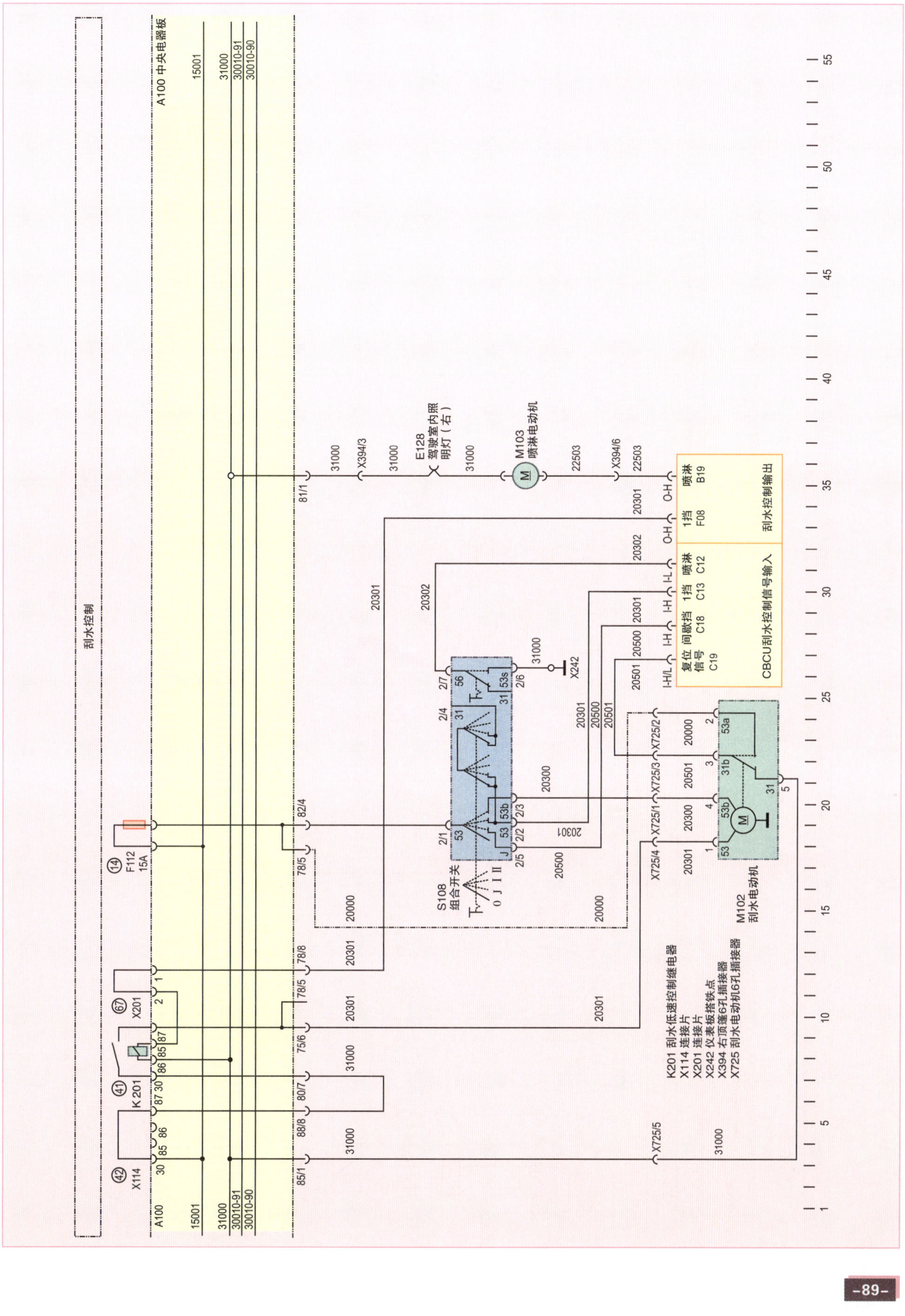
刮水控制
A100 中央电器板
F112 15A
K201
X114
X201
S108 组合开关
M102 刮水电动机
M103 喷淋电动机
E128 驾驶室内照明灯（右）
X242
CBCU刮水控制信号输入
CBCU刮水控制输出
复位信号 C19
间歇挡 C18
1挡 C13
喷淋 C12
1挡 F08
喷淋 B19
K201 刮水低速控制继电器
X114 连接片
X201 连接片
X242 仪表板搭铁点
X394 右顶篷6孔插接器
X725 刮水电动机6孔插接器

8. 车速信号、仪表用开关信号、气压信号及模拟信号

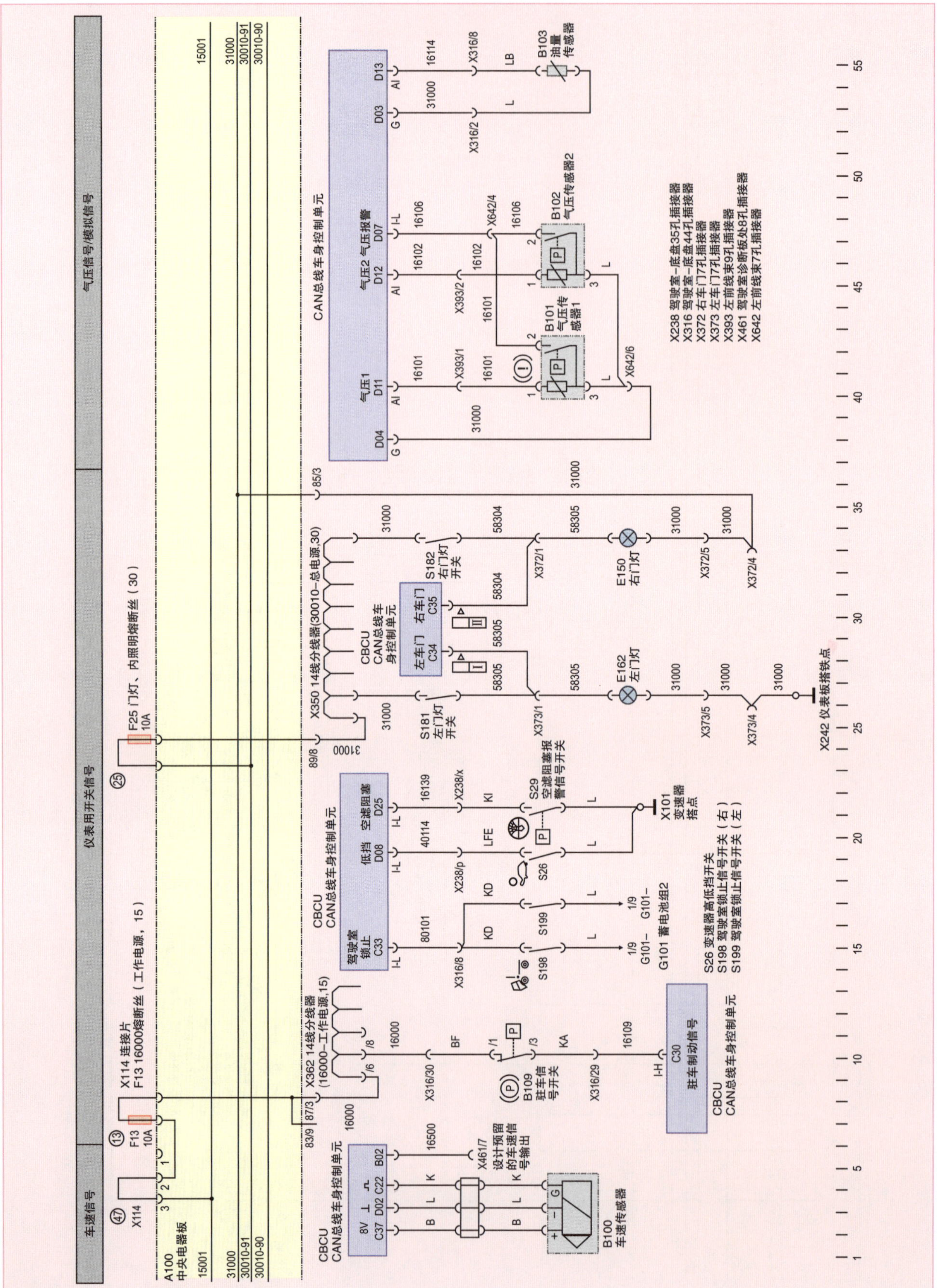

9. 轮/轴差开关及电磁阀、菜单翻页/确认

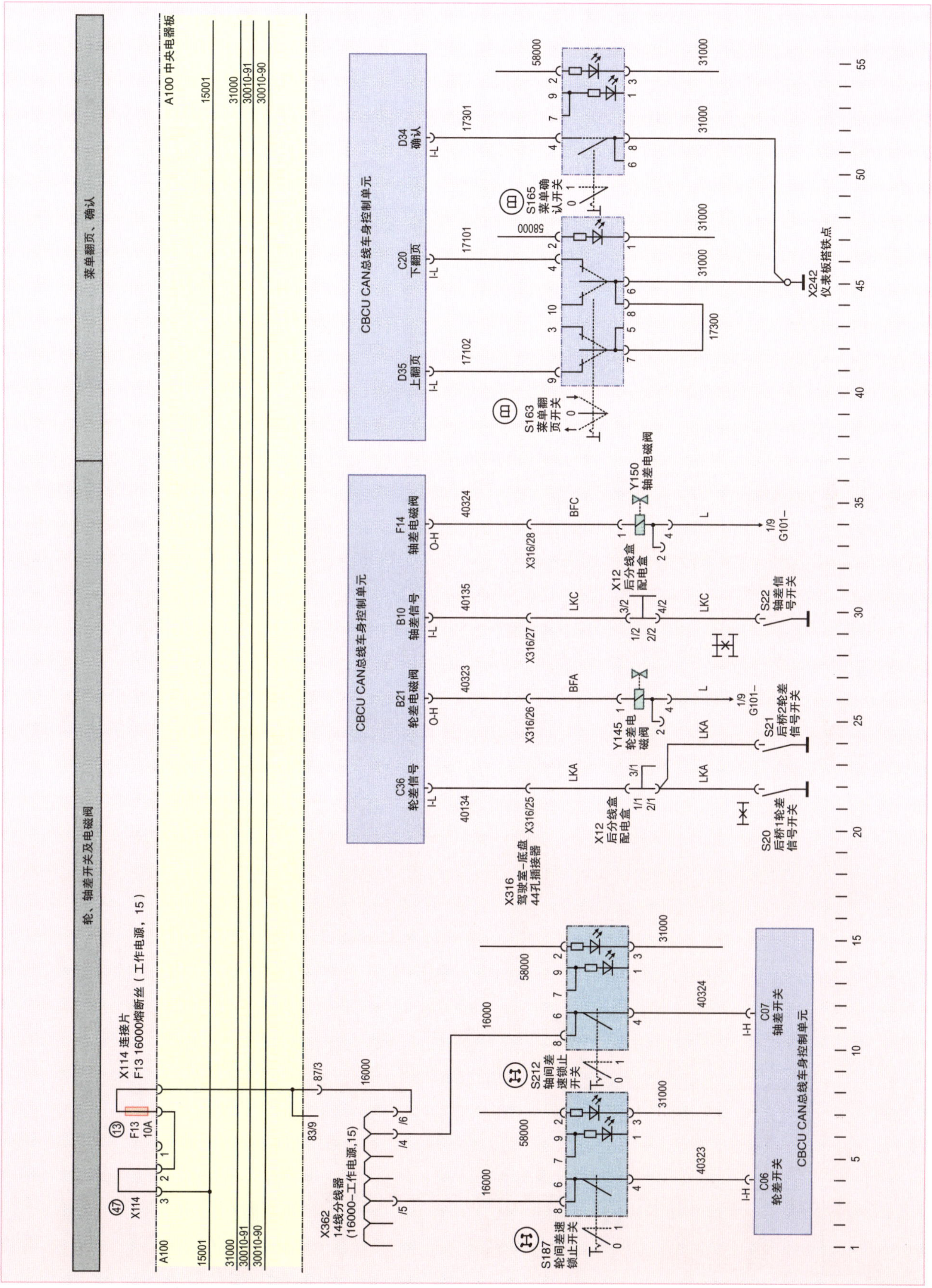

10. 发动机励磁、电控系统信号灯、排气制动控制、挂车插座

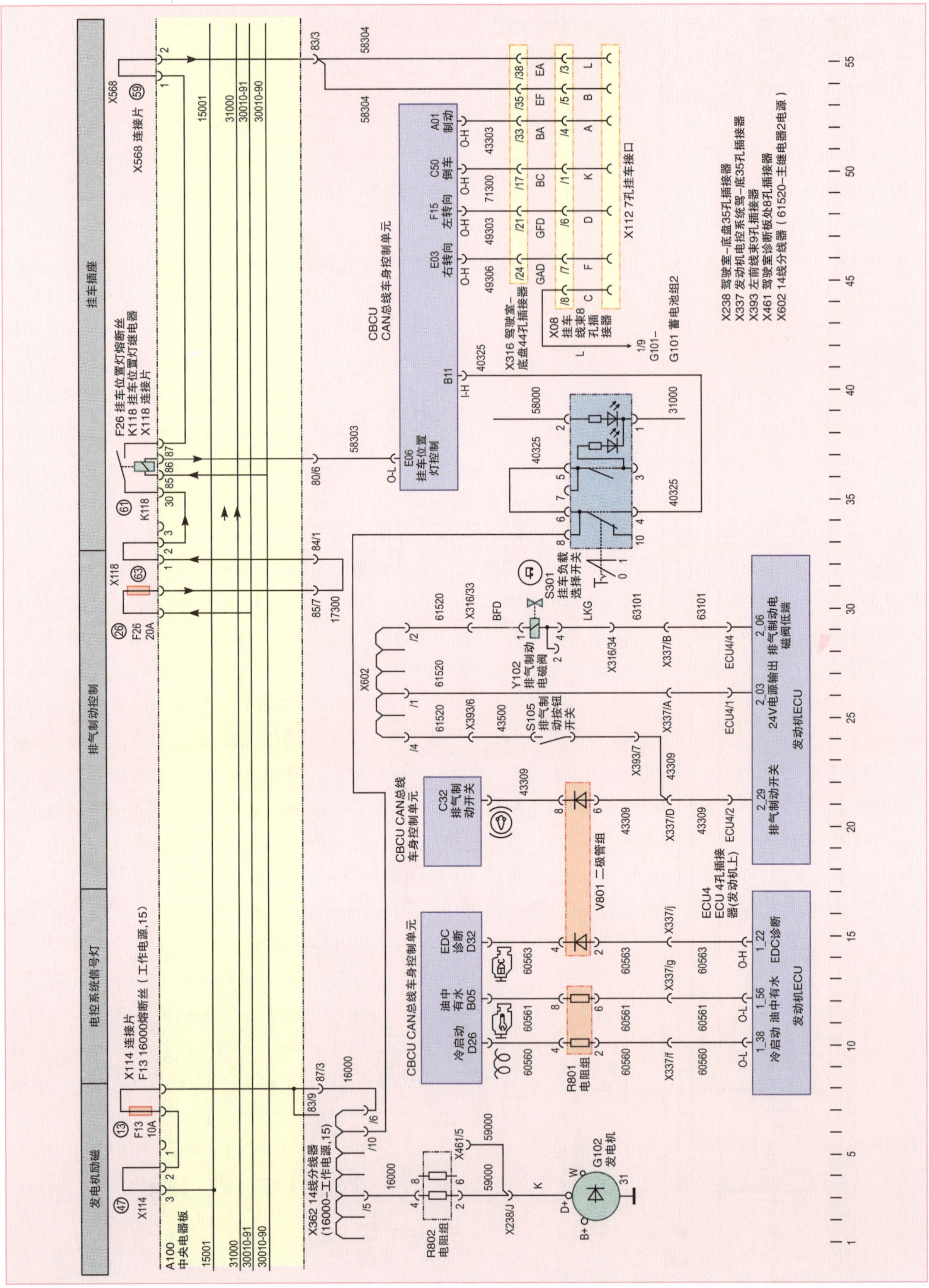

二、德龙F2000系列重型载货汽车整车电路图

1. 中央电气板（一）

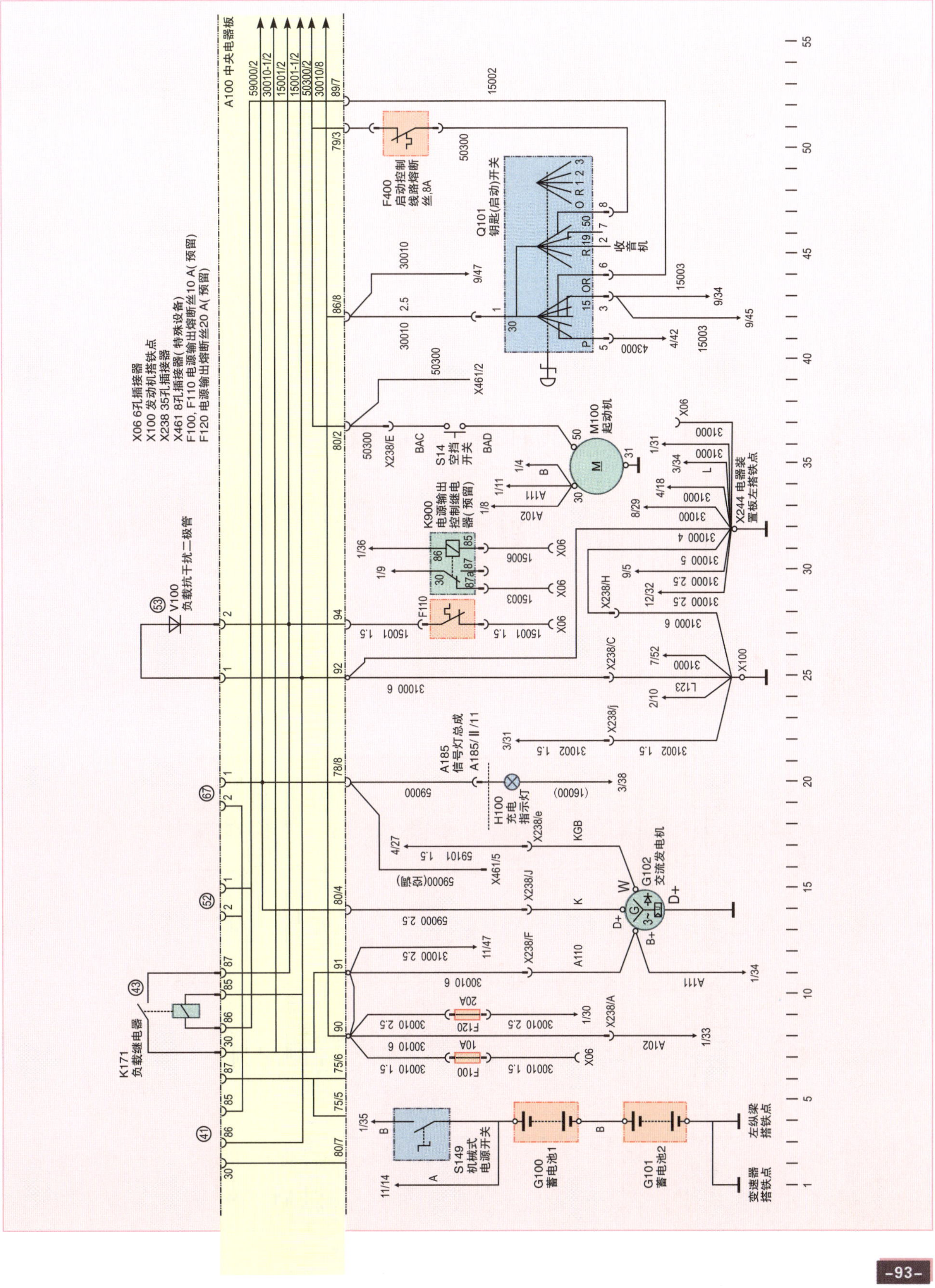

2. 中央电气板（二）

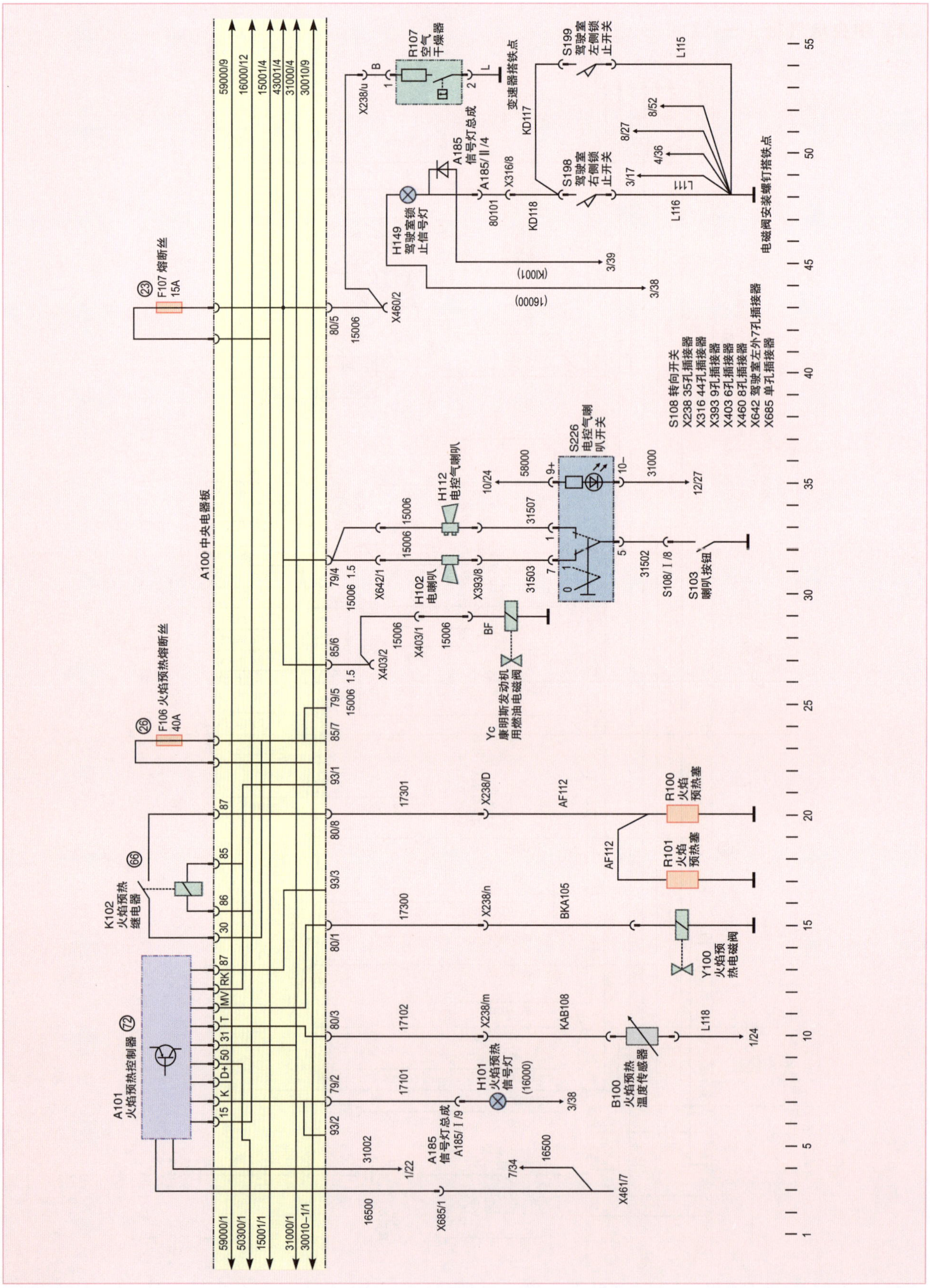
A100 中央电器板
A101 火焰预热控制器
K102 火焰预热继电器
F106 火焰预热熔断丝 40A
F107 熔断丝 15A
H101 火焰预热信号灯
B100 火焰预热温度传感器
Y100 火焰预热电磁阀
R100 火焰预热塞
R101 火焰预热塞
Yc 康明斯发动机用燃油电磁阀
H102 电喇叭
H112 电控气喇叭
S226 电控气喇叭开关
S103 喇叭按钮
H149 驾驶室锁止信号灯
A185 信号灯总成
R107 空气干燥器
变速器搭铁点
S199 驾驶室左侧锁止开关
S198 驾驶室右侧锁止开关
电磁阀安装螺钉搭铁点
S108 转向开关
X238 35孔插接器
X316 44孔插接器
X393 9孔插接器
X403 6孔插接器
X460 8孔插接器
X642 驾驶室左外7孔插接器
X685 单孔插接器

3. 组合仪表

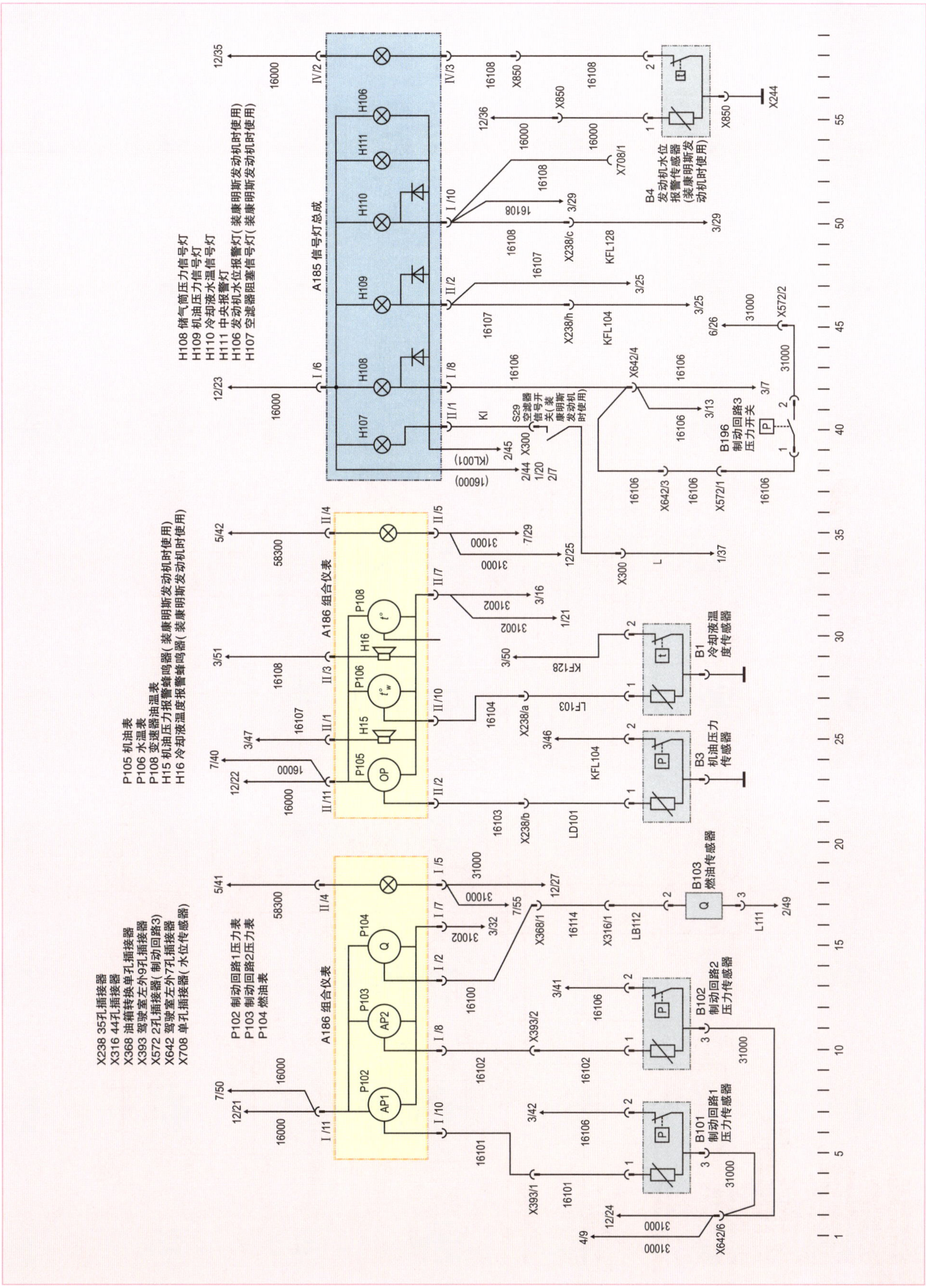
X238 35孔插接器
X316 44孔插接器
X368 油箱转换单孔插接器
X393 驾驶室左外9孔插接器
X572 2孔插接器(制动回路3)
X642 驾驶室左外7孔插接器
X708 单孔插接器(水位传感器)
P102 制动回路1压力表
P103 制动回路2压力表
P104 燃油表
P105 机油表
P106 水温表
P108 变速器油温表
H15 机油压力报警蜂鸣器(装康明斯发动机时使用)
H16 冷却液温度报警蜂鸣器(装康明斯发动机时使用)
H108 储气筒压力信号灯
H109 机油压力信号灯
H110 冷却液水温信号灯
H111 中央报警灯
H106 发动机水位报警灯(装康明斯发动机时使用)
H107 空滤器阻塞信号灯(装康明斯发动机时使用)
A185 信号灯总成
A186 组合仪表
B101 制动回路1压力传感器
B102 制动回路2压力传感器
B103 燃油传感器
B3 机油压力传感器
B1 冷却液温度传感器
B196 制动回路3压力开关
B4 发动机水位报警传感器(装康明斯发动机时使用)
S29 空滤器信号开关(装康明斯发动机时使用)

4. 中央电气板、信号灯总成、驻车制动压力开关、倒车灯

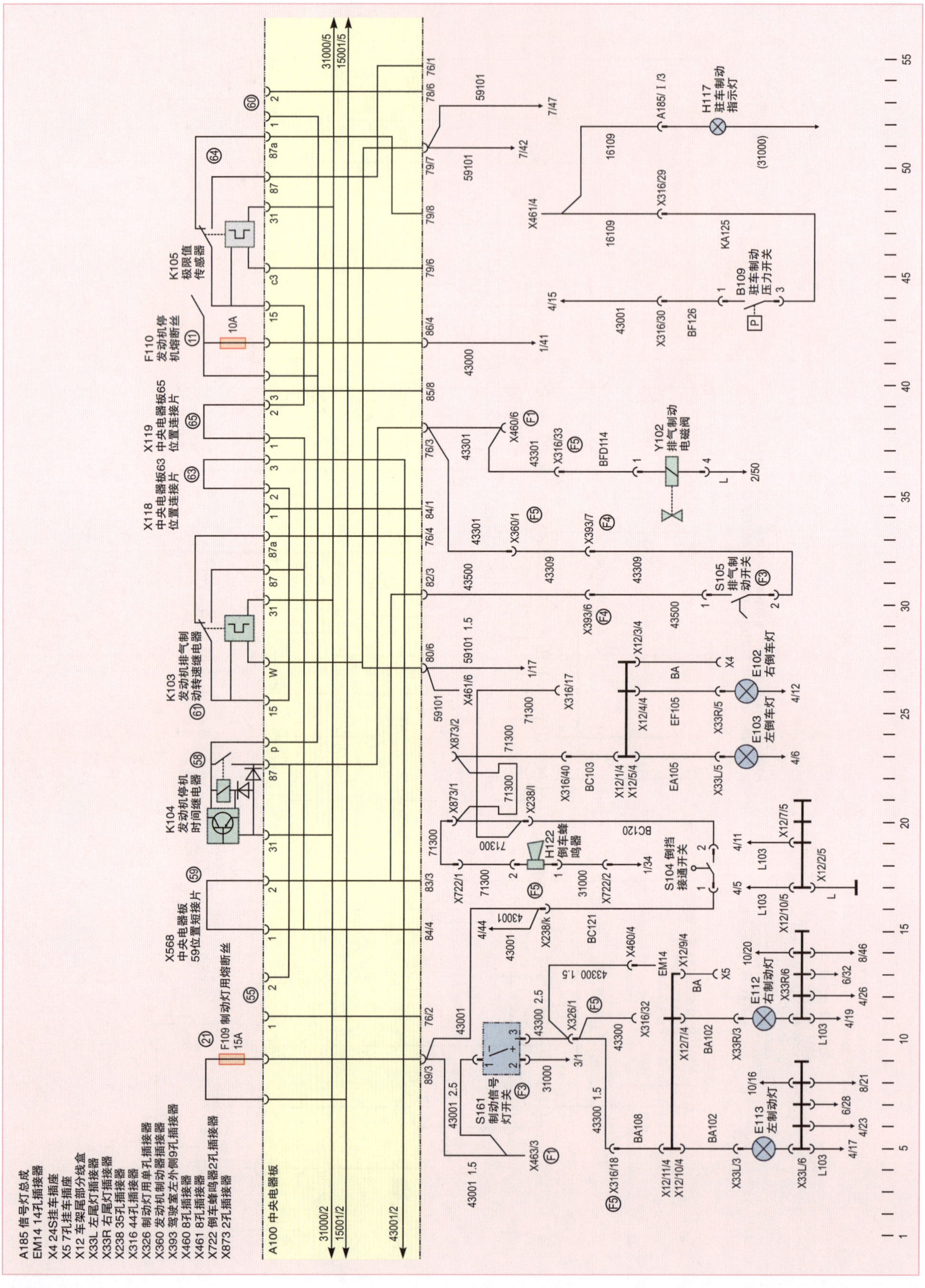

5. 中央电气板、暖风装置、后视镜加热器

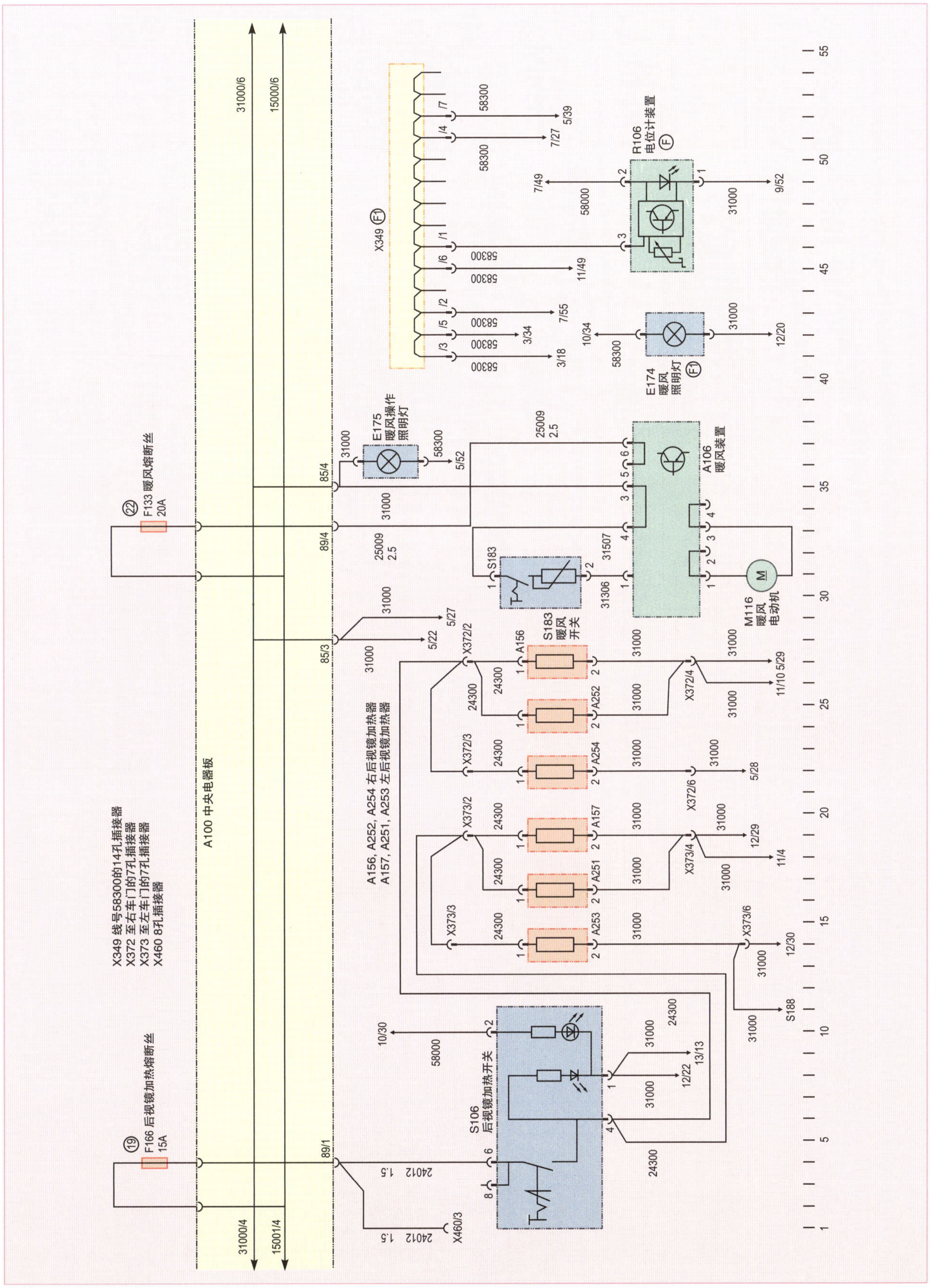

6. 中央电气板、信号灯总成

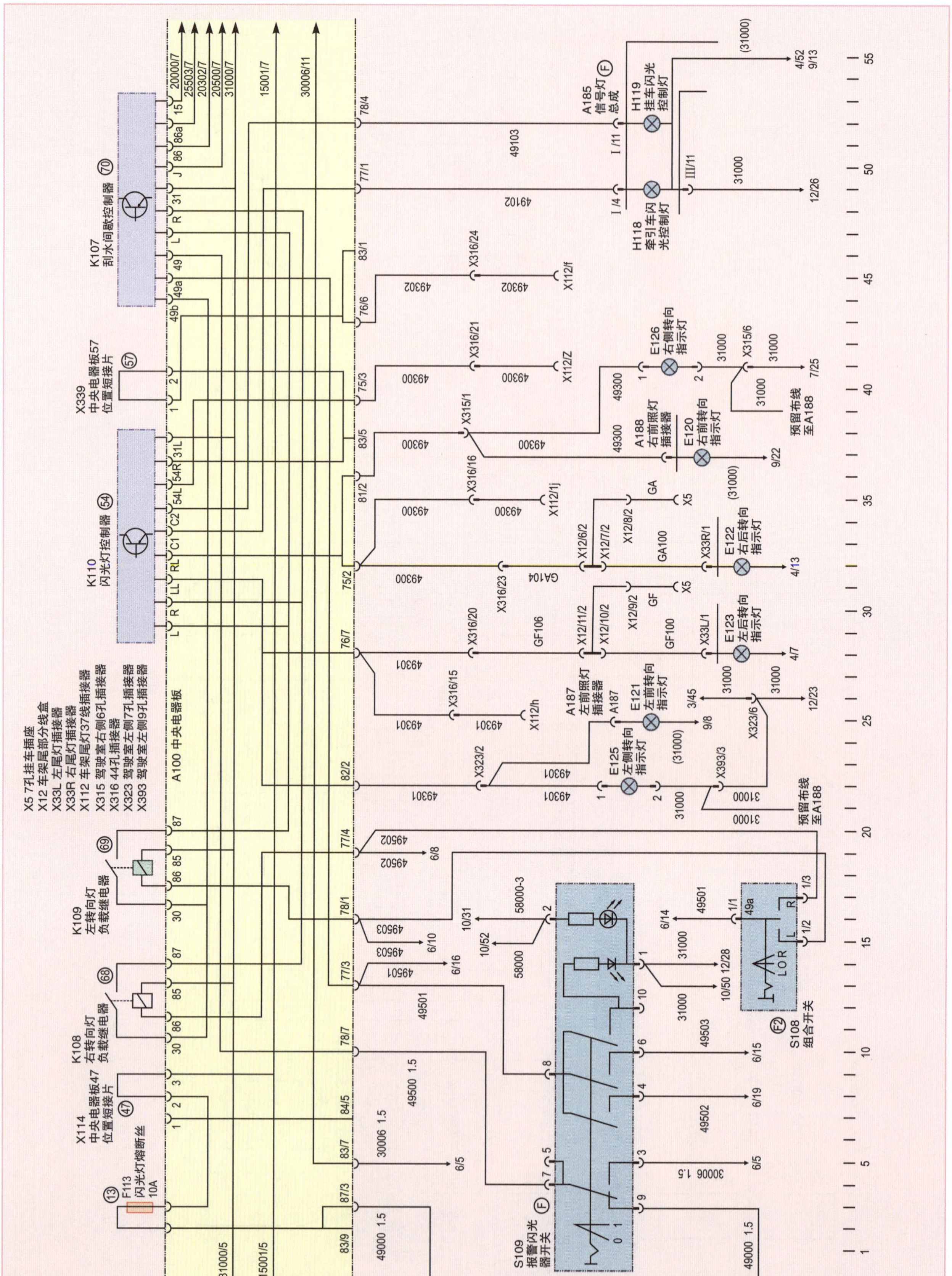

7. 中央电气板、行驶记录仪、组合开关、刮水电动机

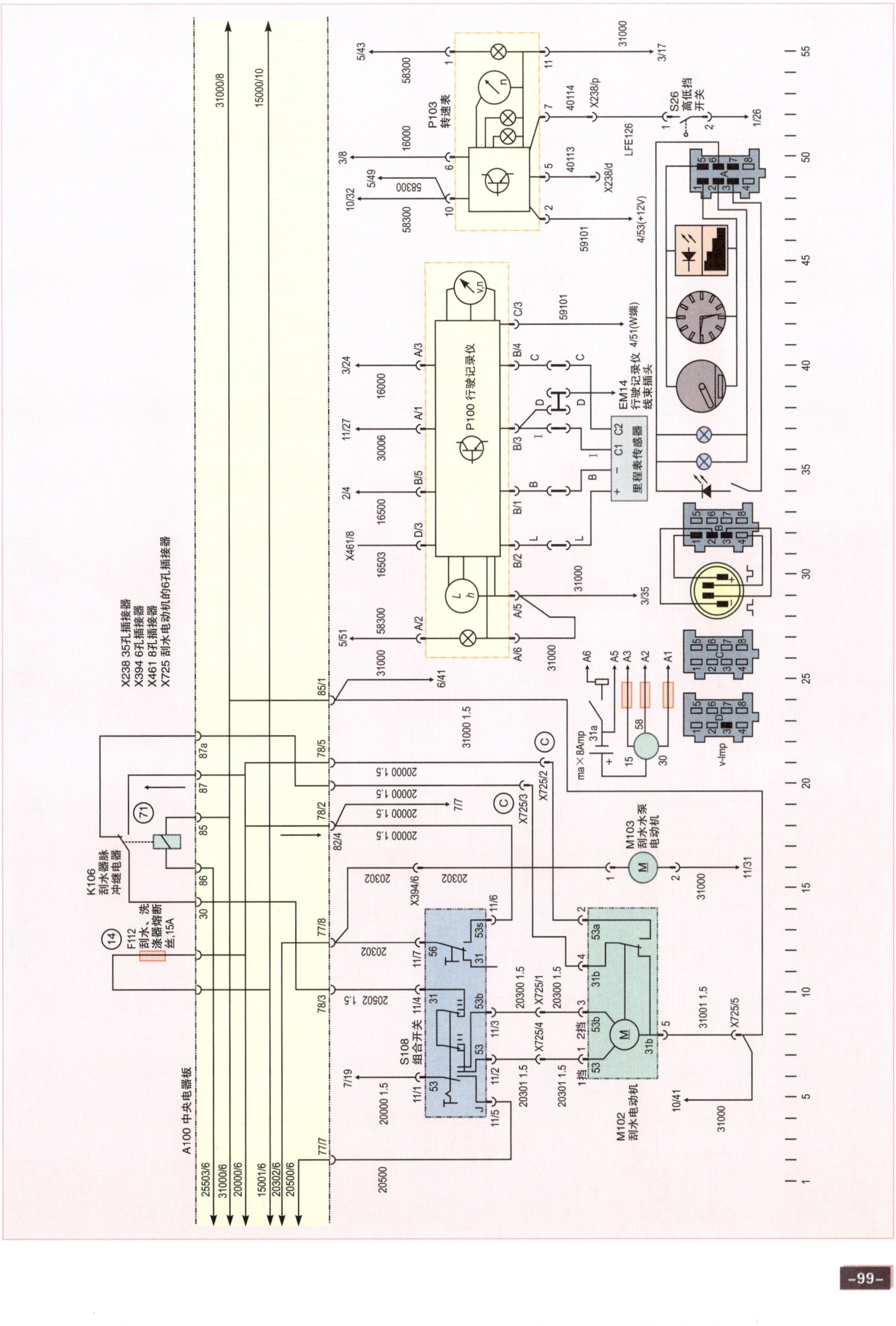

8. 中央电气板、驻车灯、示高灯、后位置灯、尾灯（示廓）、侧标志灯

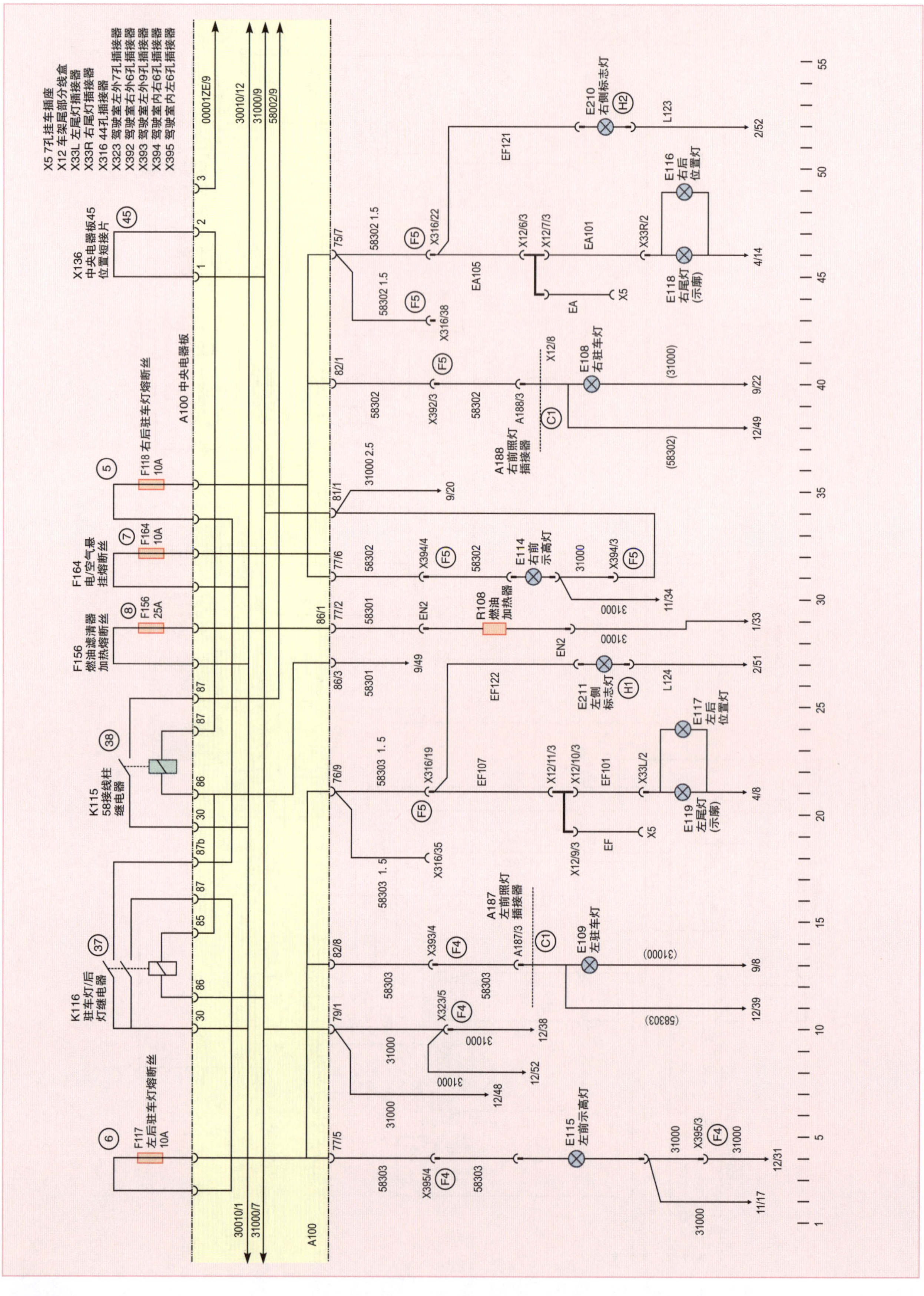

9. 中央电气板、信号灯总成、近光灯、远光灯

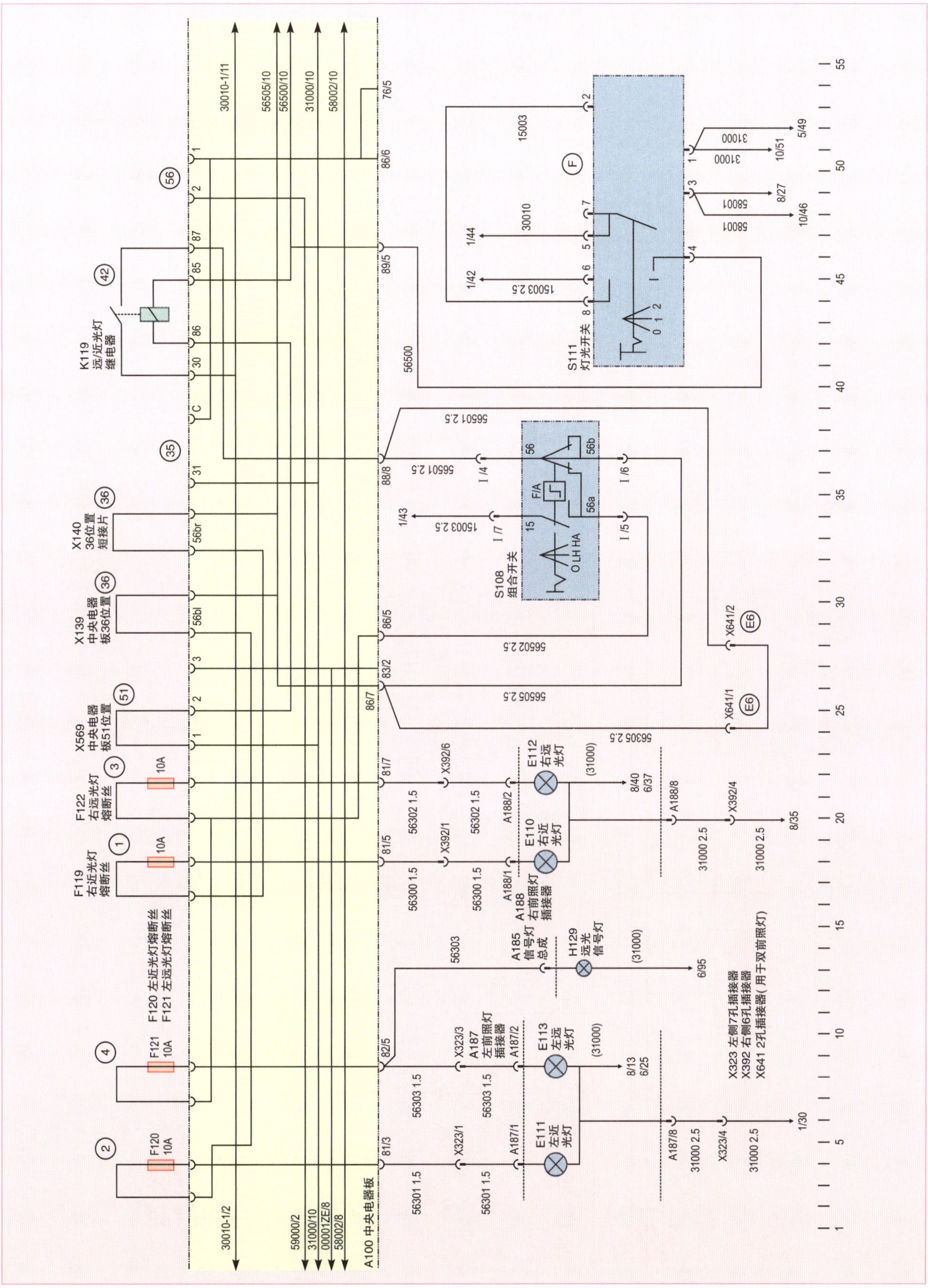

10. 中央电气板、雾灯

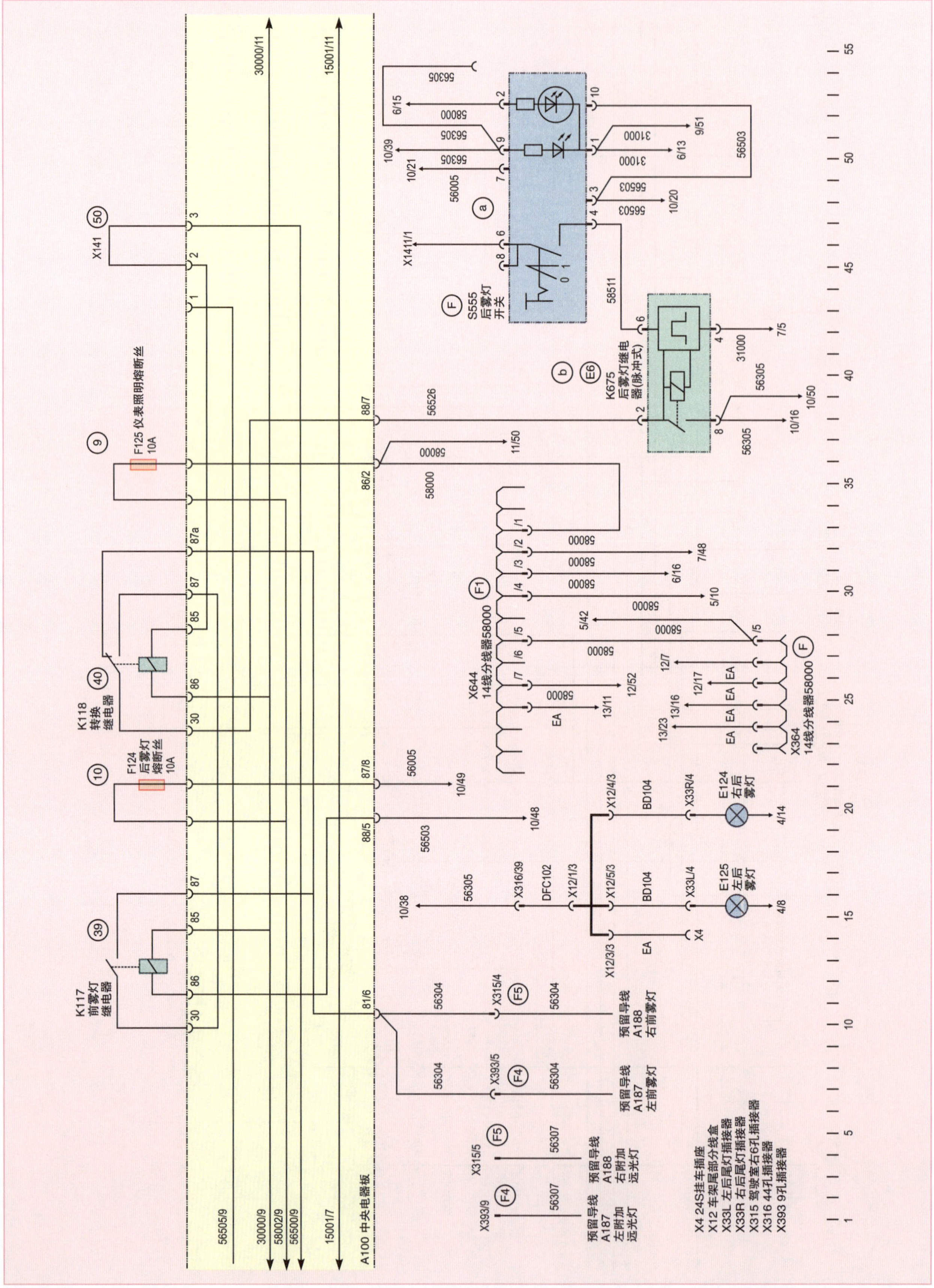
A100 中央电器板
30000/11
15001/11
56505/9
30000/9
58002/9
56500/9
15001/7
X141
F125 仪表照明熔断丝
10A
K118
转换
继电器
F124
后雾灯
熔断丝
10A
K117
前雾灯
继电器
88/7
86/2
87/8
88/5
81/6
S555
后雾灯
开关
K675
后雾灯继电
器(脉冲式)
X644
14线分线器58000
X364
14线分线器58000
E124
右后
雾灯
E125
左后
雾灯
预留导线
A188
右前雾灯
预留导线
A187
左前雾灯
预留导线
A187
左附加
远光灯
预留导线
A188
右附加
远光灯
X4 24S挂车插座
X12 车架尾部分线盒
X33L 左后尾灯插接器
X33R 右后尾灯插接器
X315 驾驶室右6孔插接器
X316 44孔插接器
X393 9孔插接器

11. 中央电气板、驾驶室内照明灯、上车照明

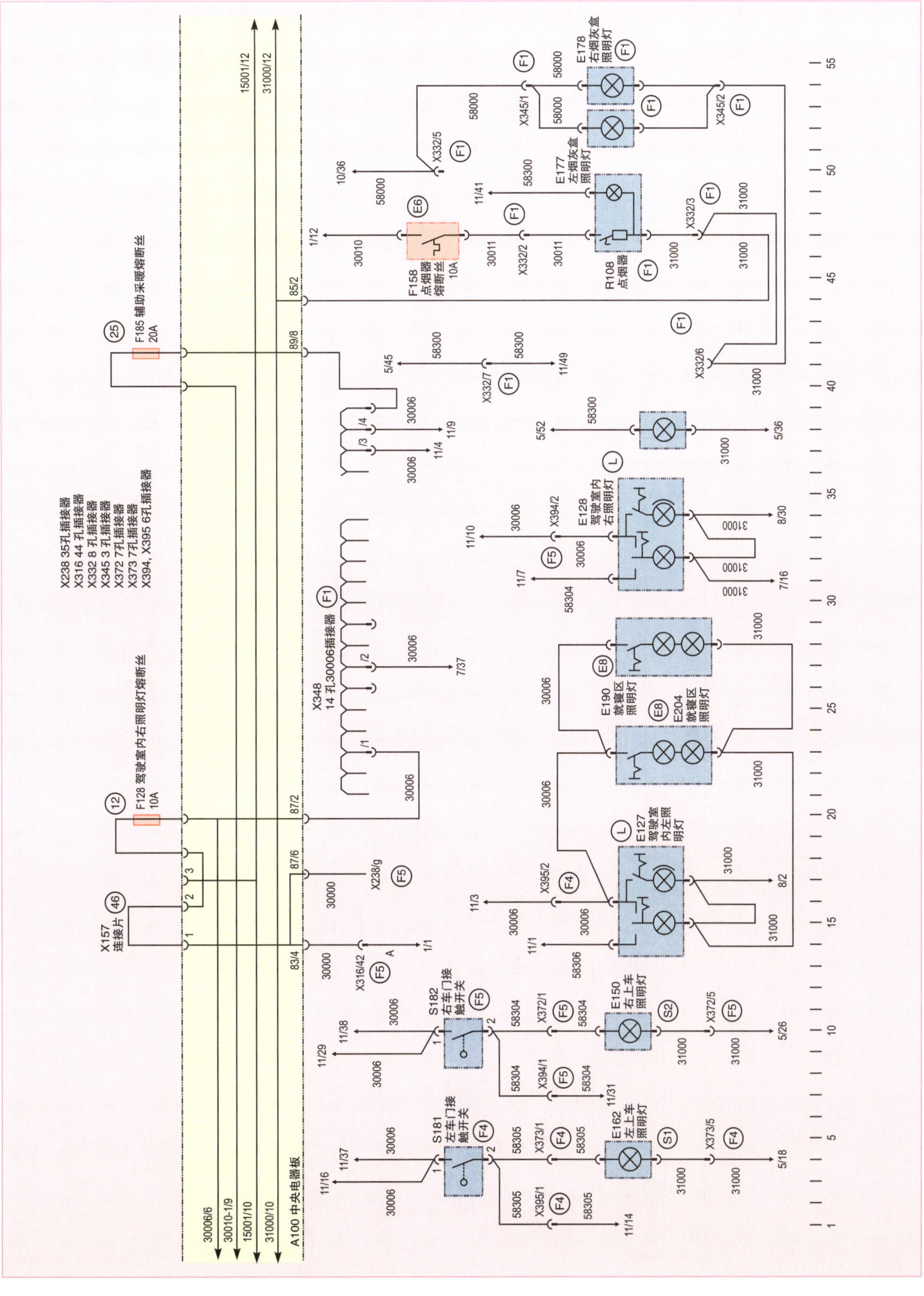

12. 中央电气板、工作灯、分动器越野指示灯、分动器公路指示灯

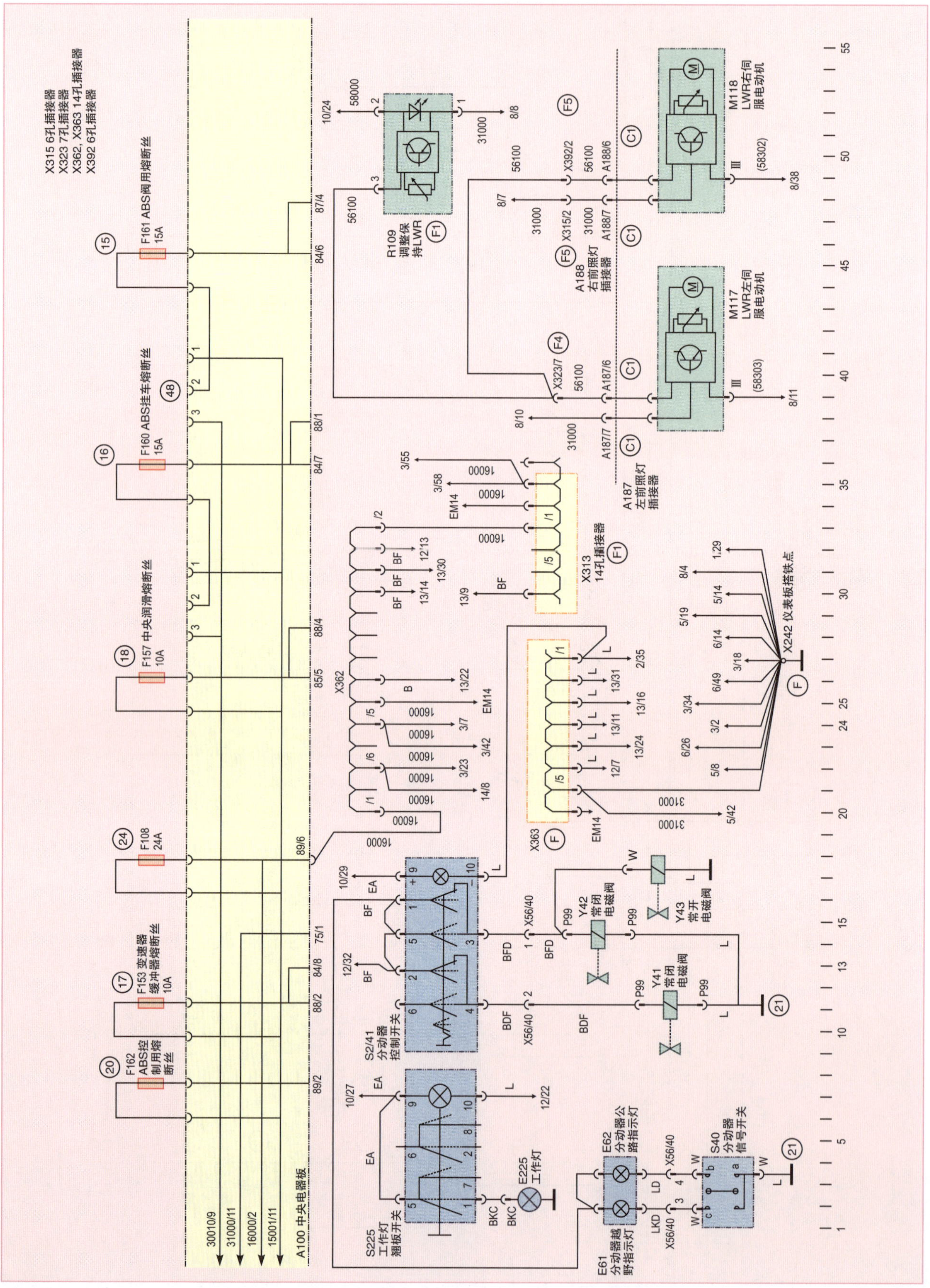

13. 中央电气板、信号板、取力器开关

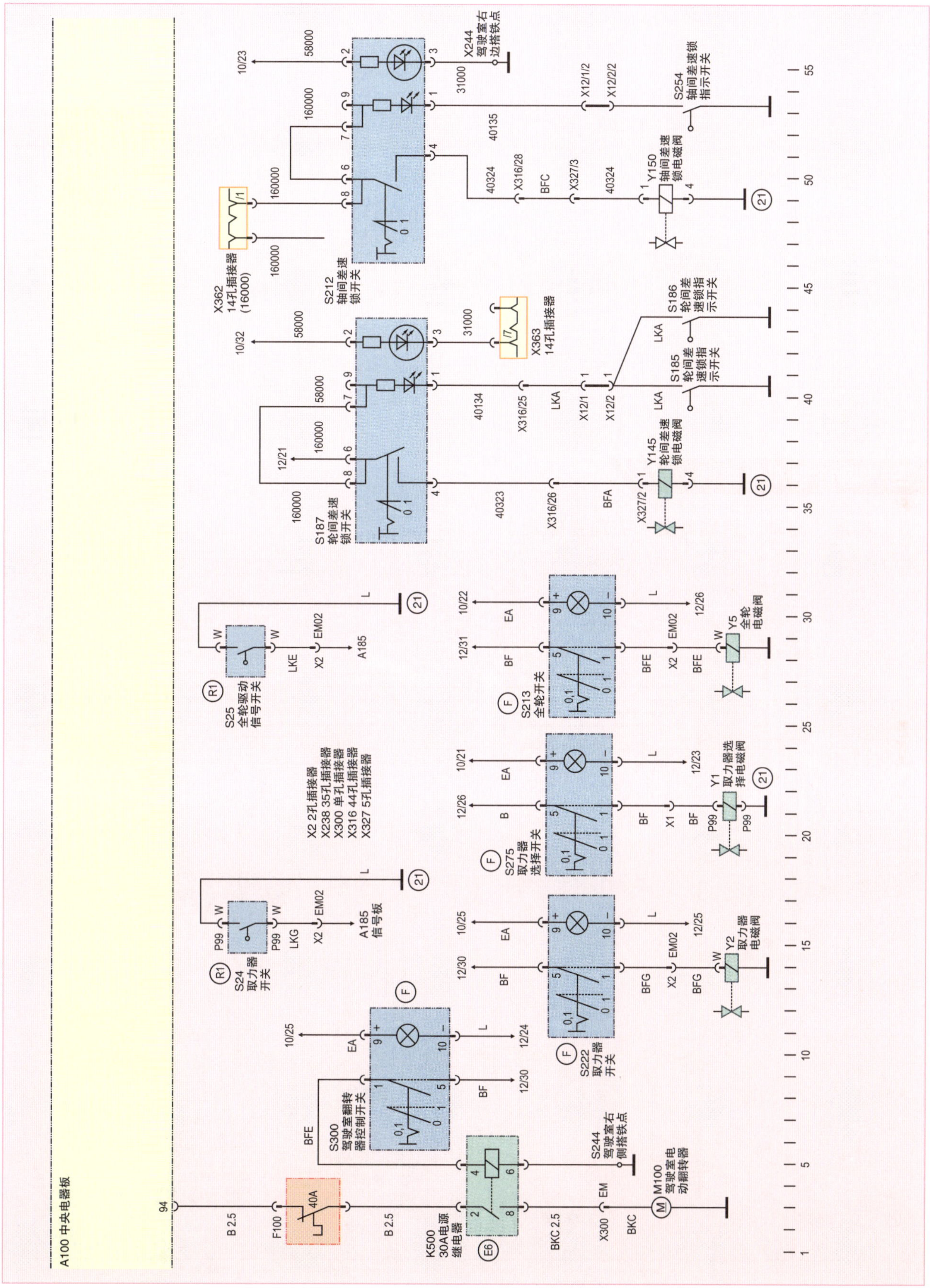

14. 仪表板出风口照明、后座区出风口照明

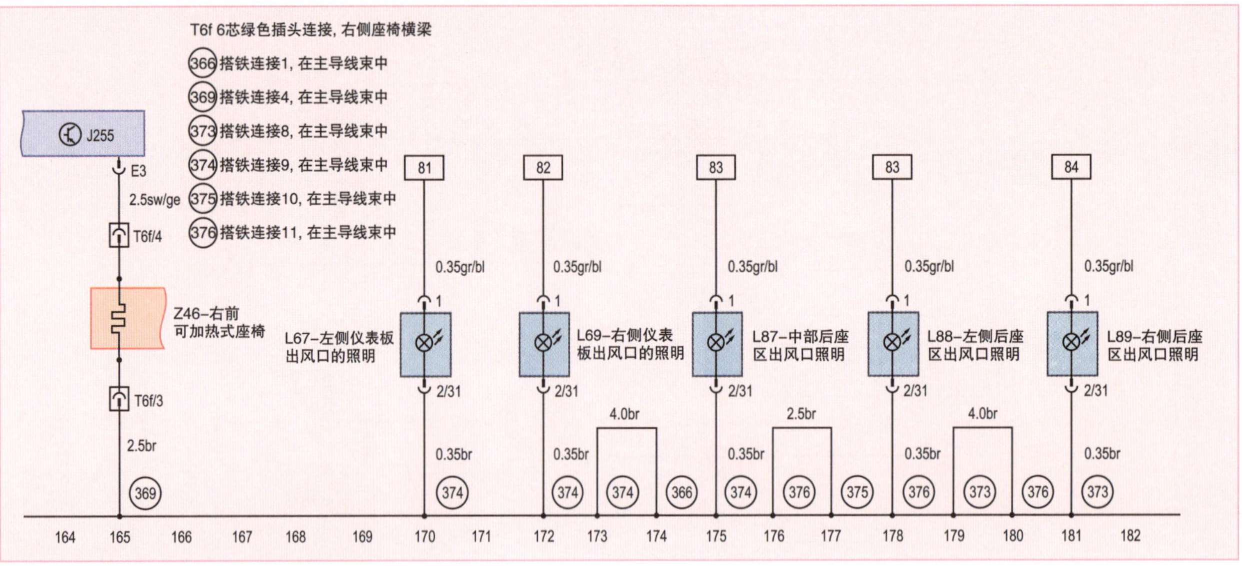

三、德御整车电路图

1. 电源、启动、钥匙开关（方向盘锁止）

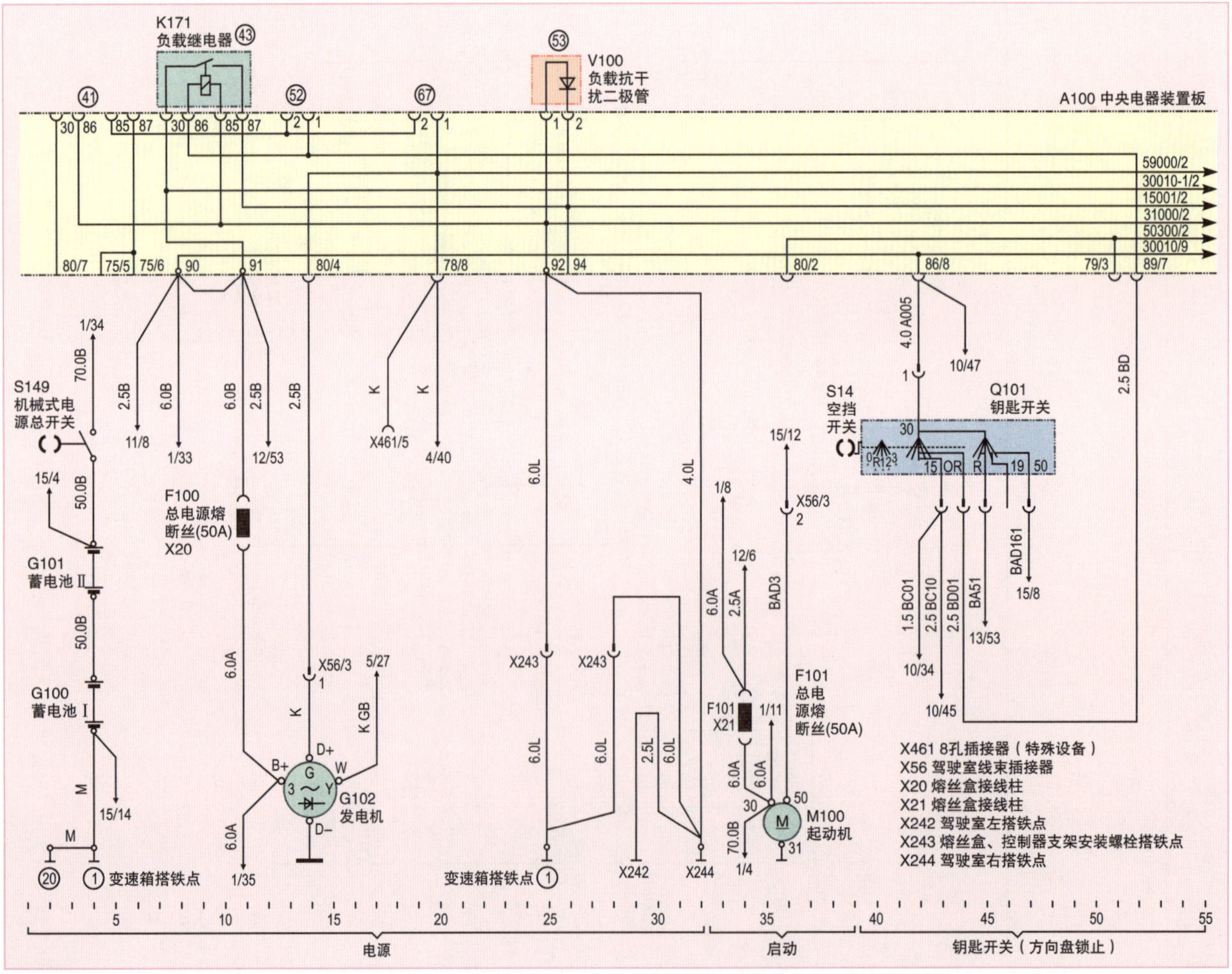

2. 空气干燥器（加热）装置、喇叭、挂车辅助制动

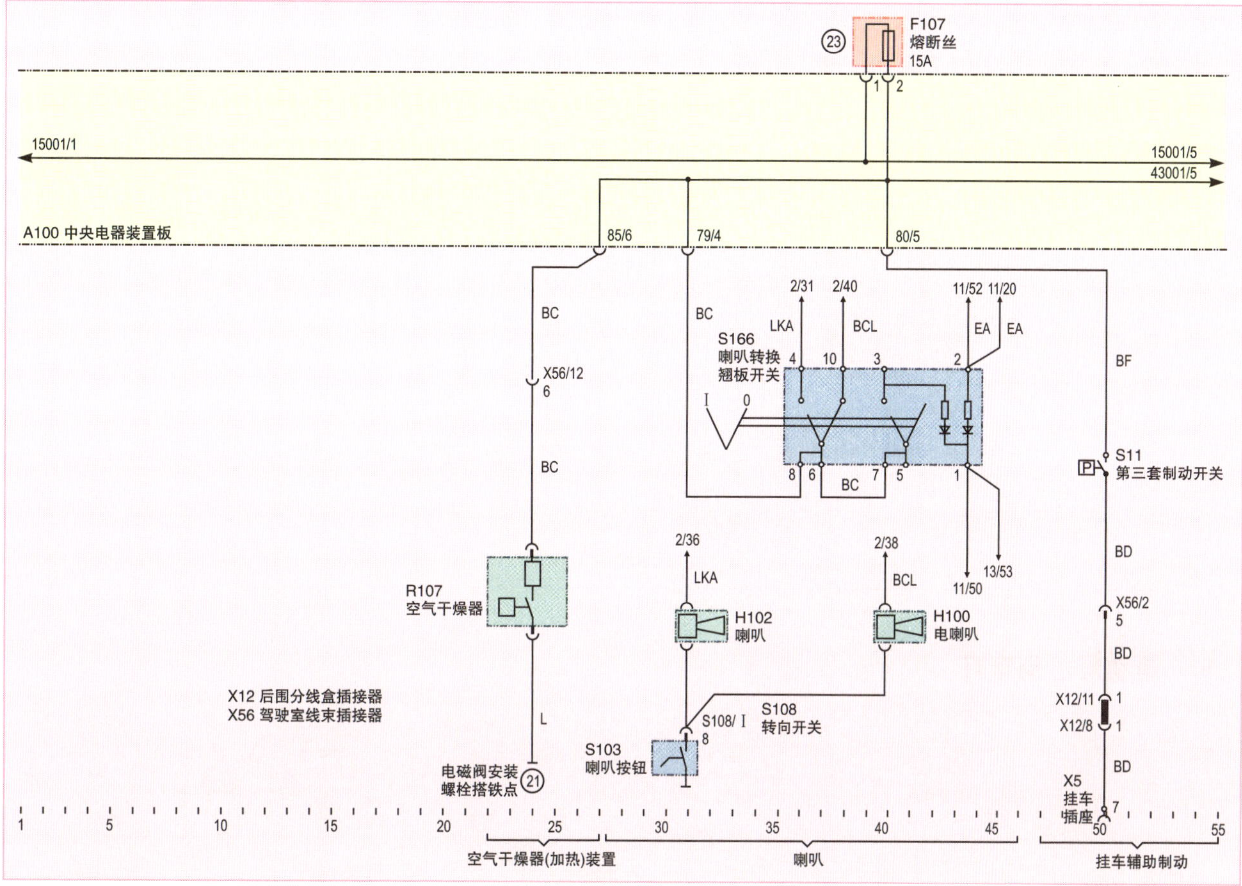

3. 仪表

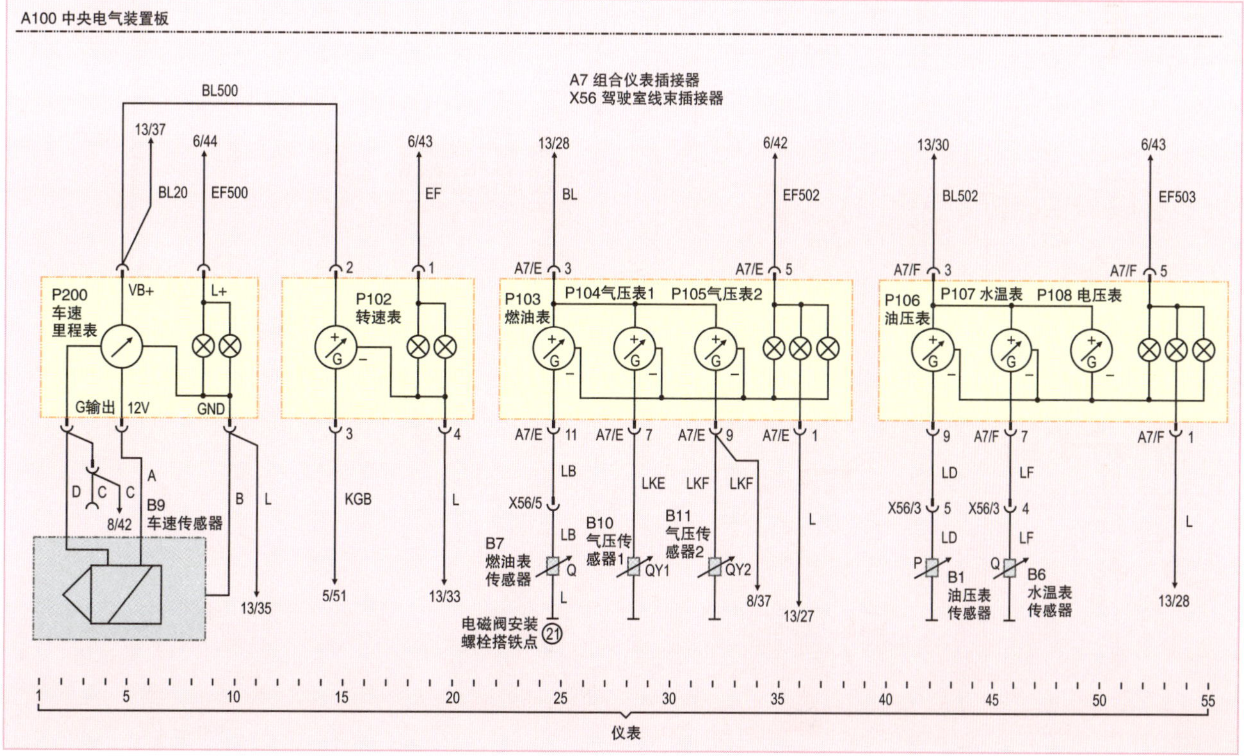

4. 信号灯

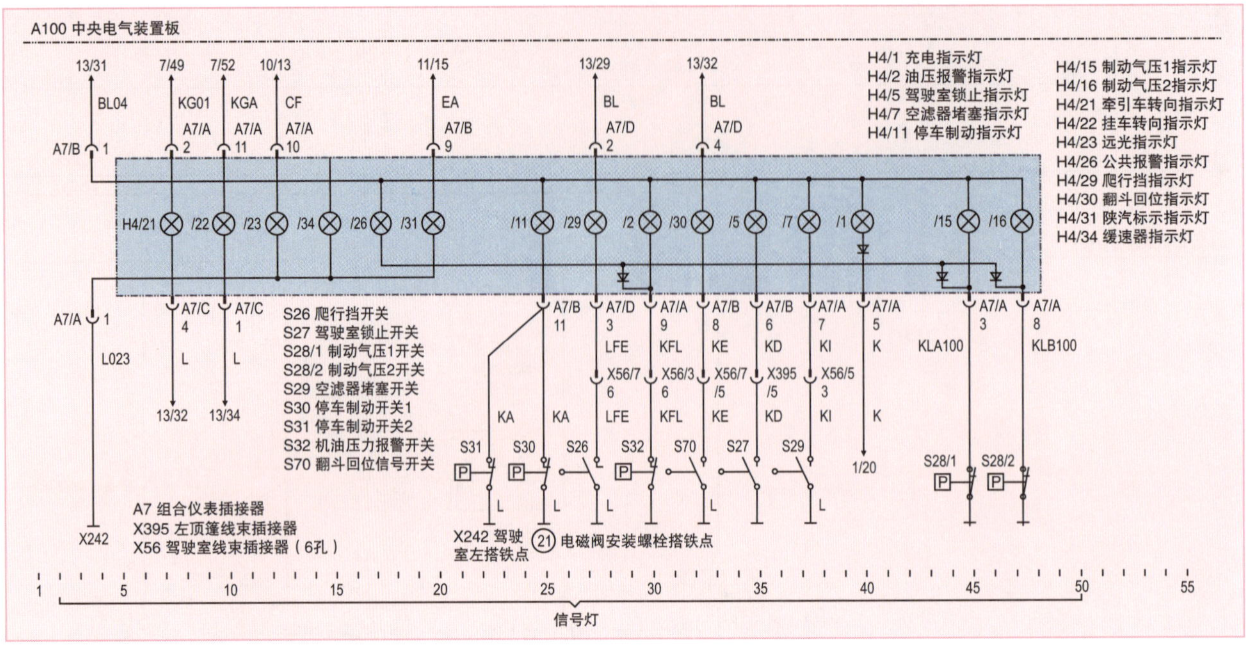

5. 制动灯、倒车灯

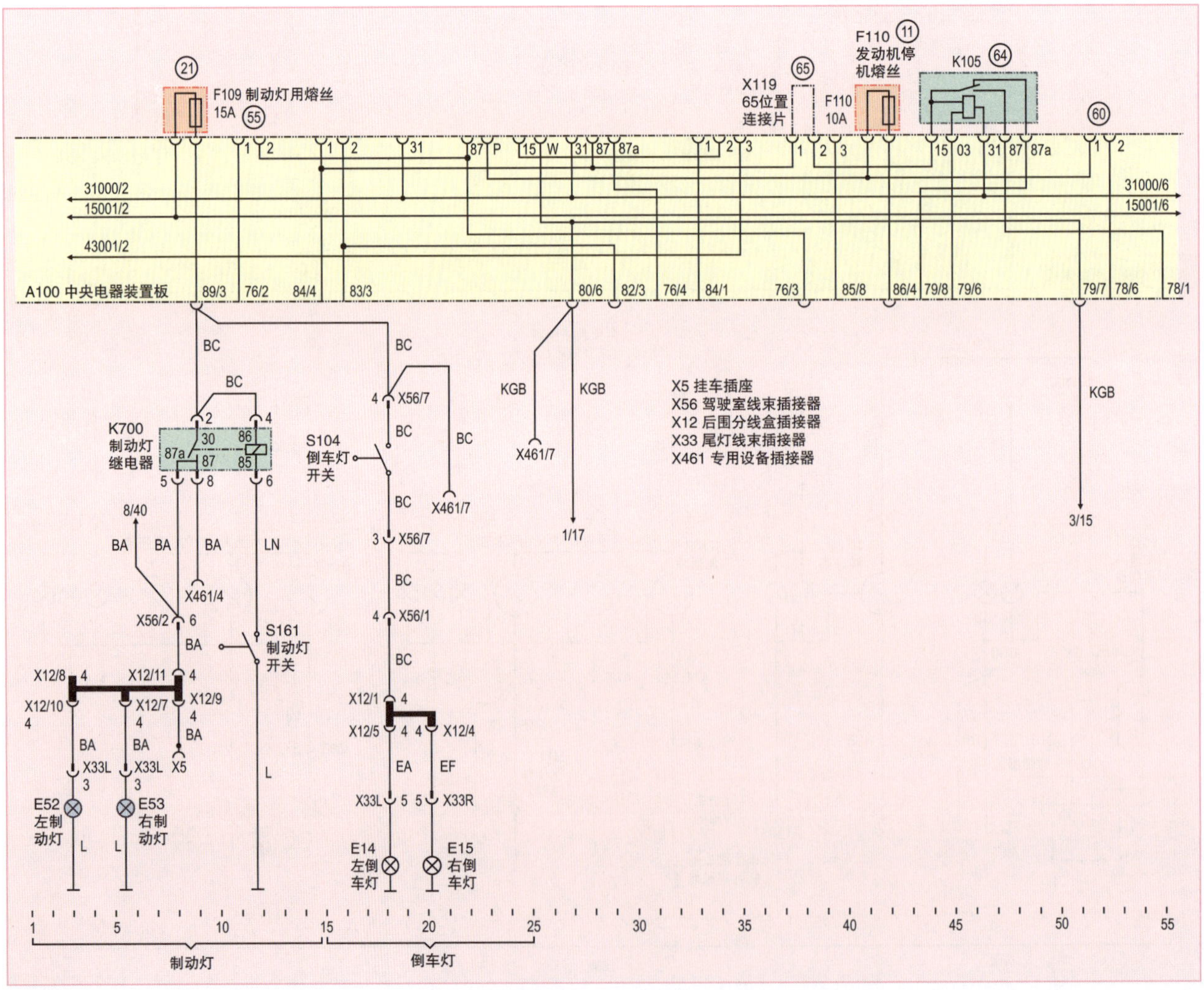

6. 电加热后视镜、暖风/空调装置、照明亮度调节装置

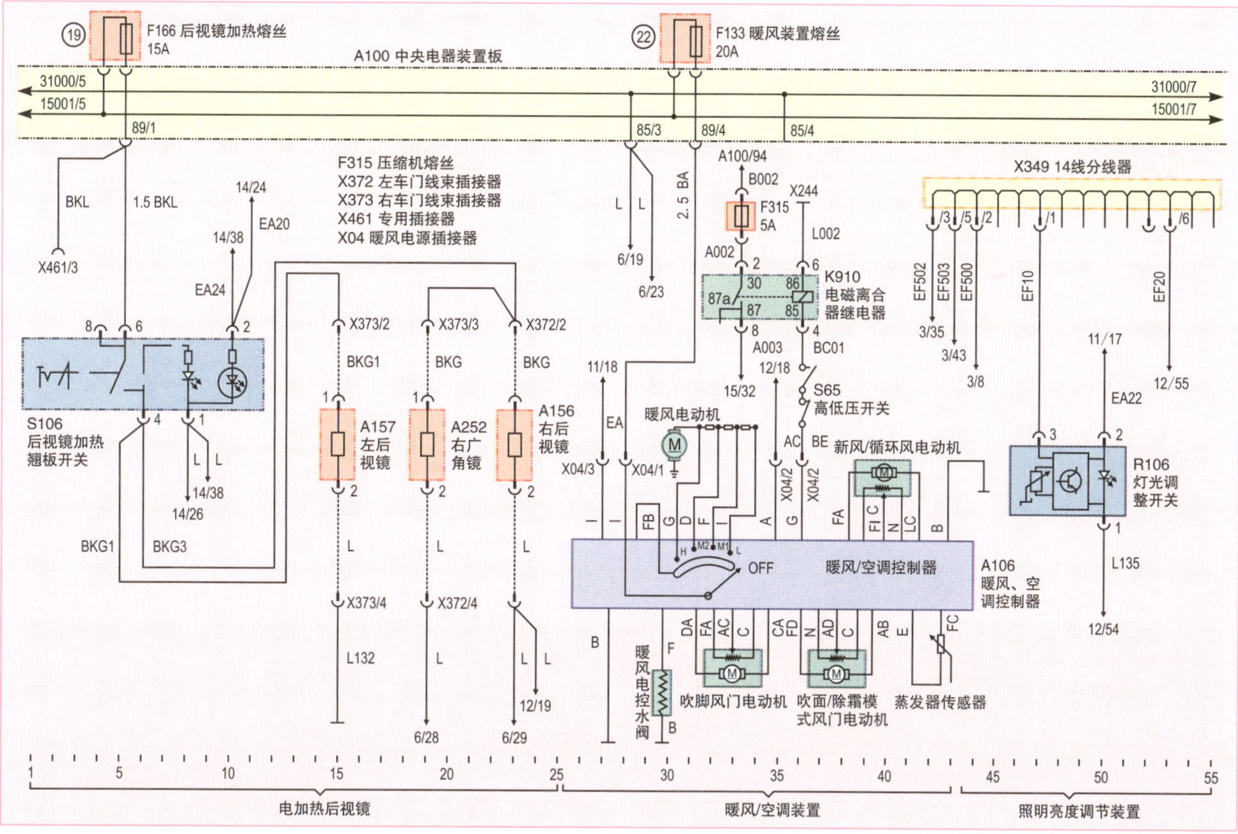

7. 转向和报警灯

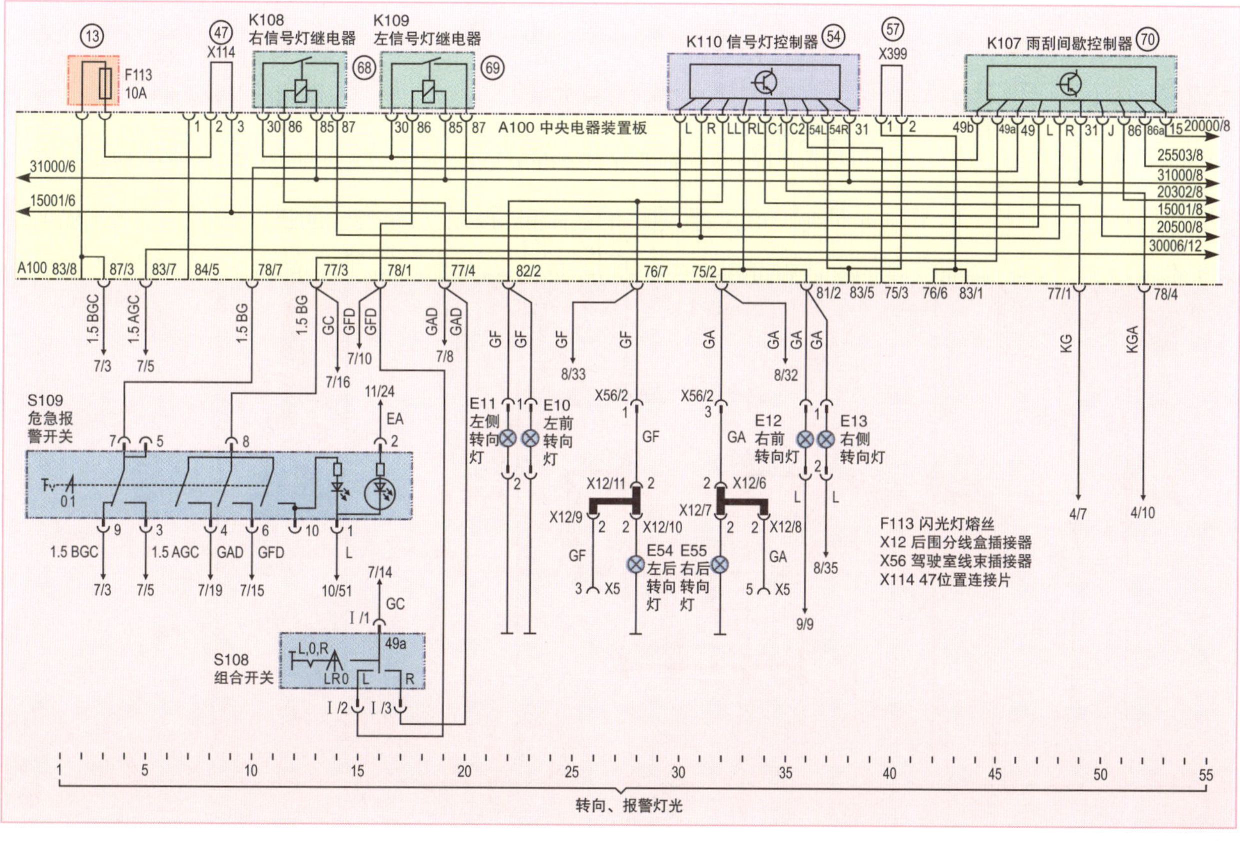

8. 雨刮/喷淋装置、行驶记录仪（选用）

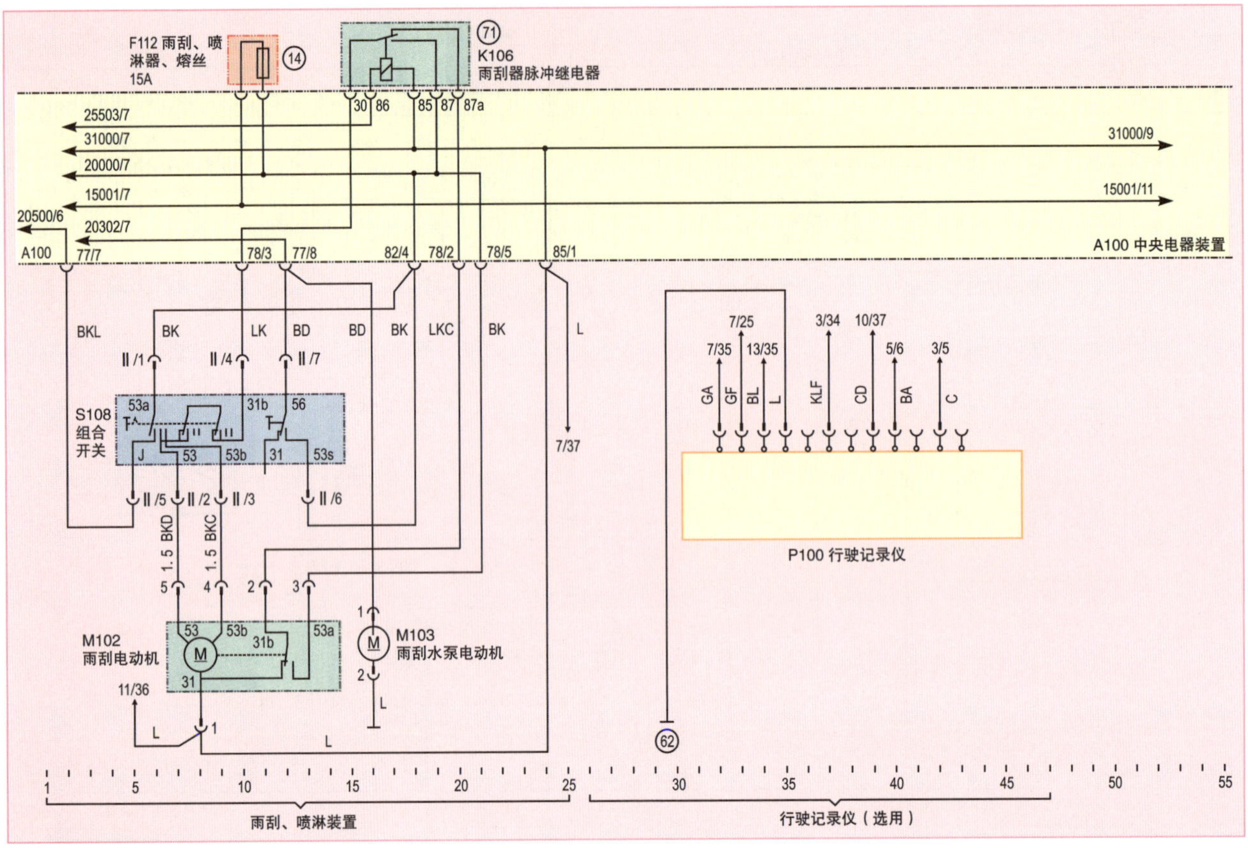

9. 位置灯

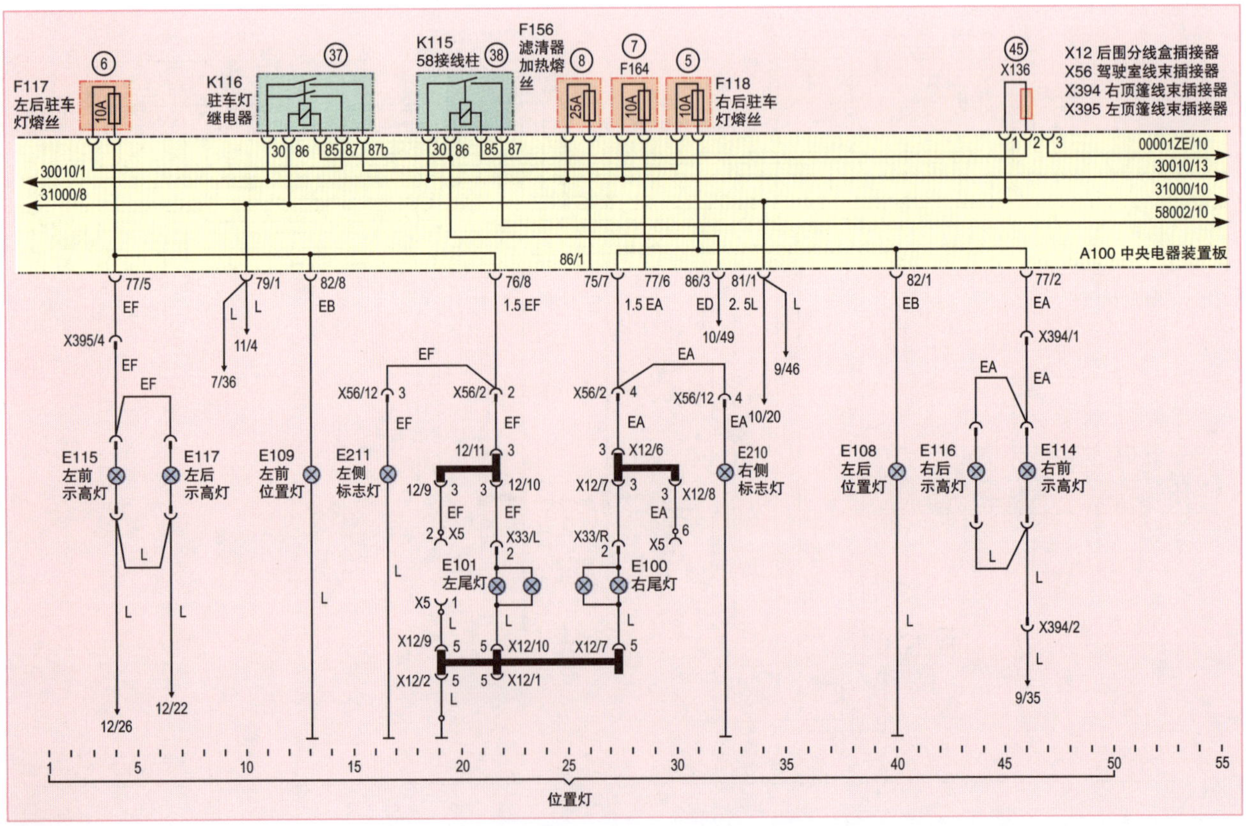

10. 前照灯（远、近）、灯光控制

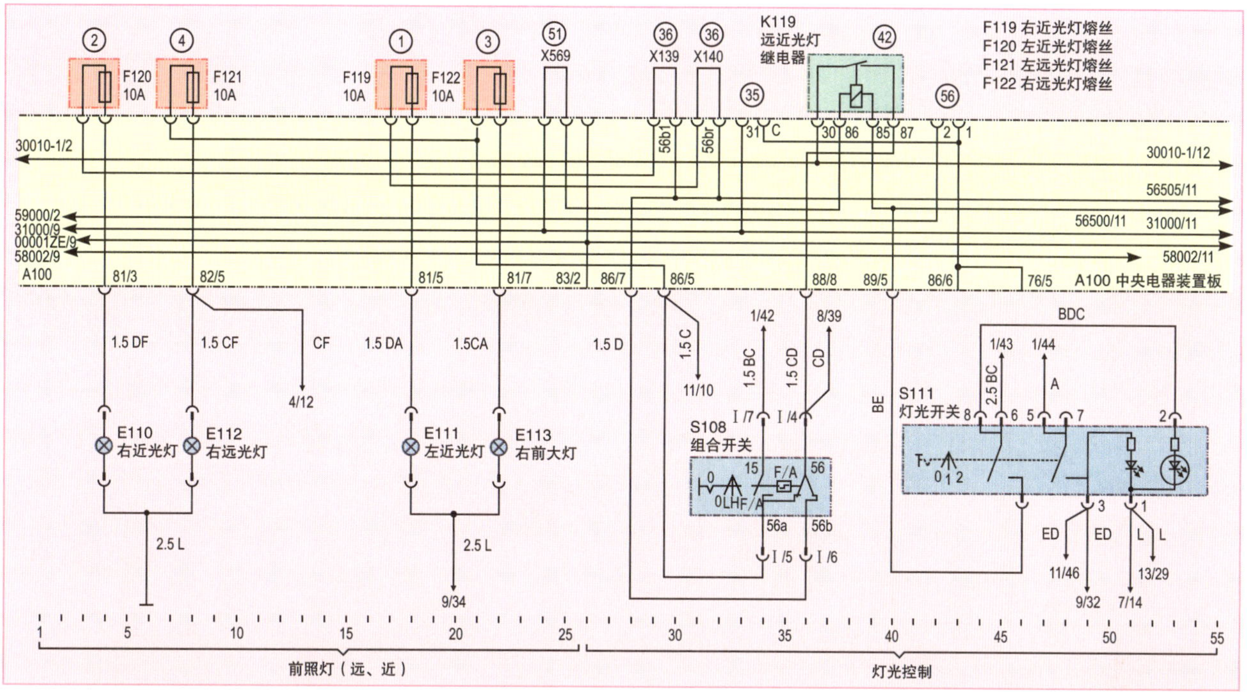

11. 辅助前照灯、后雾灯

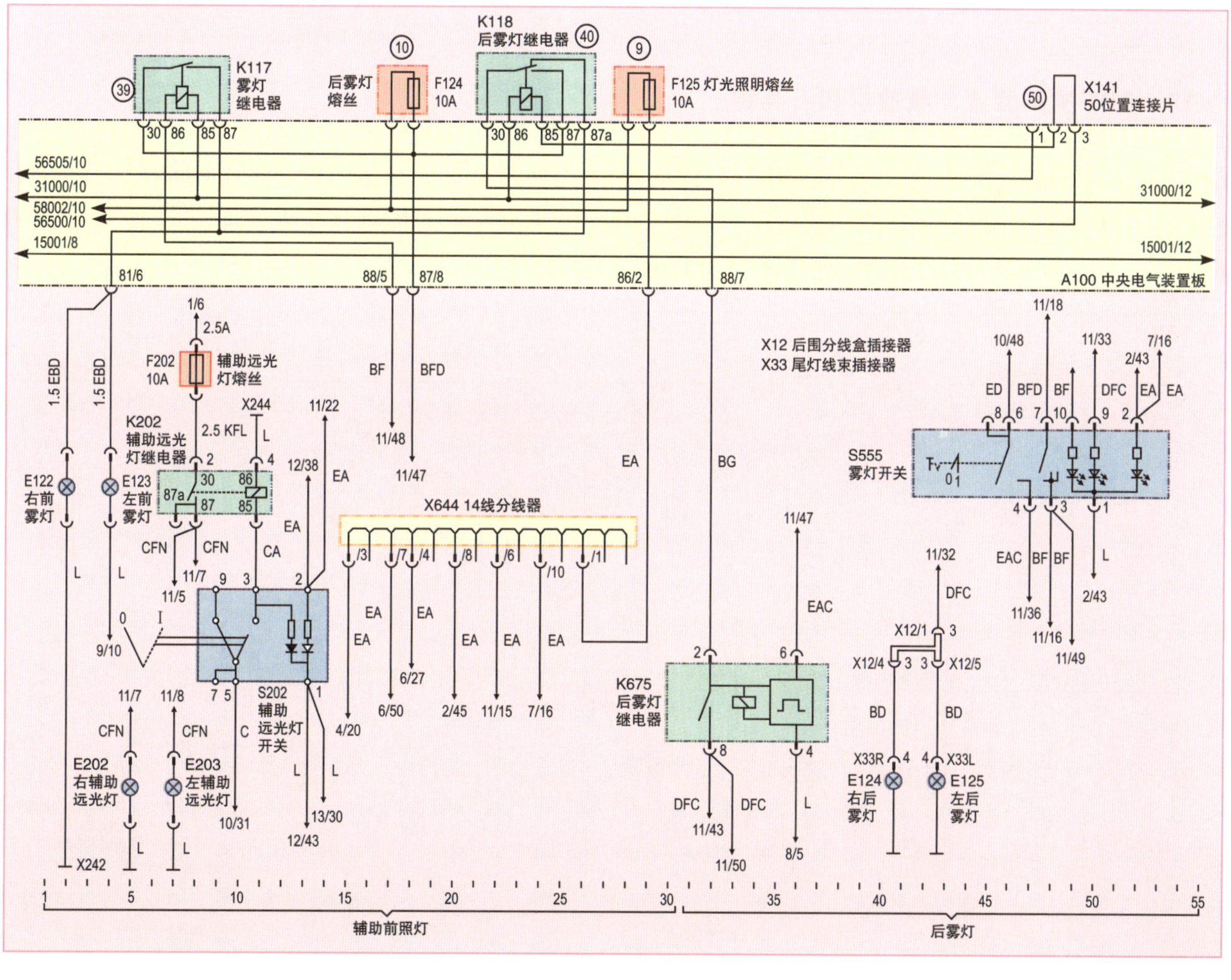

12. 驾驶室内照明、牵引车工作照明灯、点烟器

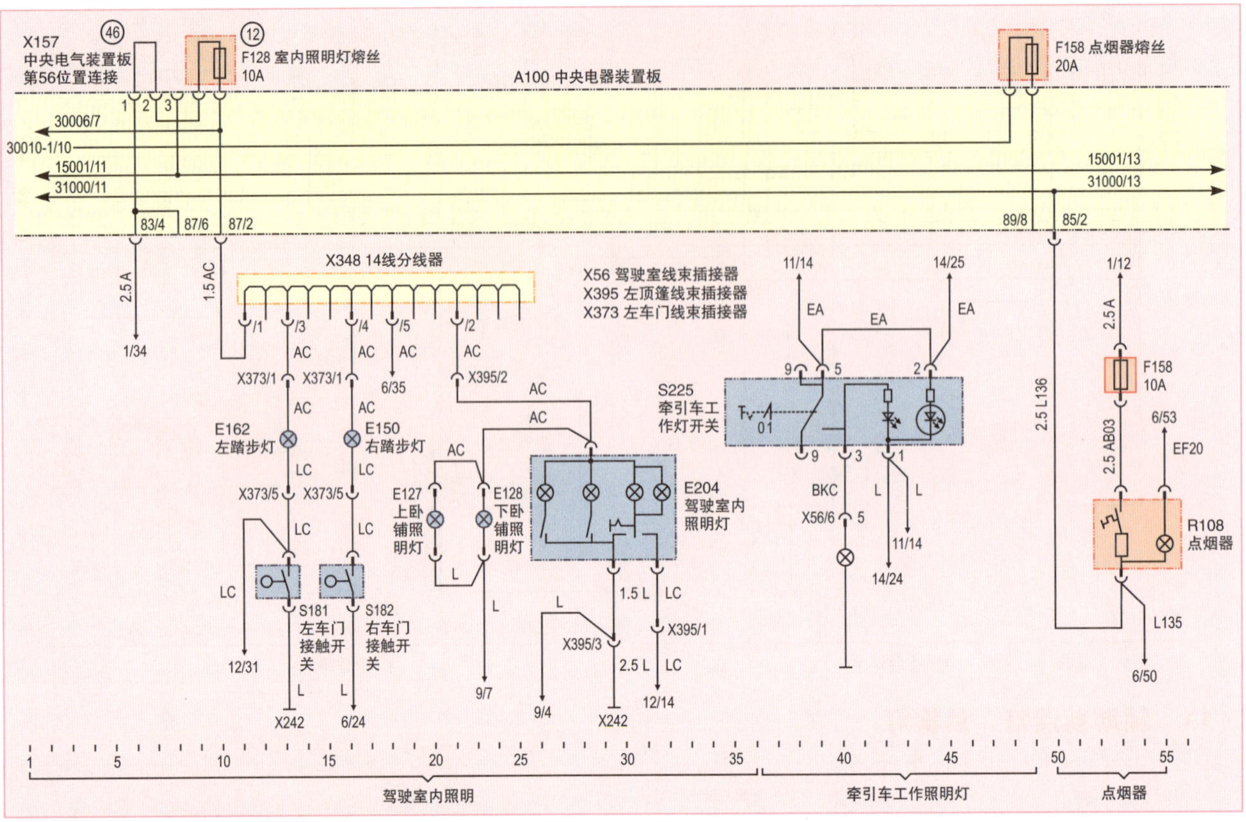

13. ABS控制装置、收放机和石英钟

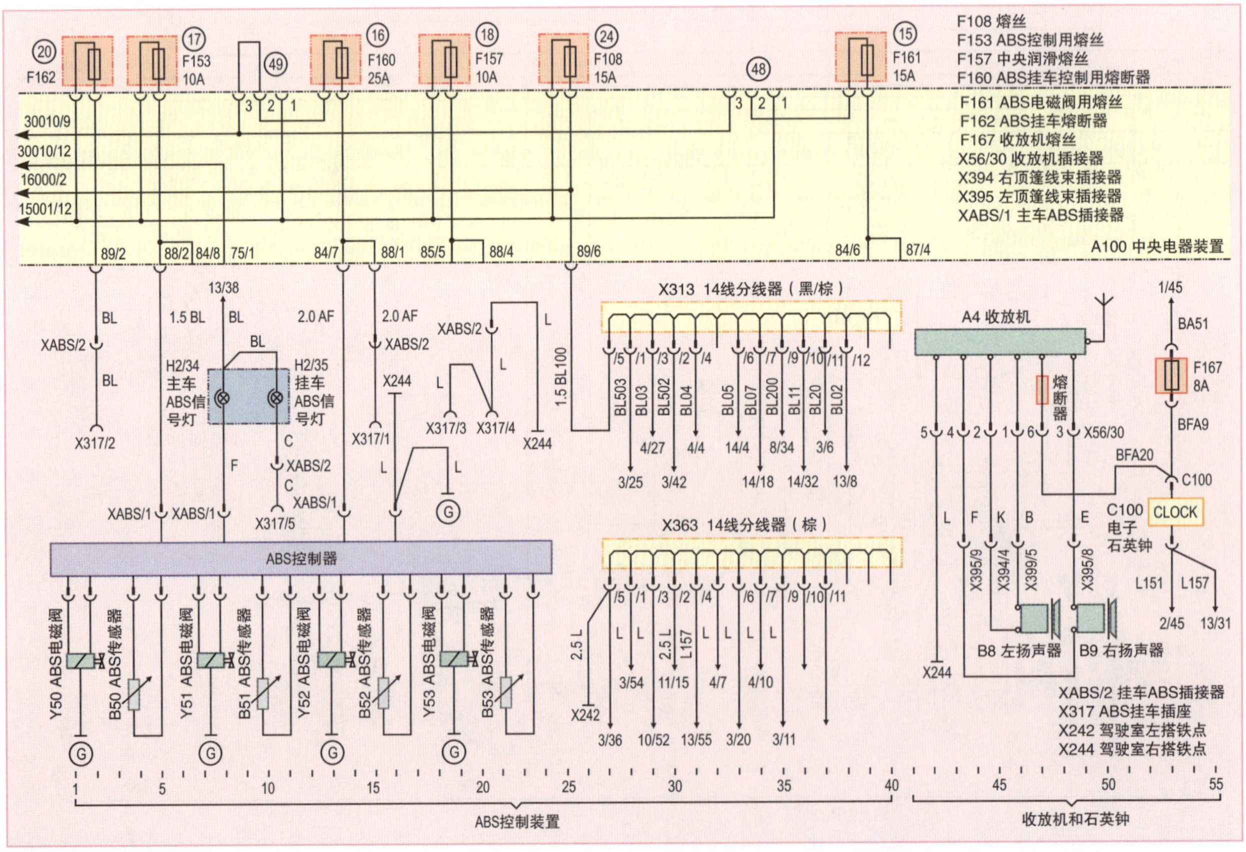

14. 功能开关

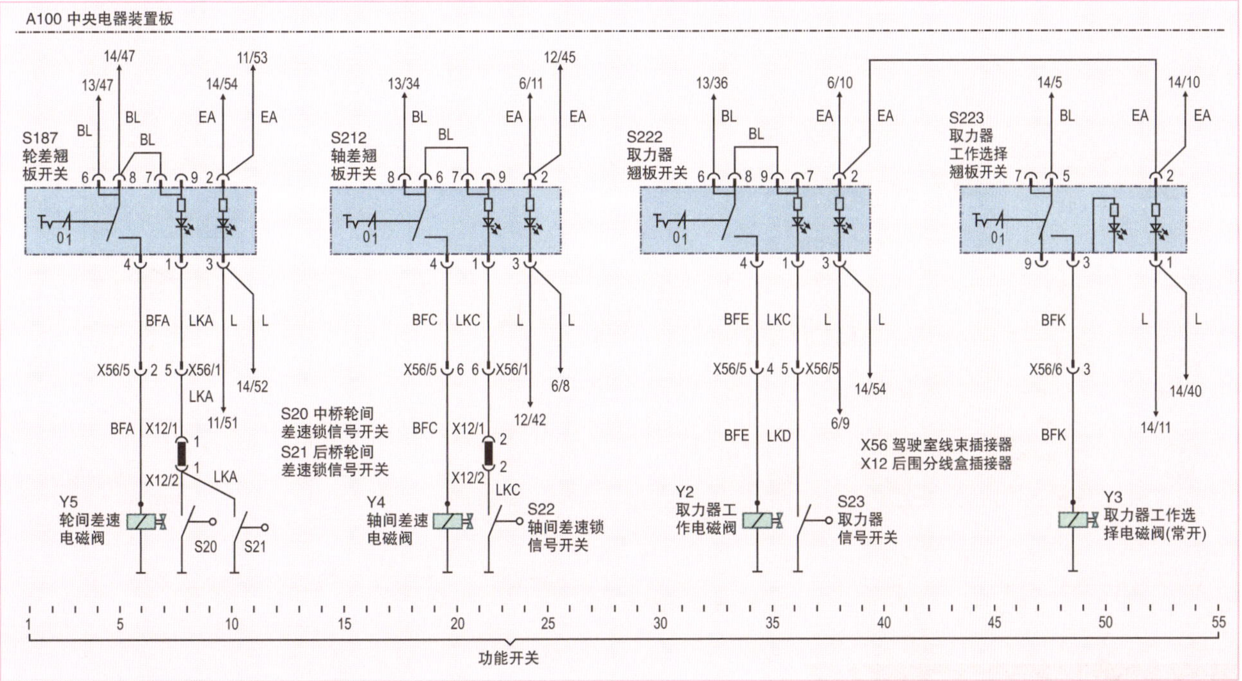

15. 欧Ⅲ发动机ECU电控系统

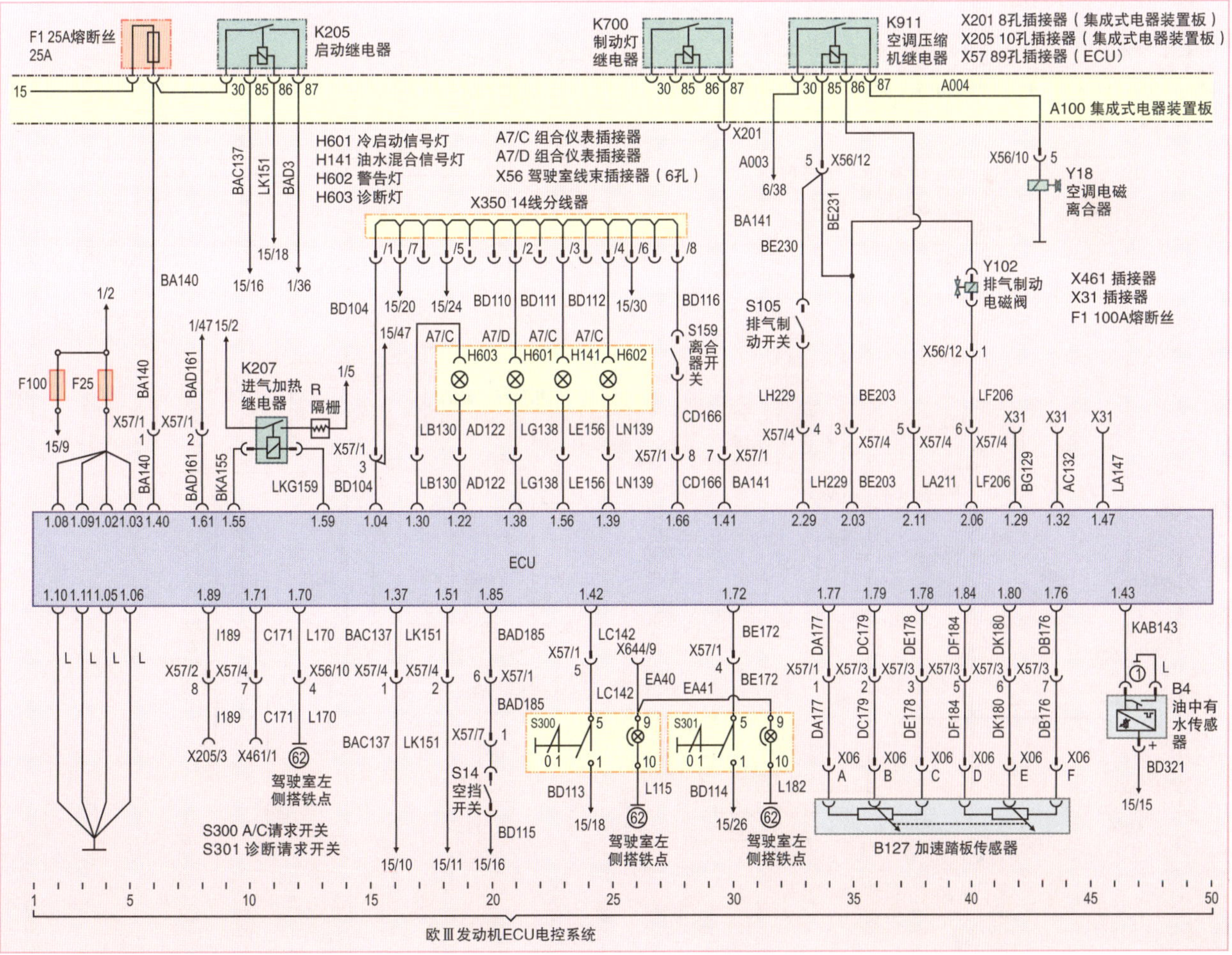

16. 电动玻璃升降器（选用）

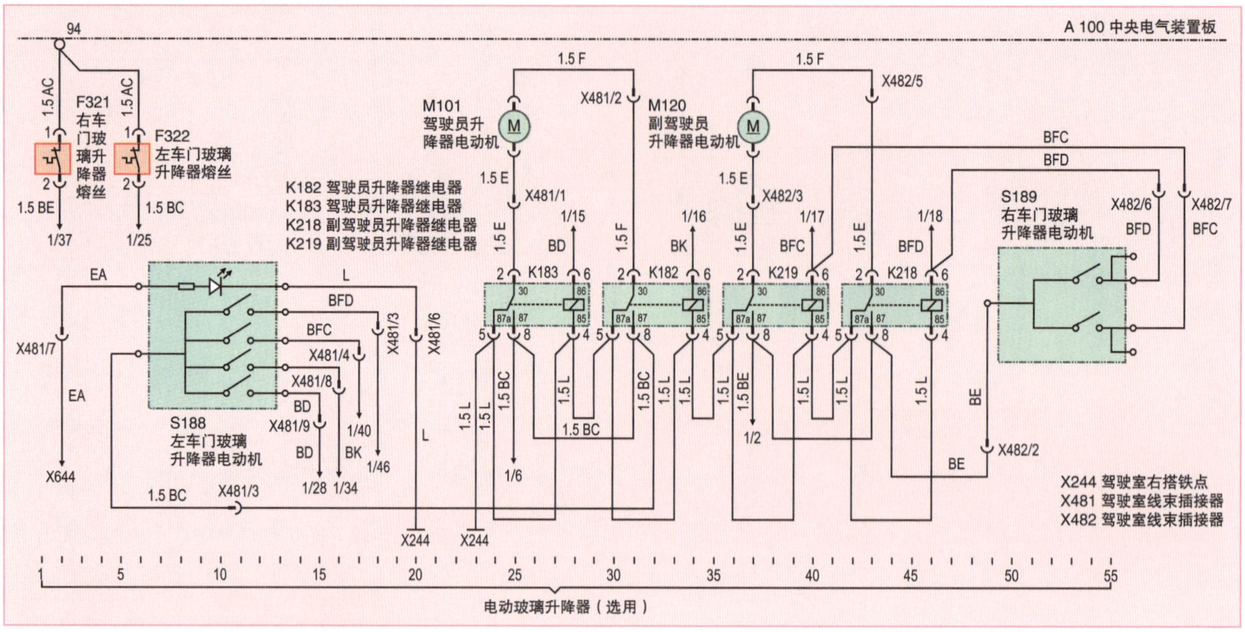

四、奥龙整车电路图

1. 电源、灯光

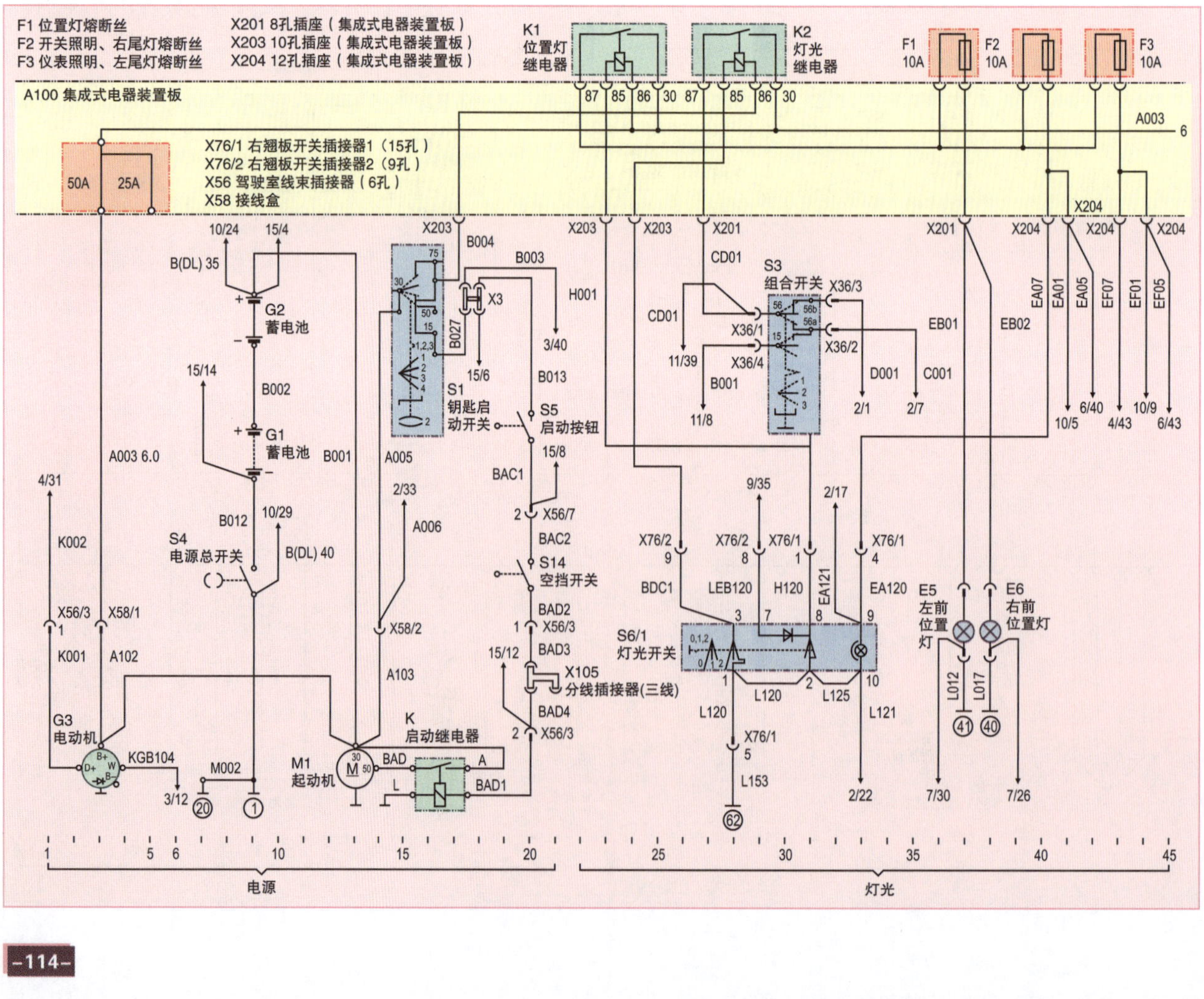

2. 灯光、点烟器

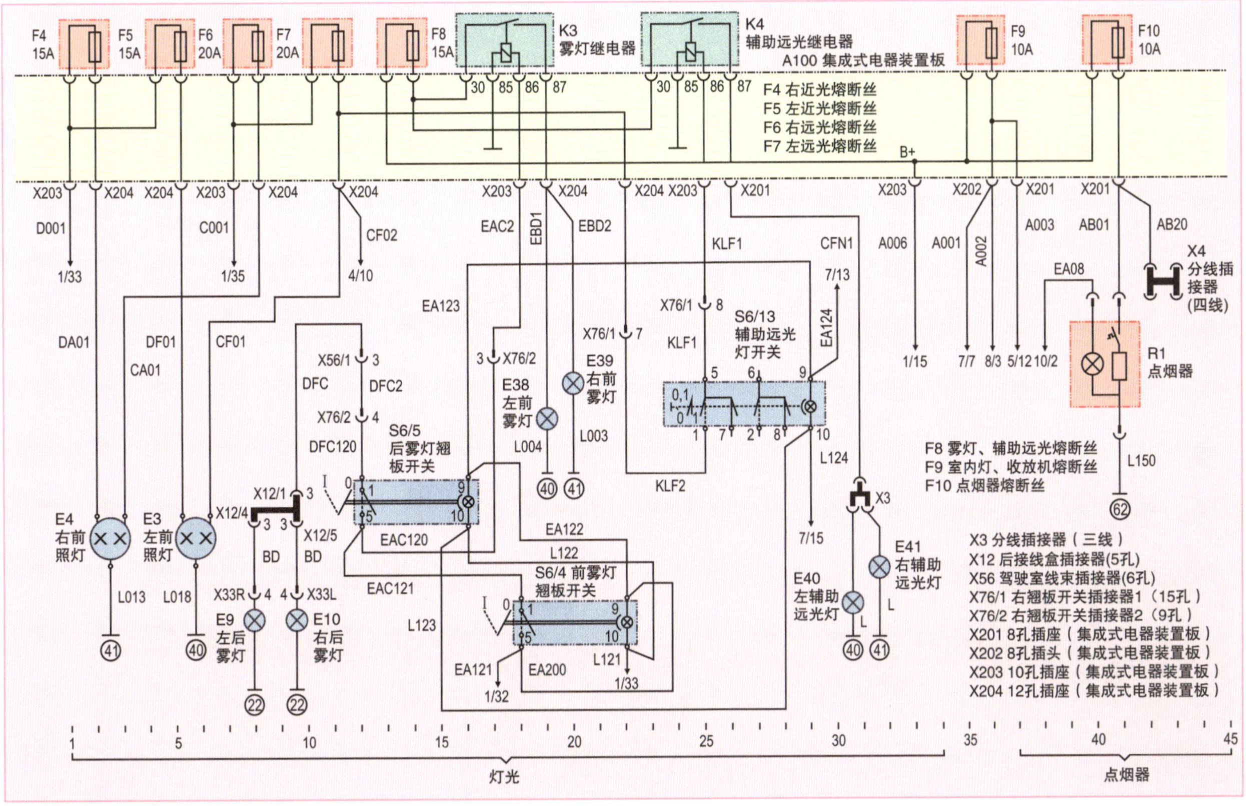

F4 15A
F5 15A
F6 20A
F7 20A
F8 15A
K3 雾灯继电器
K4 辅助远光继电器
A100 集成式电器装置板
F9 10A
F10 10A
F4 右近光熔断丝
F5 左近光熔断丝
F6 右远光熔断丝
F7 左远光熔断丝
B+
X203
X204
X202
X201
D001
C001
CF02
EAC2
EBD1
EBD2
KLF1
CFN1
A006
A001
A002
A003
AB01
AB20
X4 分线插接器（四线）
EA08
DA01
DF01
CA01
CF01
EA123
X56/1
X76/2
X76/1
S6/13 辅助远光灯开关
EA124
R1 点烟器
DFC
DFC2
E38 左前雾灯
E39 右前雾灯
S6/5 后雾灯翘板开关
DFC120
L004
L003
L124
L150
F8 雾灯、辅助远光熔断丝
F9 室内灯、收放机熔断丝
F10 点烟器熔断丝
X12/1
X12/4
X12/5
KLF2
X3
E4 右前照灯
E3 左前照灯
BD
EAC120
EA122
L122
E41 右辅助远光灯
X3 分线插接器（三线）
X12 后接线盒插接器(5孔)
X56 驾驶室线束插接器(6孔)
X76/1 右翘板开关插接器1（15孔）
X76/2 右翘板开关插接器2（9孔）
X201 8孔插座（集成式电器装置板）
X202 8孔插头（集成式电器装置板）
X203 10孔插座（集成式电器装置板）
X204 12孔插座（集成式电器装置板）
X33R
X33L
EAC121
S6/4 前雾灯翘板开关
E40 左辅助远光灯
L013
L018
E9 左后雾灯
E10 右后雾灯
L123
EA121
EA200
L121
灯光
点烟器

3. 仪表

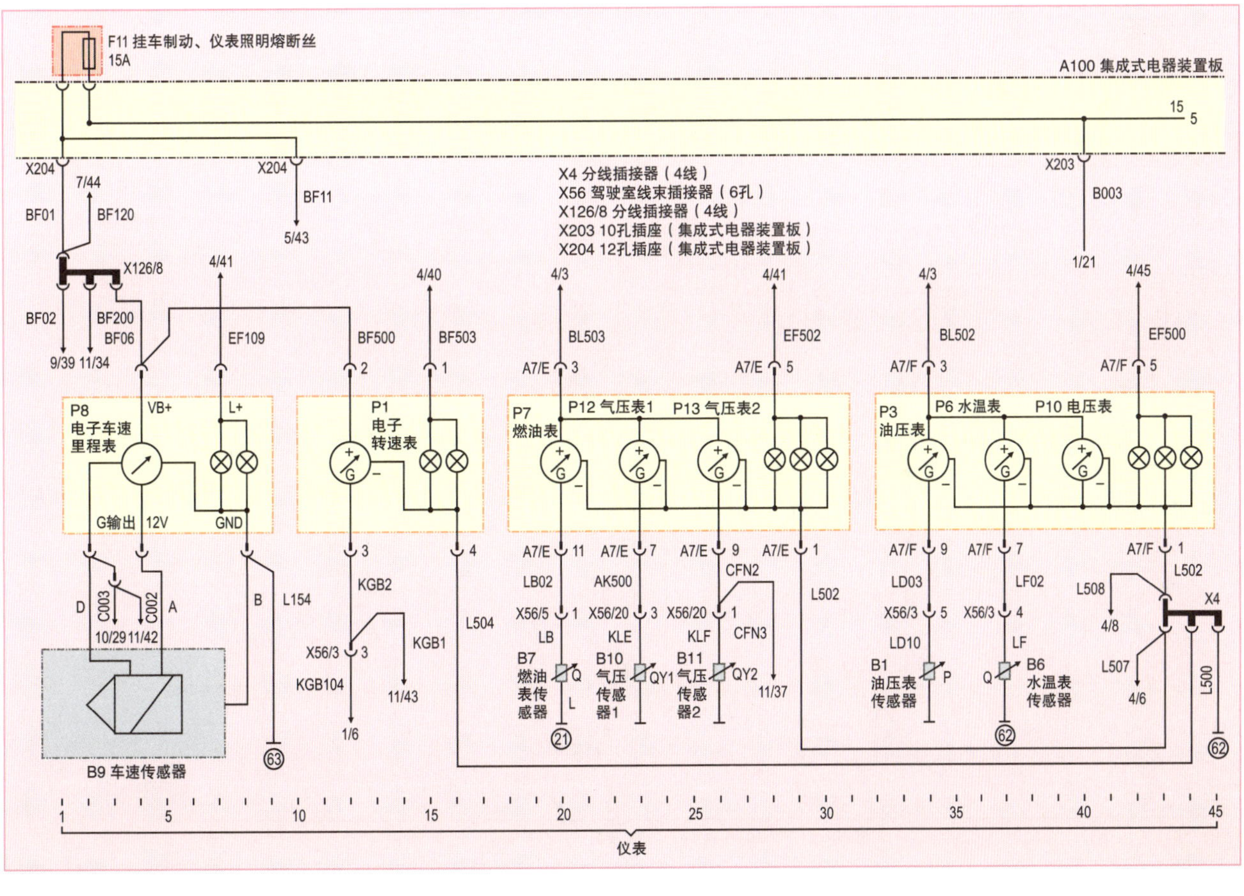

F11 挂车制动、仪表照明熔断丝 15A
A100 集成式电器装置板
X204
X203
BF01
BF120
BF11
B003
X4 分线插接器（4线）
X56 驾驶室线束插接器（6孔）
X126/8 分线插接器（4线）
X203 10孔插座（集成式电器装置板）
X204 12孔插座（集成式电器装置板）
X126/8
BF02
BF200
BF06
EF109
BF500
BF503
BL503
EF502
BL502
EF500
A7/E
A7/F
P8 电子车速里程表
VB+
L+
G输出
12V
GND
P1 电子转速表
P7 燃油表
P12 气压表1
P13 气压表2
P3 油压表
P6 水温表
P10 电压表
C003
C002
L154
KGB2
KGB1
KGB104
L504
LB02
AK500
CFN2
CFN3
L502
LD03
LF02
L508
L507
L500
LB
KLE
KLF
LD10
LF
B7 燃油表传感器
B10 气压传感器1
B11 气压传感器2
B1 油压表传感器
B6 水温表传感器
B9 车速传感器
仪表

4. 信号灯

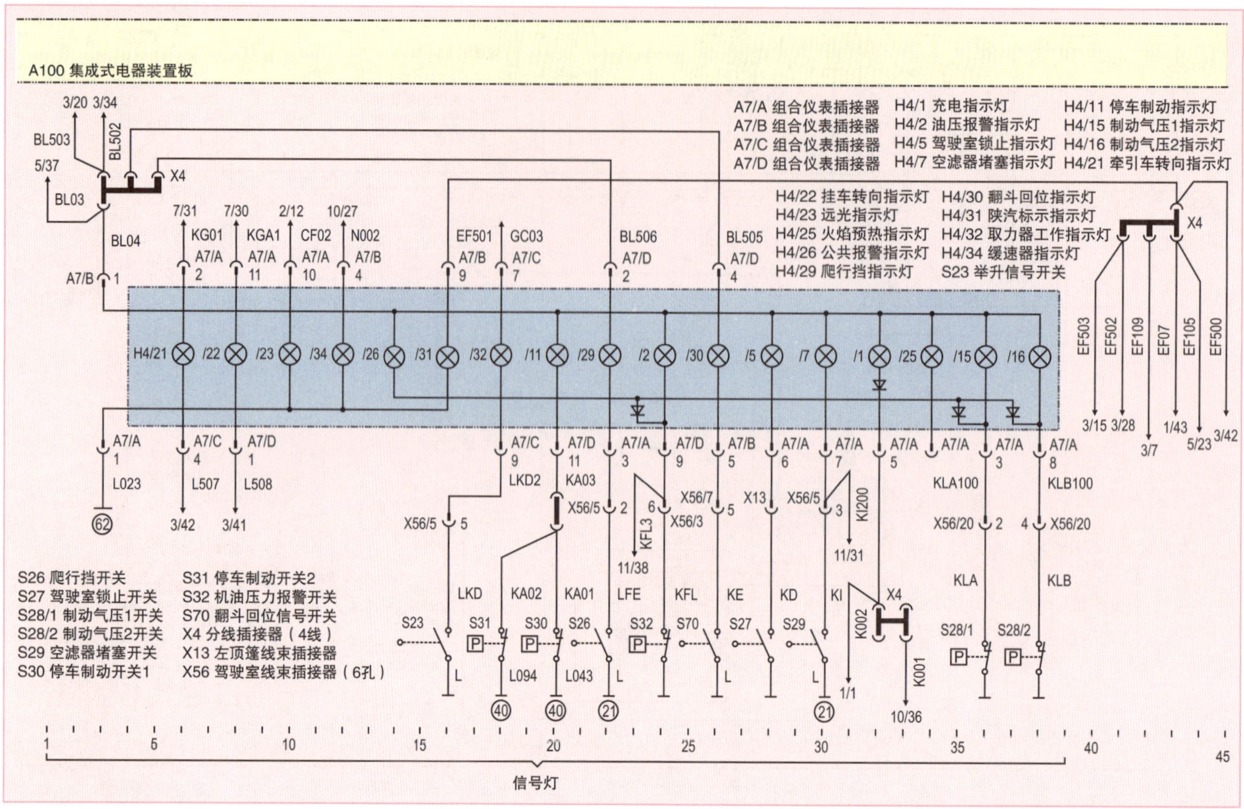
A100 集成式电器装置板
A7/A 组合仪表插接器
A7/B 组合仪表插接器
A7/C 组合仪表插接器
A7/D 组合仪表插接器
H4/1 充电指示灯
H4/2 油压报警指示灯
H4/5 驾驶室锁止指示灯
H4/7 空滤器堵塞指示灯
H4/11 停车制动指示灯
H4/15 制动气压1指示灯
H4/16 制动气压2指示灯
H4/21 牵引车转向指示灯
H4/22 挂车转向指示灯
H4/23 远光指示灯
H4/25 火焰预热指示灯
H4/26 公共报警指示灯
H4/29 爬行挡指示灯
H4/30 翻斗回位指示灯
H4/31 陕汽标示指示灯
H4/32 取力器工作指示灯
H4/34 缓速器指示灯
S23 举升信号开关
S26 爬行挡开关
S27 驾驶室锁止开关
S28/1 制动气压1开关
S28/2 制动气压2开关
S29 空滤器堵塞开关
S30 停车制动开关1
S31 停车制动开关2
S32 机油压力报警开关
S70 翻斗回位信号开关
X4 分线插接器（4线）
X13 左顶篷线束插接器
X56 驾驶室线束插接器（6孔）
信号灯

5. 空调系统

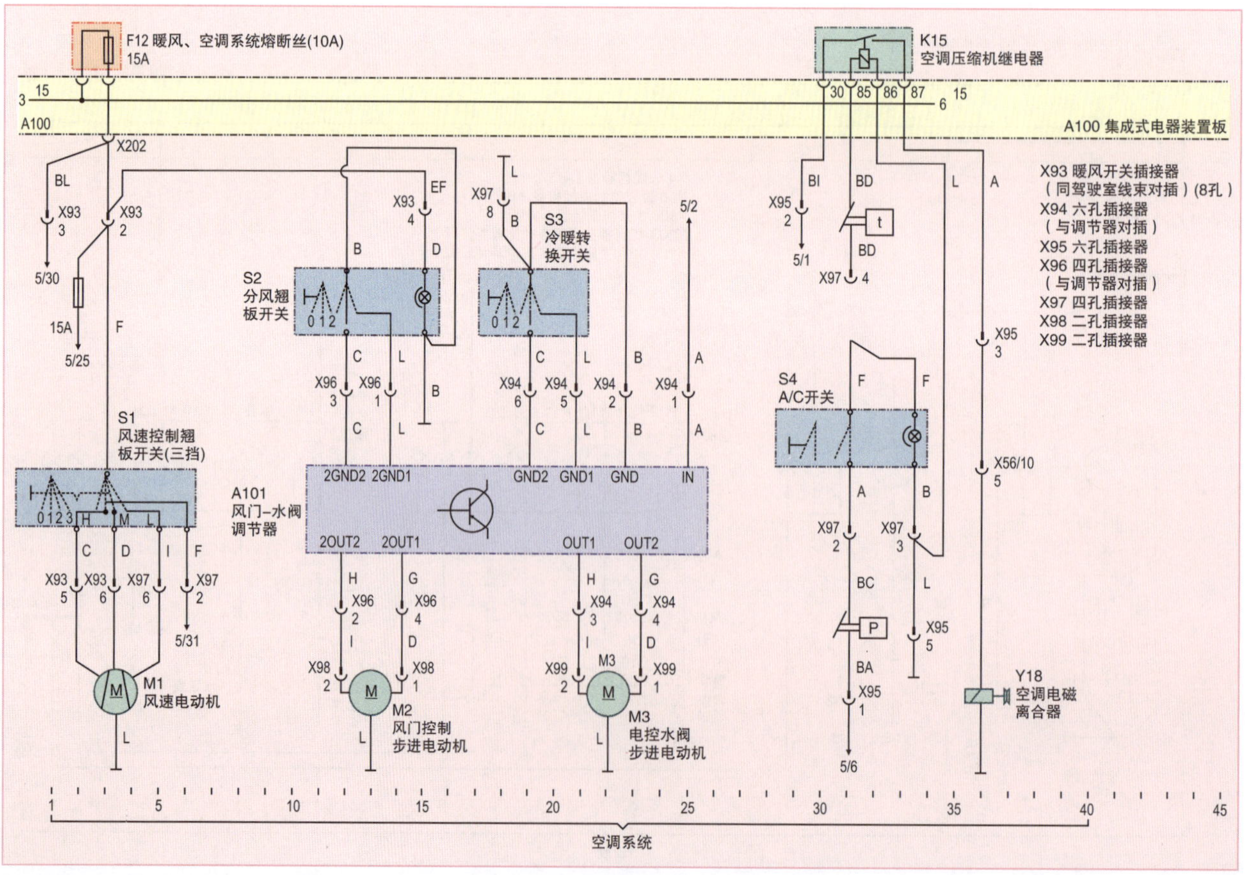
F12 暖风、空调系统熔断丝(10A)
15A
A100
A100 集成式电器装置板
K15
空调压缩机继电器
X93 暖风开关插接器
（同驾驶室线束对插）(8孔）
X94 六孔插接器
（与调节器对插）
X95 六孔插接器
X96 四孔插接器
（与调节器对插）
X97 四孔插接器
X98 二孔插接器
X99 二孔插接器
S1
风速控制翘
板开关(三挡)
S2
分风翘
板开关
S3
冷暖转
换开关
S4
A/C开关
A101
风门-水阀
调节器
M1
风速电动机
M2
风门控制
步进电动机
M3
电控水阀
步进电动机
Y18
空调电磁
离合器
空调系统

6. 电动玻璃升降器、雨刮/喇叭、示廓灯

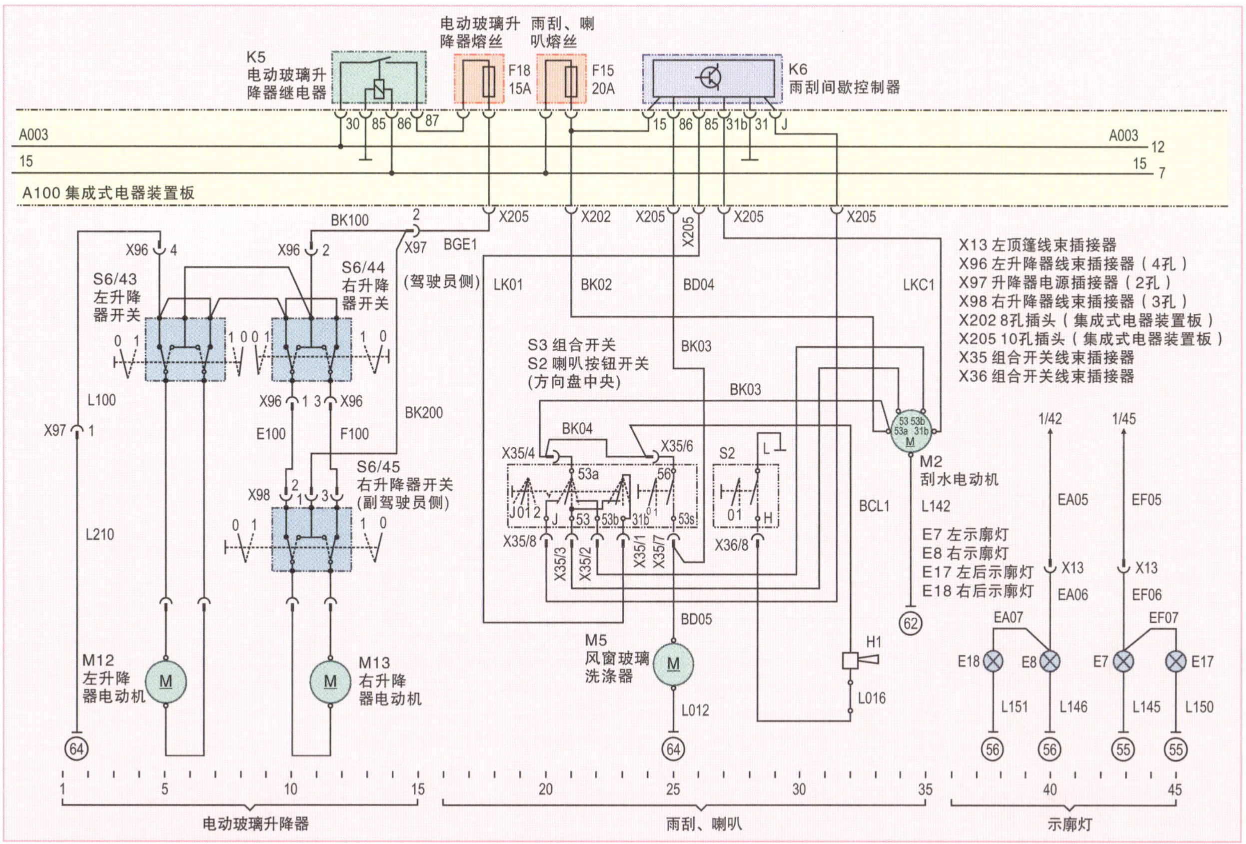

7. 闪光、转向系统

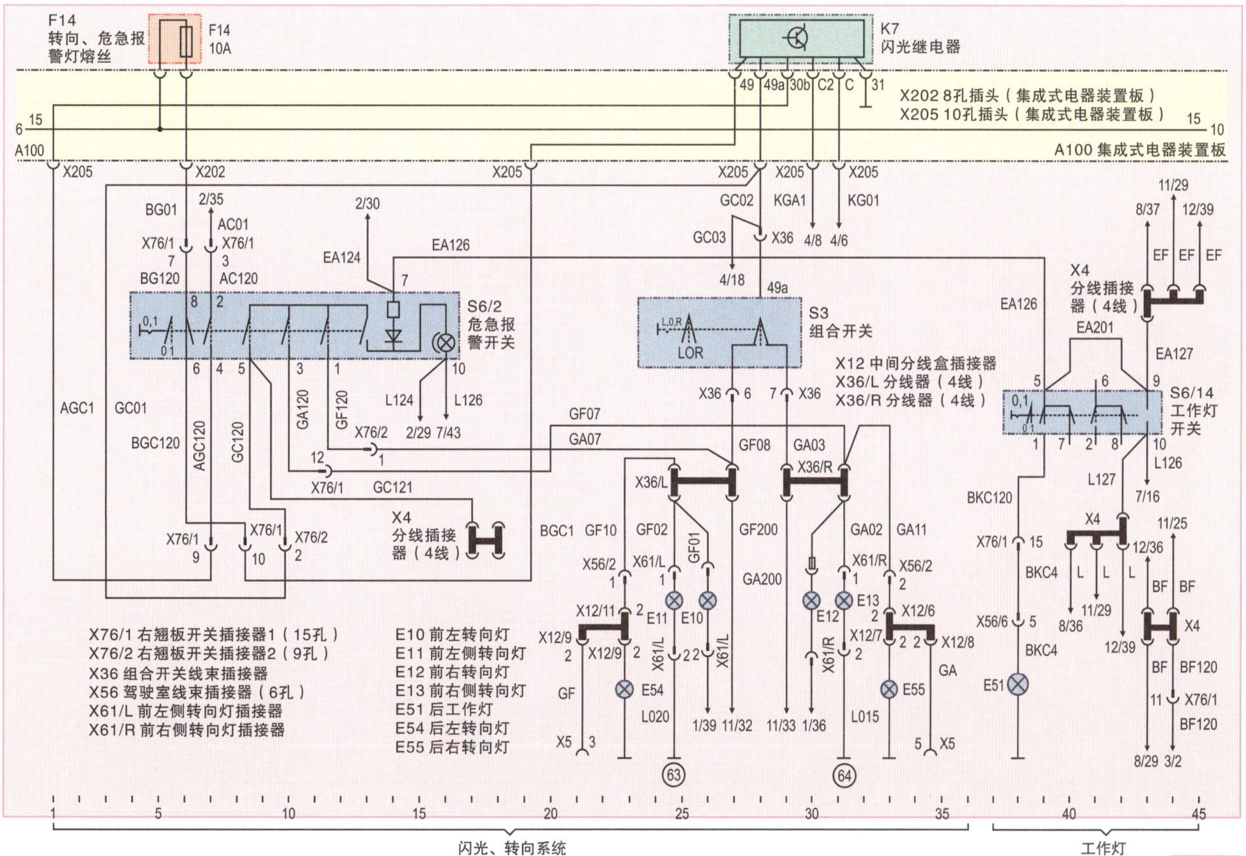

8. 标准驾驶室内照明、加长驾驶室内照明、分动器操纵（前置）

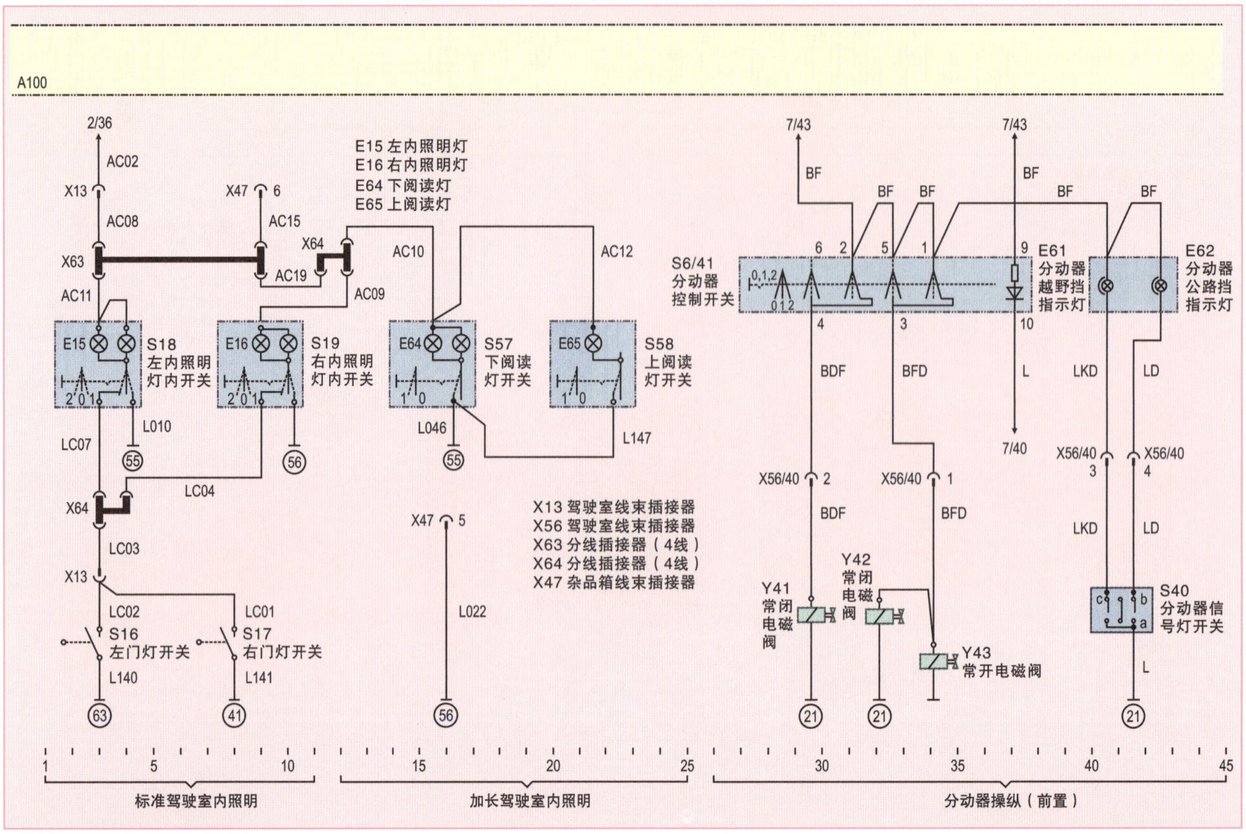

9. 功能控制开关

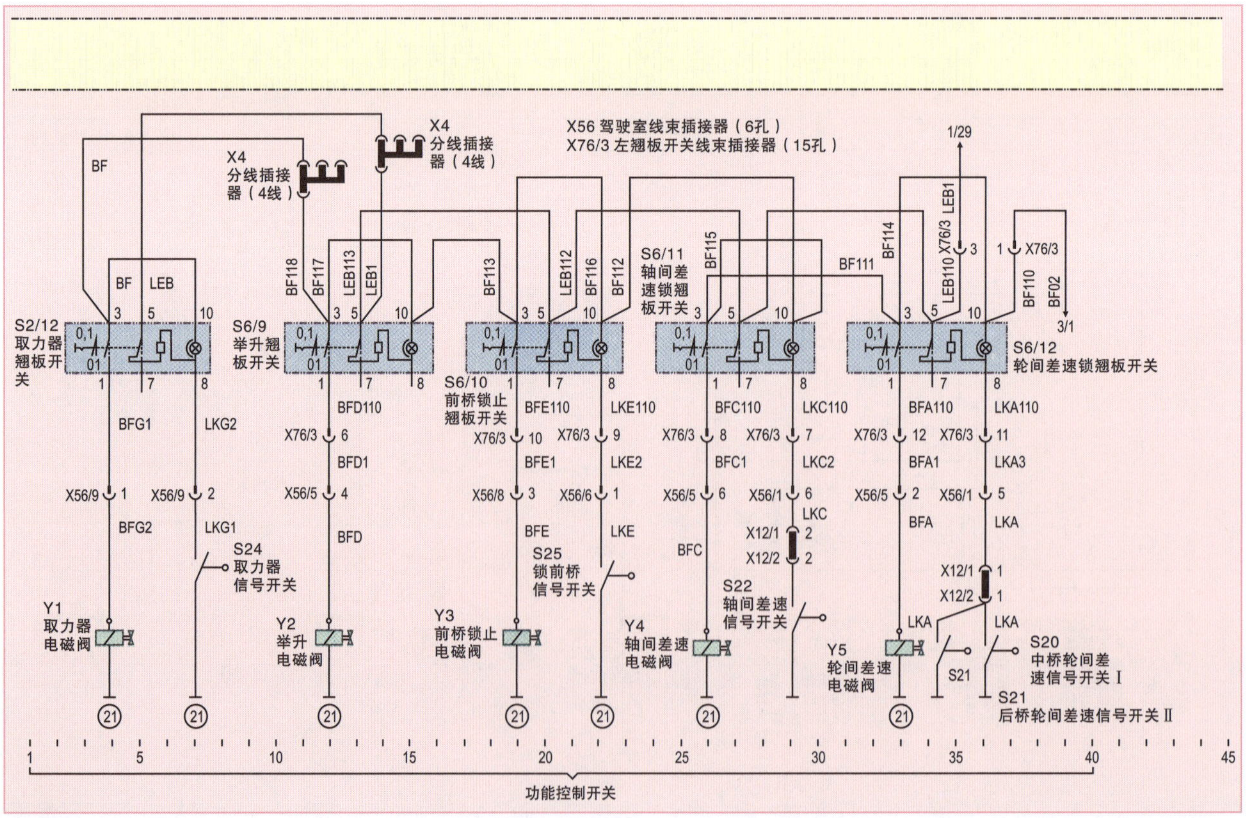

10. 停车灯、制动灯、电涡流缓速器

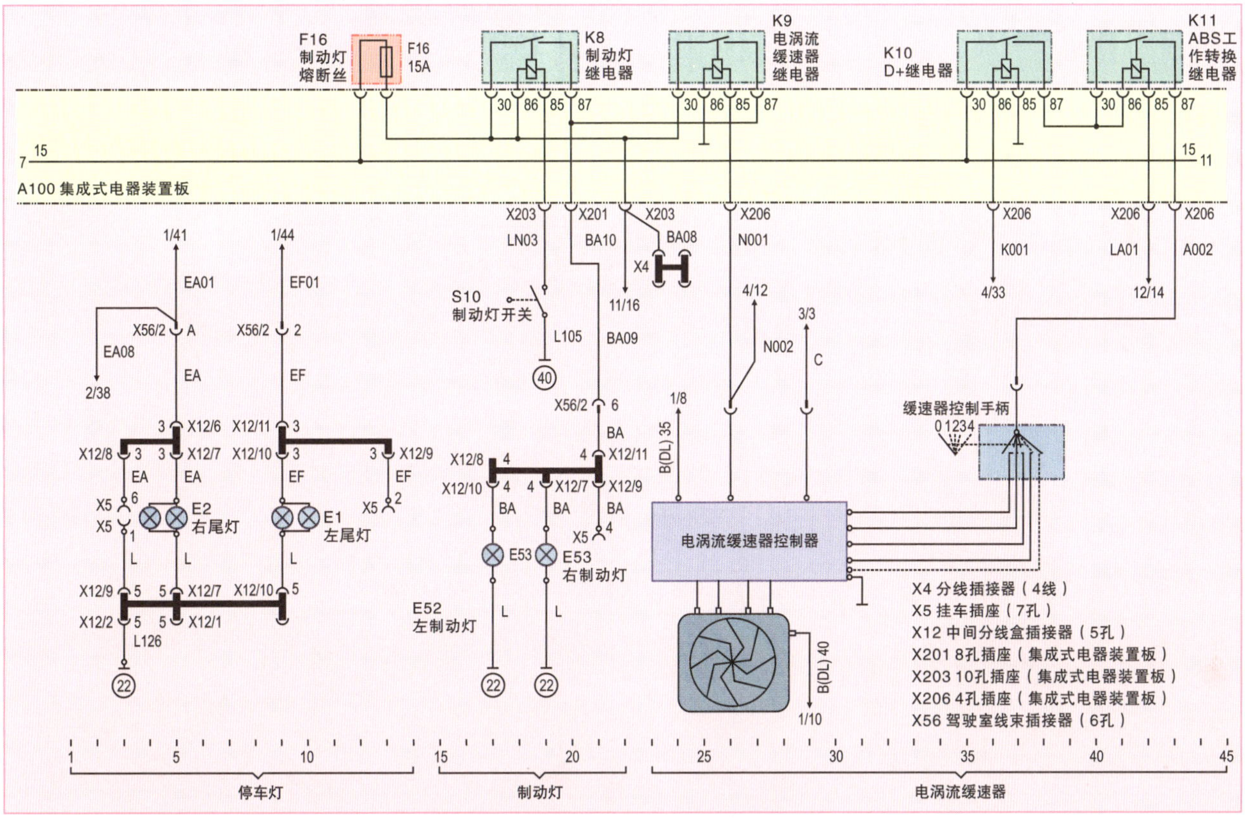

11. 空气干燥器、倒车灯、乙醚喷射启动装置、行驶记录仪

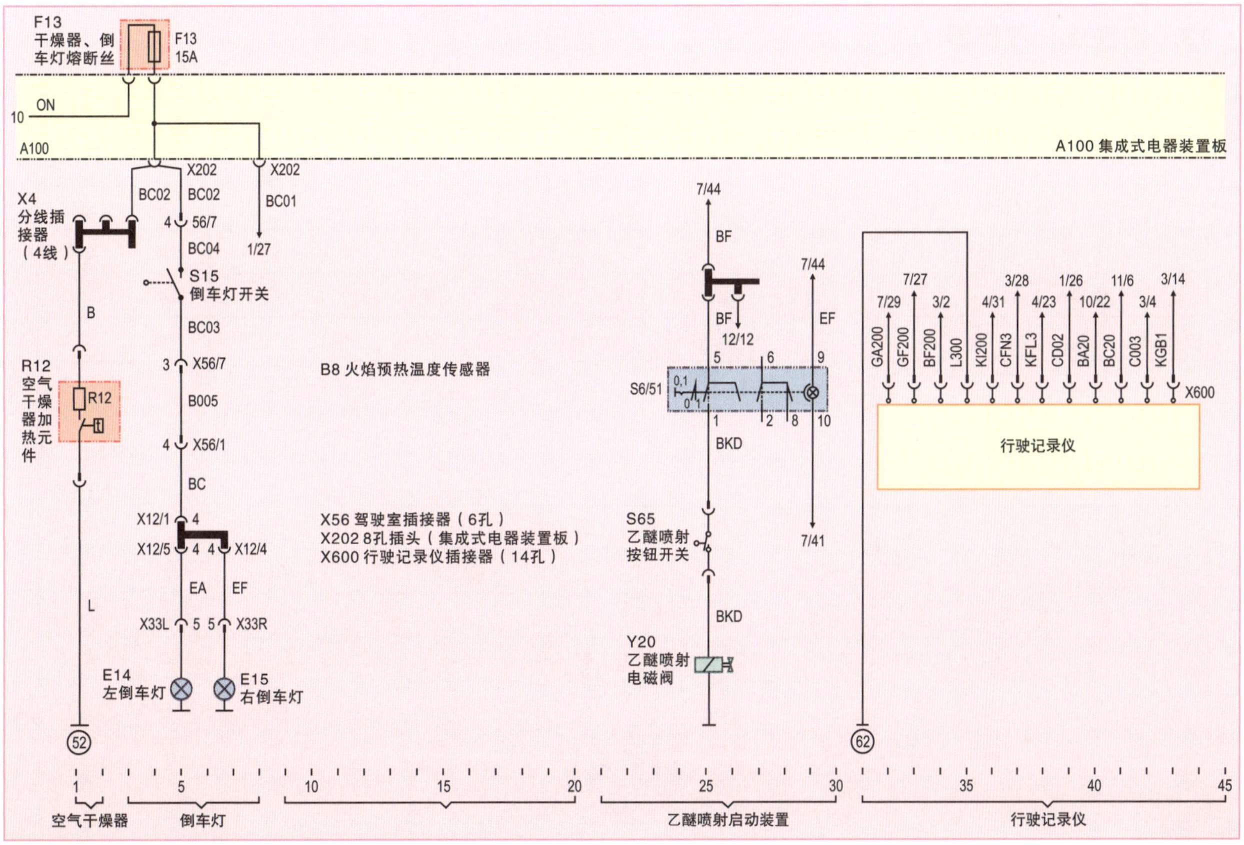

12. ABS系统、提升轴操纵

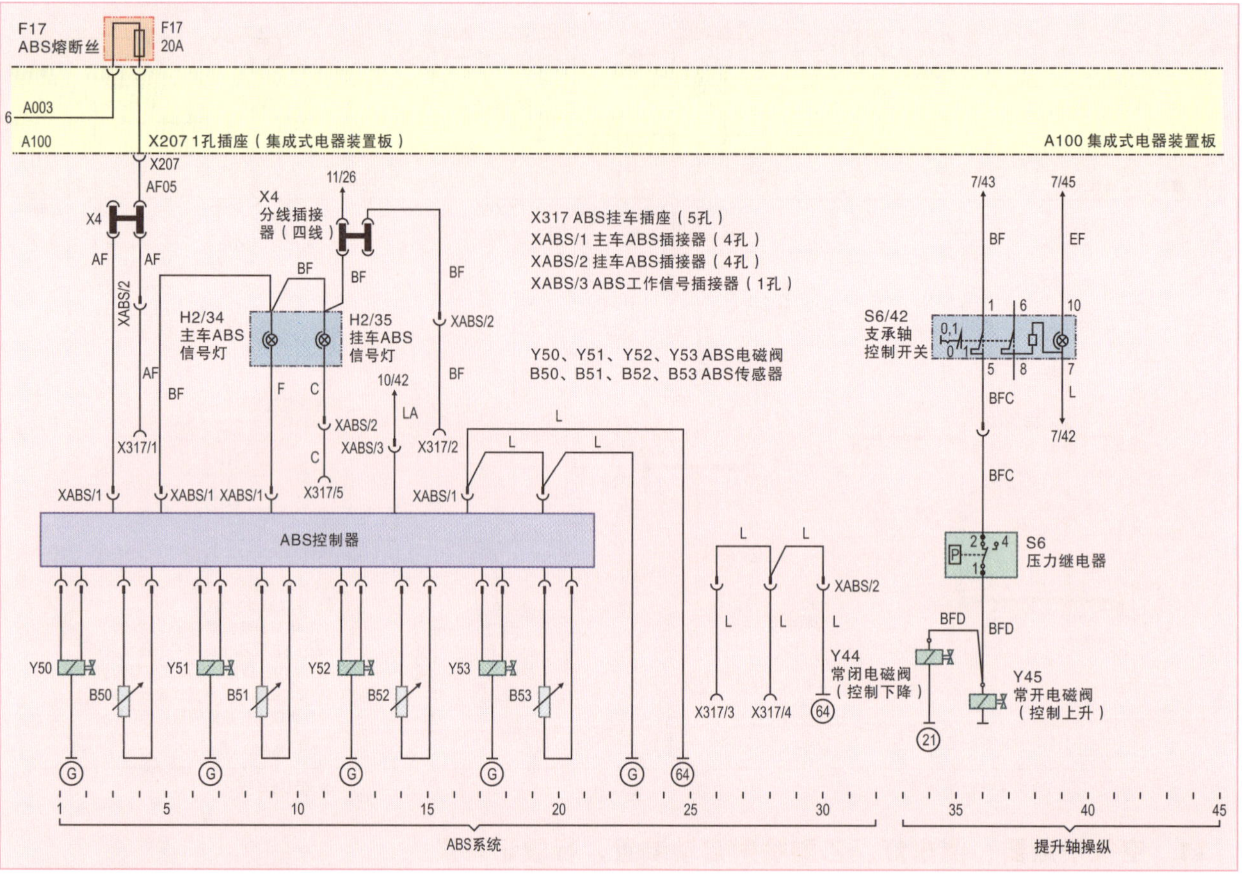

13. 搭铁点、连接器

X201 EM08

点烟器	灯光K/30	辅助远光	制动灯
AB01/AB20	CD01	CFN1	BA09
雾灯	收放机	地	
EBD1/EBD2	AC03	L007	

X202 EN08

暖风机	信号灯	超车	倒车/干燥器
BL01	BL03	BC01	BC02/BC20
闪光器	雨刮喇叭	充电	室内灯
BG01	BK02	BA08/BA10	AC01/AC02

X203 EM10

近光	远光	B+	ON	H001
D001	C001	A006	B003	H001
灯光K/85	灯光K/86	辅助远光K	制动K	雾灯K
B004	BDC1	KLF1	LN03	EAC2

X204 EM12

位置灯	右示高灯右尾灯	开关照明	左示高灯左尾灯	仪表照明	右近光
EB01/EB02	EA01/EA05	EA07	EF01/EF05	EF07	DA01
左近光	右远光	左远光	辅助远光开关	挂车制动	差速锁
DF01	CA01	CF01/CF02	KLF2	BF11	BF01

X205 EN10

C	C2	49	49a	30b
KG01	KGA1	BGC1	GC01/GC02	AGC1
电动窗机	31b	85	J	86
BGE1	KB01	LK01	BKL1	BD04

X206 EM04

D+	ABS-
K001	LA01
电涡流电源	电涡流指示灯
N001+	A002

X207 EM01

ABS电源
AF05

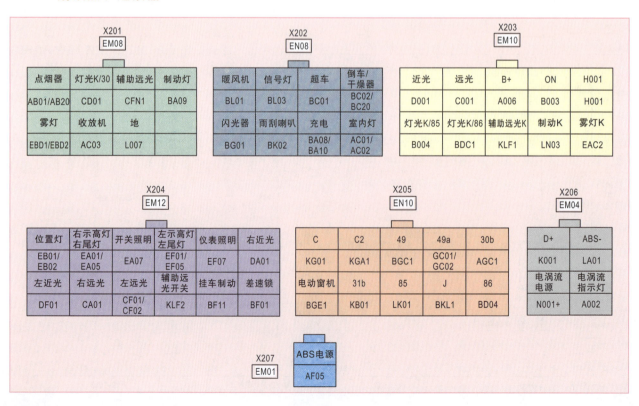

14. 收放机、挂车制动、支撑轴提升（北京精德精）

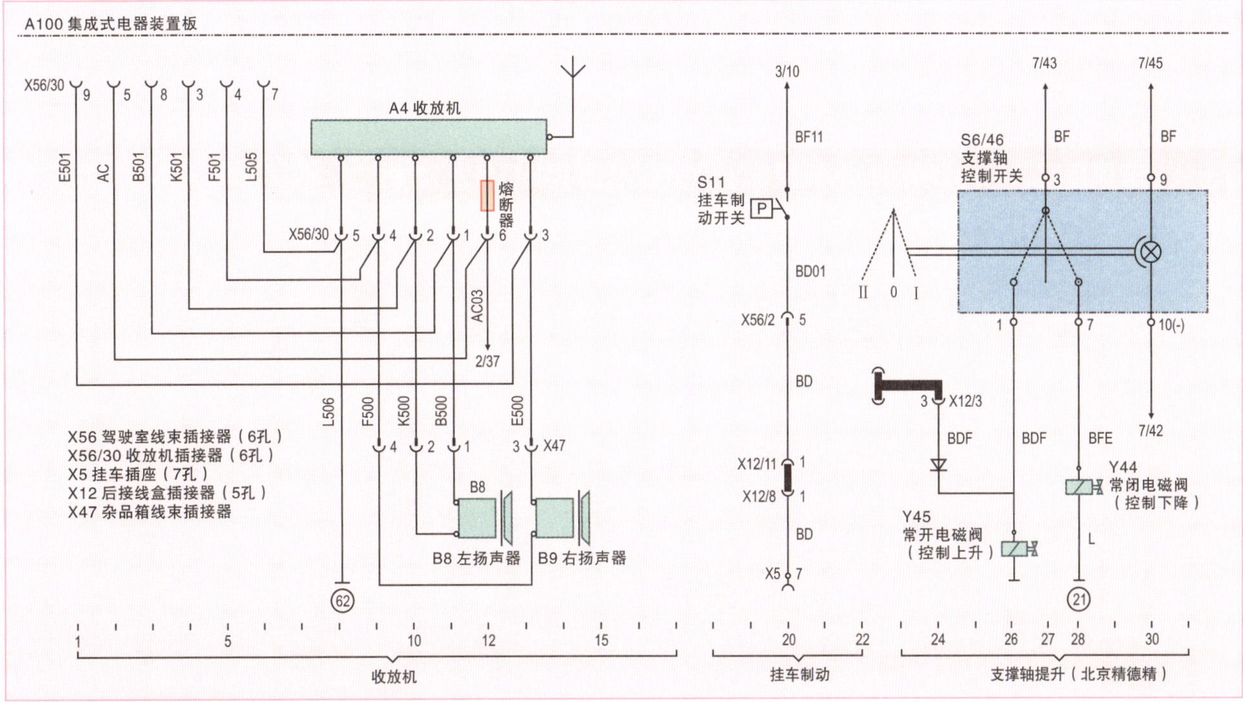

15. 欧Ⅲ发动机ECU电控系统

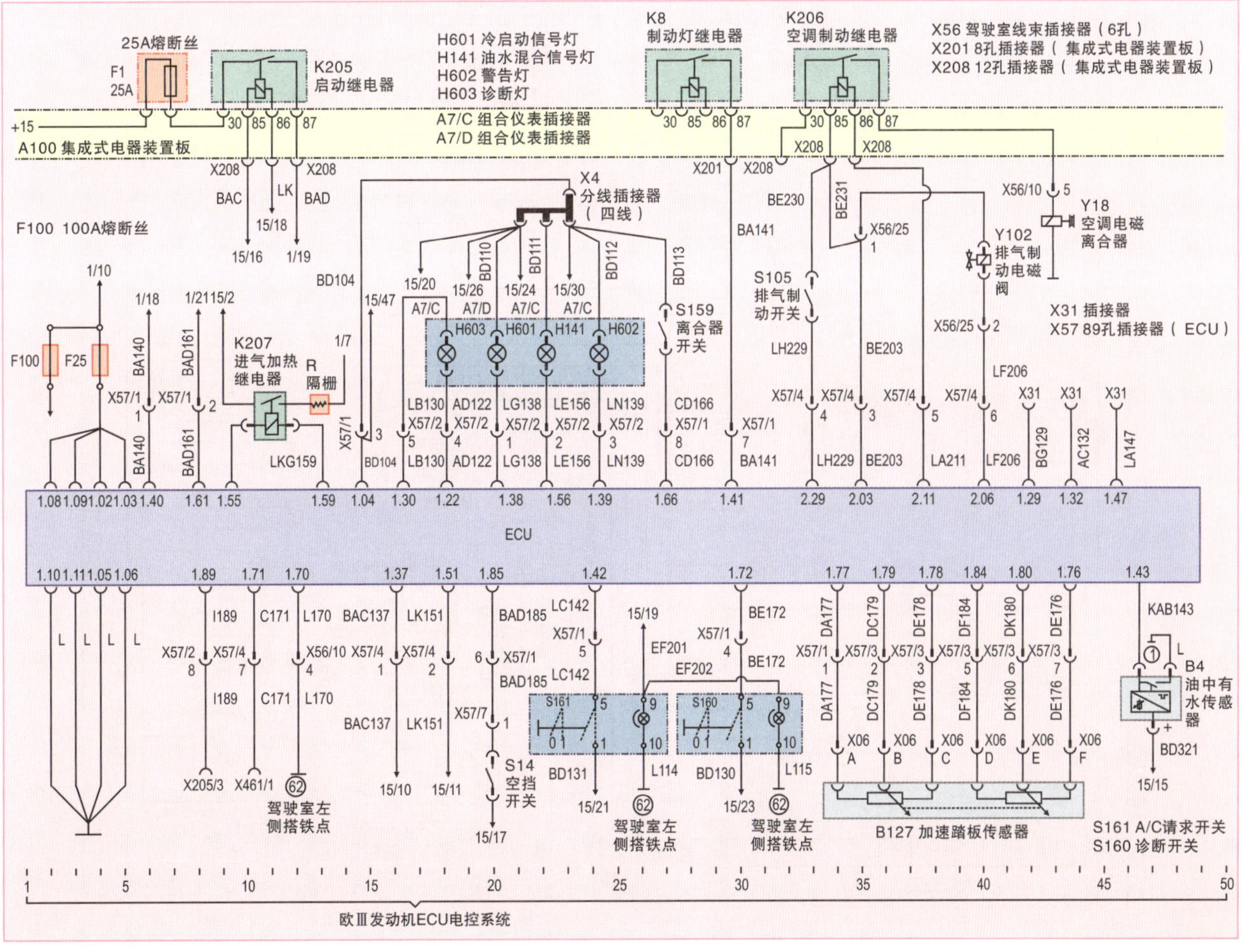

第三章　东风

一、东风DFL1100B系列货车整车电路图（适用EQH发动机）

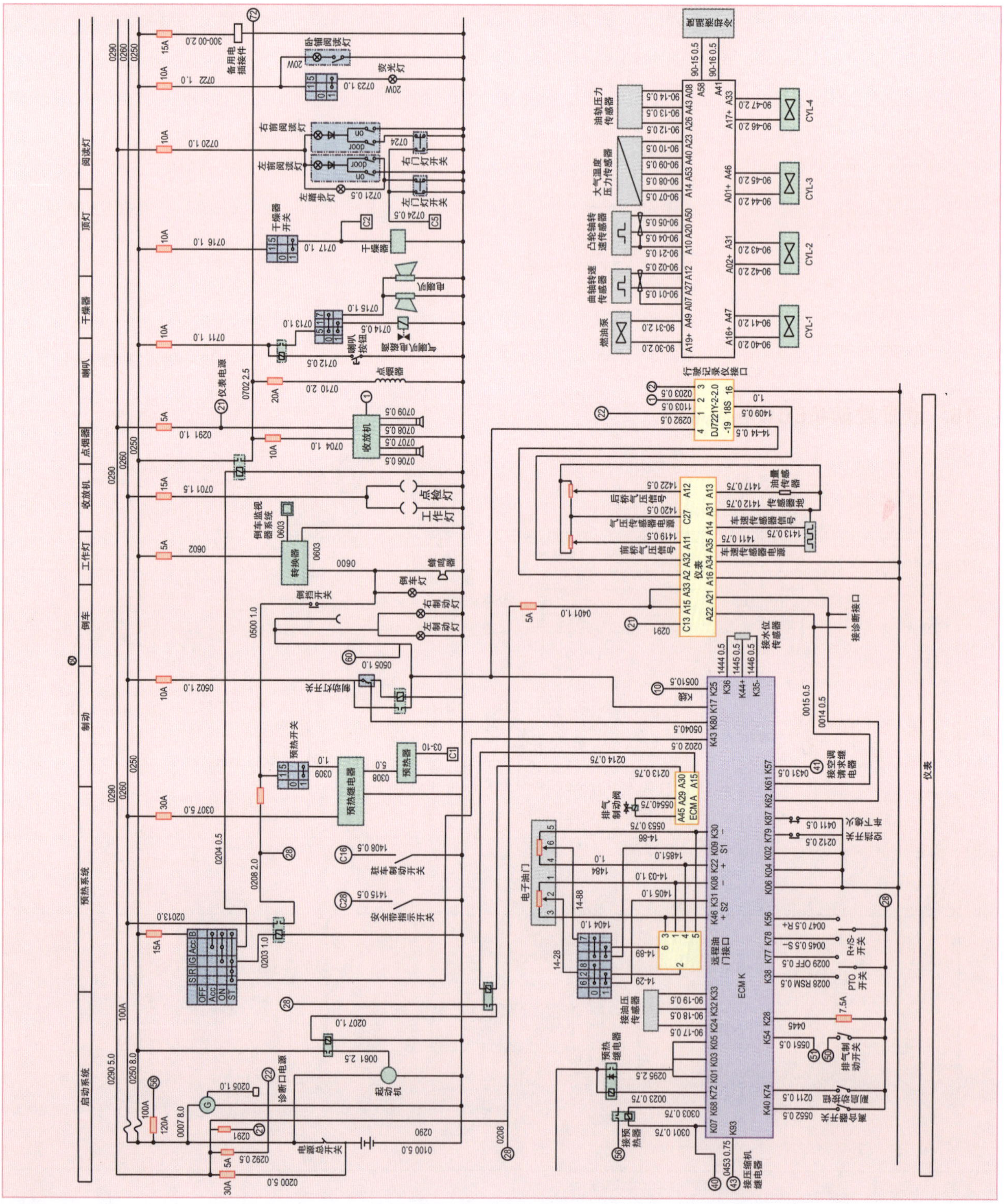

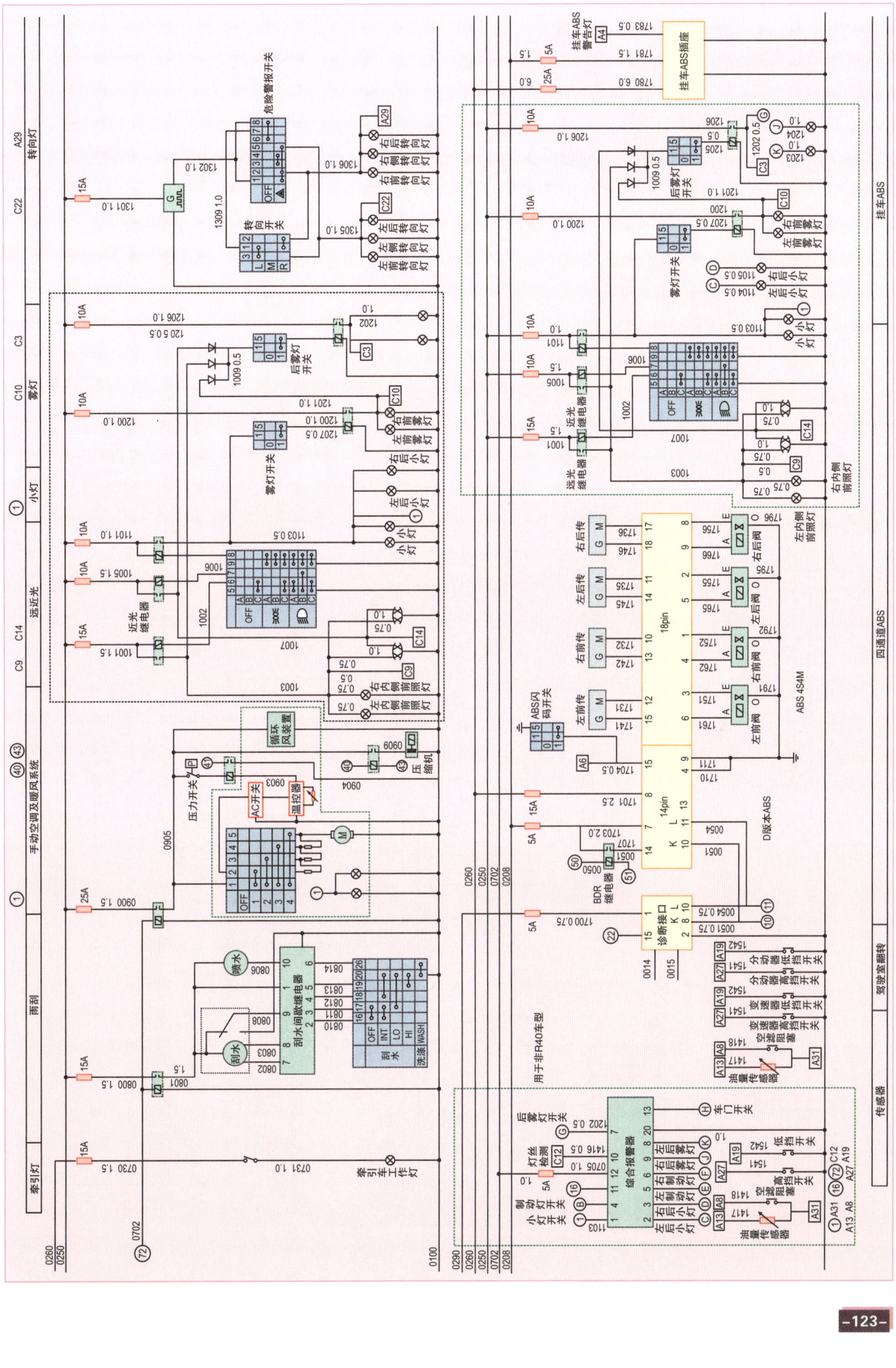
牵引灯
雨刮
手动空调及暖风系统
远近光
小灯
雾灯
转向灯
传感器
驾驶室翻转
四通道ABS
挂车ABS
综合报警器
刮水间歇继电器
诊断接口
危险警报开关
转向开关
雾灯开关
后雾灯开关
近光继电器
挂车ABS插座
ABS 4S4M
D版本ABS
用于非R40车型

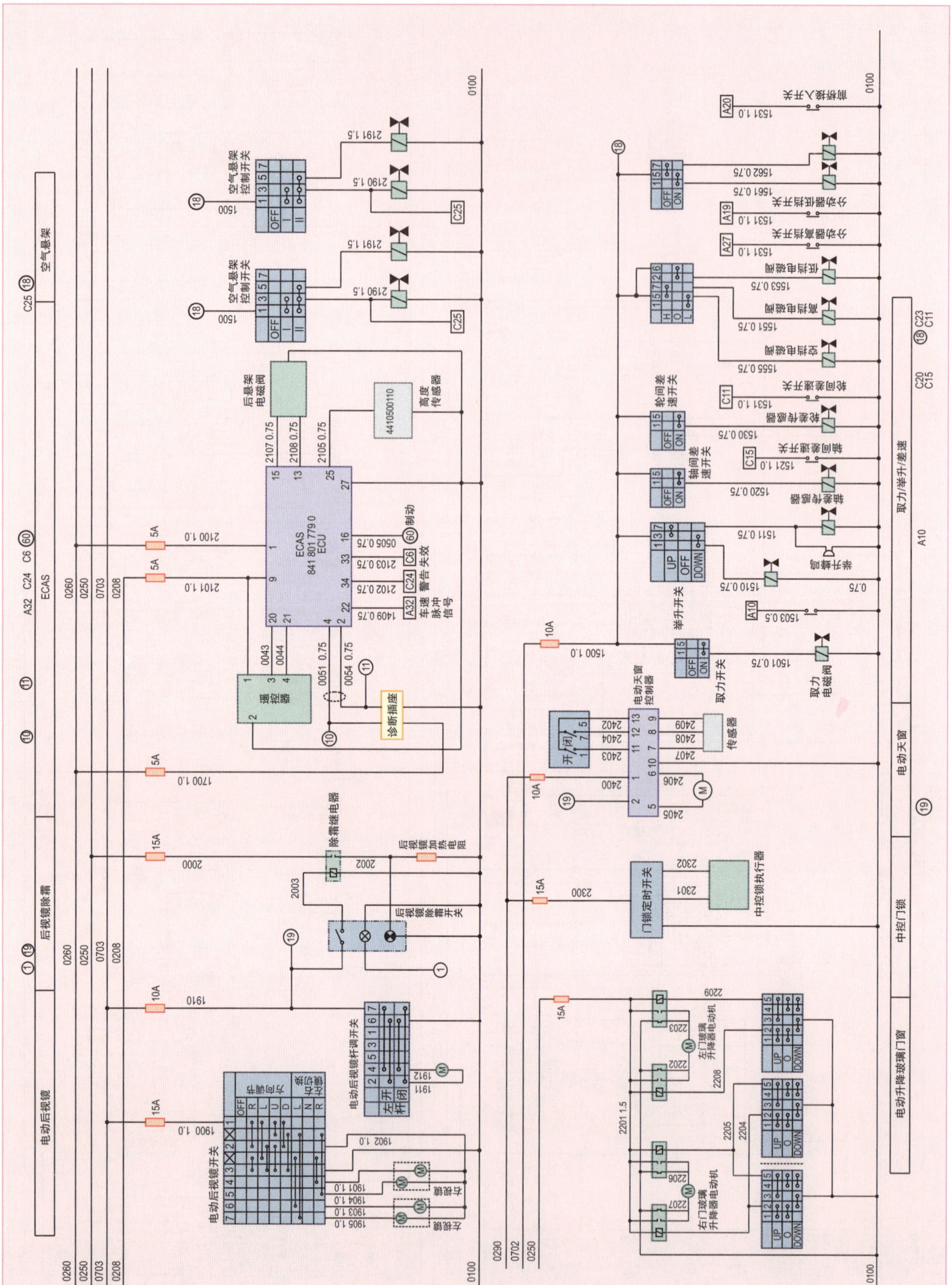
电动后视镜
后视镜除霜
ECAS
空气悬架
电动后视镜开关
电动后视镜杆调开关
除霜继电器
后视镜除霜开关
后视镜加热电阻
诊断插座
ECAS 841 801 779 0 ECU
高度传感器
后悬架电磁阀
空气悬架控制开关
电动升降玻璃门窗
中控门锁
电动天窗
取力/举升/差速
左门玻璃升降器电动机
右门玻璃升降器电动机
门锁定时开关
中控锁执行器
电动天窗控制器
传感器
取力开关
取力电磁阀
举升开关
轴间差速开关
轮间差速开关

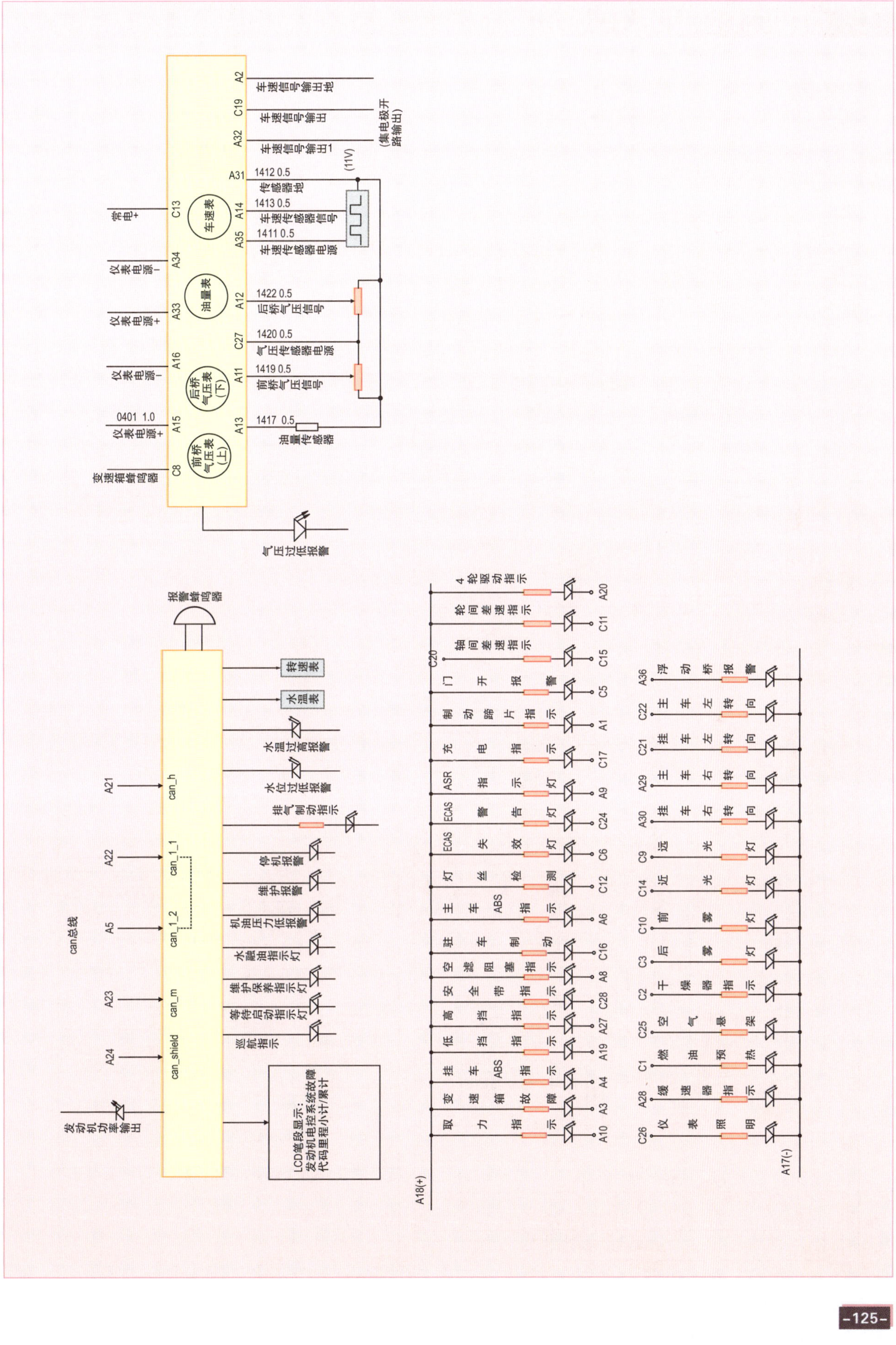

二、东风DFL1120B/DFL1120B1/DFL1120B2/DFL5120XXYB1系列整车电路图

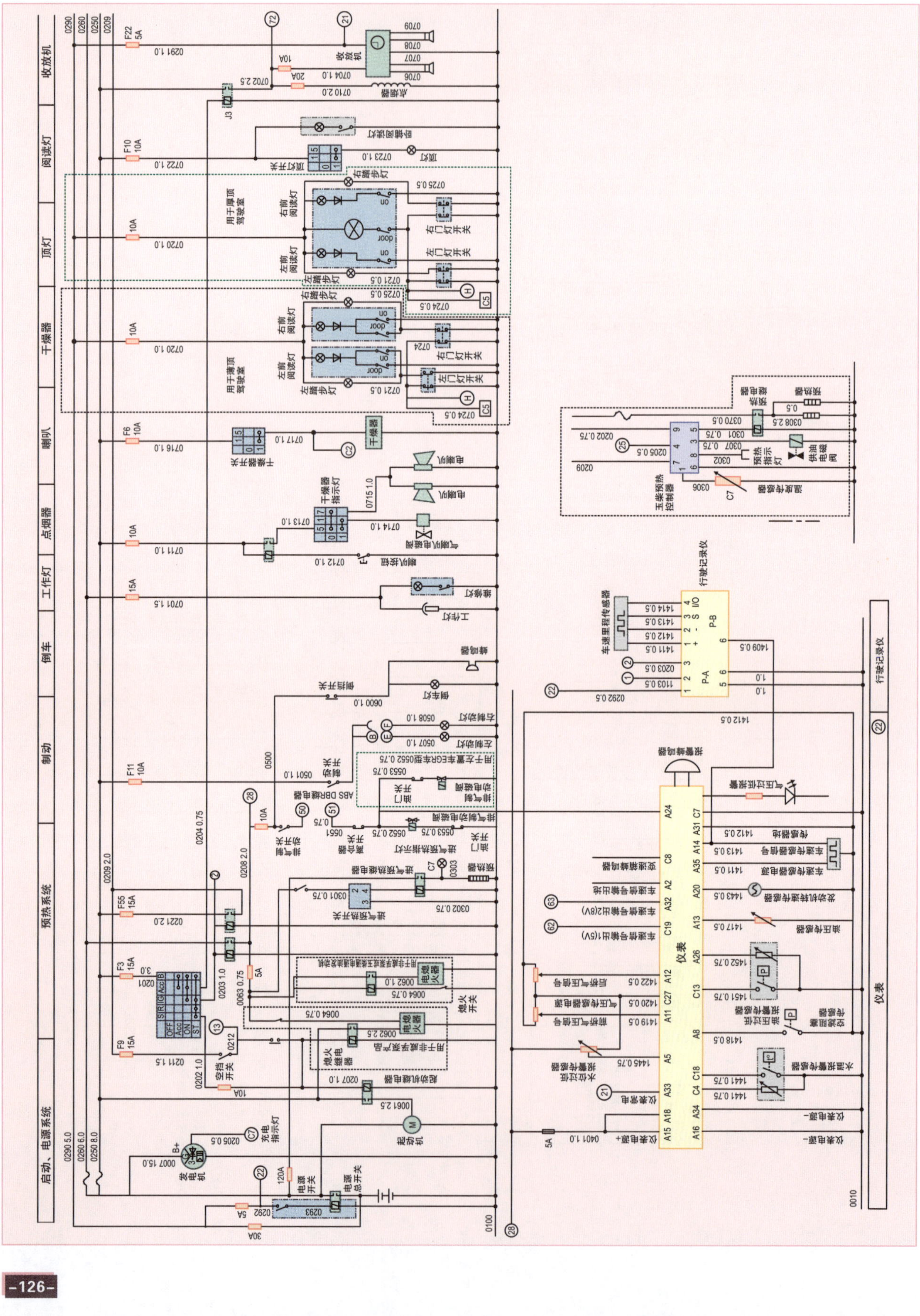

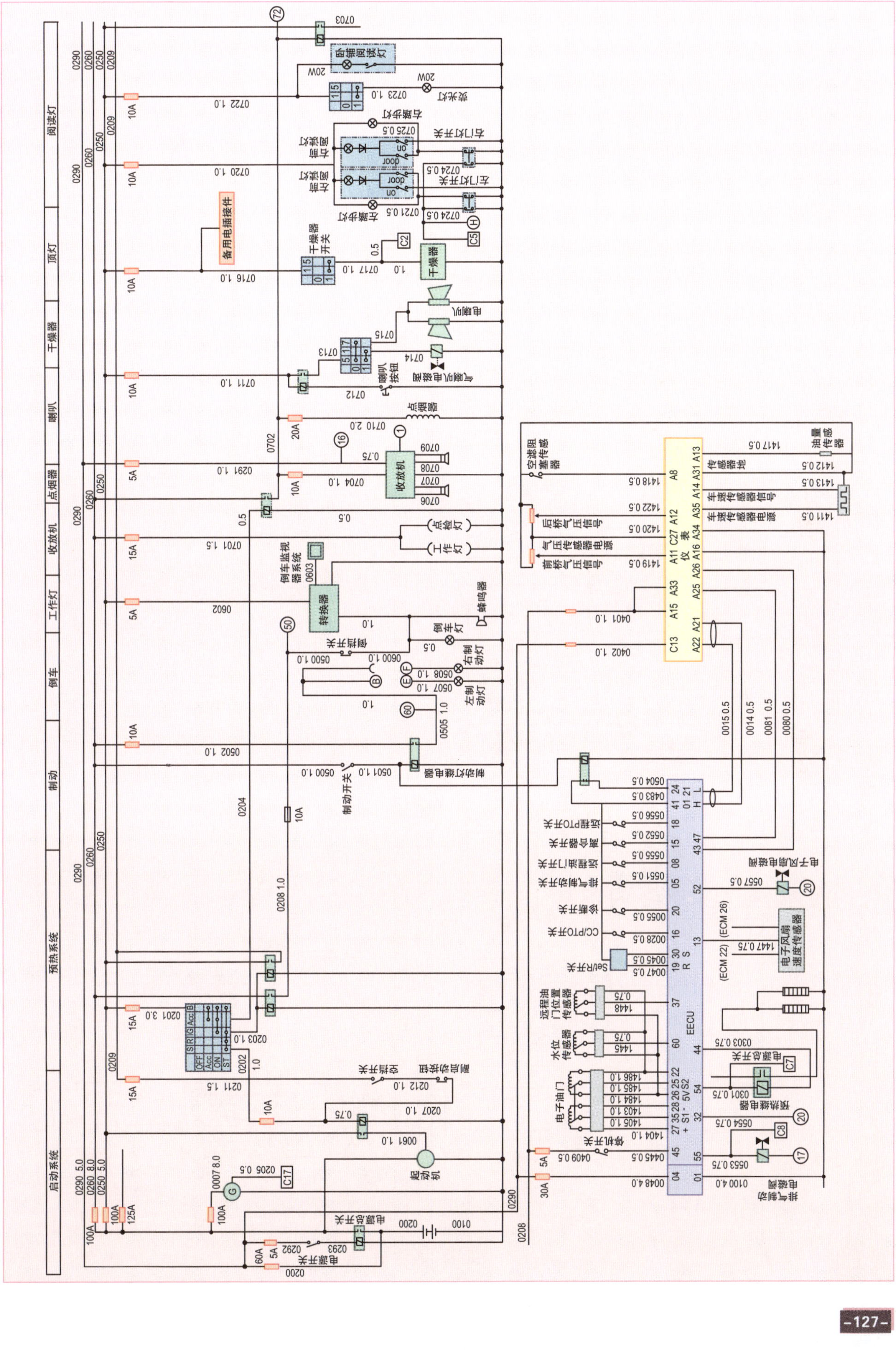
启动系统
预热系统
制动
倒车
工作灯
收放机
点烟器
喇叭
干燥器
顶灯
阅读灯
起动机
电源开关
备用电插接件
干燥器开关
干燥器
电喇叭
喇叭按钮
点烟器
收放机
转换器
倒车监视器系统
倒车灯
蜂鸣器
左制动灯
右制动灯
制动开关
制动灯继电器
卧铺阅读灯
荧光灯
左门灯开关
右门灯开关
左踏步灯
右踏步灯
左踏步灯
右踏步灯
仪表
EECU
电子风扇速度传感器
水位传感器
远程油门位置传感器
电子油门
排气制动开关
排气制动电磁阀
预热继电器
空滤阻塞传感器
油量传感器
后桥气压信号
前桥气压信号
气压传感器电源
车速传感器信号
车速传感器电源
传感器地

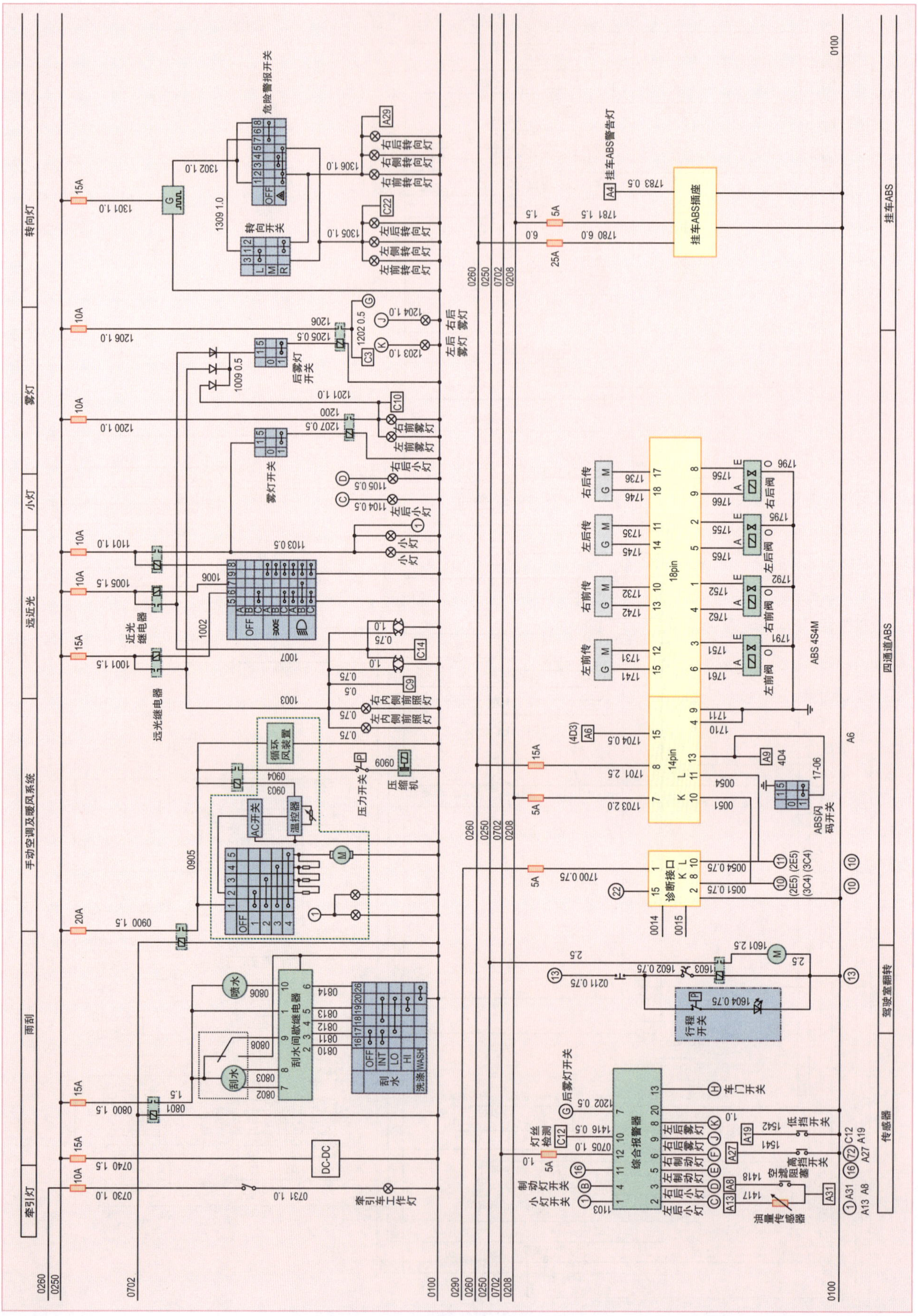
牵引灯
雨刮
手动空调及暖风系统
远近光
小灯
雾灯
转向灯
传感器
驾驶室翻转
四通道ABS
挂车ABS
综合报警器
诊断接口
挂车ABS插座
刮水间歇继电器
ABS 4S4M
DC-DC

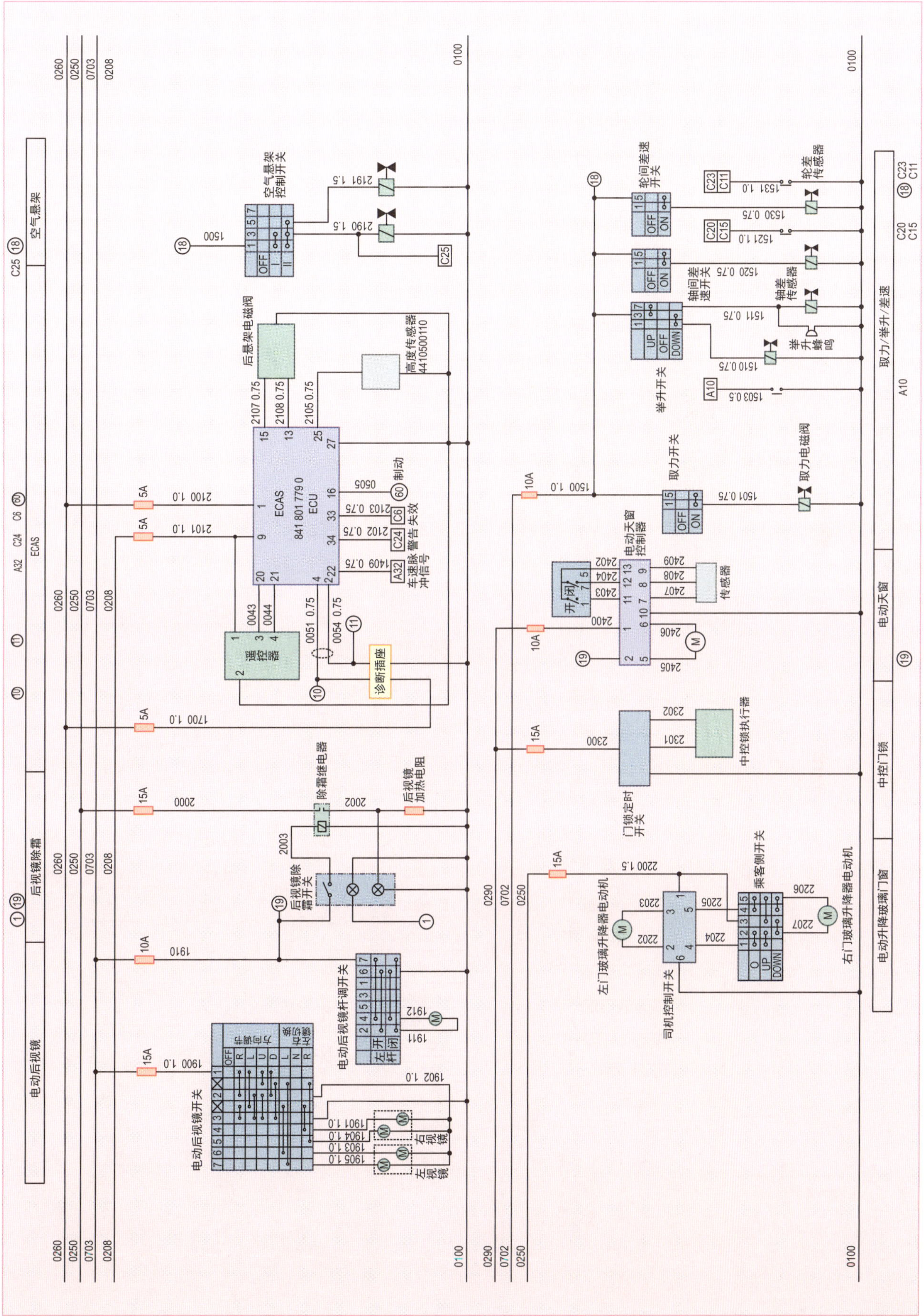
电动后视镜
后视镜除霜
ECAS
空气悬架
电动升降玻璃门窗
中控门锁
电动天窗
取力/举升/差速
电动后视镜开关
电动后视镜杆调开关
后视镜除霜开关
除霜镜继电器
后视镜加热电阻
左视镜
右视镜
遥控器
诊断插座
ECAS 841 801 779 0 ECU
车速脉冲信号
警告失效
制动
高度传感器 4410500110
后悬架电磁阀
空气悬架控制开关
门锁定时开关
中控锁执行器
电动天窗控制器
传感器
左门玻璃升降器电动机
司机控制开关
乘客侧开关
右门玻璃升降器电动机
取力开关
取力电磁阀
举升开关
举升蜂鸣
轴间差速开关
轴差传感器
轮间差速开关
轮差传感器

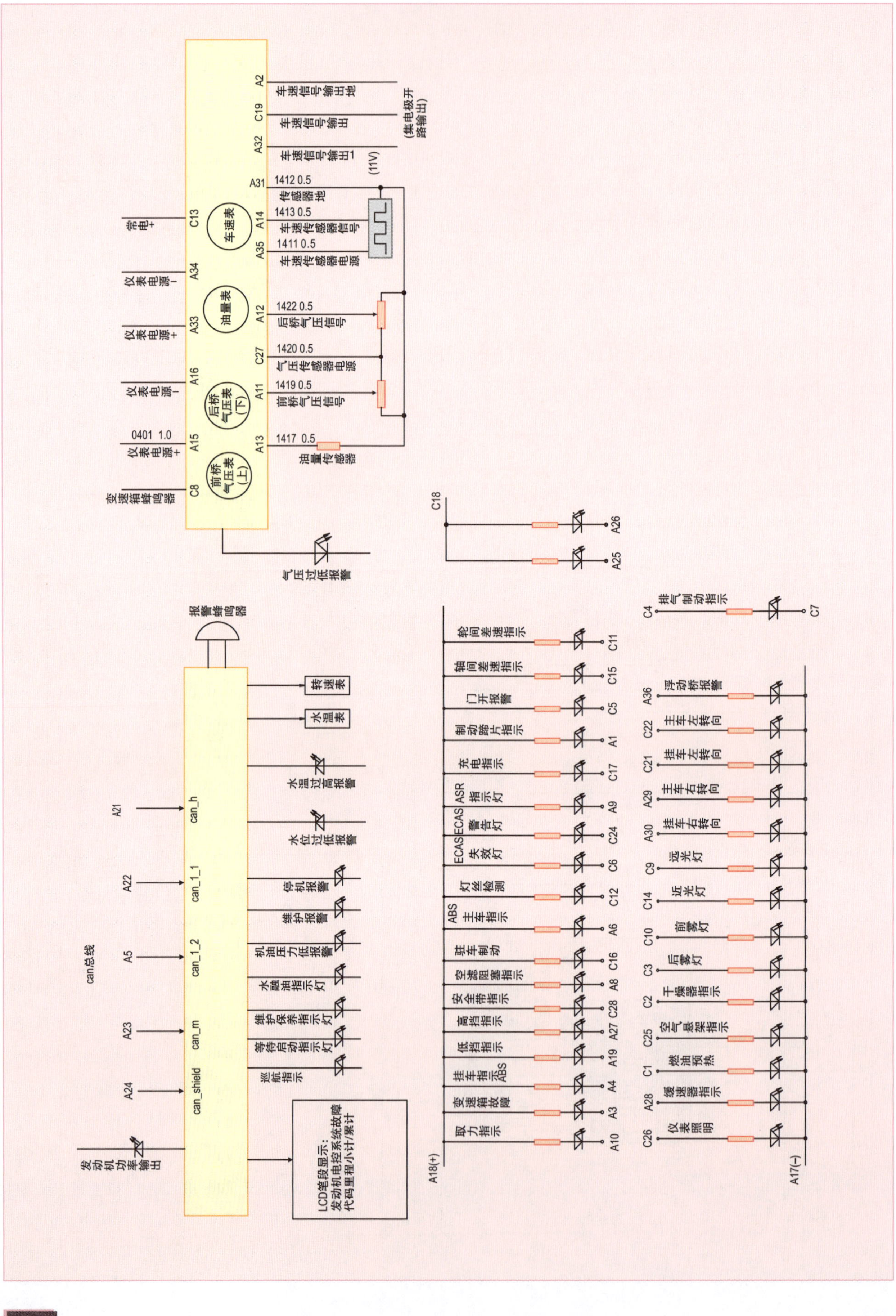
车速信号输出地
车速信号输出
车速信号输出1
(集电极开路输出)
(11V)
传感器地
车速传感器信号
车速传感器电源
后桥气压信号
气压传感器电源
前桥气压信号
油量传感器
常电+
仪表电源-
仪表电源+
变速箱蜂鸣器
车速表
油量表
后桥气压表(下)
前桥气压表(上)
气压过低报警
报警蜂鸣器
转速表
水温表
水温过高报警
水位过低报警
停机报警
维护报警
机油压力低报警
水融油指示灯
维护保养指示灯
等待启动指示灯
巡航指示
发动机功率输出
can总线
can_h
can_1_1
can_1_2
can_m
can_shield
LCD笔段显示：发动机电控系统故障代码里程小计/累计
轮间差速指示
轴间差速指示
门开报警
制动蹄片指示
充电指示
ASR指示灯
ECAS警告灯
ECAS失效灯
灯丝检测
ABS主车指示
驻车制动
空滤阻塞指示
安全带指示
高档指示
低档指示
挂车指示ABS
变速箱故障
取力指示
A18(+)
排气制动指示
浮动桥报警
主车左转向
挂车左转向
主车右转向
挂车右转向
远光灯
近光灯
前雾灯
后雾灯
干燥器指示
空气悬架指示
燃油预热
缓速器指示
仪表照明
A17(-)

三、东风DFL4251A8/DFL4251A9系列半挂牵引车整车电路图

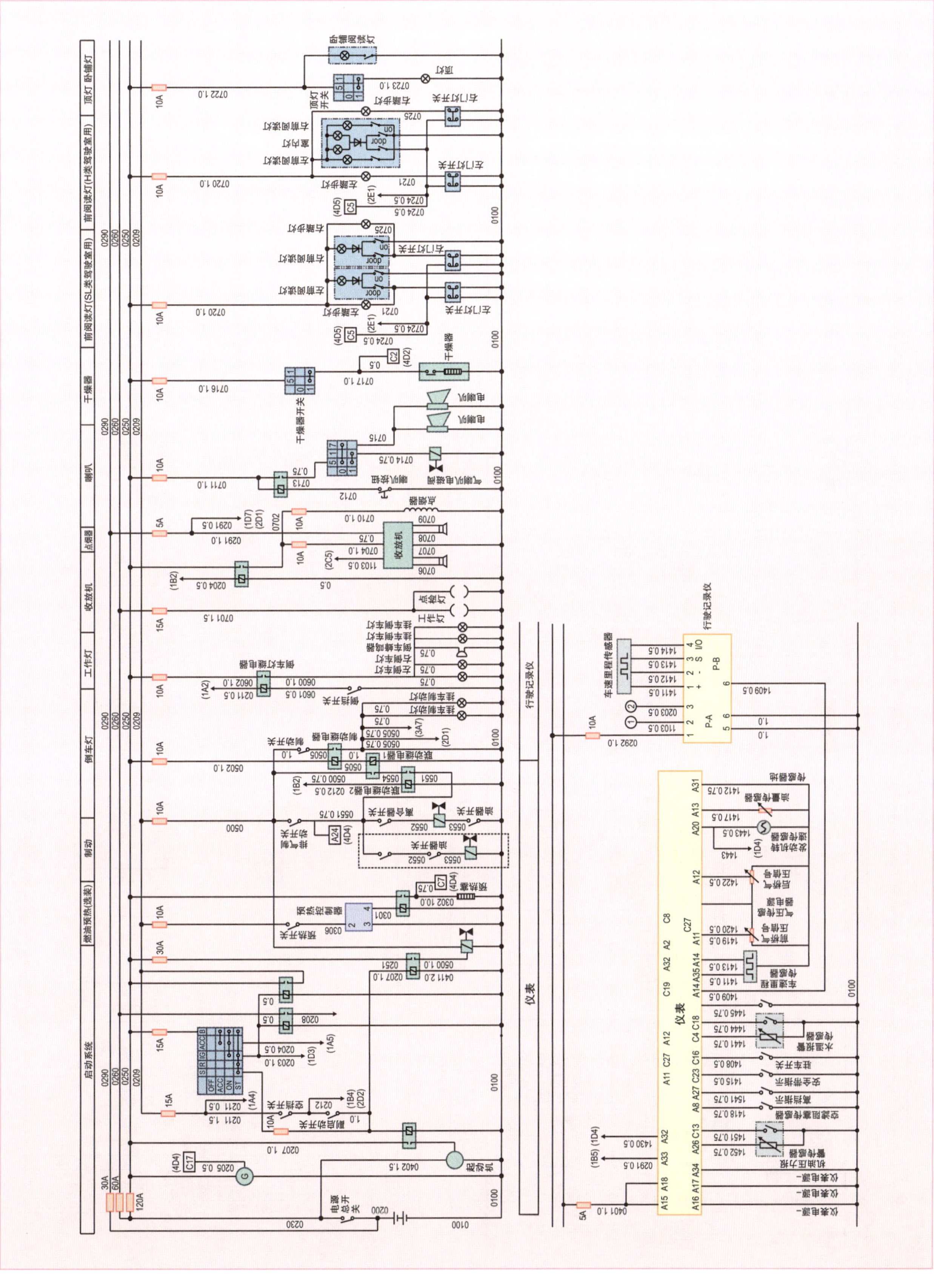

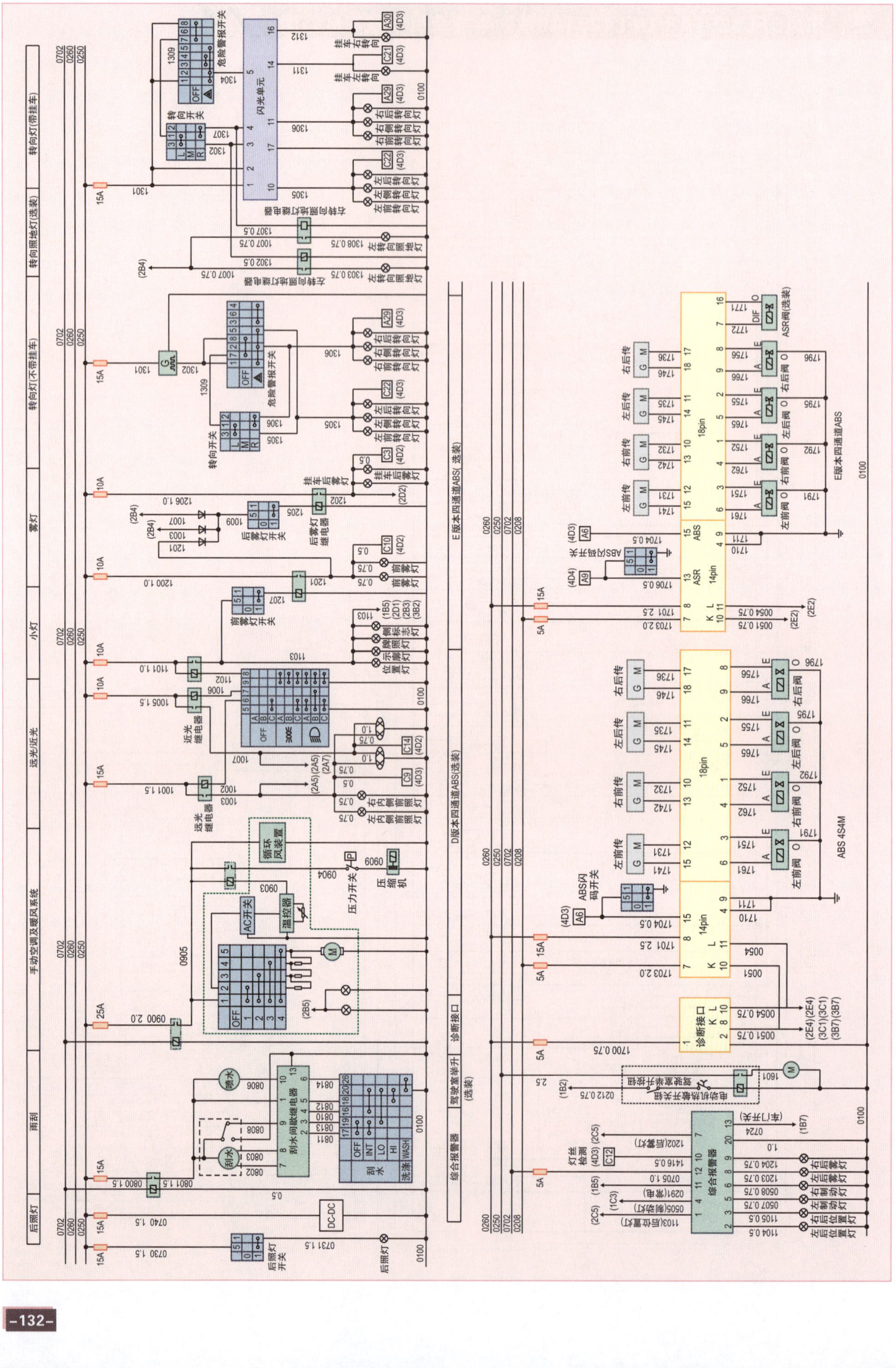
后照灯
雨刮
手动空调及暖风系统
远光/近光
小灯
雾灯
转向灯(不带挂车)
转向照地灯(选装)
转向灯(带挂车)
综合报警器
驾驶室举升(选装)
诊断接口
D版本四通道ABS(选装)
E版本四通道ABS(选装)

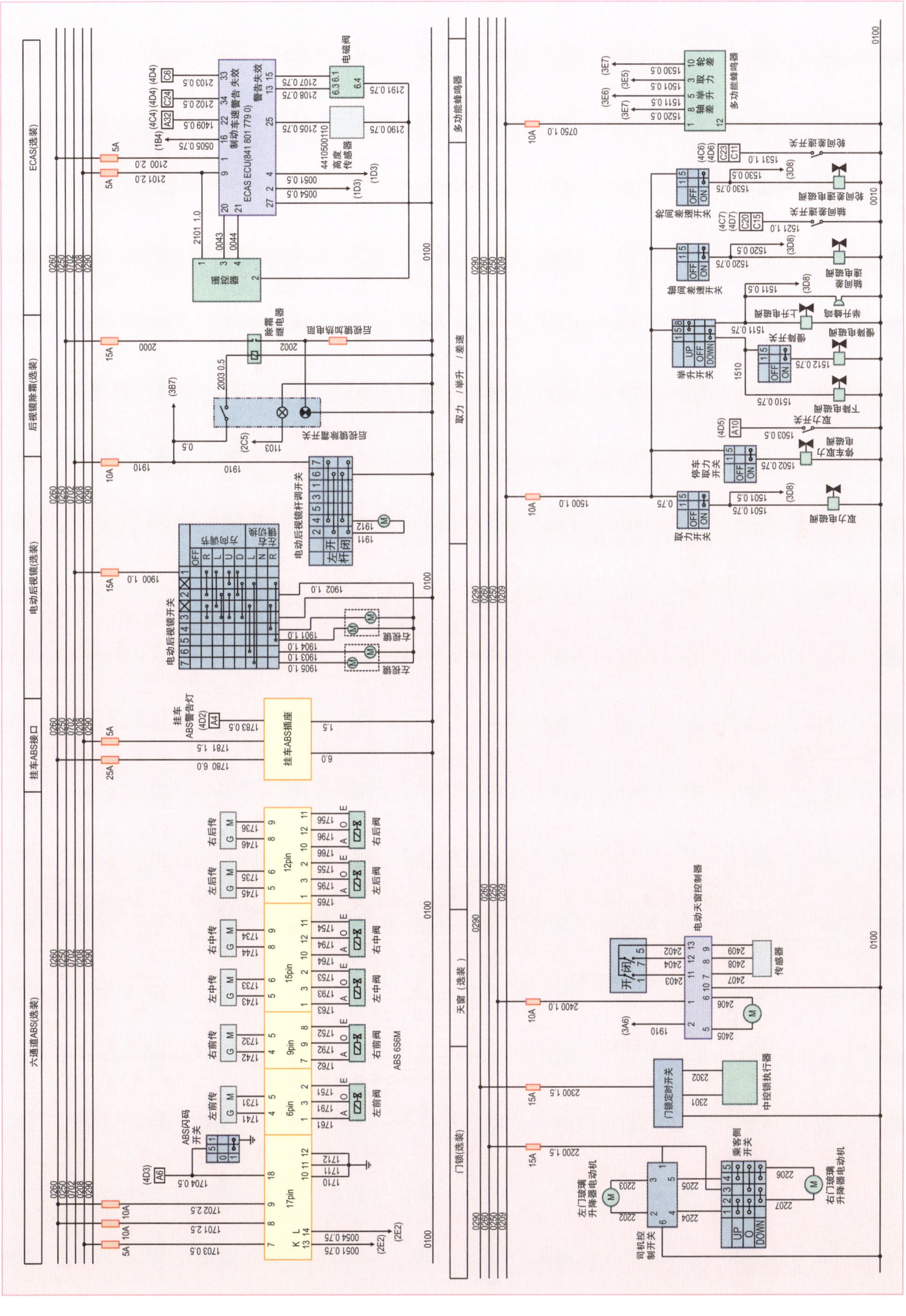
六通道ABS(选装)
挂车ABS接口
电动后视镜(选装)
后视镜除霜(选装)
ECAS(选装)
门锁(选装)
天窗(选装)
取力/举升/差速
多功能蜂鸣器

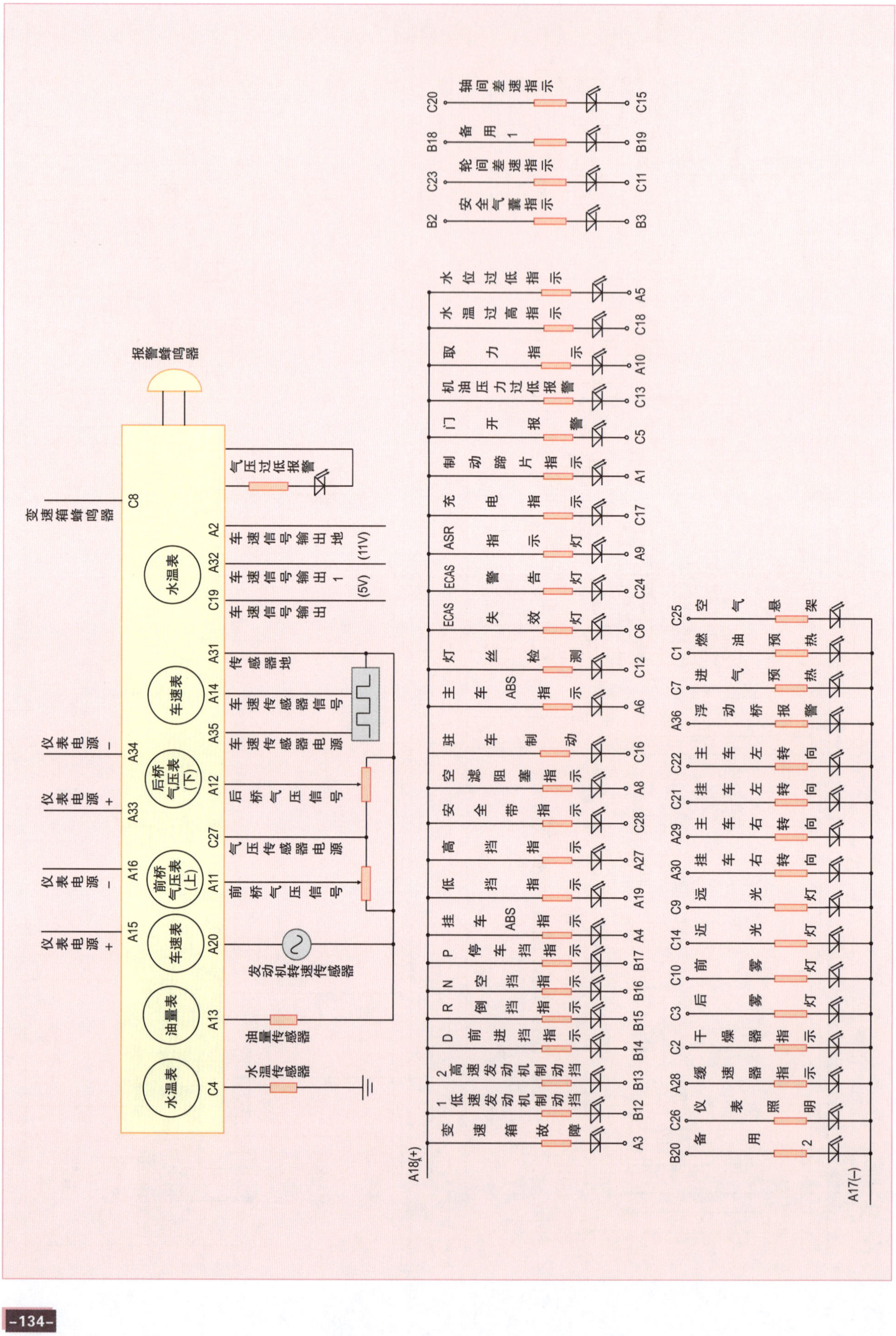
仪表电源+
A15
仪表电源-
A16
仪表电源+
A33
仪表电源-
A34
变速箱蜂鸣器
C8
报警蜂鸣器
水温表
油量表
车速表
前桥气压表(上)
后桥气压表(下)
车速表
水温表
C4
水温传感器
A13
油量传感器
A20
发动机转速传感器
A11
前桥气压信号
C27
气压传感器电源
A12
后桥气压信号
A35
车速传感器电源
A14
车速传感器信号
A31
传感器地
C19
车速信号输出
(5V)
A32
车速信号输出1
(11V)
A2
车速信号输出地
气压过低报警
A18(+)
变速箱故障
A3
1低速发动机制动挡
B12
2高速发动机制动挡
B13
D前进挡指示
B14
R倒挡指示
B15
N空挡指示
B16
P停车挡指示
B17
挂车ABS指示
A4
低挡指示
A19
高挡指示
A27
安全带指示
C28
空滤阻塞指示
A8
驻车制动
C16
主车ABS指示
A6
灯丝检测
C12
ECAS失效灯
C6
ECAS警告灯
C24
ASR指示灯
A9
充电指示
C17
制动蹄片指示
A1
门开报警
C5
机油压力过低报警
C13
取力指示
A10
水温过高指示
C18
水位过低指示
A5
B2
安全气囊指示
B3
C23
轮间差速指示
C11
B18
备用1
B19
C20
轴间差速指示
C15
B20
备用2
C26
仪表照明
A28
缓速器指示
C2
干燥器指示
C3
后雾灯
C10
前雾灯
C14
近光灯
C9
远光灯
A30
挂车右转向
A29
主车右转向
C21
挂车左转向
C22
主车左转向
A36
浮动桥报警
C7
进气预热
C1
燃油预热
C25
空气悬架
A17(-)

四、东风DFL1250A11/DFL1250A12系列整车电路图

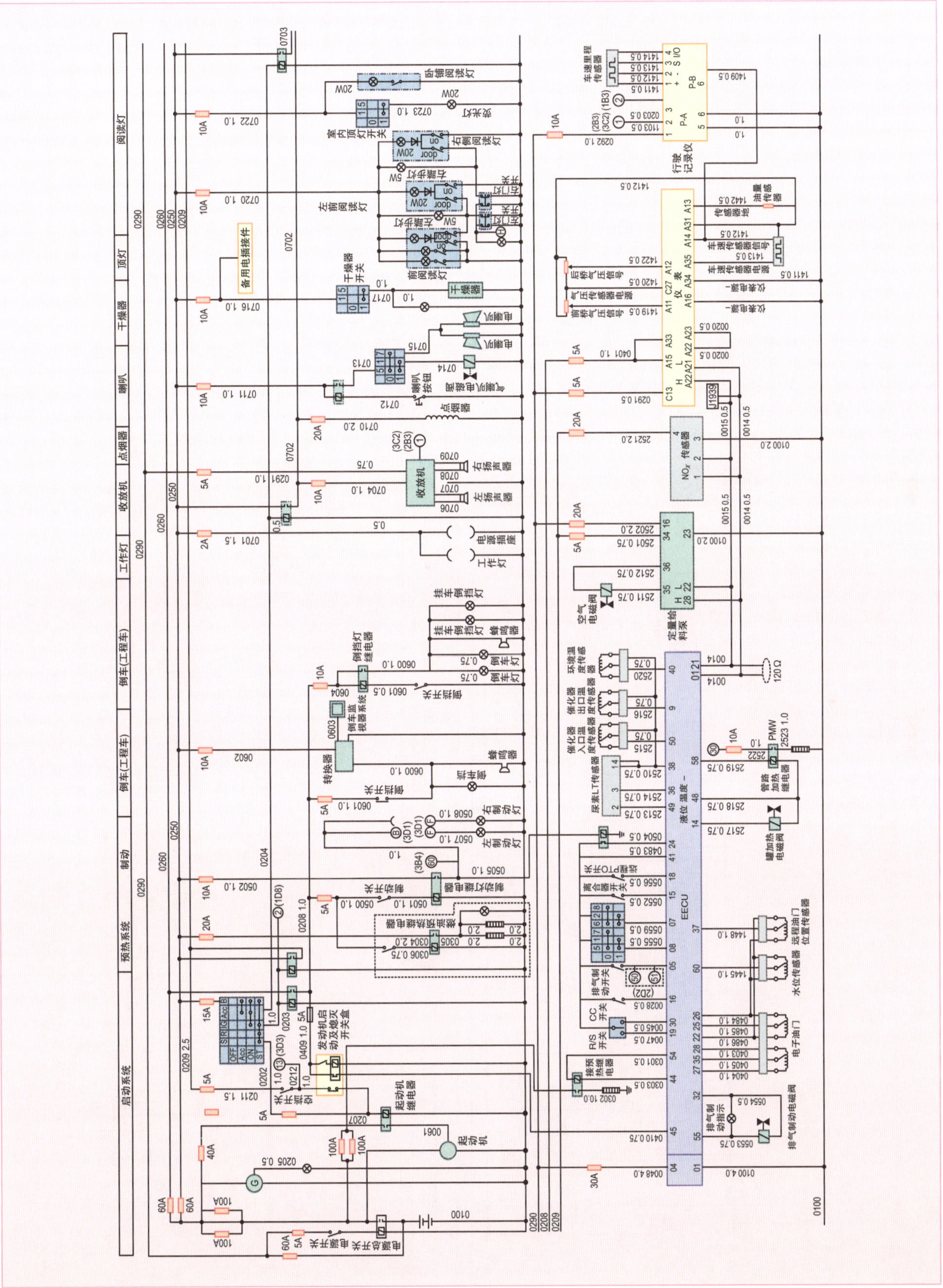

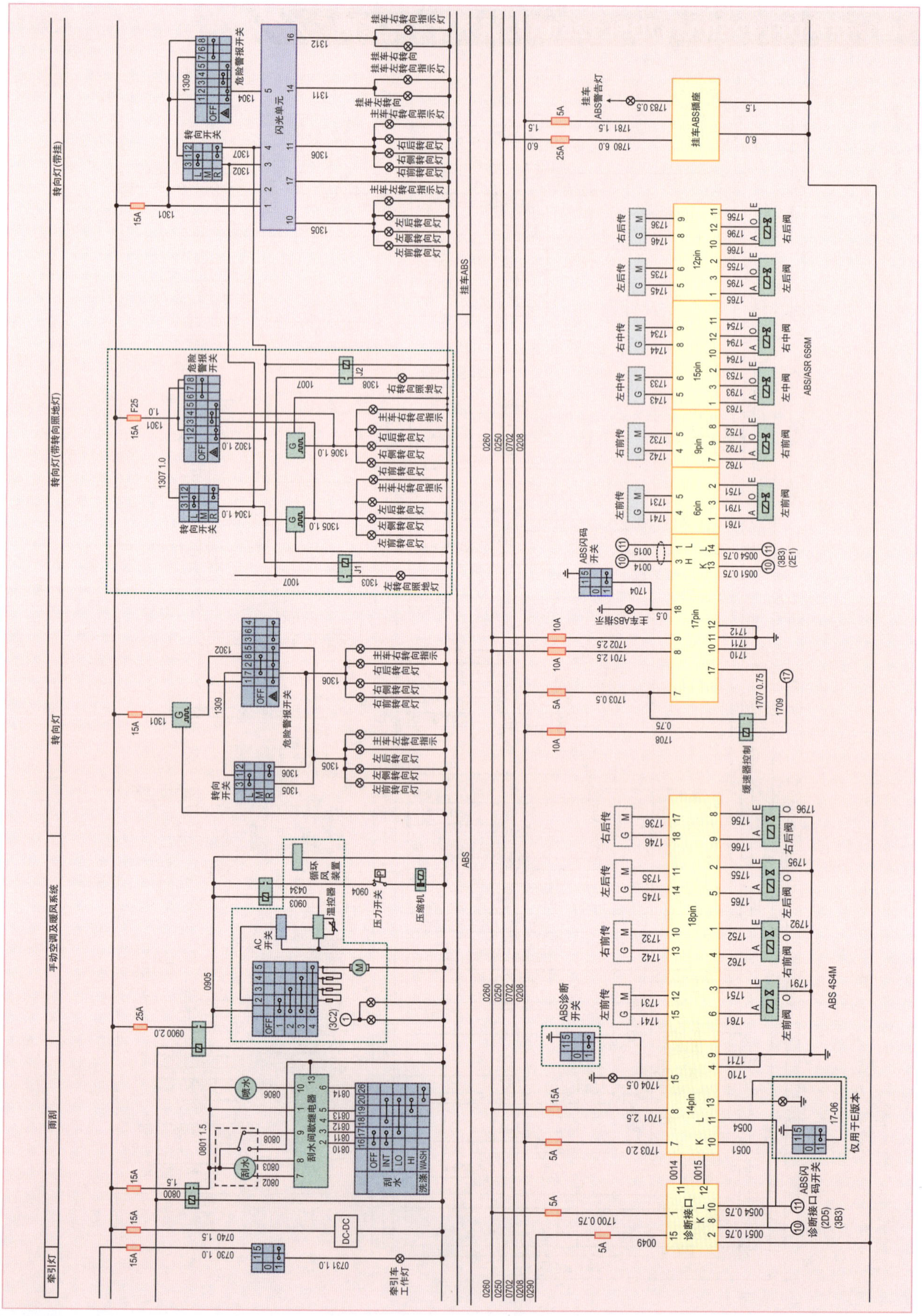
牵引灯
雨刮
手动空调及暖风系统
转向灯
转向灯(带转向照地灯)
转向灯(带挂)
挂车ABS
ABS
ABS 4S4M
ABS/ASR 6S6M
闪光单元
刮水间歇继电器
诊断接口
挂车ABS插座
仅用于E版本

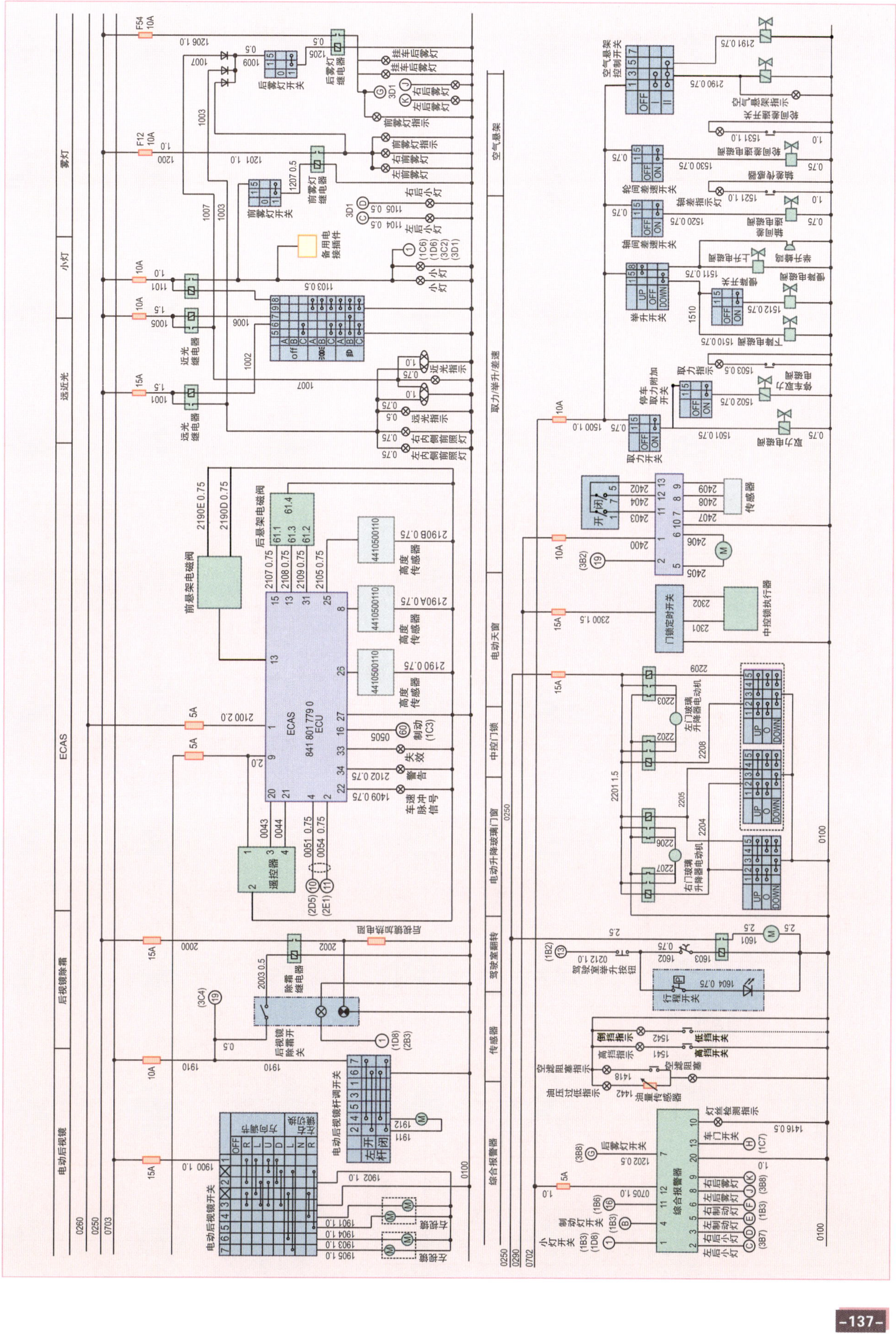
电动后视镜
后视镜除霜
ECAS
远近光
小灯
雾灯
综合报警器
传感器
驾驶室翻转
电动升降玻璃门窗
中控门锁
电动天窗
取力/举升/差速
空气悬架

五、东风DFL1120B3/B4/DFL1140B2/B3/B4系列车型整车电路图

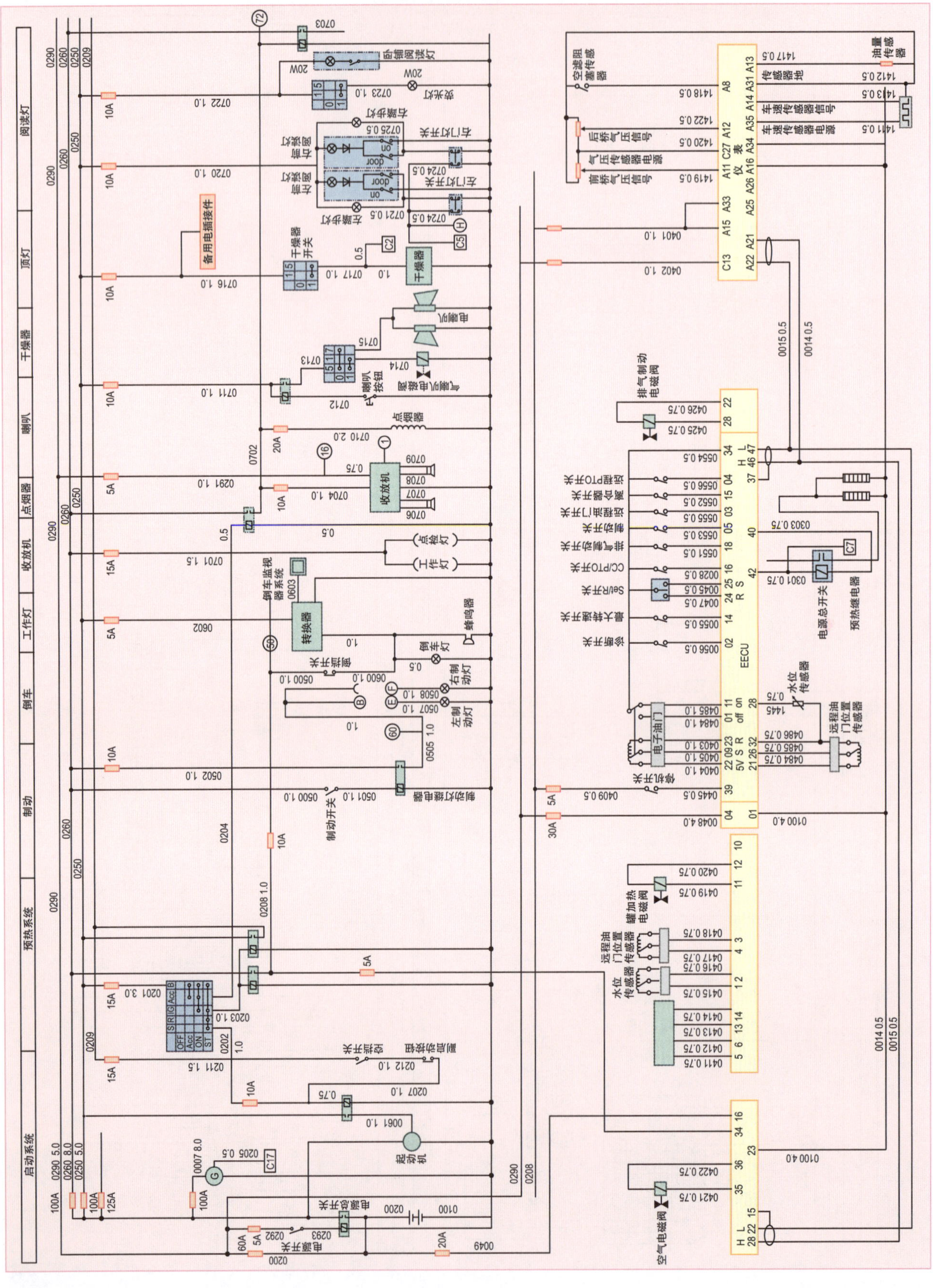

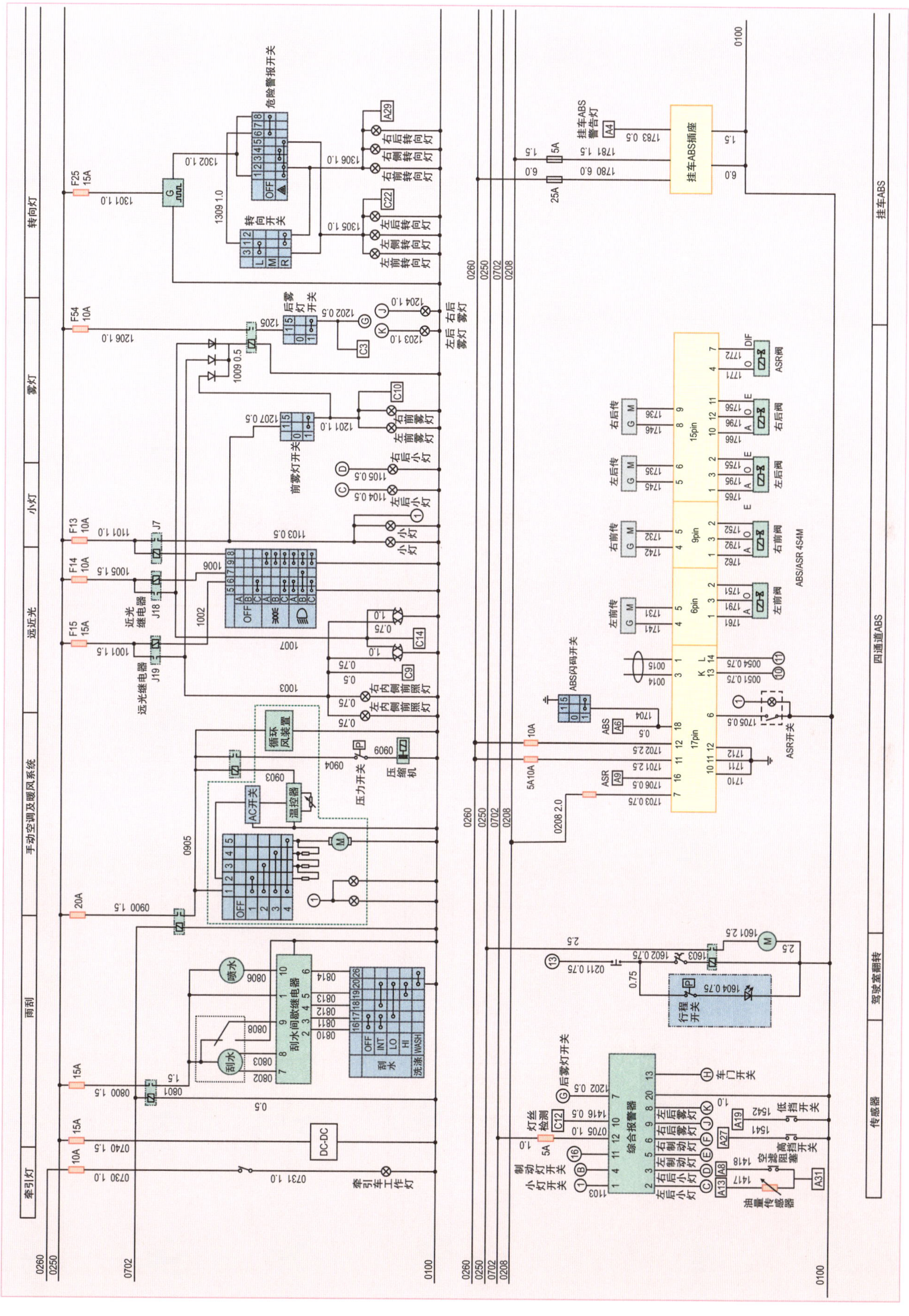
牵引灯
雨刮
手动空调及暖风系统
远近光
小灯
雾灯
转向灯
传感器
驾驶室翻转
四通道ABS
挂车ABS
危险警报开关
转向开关
前雾灯开关
后雾灯开关
远光继电器
近光继电器
刮水间歇继电器
综合报警器
挂车ABS插座
挂车ABS警告灯
压力开关
压缩机
循环风装置
AC开关
温控器
行程开关
ASR开关
ABS闪码开关
DC-DC
油量传感器
ABS/ASR 4S4M

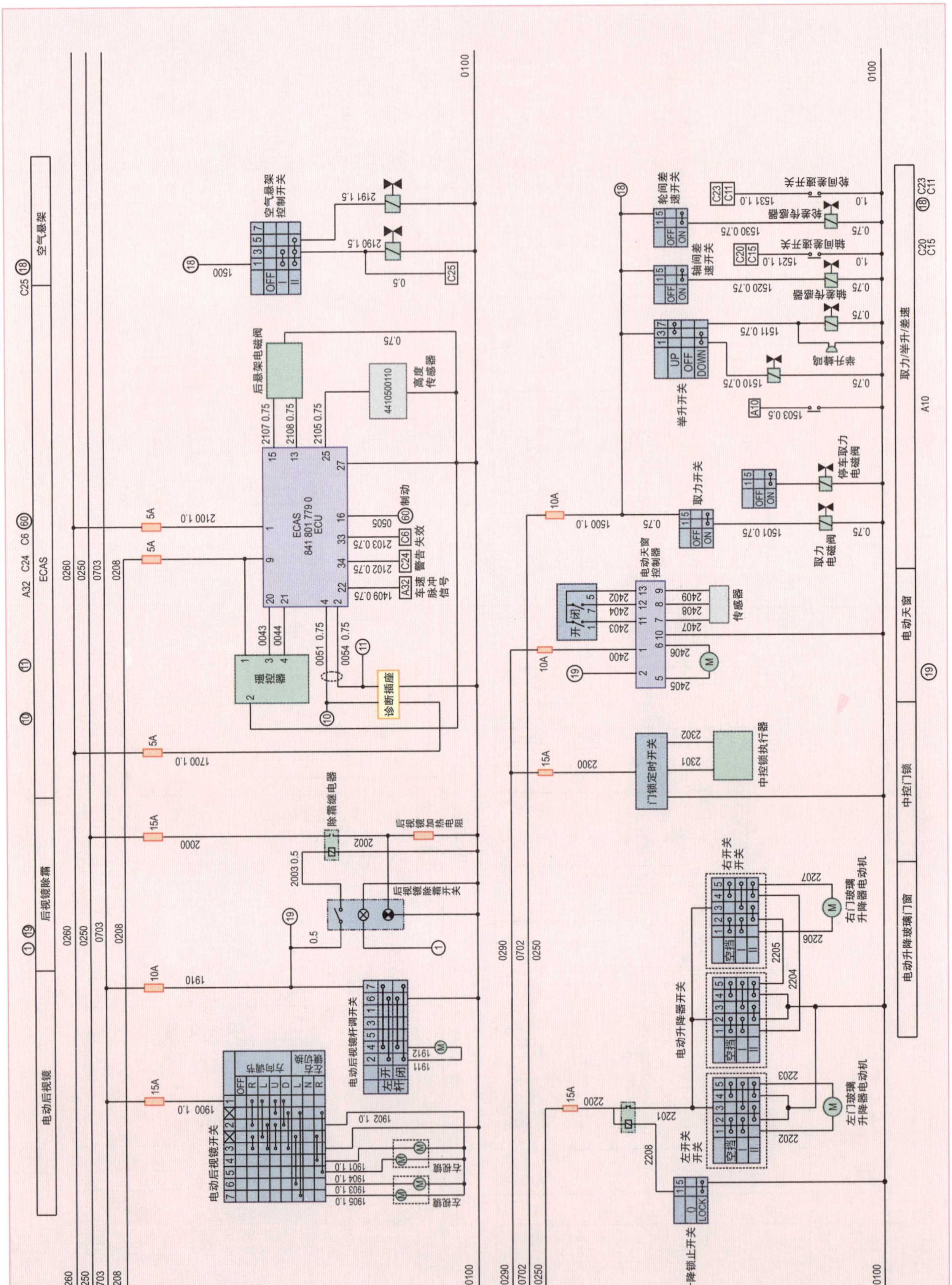
电动后视镜
后视镜除霜
ECAS
空气悬架
取力/举升/差速
电动天窗
中控门锁
电动升降玻璃门窗

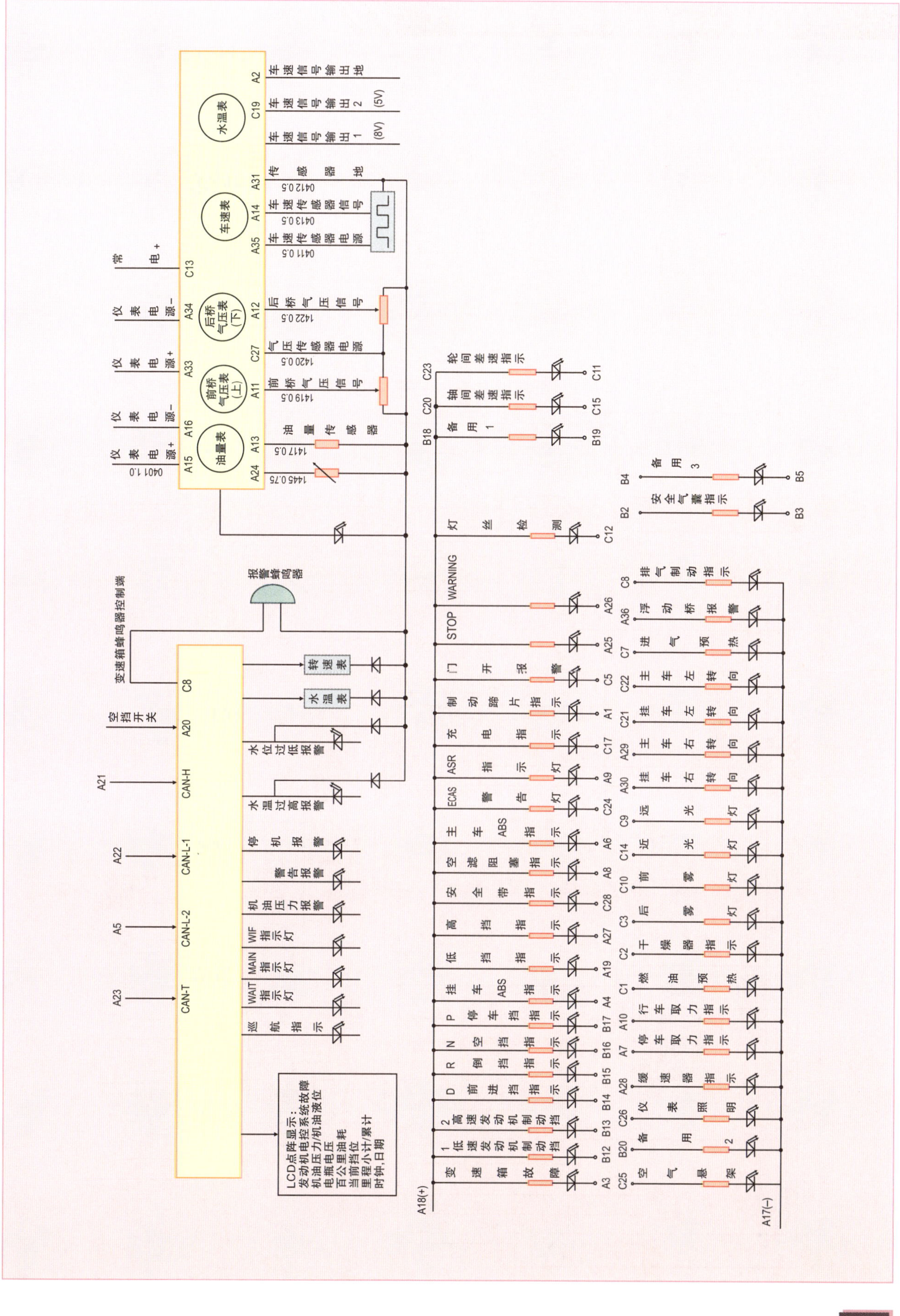
水温表
车速表
后桥气压表(下)
前桥气压表(上)
油量表
车速信号输出地
车速信号输出2 (5V)
车速信号输出1 (8V)
传感器地
车速传感器信号
车速传感器电源
后桥气压信号
气压传感器电源
前桥气压信号
油量传感器
常电+
仪表电源+
仪表电源-
报警蜂鸣器
变速箱蜂鸣器控制端
空挡开关
转速表
水温表
水位过低报警
水温过高报警
停机报警
警告报警
机油压力报警
WIF指示灯
MAIN指示灯
WAIT指示灯
巡航指示
CAN-H
CAN-L-1
CAN-L-2
CAN-T
LCD点阵显示：
发动机电控系统故障
机油压力/机油液位
电瓶电压
百公里油耗
当前挡位
里程小计/累计
时钟,日期
轮间差速指示
轴间差速指示
备用1
备用3
安全气囊指示
灯丝检测
WARNING
STOP
门开报警
制动蹄片指示
充电指示
ASR指示灯
ECAS警告灯
主车ABS指示
空滤阻塞指示
安全带指示
高挡指示
低挡指示
挂车ABS指示
P停车挡指示
N空挡指示
R倒挡指示
D前进挡指示
2高速发动机制动挡
1低速发动机制动挡
变速箱故障
排气制动指示
浮动桥报警
进气预热
主车左转向
挂车左转向
主车右转向
挂车右转向
远光灯
近光灯
前雾灯
后雾灯
干燥器指示
燃油预热
行车取力指示
停车取力指示
缓速器指示
仪表照明
备用2
空气悬架
A18(+)
A17(-)

六、东风DFL1140B系列汽车整车电路图

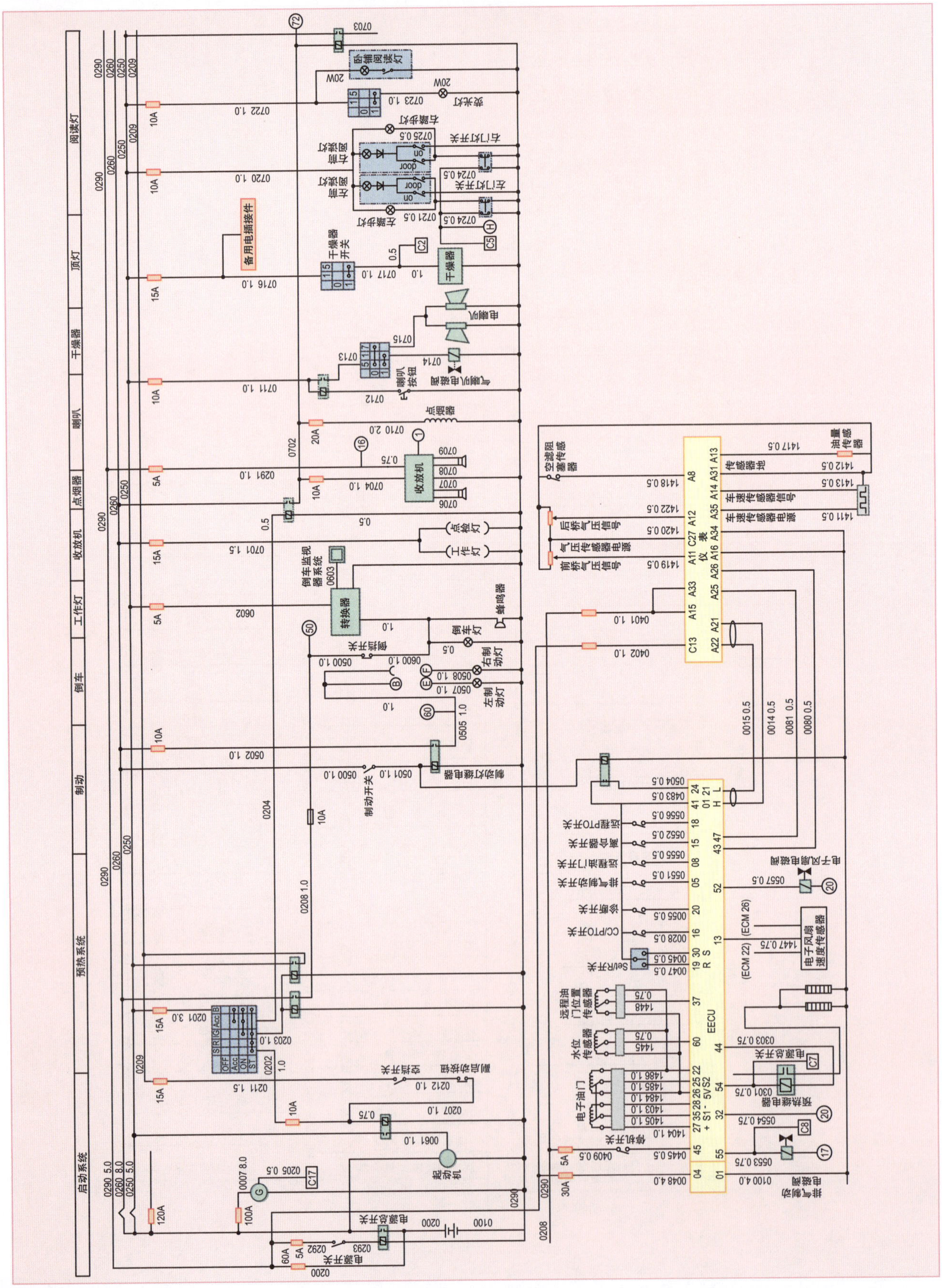

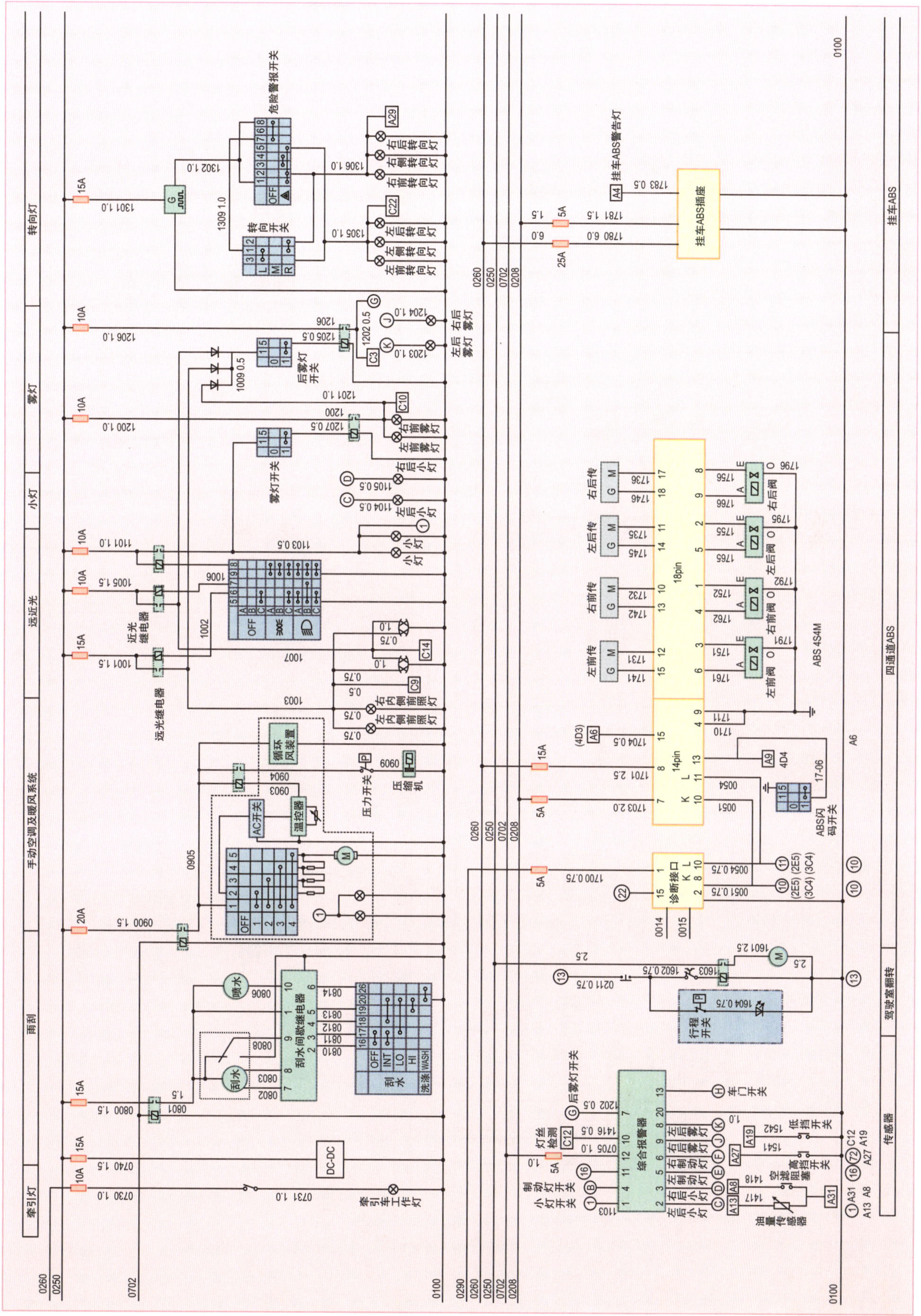
牵引灯
雨刮
手动空调及暖风系统
远近光
小灯
雾灯
转向灯
危险警报开关
转向开关
后雾灯开关
雾灯开关
远光继电器
近光继电器
循环风装置
压力开关
压缩机
AC开关
温控器
刮水间歇继电器
喷水
刮水
DC-DC
牵引车工作灯
挂车ABS警告灯
挂车ABS插座
挂车ABS
左前传
右前传
左后传
右后传
左前阀
右前阀
左后阀
右后阀
ABS 4S4M
四通道ABS
诊断接口
ABS闪码开关
行程开关
驾驶室翻转
综合报警器
后雾灯开关
车门开关
油量传感器
空滤高阻塞开关
低挡开关
传感器

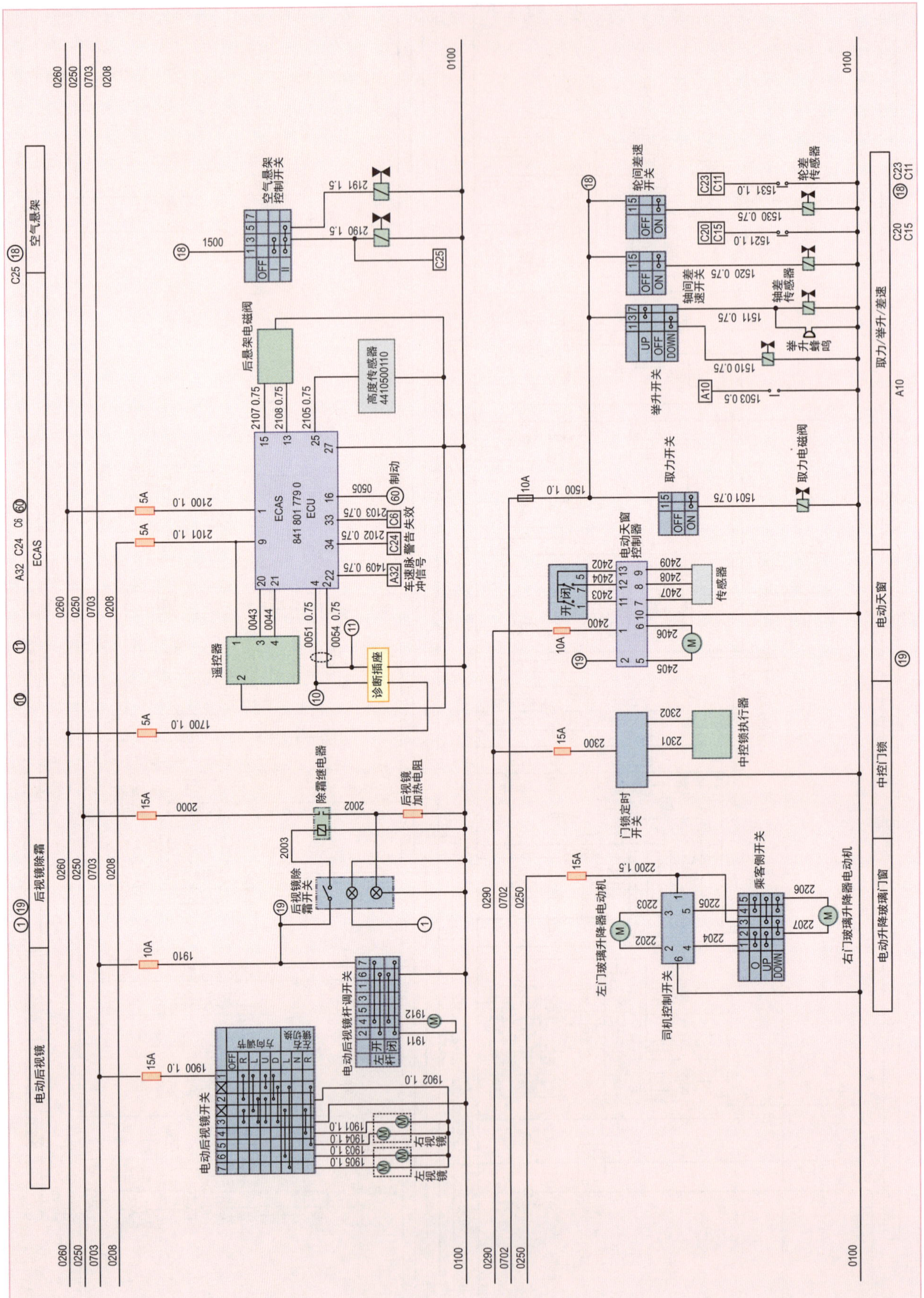
电动后视镜
后视镜除霜
ECAS
空气悬架
电动升降玻璃门窗
中控门锁
电动天窗
取力/举升/差速
电动后视镜开关
电动后视镜杆调开关
左视镜
右视镜
后视镜除霜开关
除霜继电器
后视镜加热电阻
遥控器
诊断插座
ECAS
841 801 779 0
ECU
高度传感器
4410500110
后悬架电磁阀
空气悬架控制开关
车速脉冲信号
警告失效
制动
司机控制开关
左门玻璃升降器电动机
右门玻璃升降器电动机
乘客侧开关
门锁定时开关
中控锁执行器
电动天窗控制器
传感器
取力开关
取力电磁阀
举升开关
举升蜂鸣
轴间差速开关
轴差传感器
轮间差速开关
轮差传感器

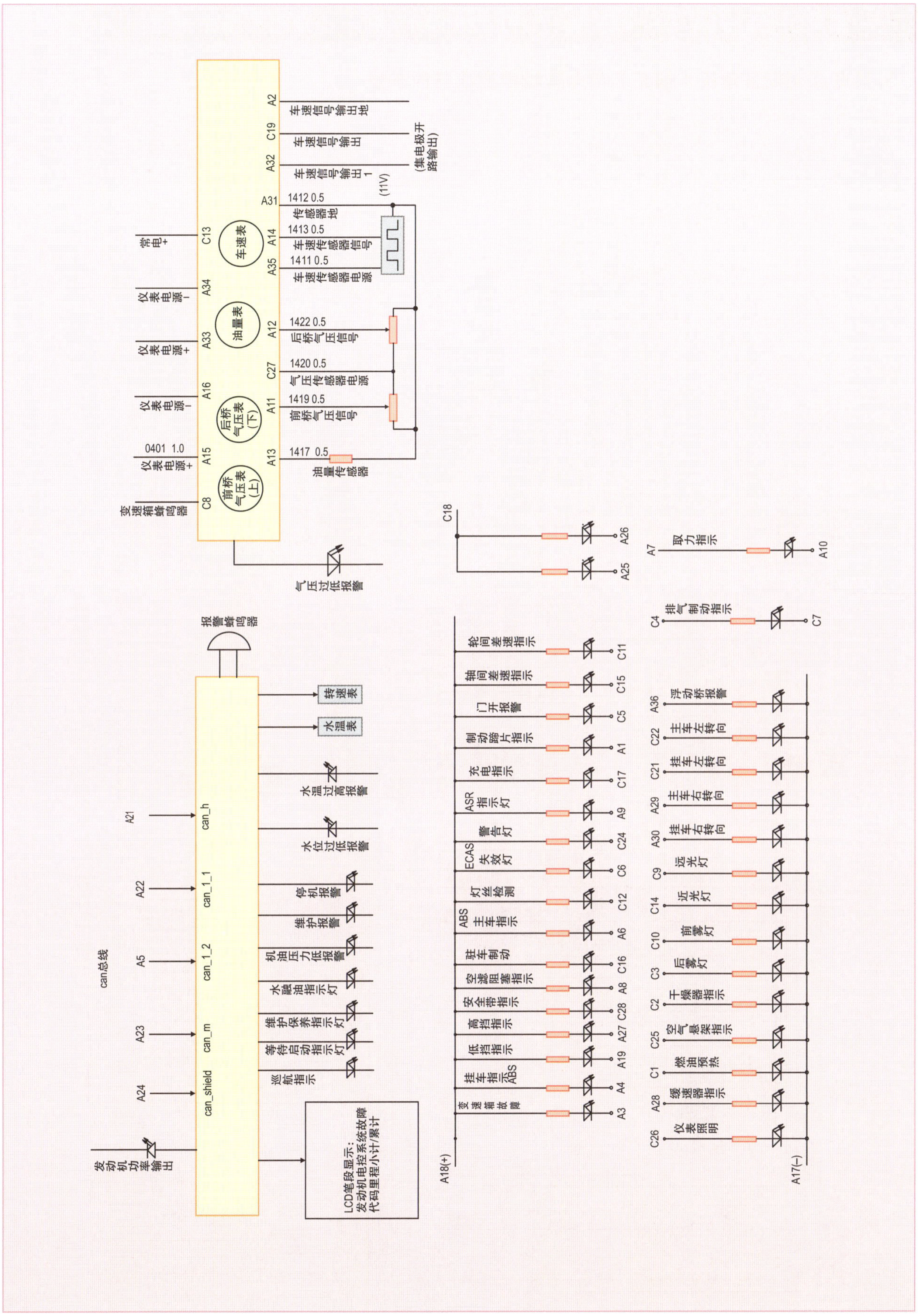

车速表
油量表
后桥气压表(下)
前桥气压表(上)
A2 车速信号输出地
C19 车速信号输出
A32 车速信号输出1
(集电极开路输出)
(11V)
A31 1412 0.5 传感器地
A14 1413 0.5 车速传感器信号
A35 1411 0.5 车速传感器电源
A12 1422 0.5 后桥气压信号
C27 1420 0.5 气压传感器电源
A11 1419 0.5 前桥气压信号
A13 1417 0.5 油量传感器
C13 常电+
A34 仪表电源-
A33 仪表电源+
A16 仪表电源-
A15 0401 1.0 仪表电源+
C8 变速箱蜂鸣器
气压过低报警
报警蜂鸣器
转速表
水温表
水温过高报警
水位过低报警
停机报警
维护报警
机油压力低报警
水融油指示灯
维护保养指示灯
等待启动指示灯
巡航指示
can总线
A21 can_h
A22 can_1_1
A5 can_1_2
A23 can_m
A24 can_shield
发动机功率输出
LCD笔段显示：发动机电控系统故障代码里程小计/累计
C18
A26
A25
轮间差速指示 C11
轴间差速指示 C15
门开报警 C5
制动蹄片指示 A1
充电指示 C17
ASR指示灯 A9
警告灯 C24
ECAS失效灯 C6
灯丝检测 C12
ABS主车指示 A6
驻车制动 C16
空滤阻塞指示 A8
安全带指示 C28
高挡指示 A27
低挡指示 A19
挂车指示ABS A4
变速箱故障 A3
A18(+)
A7 取力指示 A10
C4 排气制动指示 C7
A36 浮动桥报警
C22 主车左转向
C21 挂车左转向
A29 主车右转向
A30 挂车右转向
C9 远光灯
C14 近光灯
C10 前雾灯
C3 后雾灯
C2 干燥器指示
C25 空气悬架指示
C1 燃油预热
A28 缓速器指示
C26 仪表照明
A17(-)

七、东风DFL4251A/DFL4251A1/DFL4251A4系列半挂牵引车整车电路图

1. 装备康明斯发动机（国Ⅱ）和大同12挡变速器的车型

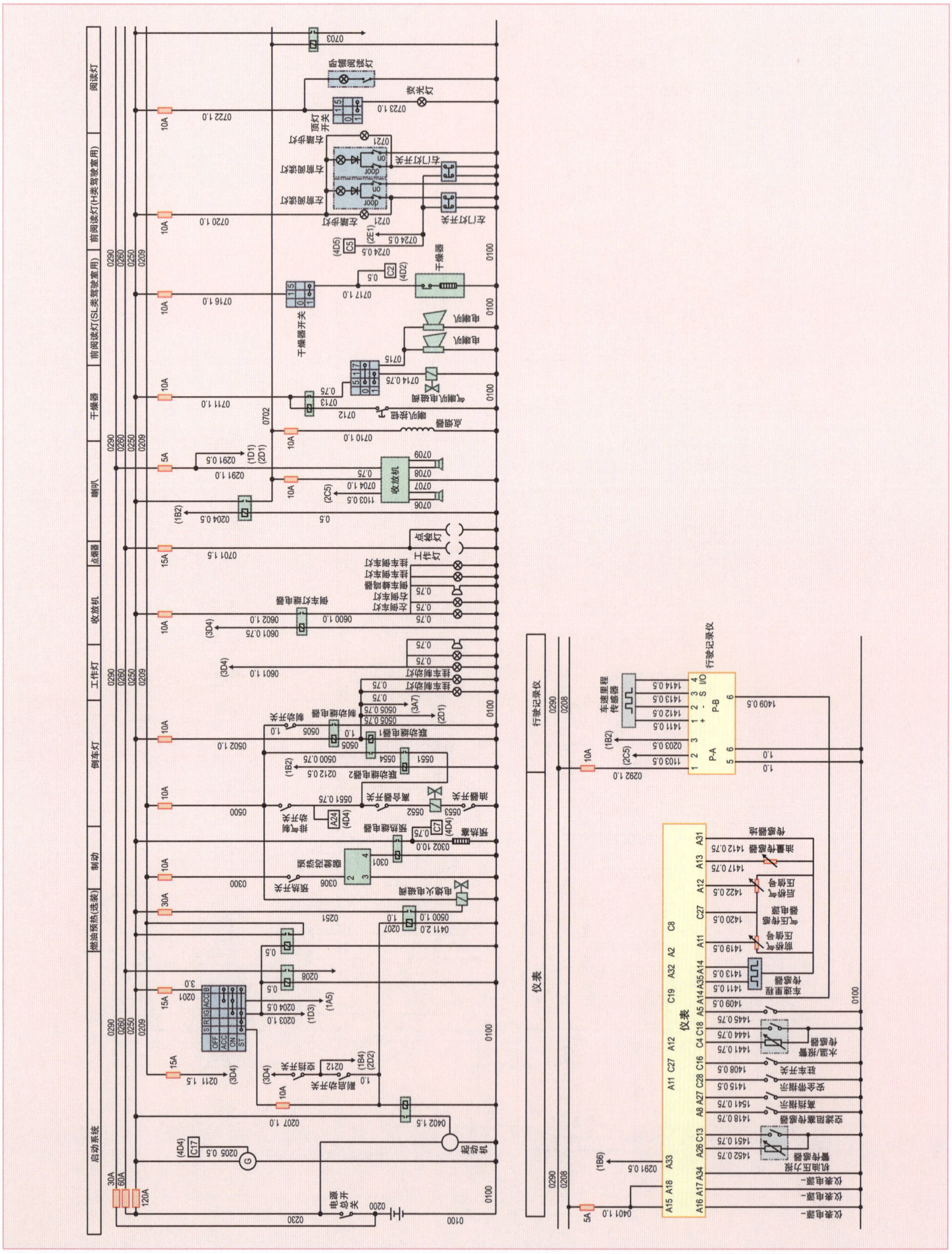

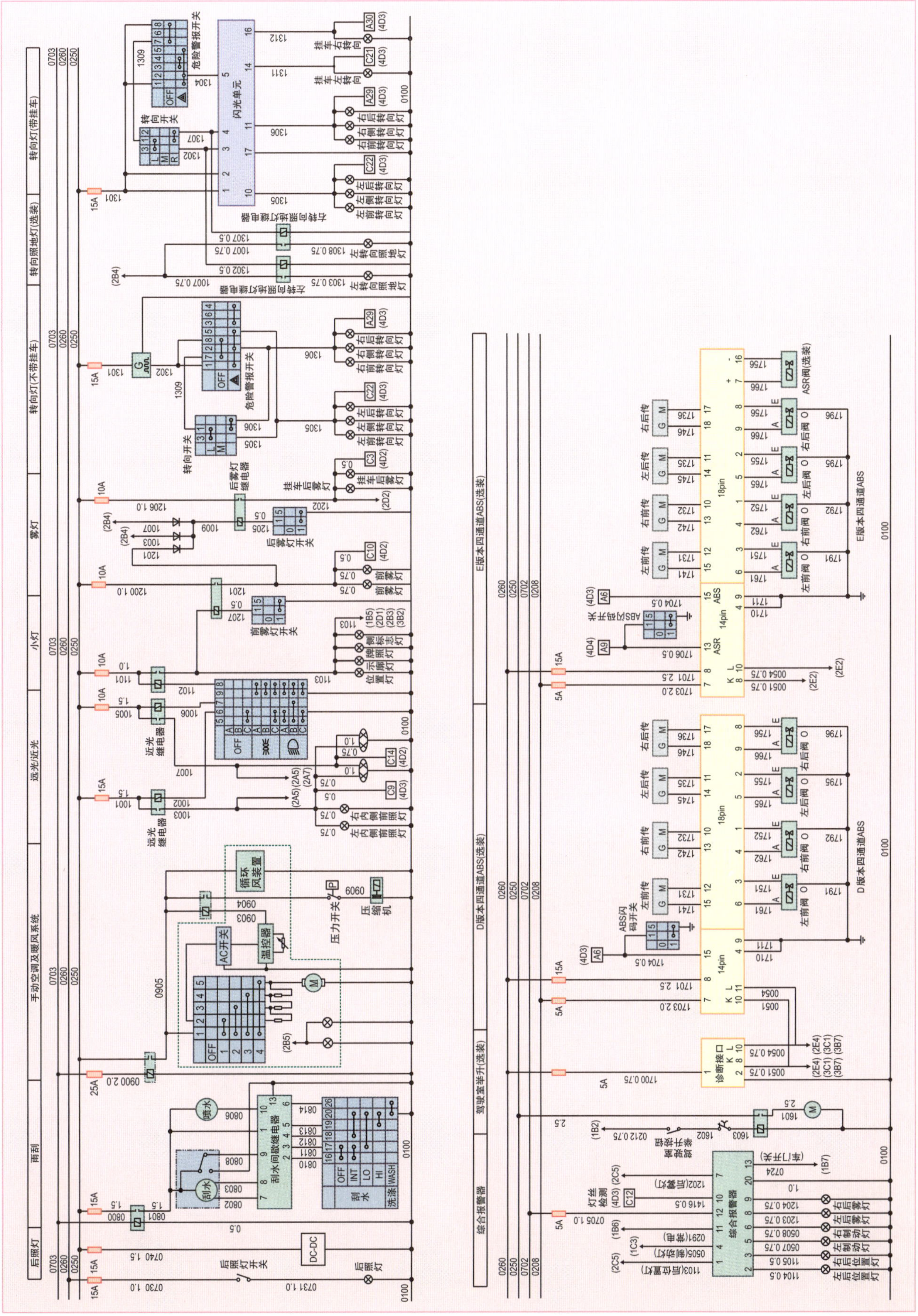
后照灯
雨刮
手动空调及暖风系统
远光/近光
小灯
雾灯
转向灯(不带挂车)
转向照地灯(选装)
转向灯(带挂车)
综合报警器
驾驶室举升(选装)
D版本四通道ABS(选装)
E版本四通道ABS(选装)

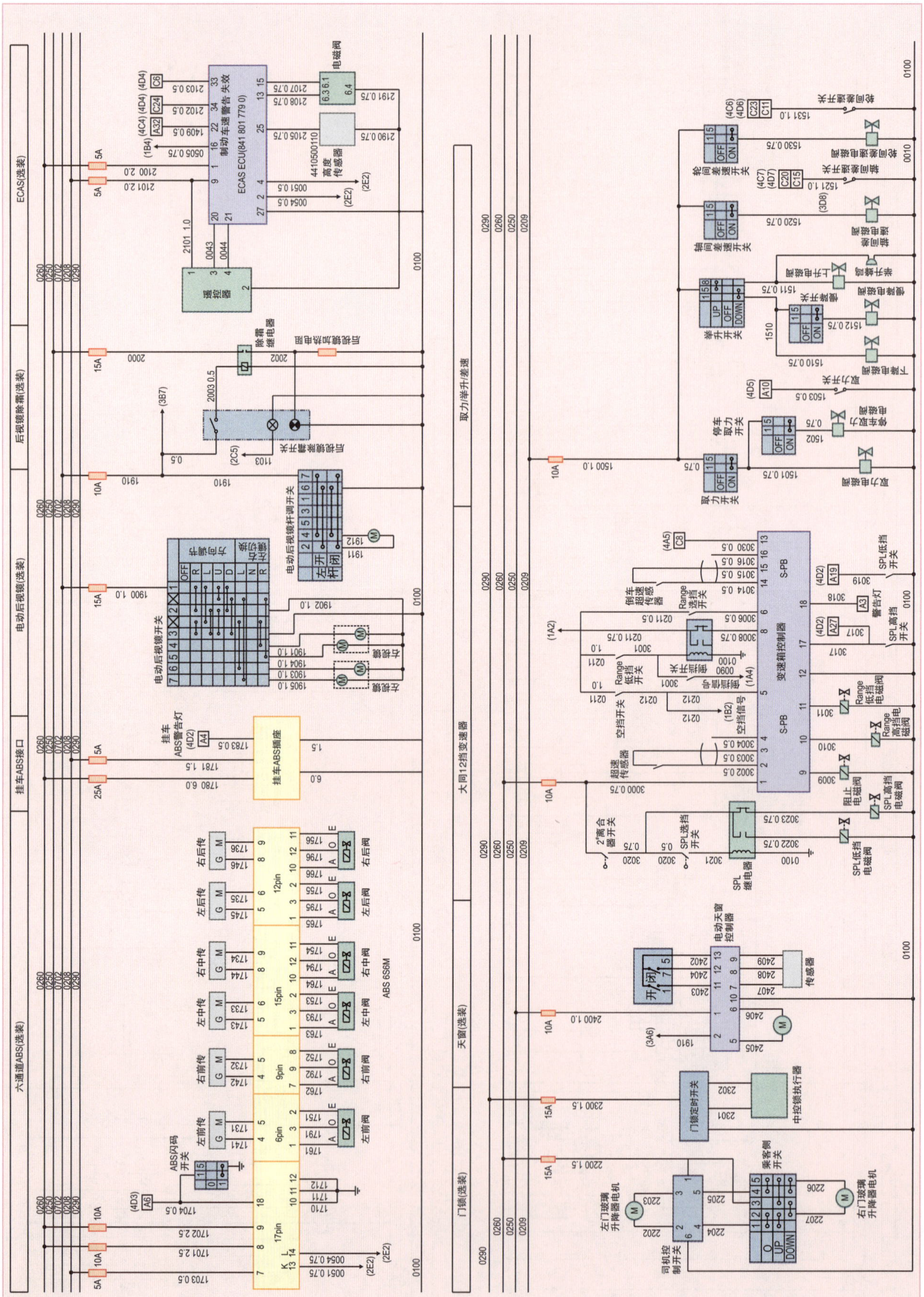
六通道ABS(选装)
挂车ABS接口
电动后视镜(选装)
后视镜除霜(选装)
ECAS(选装)
门锁(选装)
天窗(选装)
大同12挡变速器
取力/举升/差速

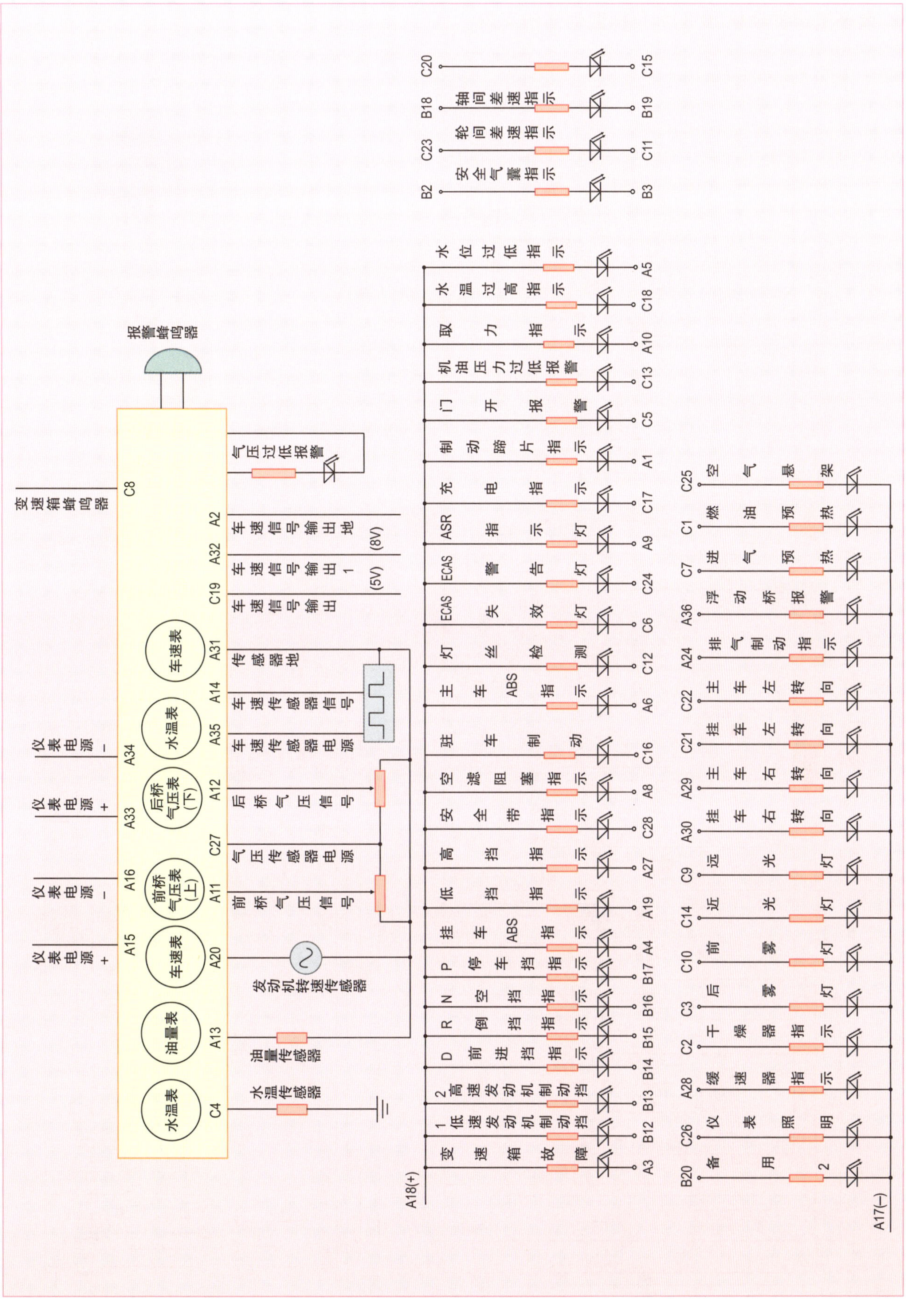

水温表
油温表
车速表
前桥气压表(上)
后桥气压表(下)
水温表
车速表
C4
A13
A20
A11
C27
A12
A35
A14
A31
C19
A32
A2
C8
A15
A16
A33
A34
仪表电源+
仪表电源−
仪表电源+
仪表电源−
变速箱蜂鸣器
报警蜂鸣器
气压过低报警
车速信号输出地
(8V)
车速信号输出1
(5V)
车速信号输出
传感器地
车速传感器信号
车速传感器电源
后桥气压信号
气压传感器电源
前桥气压信号
发动机转速传感器
油量传感器
水温传感器
A18(+)
变速箱故障 A3
1低速发动机制动挡 B12
2高速发动机制动挡 B13
D前进挡指示 B14
R倒挡指示 B15
N空挡指示 B16
P停车挡指示 B17
挂车ABS指示 A4
低挡指示 A19
高挡指示 A27
安全带指示 C28
空滤阻塞指示 A8
驻车制动 C16
主车ABS指示 A6
灯丝检测 C12
ECAS失效灯 C6
ECAS警告灯 C24
ASR指示灯 A9
充电指示 C17
制动蹄片指示 A1
门开报警 C5
机油压力过低报警 C13
取力指示 A10
水温过高指示 C18
水位过低指示 A5
B2 安全气囊指示 B3
C23 轮间差速指示 C11
B18 轴间差速指示 B19
C20 C15
A17(−)
B20 备用 2
C26 仪表照明
A28 缓速器指示
C2 干燥器指示
C3 后雾灯
C10 前雾灯
C14 近光灯
C9 远光灯
A30 挂车右转向
A29 主车右转向
C21 挂车左转向
C22 主车左转向
A24 排气制动指示
A36 浮动桥报警
C7 进气预热
C1 燃油预热
C25 空气悬架

2. 装备玉柴发动机(国Ⅱ)和机械变速器的车型

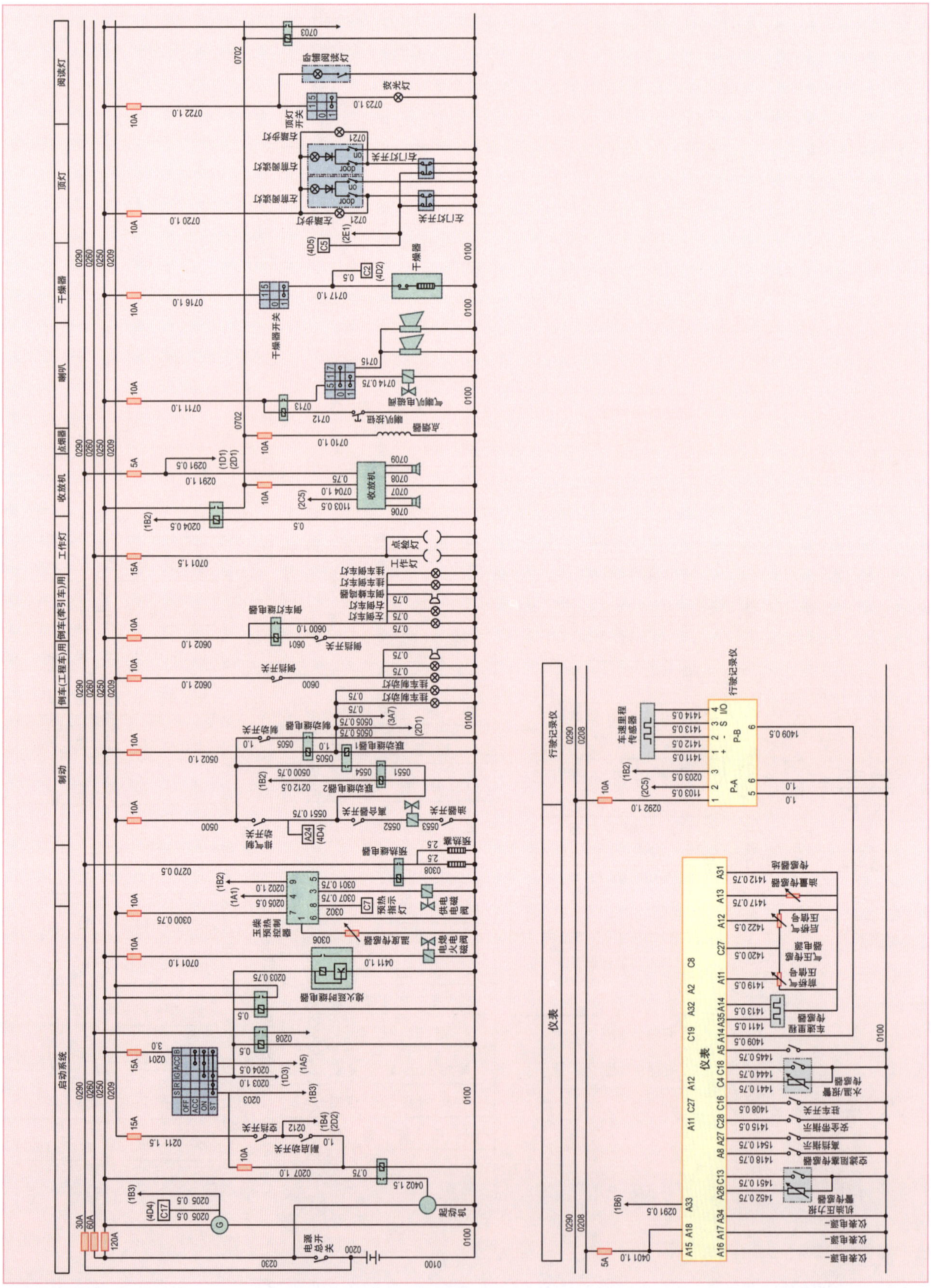

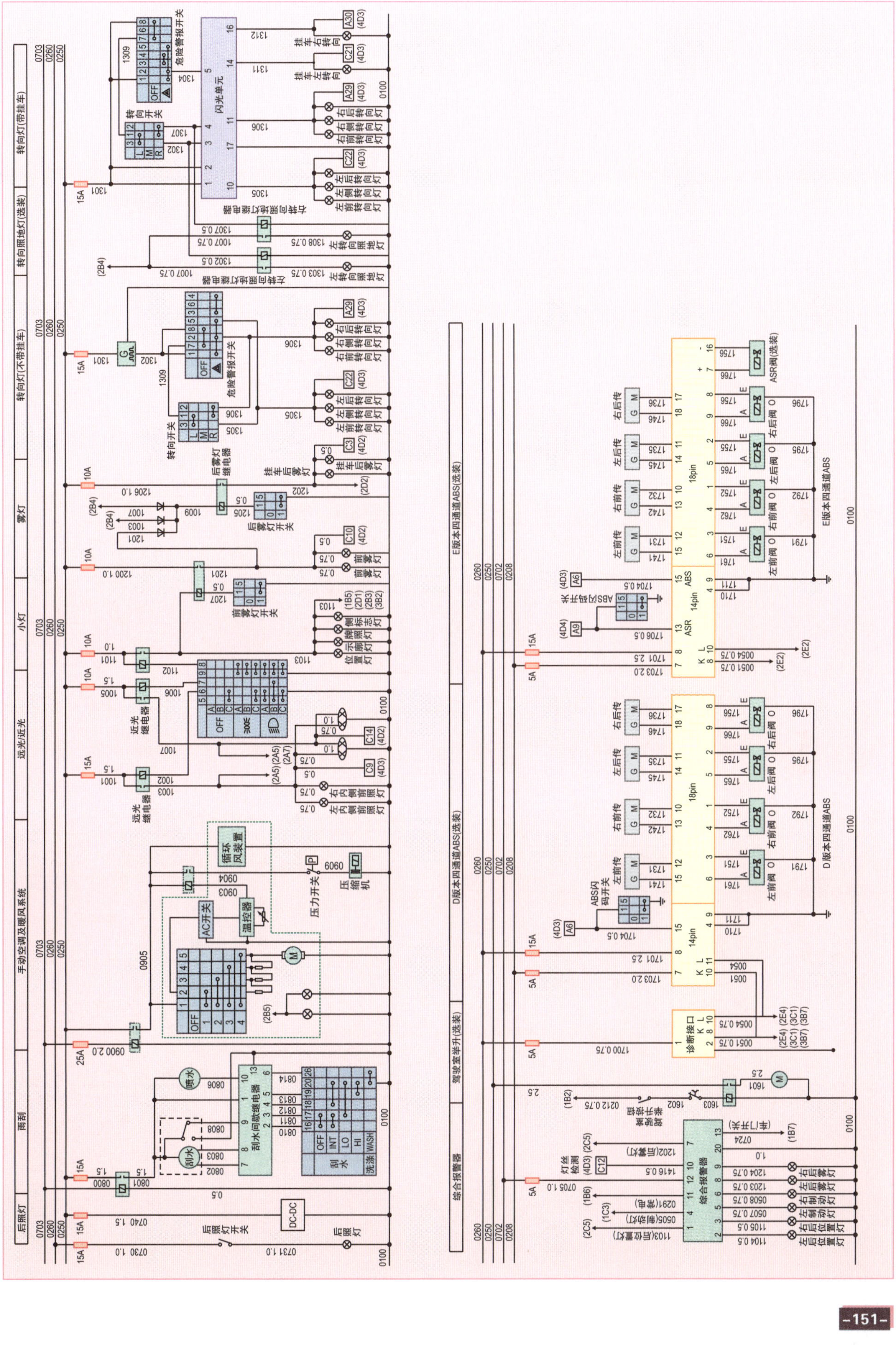
后照灯
雨刮
手动空调及暖风系统
远光/近光
小灯
雾灯
转向灯(不带挂车)
转向照地灯(选装)
转向灯(带挂车)
综合报警器
驾驶室举升(选装)
D版本四通道ABS(选装)
E版本四通道ABS(选装)

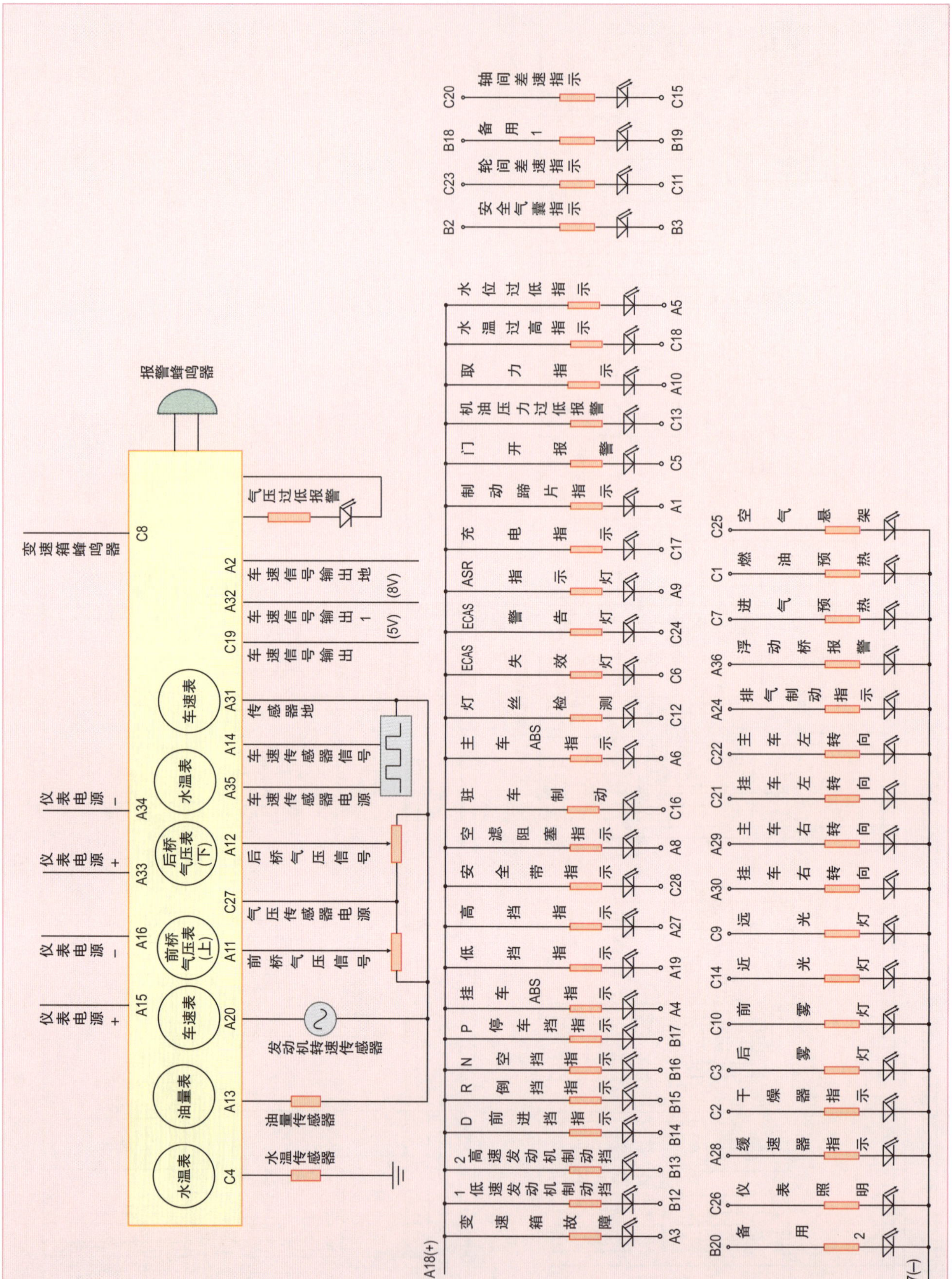
报警蜂鸣器
变速箱蜂鸣器
C8
仪表电源+
A15
仪表电源－
A16
仪表电源+
A33
仪表电源－
A34
水温表
油量表
车速表
前桥气压表(上)
后桥气压表(下)
水温表
车速表
C4
A13
A20
A11
C27
A12
A35
A14
A31
C19
A32
A2
水温传感器
油量传感器
发动机转速传感器
前桥气压信号
气压传感器电源
后桥气压信号
车速传感器电源
车速传感器信号
传感器地
车速信号输出
车速信号输出1
(5V)
车速信号输出地
(8V)
气压过低报警
A18(+)
A17(−)
变速箱故障
1低速发动机制动挡
2高速发动机制动挡
D前进挡指示
R倒挡指示
N空挡指示
P停车挡指示
挂车ABS指示
低挡指示
高挡指示
安全带指示
空滤阻塞指示
驻车制动
主车ABS指示
灯丝检测
ECAS失效灯
ECAS警告灯
ASR指示灯
充电指示
制动蹄片指示
门开报警
机油压力过低报警
取力指示
水温过高指示
水位过低指示
A3
B12
B13
B14
B15
B16
B17
A4
A19
A27
C28
A8
C16
A6
C12
C6
C24
A9
C17
A1
C5
C13
A10
C18
A5
安全气囊指示
轮间差速指示
备用1
轴间差速指示
B2
B3
C23
C11
B18
B19
C20
C15
备用2
仪表照明
缓速器指示
干燥器指示
后雾灯
前雾灯
近光灯
远光灯
挂车右转向
主车右转向
挂车左转向
主车左转向
排气制动指示
浮动桥报警
进气预热
燃油预热
空气悬架
B20
C26
A28
C2
C3
C10
C14
C9
A30
A29
C21
C22
A24
A36
C7
C1
C25

3. 装备康明斯发动机(国Ⅱ) 和机械变速器的车型

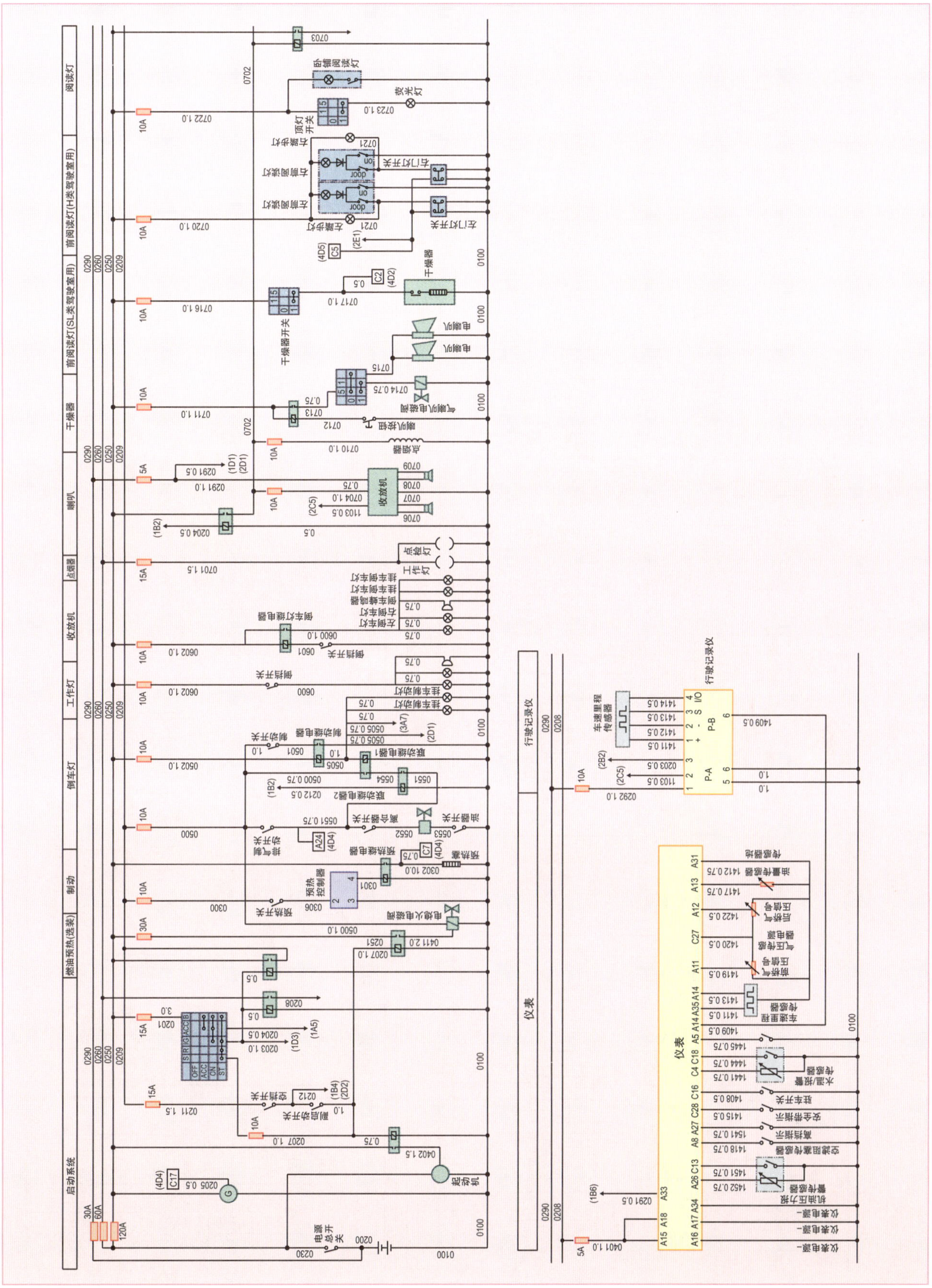

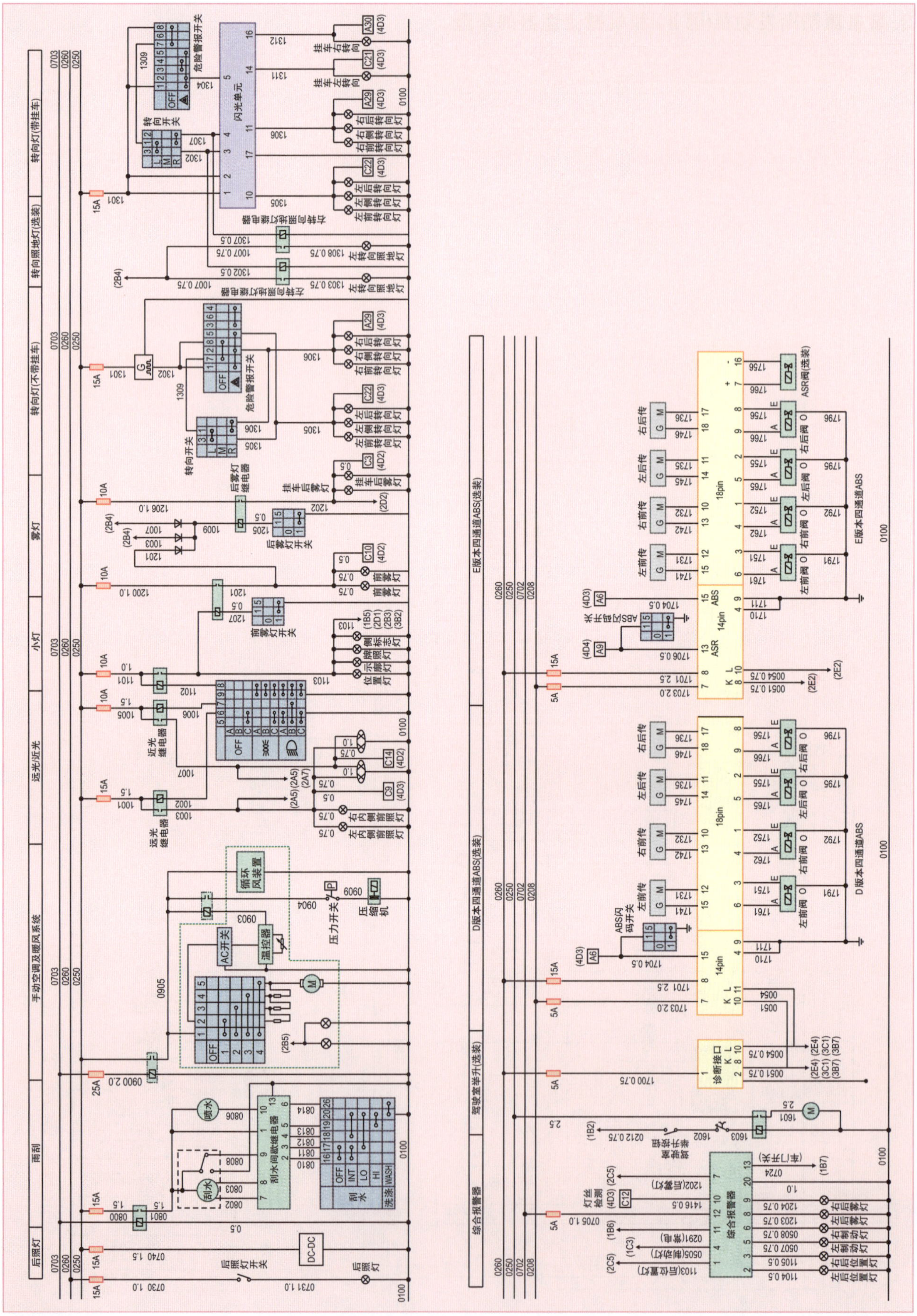
后照灯
雨刮
手动空调及暖风系统
远光/近光
小灯
雾灯
转向灯(不带挂车)
转向照地灯(选装)
转向灯(带挂车)
综合报警器
驾驶室举升(选装)
D版本四通道ABS(选装)
E版本四通道ABS(选装)

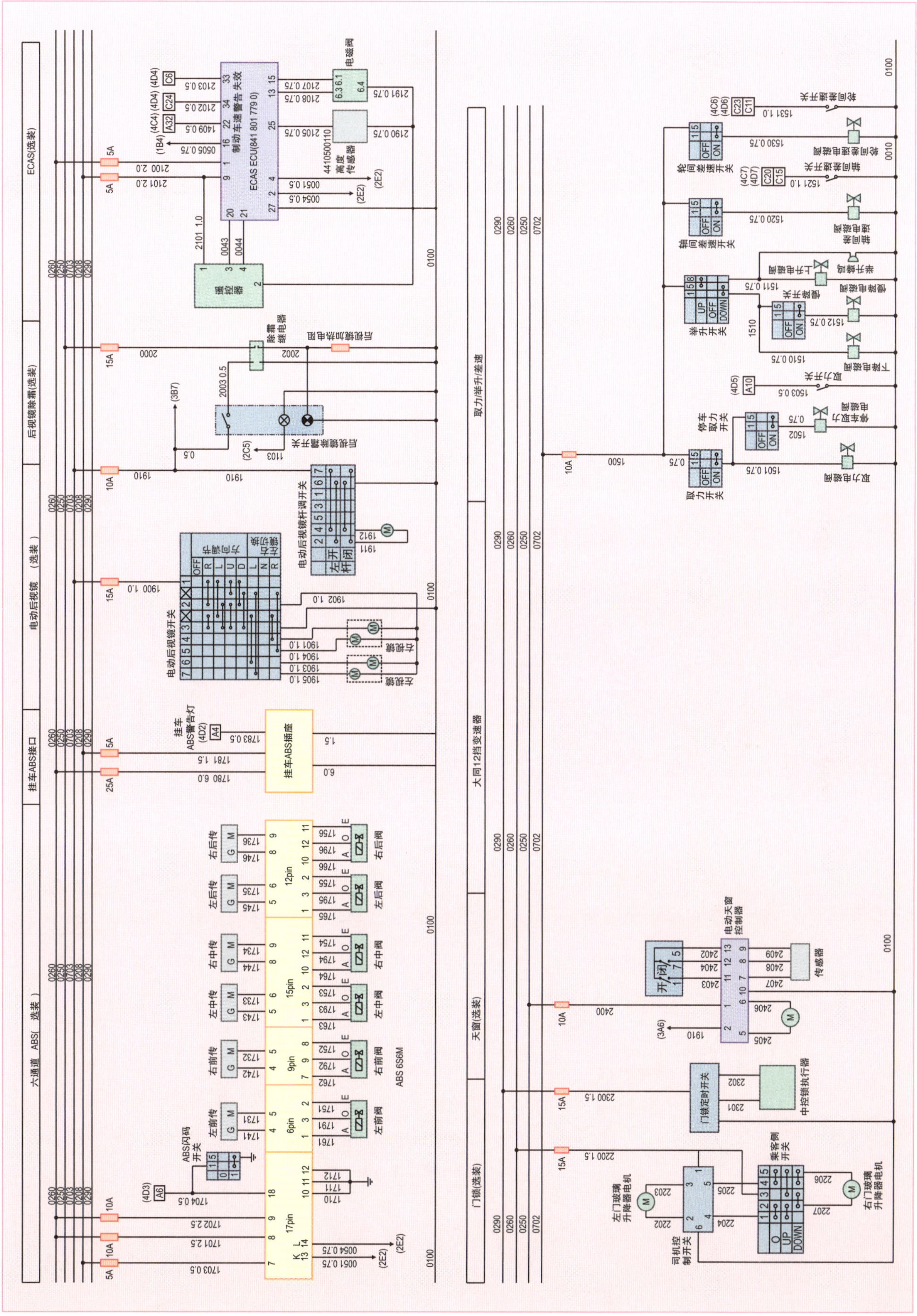
六通道 ABS（选装）
挂车ABS接口
电动后视镜（选装）
后视镜除霜(选装)
ECAS(选装)
门锁(选装)
天窗(选装)
大同12挡变速器
取力/举升/差速
ABS闪码开关
挂车ABS插座
挂车ABS警告灯
电动后视镜开关
电动后视镜杆调开关
除霜继电器
后视镜加热电阻
遥控器
ECAS ECU(841 801 779 0)
电磁阀
高度传感器
司机控制开关
乘客侧开关
左门玻璃升降器电机
右门玻璃升降器电机
门锁定时开关
中控锁执行器
电动天窗控制器
传感器
取力开关
停车取力开关
举升开关
轴间差速开关
轮间差速开关
ABS 6S6M

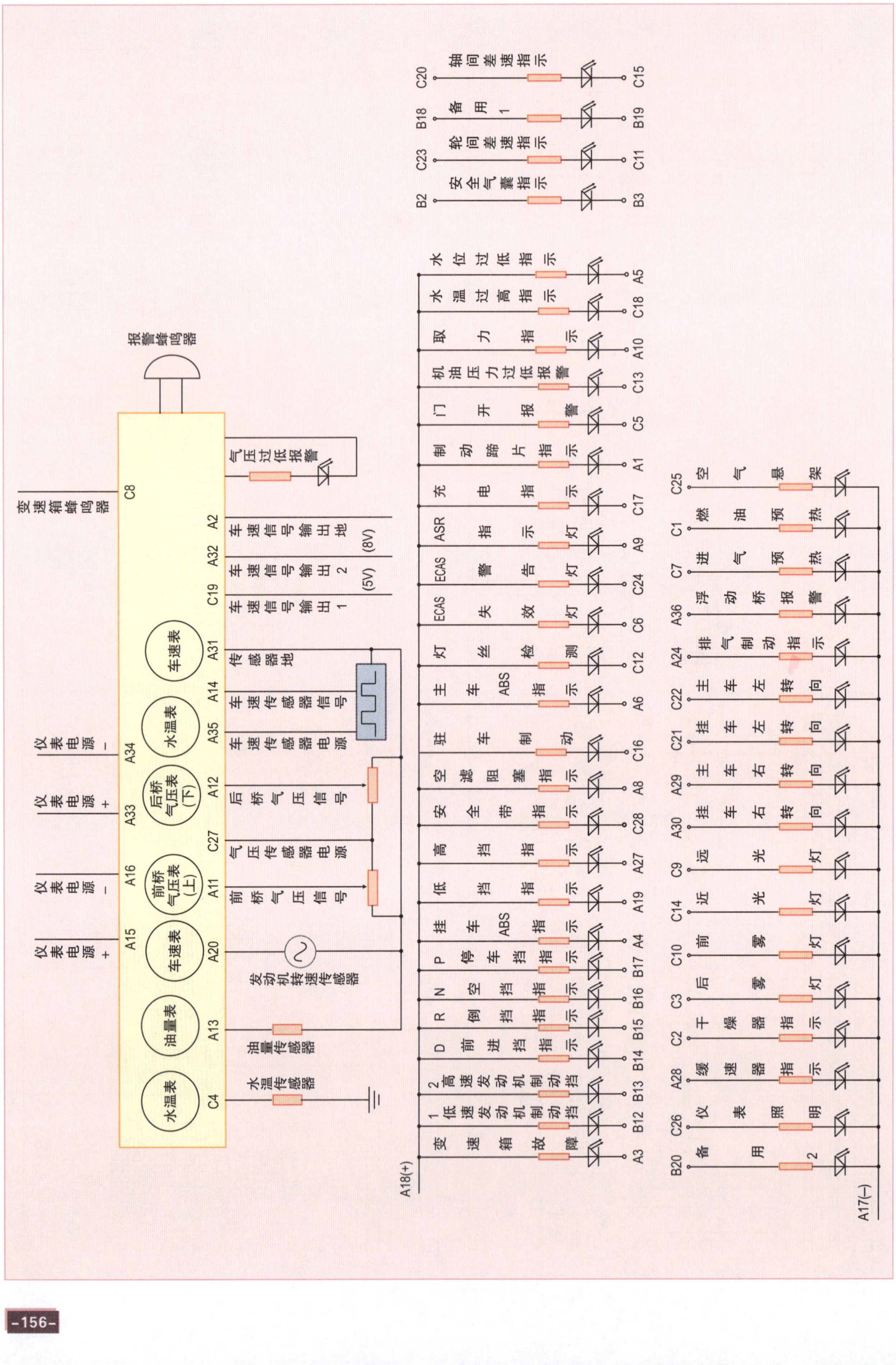
仪表电源+ A15
仪表电源- A16
仪表电源+ A33
仪表电源- A34
变速箱蜂鸣器 C8
报警蜂鸣器
水温表
油量表
车速表
前桥气压表(上)
后桥气压表(下)
水温表
车速表
C4 水温传感器
A13 油量传感器
A20 发动机转速传感器
A11 前桥气压信号
C27 气压传感器电源
A12 后桥气压信号
A35 车速传感器电源
A14 车速传感器信号
A31 传感器地
C19 车速信号输出1 (5V)
A32 车速信号输出2 (8V)
A2 车速信号输出地
气压过低报警
A18(+)
变速箱故障 A3
1低速发动机制动挡 B12
2高速发动机制动挡 B13
D前进挡指示 B14
R倒挡指示 B15
N空挡指示 B16
P停车挡指示 B17
挂车ABS指示 A4
低挡指示 A19
高挡指示 A27
安全带指示 C28
空滤阻塞指示 A8
驻车制动 C16
主车ABS指示 A6
灯丝检测 C12
ECAS失效灯 C6
ECAS警告灯 C24
ASR指示灯 A9
充电指示 C17
制动蹄片指示 A1
门开报警 C5
机油压力过低报警 C13
取力指示 A10
水温过高指示 C18
水位过低指示 A5
B2 安全气囊指示 B3
C23 轮间差速指示 C11
B18 备用1 B19
C20 轴间差速指示 C15
B20 备用2
C26 仪表照明
A28 缓速器指示
C2 干燥器指示
C3 后雾灯
C10 前雾灯
C14 近光灯
C9 远光灯
A30 挂车右转向
A29 主车右转向
C21 挂车左转向
C22 主车左转向
A24 排气制动指示
A36 浮动桥报警
C7 进气预热
C1 燃油预热
C25 空气悬架
A17(-)

4. 装备玉柴发动机(国Ⅱ)和大同12挡变速器的车型

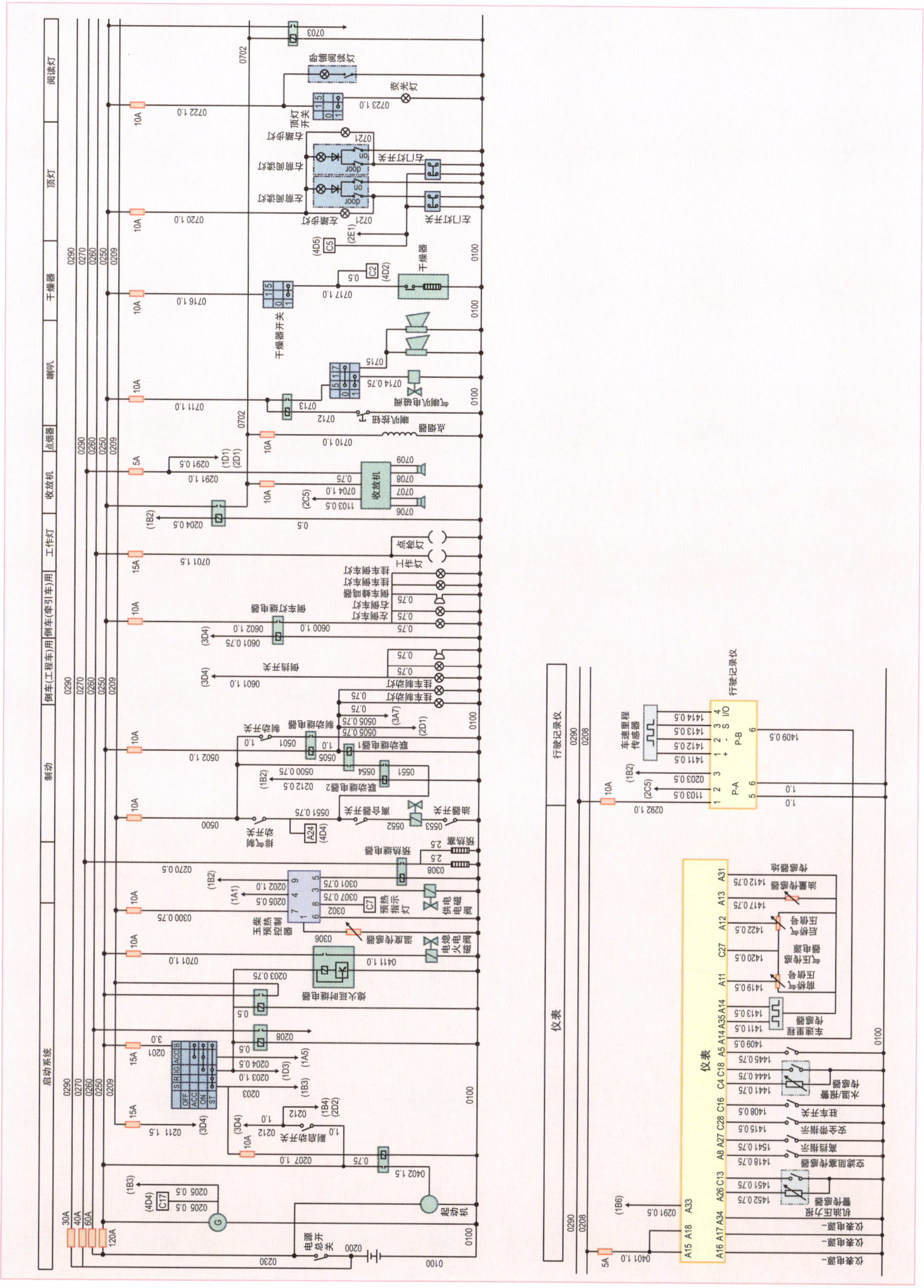

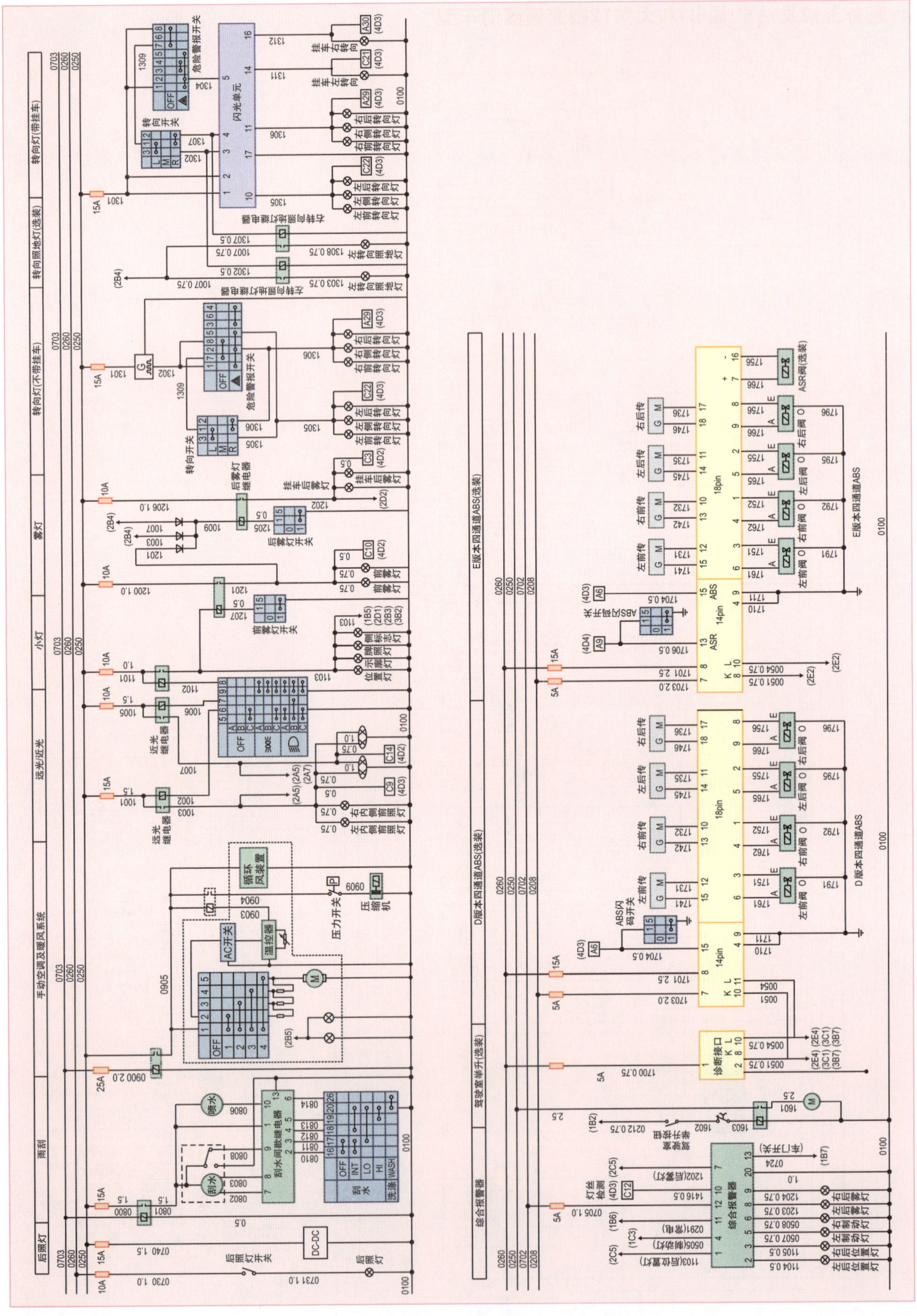
后照灯
雨刮
手动空调及暖风系统
远光/近光
小灯
雾灯
转向灯(不带挂车)
转向照地灯(选装)
转向灯(带挂车)
综合报警器
驾驶室举升(选装)
D版本四通道ABS(选装)
E版本四通道ABS(选装)

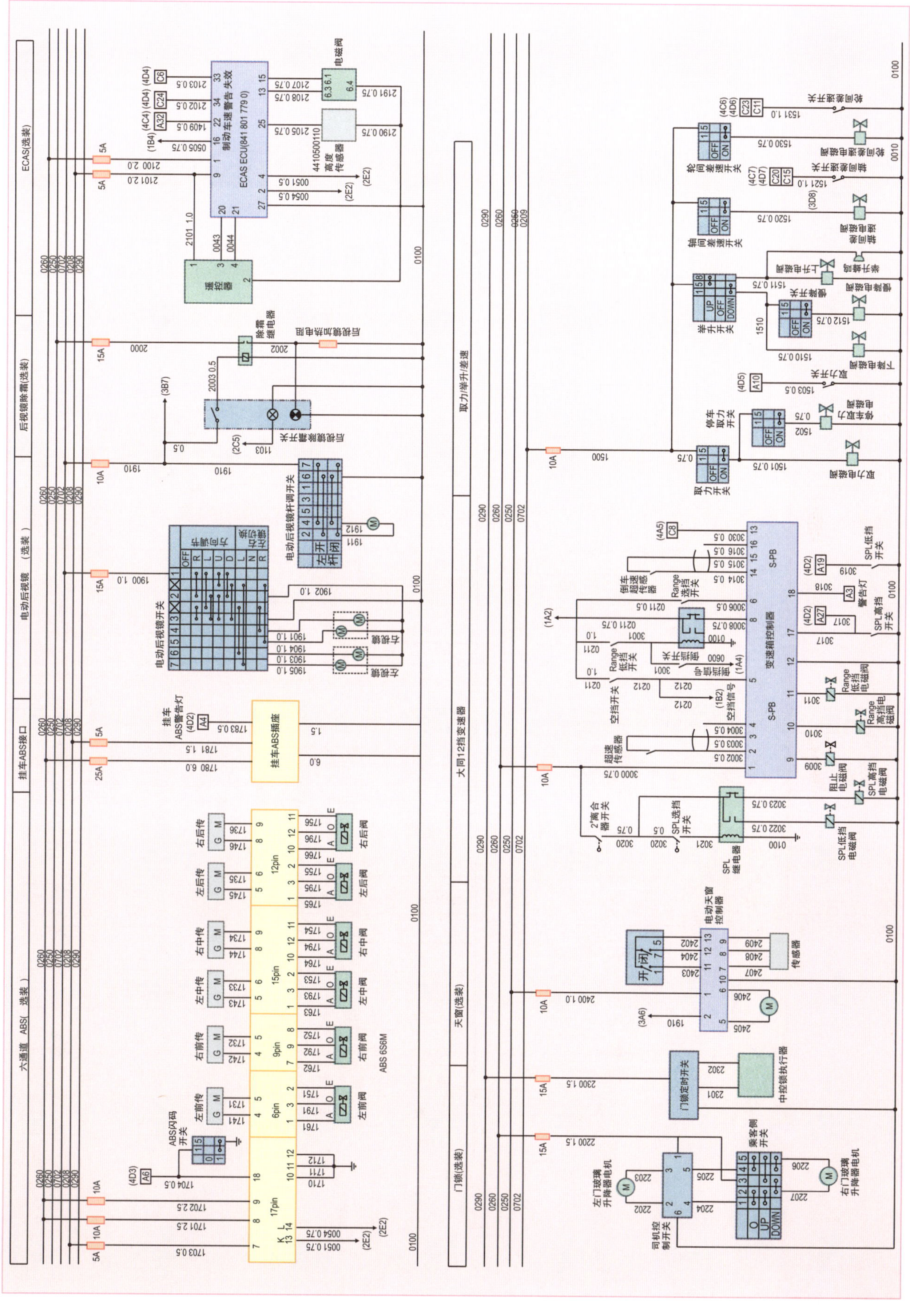
六通道 ABS(选装)
挂车ABS接口
电动后视镜（选装）
后视镜除霜(选装)
ECAS(选装)
门锁(选装)
天窗(选装)
大同12挡变速器
取力/举升/差速
ABS闪码开关
ABS 6S6M
左前阀
右前阀
左中阀
右中阀
左后阀
右后阀
挂车ABS插座
挂车ABS警告灯
电动后视镜开关
电动后视镜杆调开关
除霜继电器
遥控器
ECAS ECU(841 801 779 0)
制动车速警告失效
高度传感器
电磁阀
门锁定时开关
中控锁执行器
电动天窗控制器
传感器
司机控制开关
乘客侧开关
左门玻璃升降器电机
右门玻璃升降器电机
变速箱控制器
空挡开关
SPL继电器
SPL选挡开关
SPL低挡电磁阀
SPL高挡电磁阀
SPL高挡开关
SPL低挡开关
警告灯
取力开关
举升开关
轴间差速开关
轮间差速开关

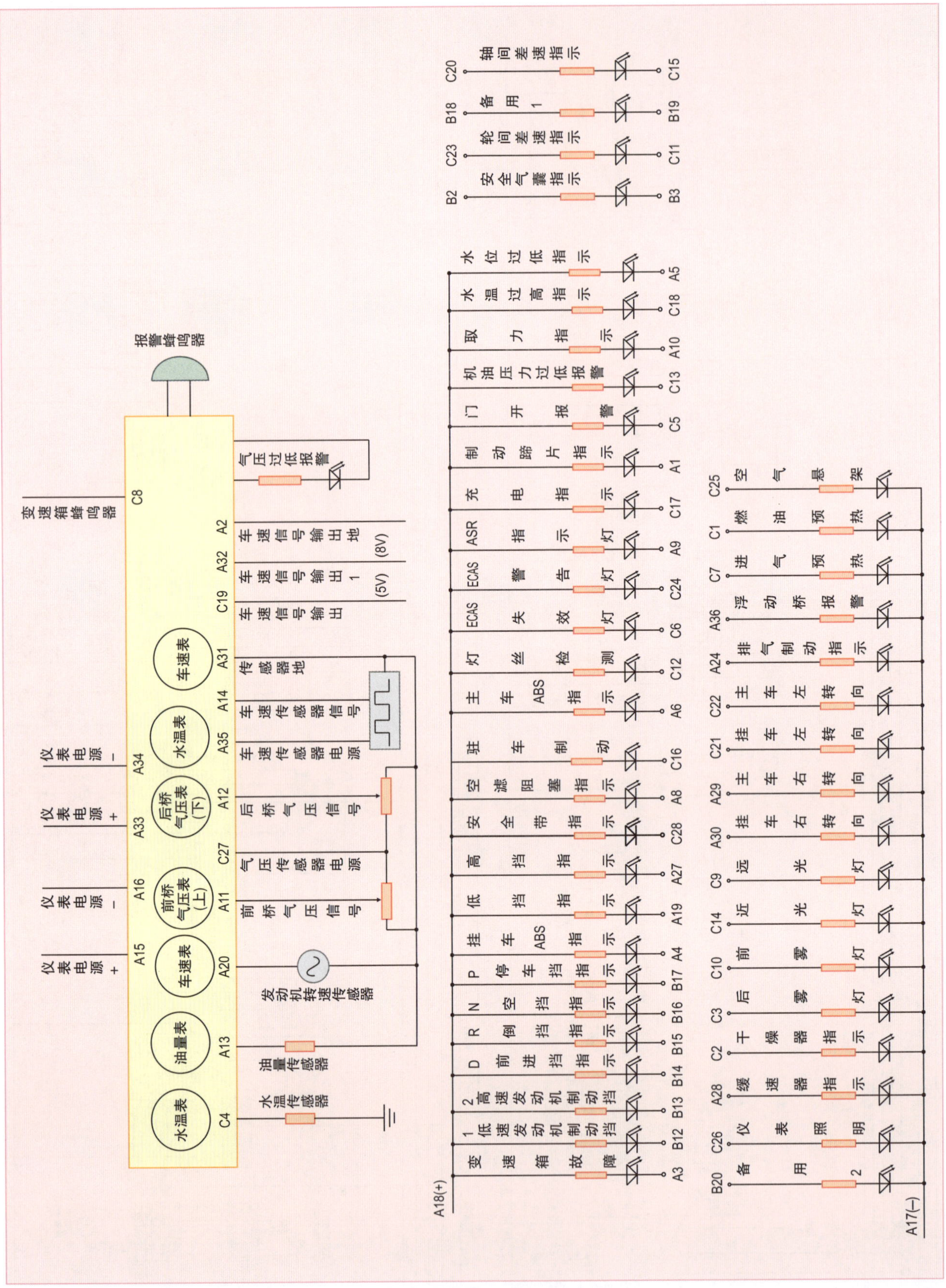
仪表电源+
A15
仪表电源-
A16
仪表电源+
A33
仪表电源-
A34
变速箱蜂鸣器
C8
报警蜂鸣器
水温表
油量表
车速表
前桥气压表(上)
后桥气压表(下)
水温表
车速表
C4
水温传感器
A13
油量传感器
A20
发动机转速传感器
A11
前桥气压信号
C27
气压传感器电源
A12
后桥气压信号
A35
车速传感器电源
A14
车速传感器信号
A31
传感器地
C19
车速信号输出
A32
车速信号输出1
(5V)
A2
车速信号输出地
(8V)
气压过低报警
A18(+)
变速箱故障
A3
1低速发动机制动挡
B12
2高速发动机制动挡
B13
D前进挡指示
B14
R倒挡指示
B15
N空挡指示
B16
P停车挡指示
B17
挂车ABS指示
A4
低挡指示
A19
高挡指示
A27
安全带指示
C28
空滤阻塞指示
A8
驻车制动
C16
主车ABS指示
A6
灯丝检测
C12
ECAS失效灯
C6
ECAS警告灯
C24
ASR指示灯
A9
充电指示
C17
制动蹄片指示
A1
门开报警
C5
机油压力过低报警
C13
取力指示
A10
水温过高指示
C18
水位过低指示
A5
B2
安全气囊指示
B3
C23
轮间差速指示
C11
B18
备用1
B19
C20
轴间差速指示
C15
B20
备用2
C26
仪表照明
A28
缓速器指示
C2
干燥器指示
C3
后雾灯
C10
前雾灯
C14
近光灯
C9
远光灯
A30
挂车右转向
A29
主车右转向
C21
挂车左转向
C22
主车左转向
A24
排气制动指示
A36
浮动桥报警
C7
进气预热
C1
燃油预热
C25
空气悬架
A17(-)

八、东风DFL4180A系列半挂牵引车整车电路图

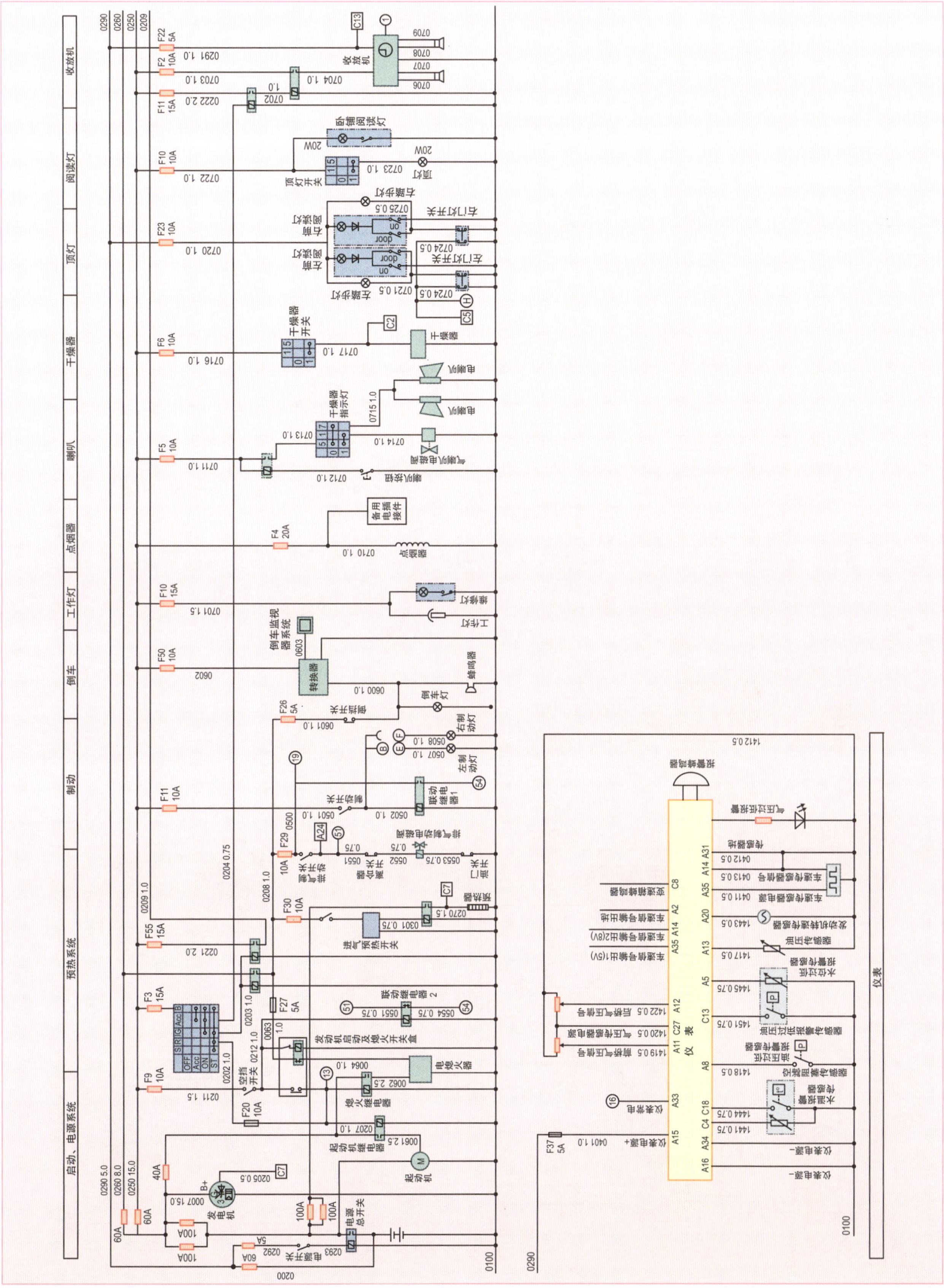

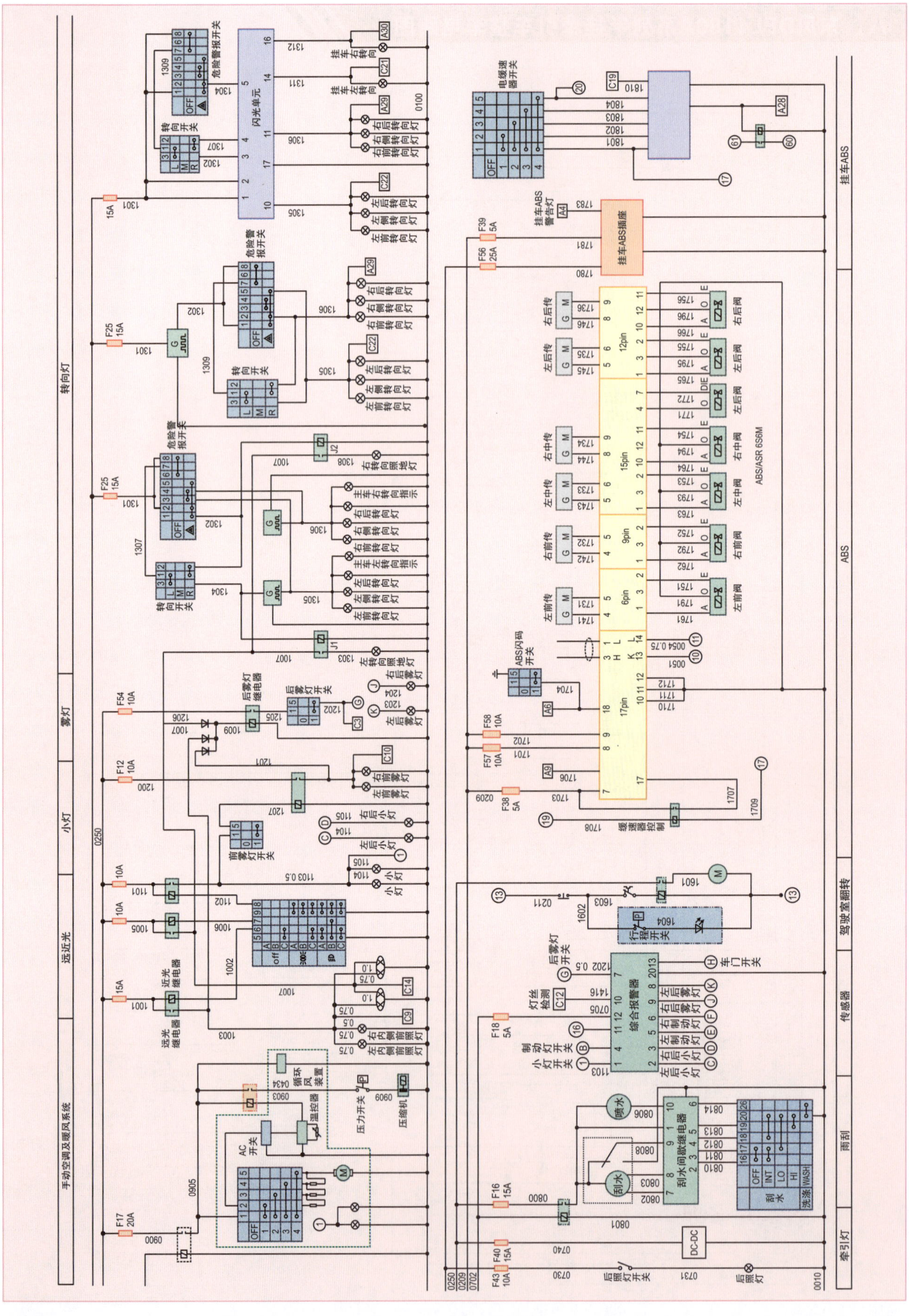
手动空调及暖风系统
远近光
小灯
雾灯
转向灯
牵引灯
雨刮
传感器
驾驶室翻转
ABS
挂车ABS

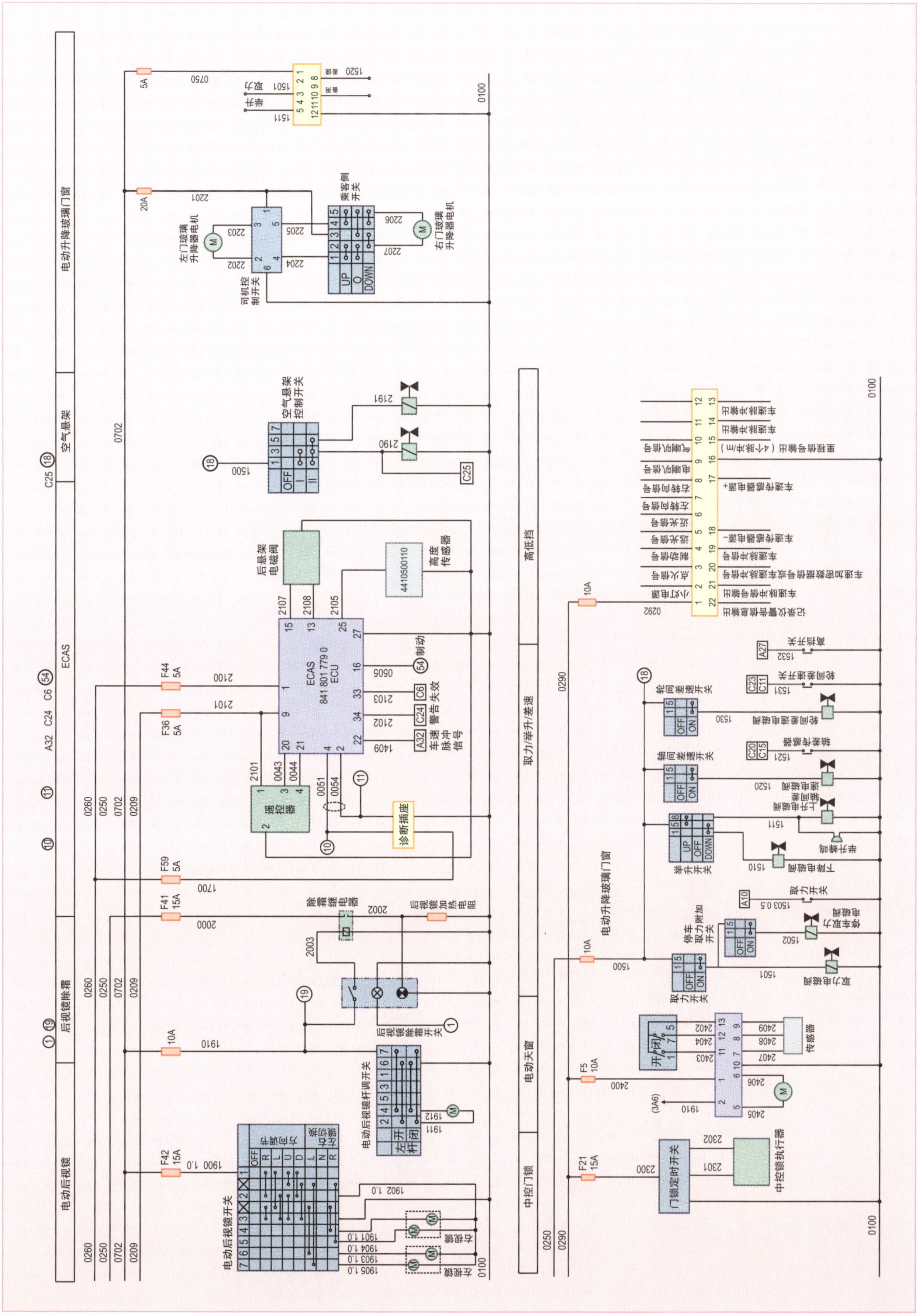

电动后视镜
后视镜除霜
ECAS
空气悬架
电动升降玻璃门窗
中控门锁
电动天窗
取力/举升/差速
高低挡
电动后视镜开关
电动后视镜杆调开关
后视镜除霜开关
除霜继电器
后视镜加热电阻
诊断插座
遥控器
后悬架电磁阀
高度传感器
空气悬架控制开关
司机控制开关
乘客侧开关
左门玻璃升降器电机
右门玻璃升降器电机
门锁定时开关
中控锁执行器
传感器
取力开关
举升开关
轴间差速开关
轮间差速开关

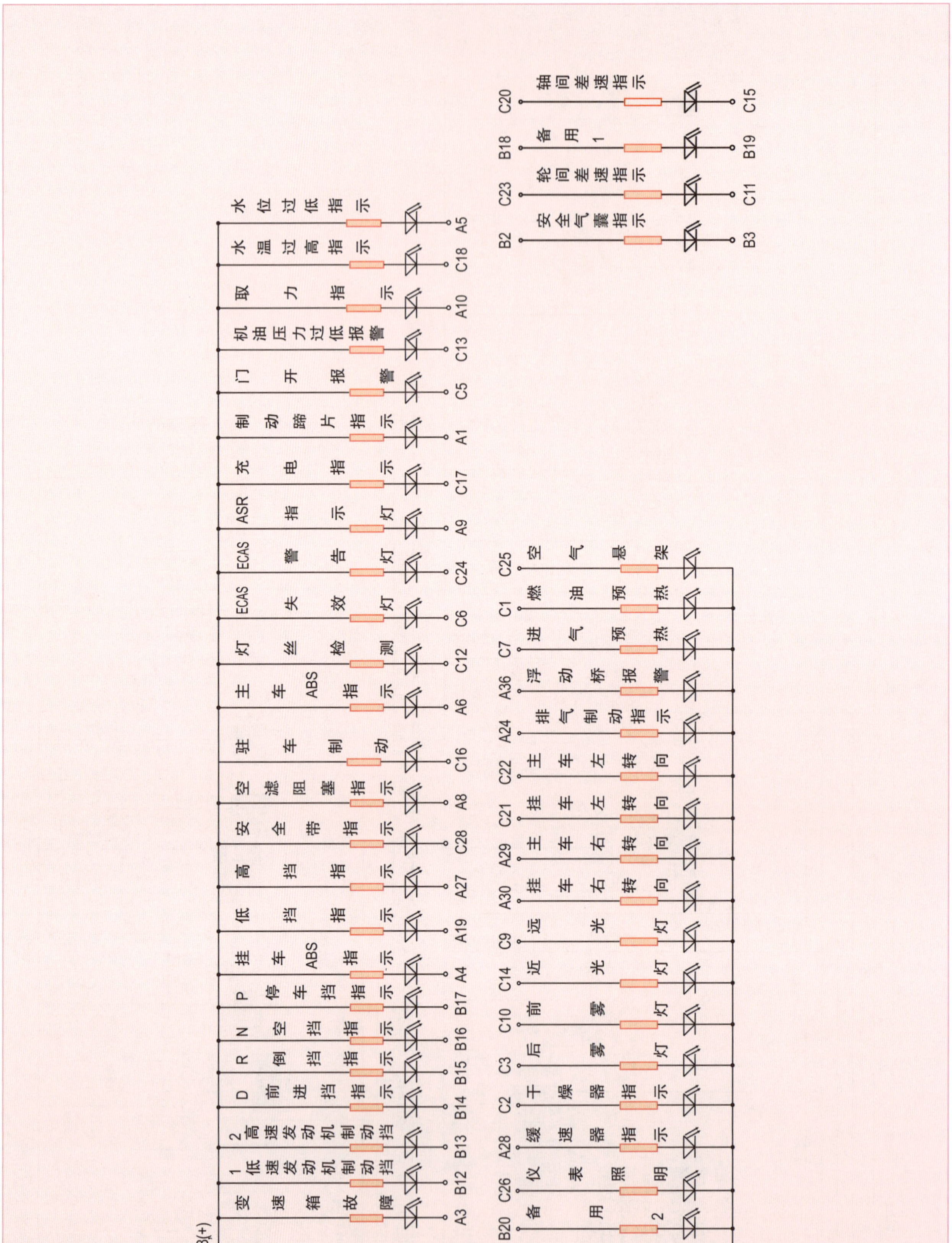
A18(+)
A17(−)
变速箱故障 A3
1低速发动机制动挡 B12
2高速发动机制动挡 B13
D前进挡指示 B14
R倒挡指示 B15
N空挡指示 B16
P停车挡指示 B17
挂车ABS指示 A4
低挡指示 A19
高挡指示 A27
安全带指示 C28
空滤阻塞指示 A8
驻车制动 C16
主车ABS指示 A6
灯丝检测 C12
ECAS失效灯 C6
ECAS警告灯 C24
ASR指示灯 A9
充电指示 C17
制动蹄片指示 A1
门开报警 C5
机油压力过低报警 C13
取力指示 A10
水温过高指示 C18
水位过低指示 A5
B20 备用2
C26 仪表照明
A28 缓速器指示
C2 干燥器指示
C3 后雾灯
C10 前雾灯
C14 近光灯
C9 远光灯
A30 挂车右转向
A29 主车右转向
C21 挂车左转向
C22 主车左转向
A24 排气制动指示
A36 浮动桥报警
C7 进气预热
C1 燃油预热
C25 空气悬架
B2 安全气囊指示 B3
C23 轮间差速指示 C11
B18 备用1 B19
C20 轴间差速指示 C15

九、东风EQ3251G系列自卸汽车整车电路图

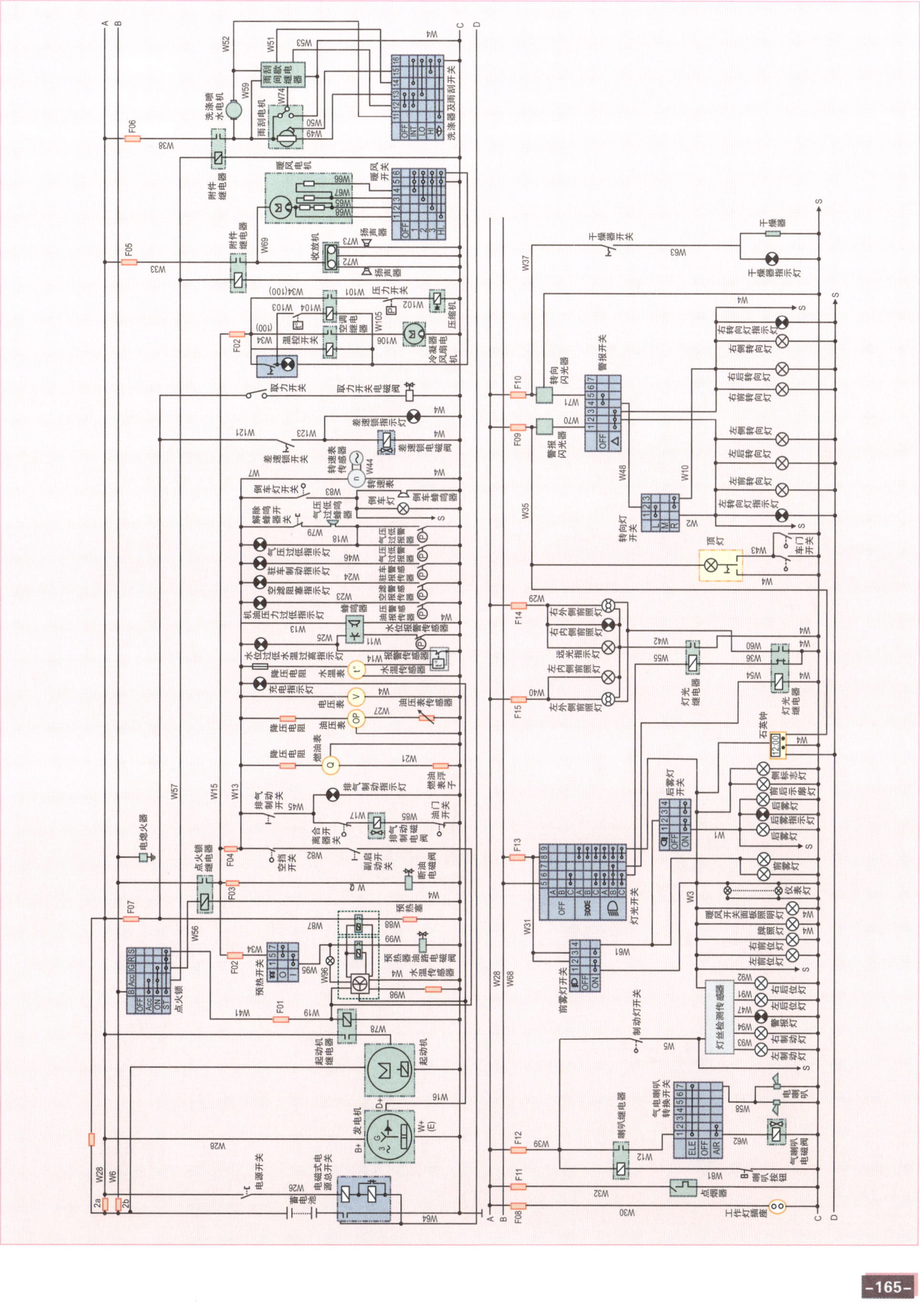

十、东风天龙雷诺系列整车电路图

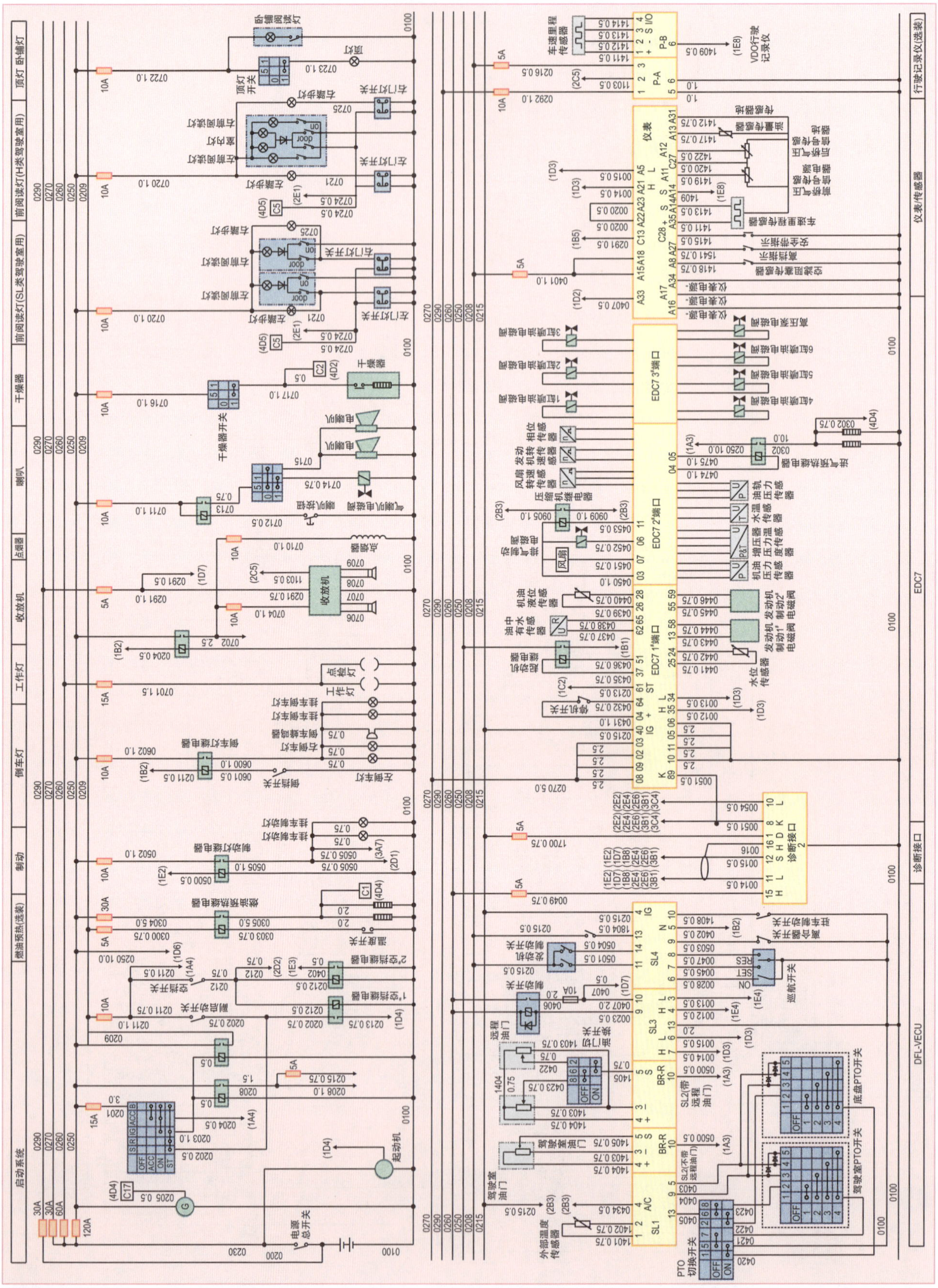

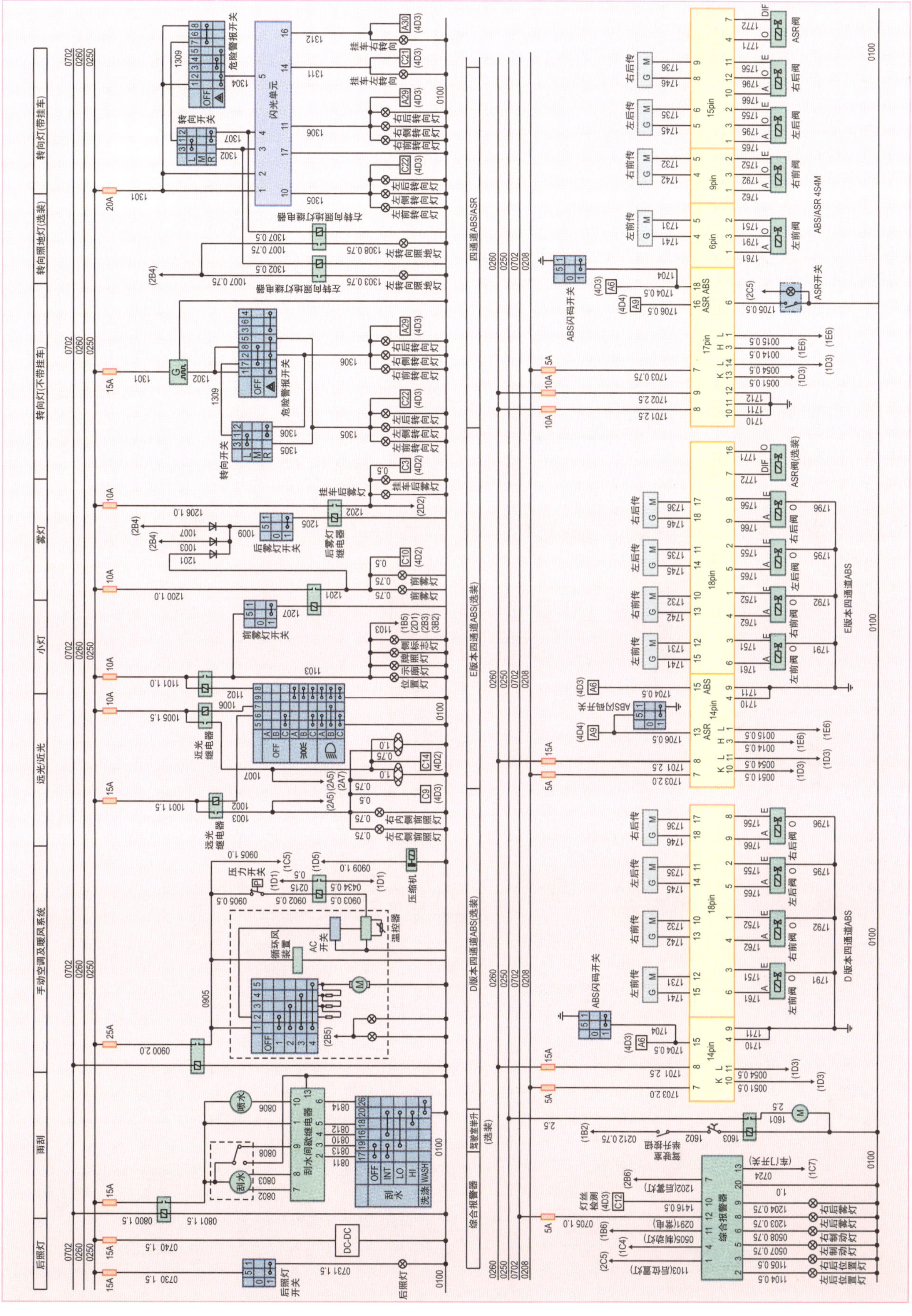
后照灯
雨刮
手动空调及暖风系统
远光/近光
小灯
雾灯
转向灯(不带挂车)
转向照地灯(选装)
转向灯(带挂车)
综合报警器
驾驶室举升(选装)
D版本四通道ABS(选装)
E版本四通道ABS(选装)
四通道ABS/ASR

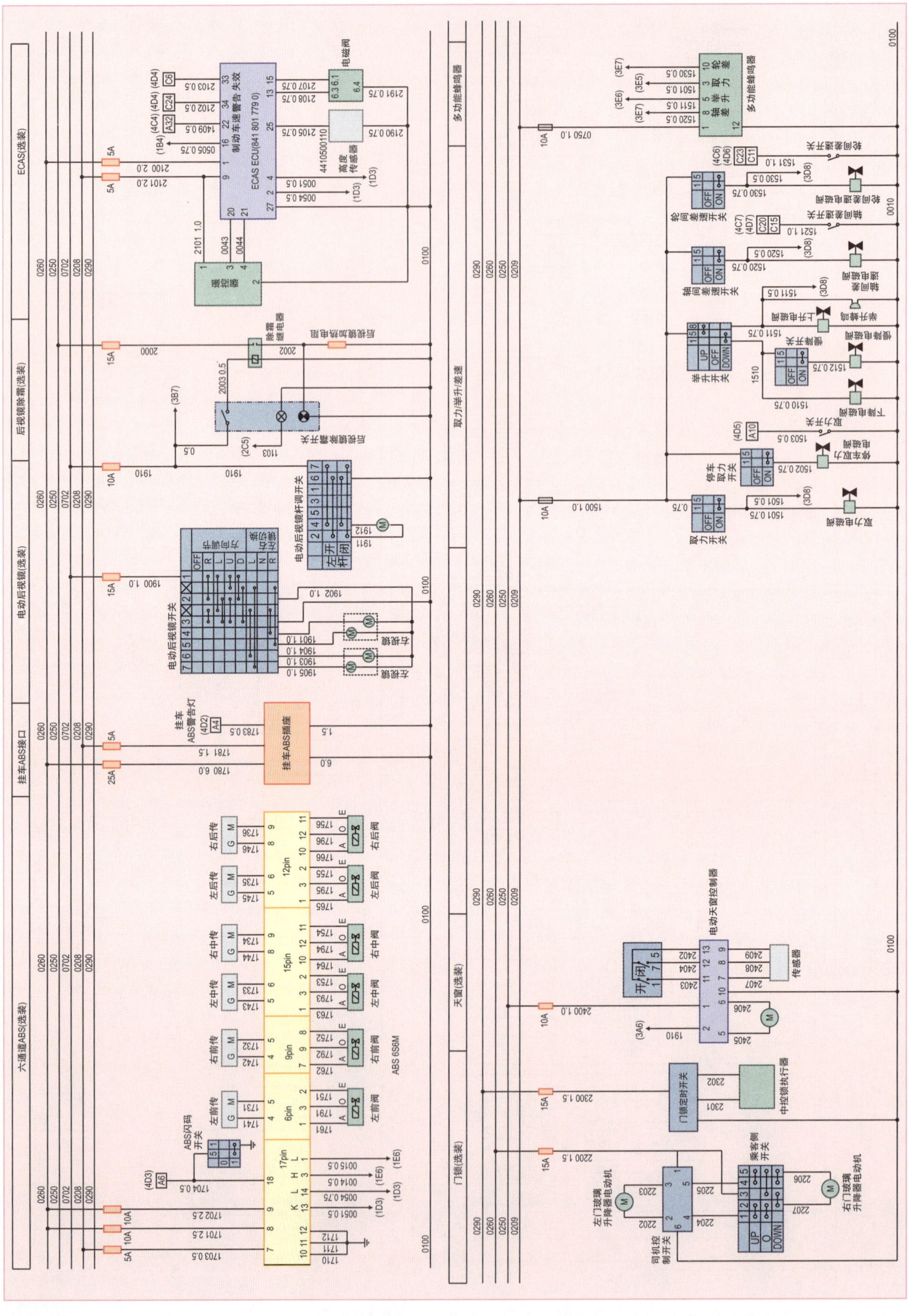
六通道ABS(选装)
挂车ABS接口
电动后视镜(选装)
后视镜除霜(选装)
ECAS(选装)
门锁(选装)
天窗(选装)
取力/举升/差速
多功能蜂鸣器

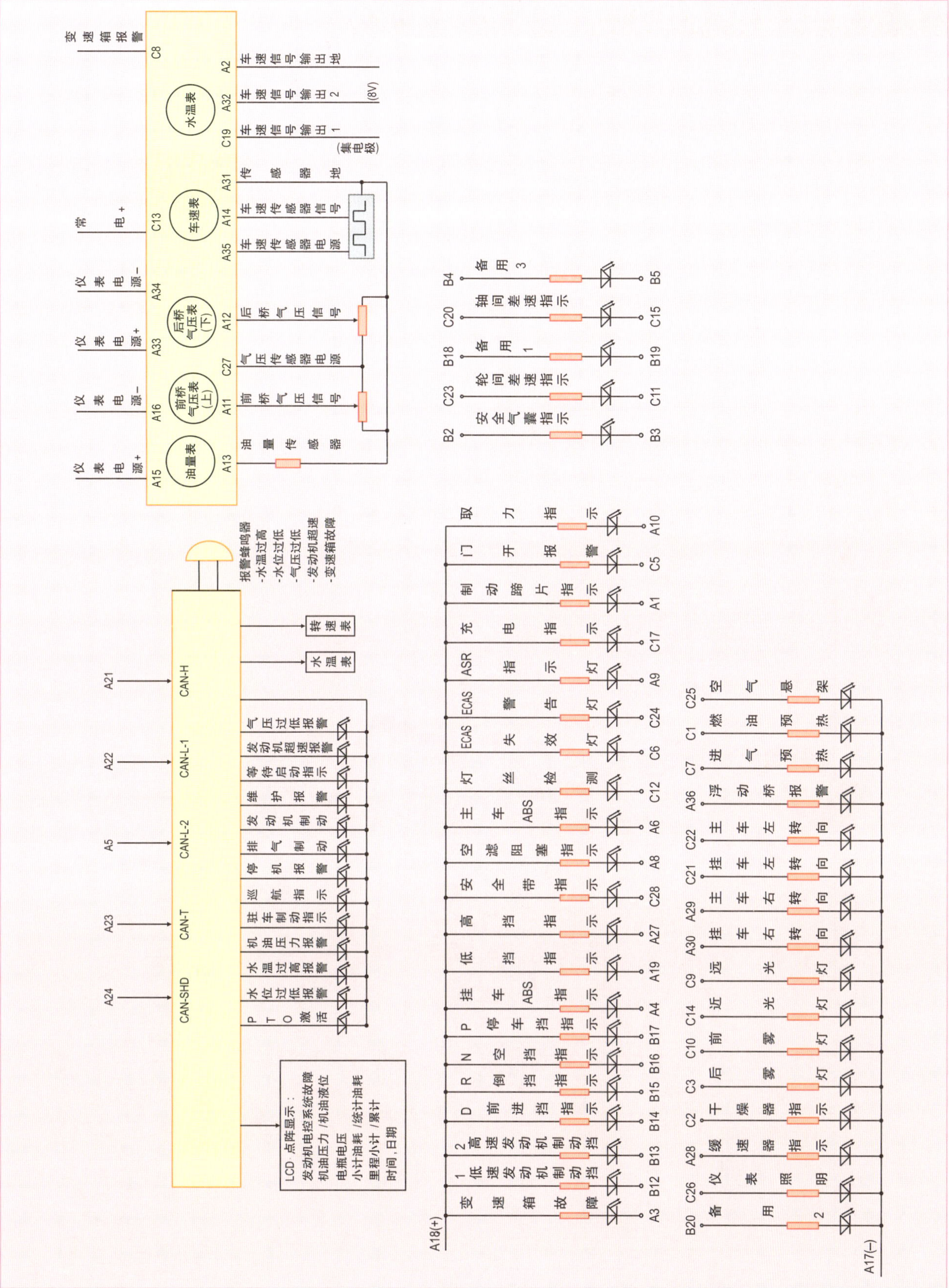

油量表
前桥气压表(上)
后桥气压表(下)
车速表
水温表
A15 仪表电源+
A16 仪表电源−
A33 仪表电源+
A34 仪表电源−
C13 常电+
C8 变速箱报警
A13 油量传感器
A11 前桥气压信号
C27 气压传感器电源
A12 后桥气压信号
A35 车速传感器电源
A14 车速传感器信号
A31 传感器地
C19 车速信号输出1 (集电极)
A32 车速信号输出2 (8V)
A2 车速信号输出地
B2 安全气囊指示 B3
C23 轮间差速指示 C11
B18 备用1 B19
C20 轴间差速指示 C15
B4 备用3 B5
报警蜂鸣器
-水温过高
-水位过低
-气压过低
-发动机超速
-变速箱故障
A21 CAN-H
A22 CAN-L-1
A5 CAN-L-2
A23 CAN-T
A24 CAN-SHD
转速表
水温表
气压过低报警
发动机超速报警
等待启动指示
维护报警
发动机制动
排气制动
停机报警
巡航指示
驻车制动指示
机油压力报警
水温过高报警
水位过低报警
PTO激活
LCD 点阵显示：
发动机电控系统故障
机油压力/机油液位
电瓶电压
小计油耗/统计油耗
里程小计/累计
时间,日期
A18(+)
A3 变速箱故障
B12 1低速发动机制动挡
B13 2高速发动机制动挡
B14 D前进挡指示
B15 R倒挡指示
B16 N空挡指示
B17 P停车挡指示
A4 挂车ABS指示
A19 低挡指示
A27 高挡指示
C28 安全带指示
A8 空滤阻塞指示
A6 主车ABS指示
C12 灯丝检测
C6 ECAS失效灯
C24 ECAS警告灯
A9 ASR指示灯
C17 充电指示
A1 制动蹄片指示
C5 门开报警
A10 取力指示
B20 备用2
C26 仪表照明
A28 缓速器指示
C2 干燥器指示
C3 后雾灯
C10 前雾灯
C14 近光灯
C9 远光灯
A30 挂车右转向
A29 主车右转向
C21 挂车左转向
C22 主车左转向
A36 浮动桥报警
C7 进气预热
C1 燃油预热
C25 空气悬架
A17(−)

十一、东风天龙整车电路图（适用康明斯发动机）

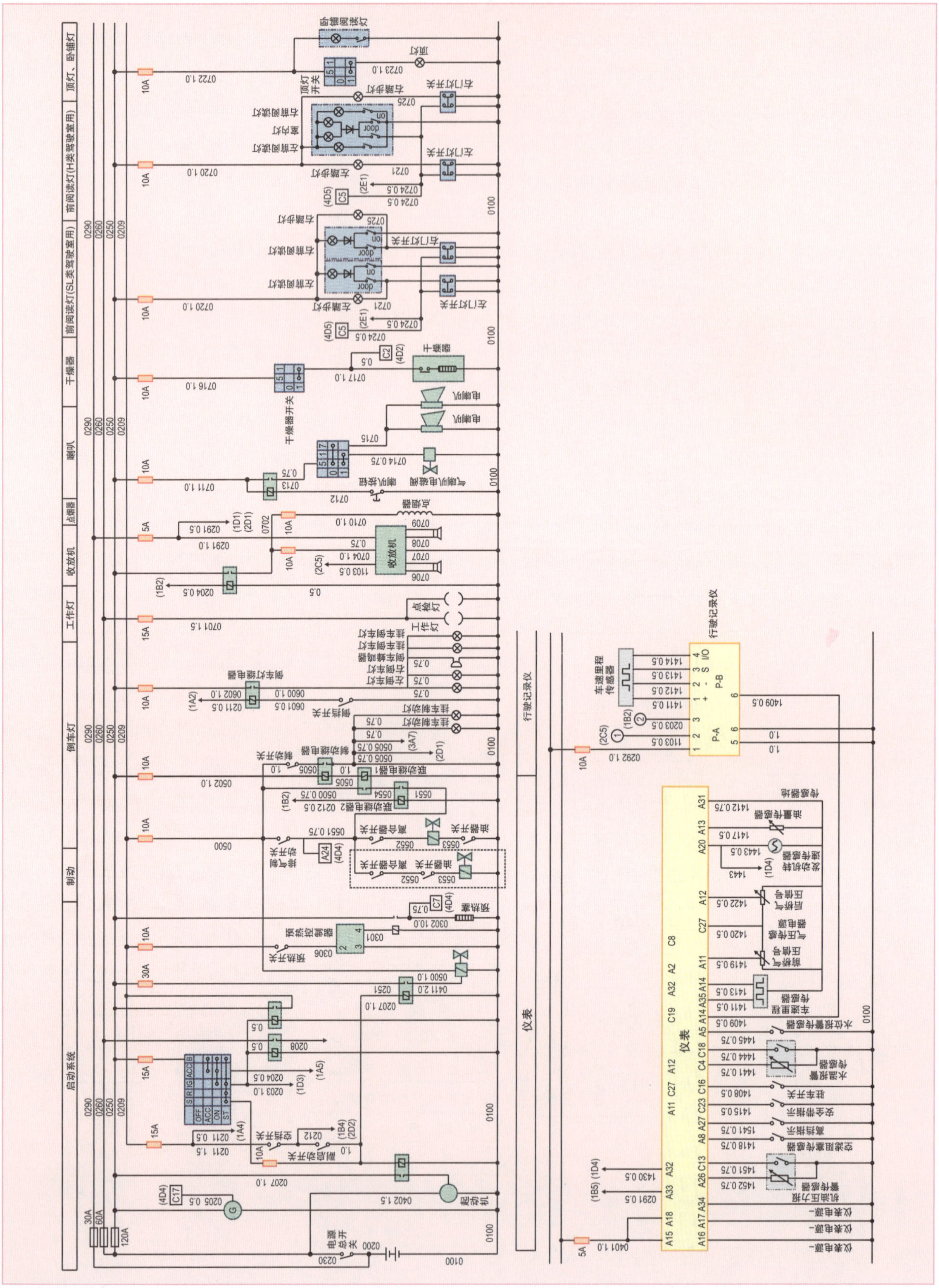

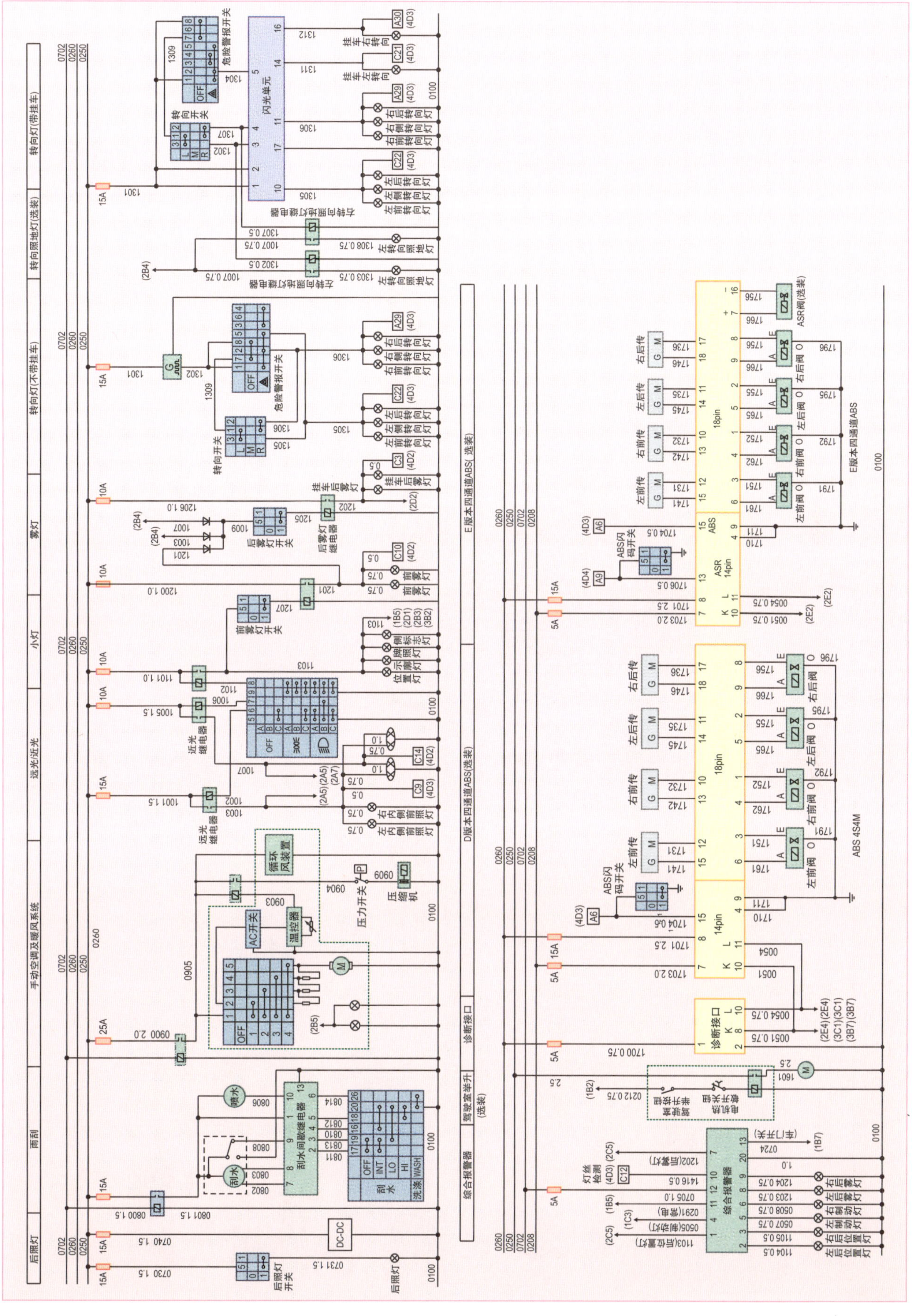
后照灯
雨刮
手动空调及暖风系统
远光/近光
小灯
雾灯
转向灯(不带挂车)
转向照地灯(选装)
转向灯(带挂车)
综合报警器
驾驶室举升(选装)
诊断接口
D版本四通道ABS(选装)
E版本四通道ABS(选装)

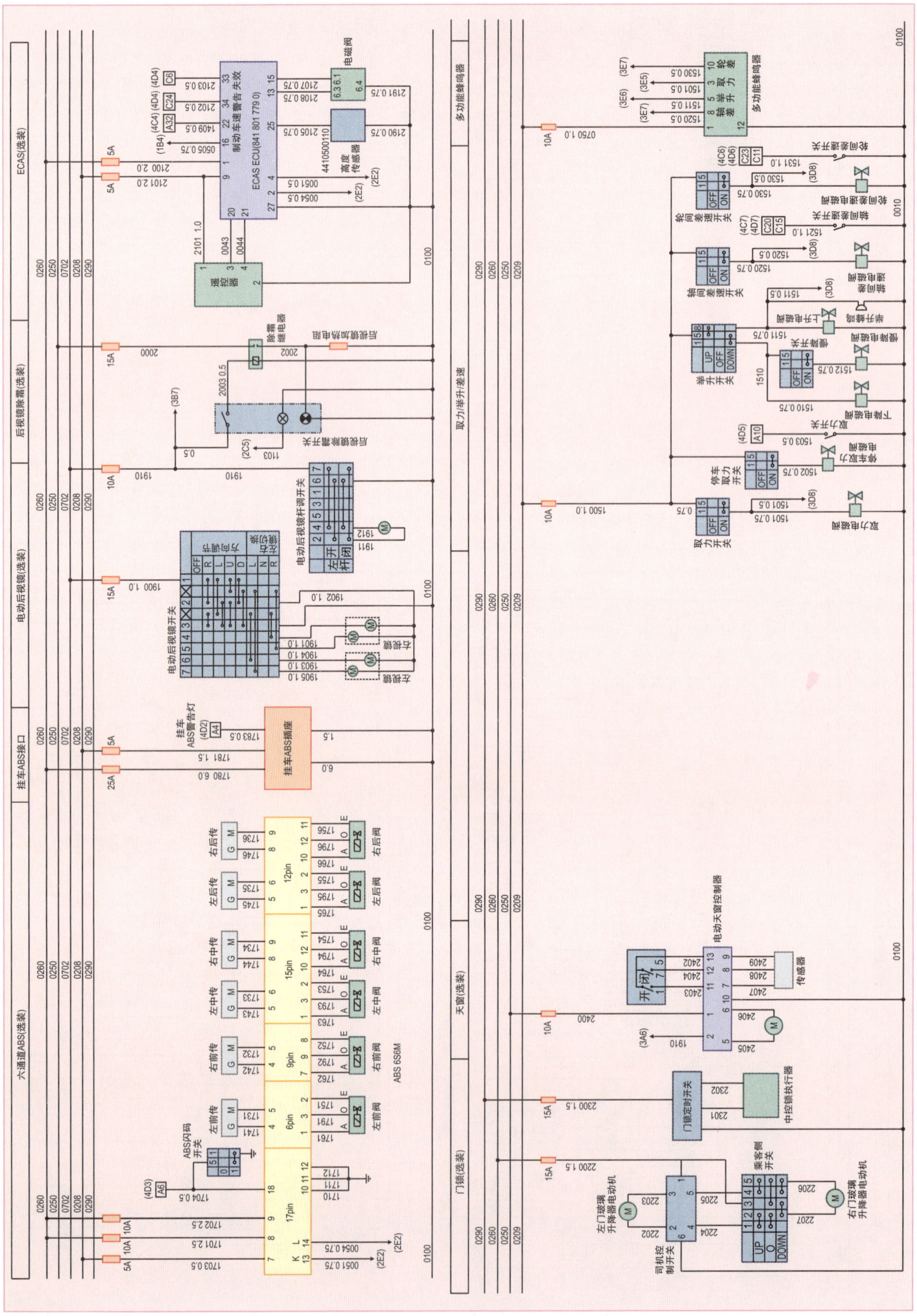
六通道ABS(选装)
挂车ABS接口
电动后视镜(选装)
后视镜除霜(选装)
ECAS(选装)
门锁(选装)
天窗(选装)
取力/举升/差速
多功能蜂鸣器
ABS 6S6M
挂车ABS插座
电动后视镜开关
电动后视镜杆调开关
ECAS ECU(841 801 779 0)
遥控器
高度传感器
电磁阀
门锁定时开关
中控锁执行器
电动天窗控制器
传感器
司机控制开关
乘客侧开关
左门玻璃升降器电动机
右门玻璃升降器电动机
取力开关
停车取力开关
举升开关
轴间差速开关
轮间差速开关
多功能蜂鸣器

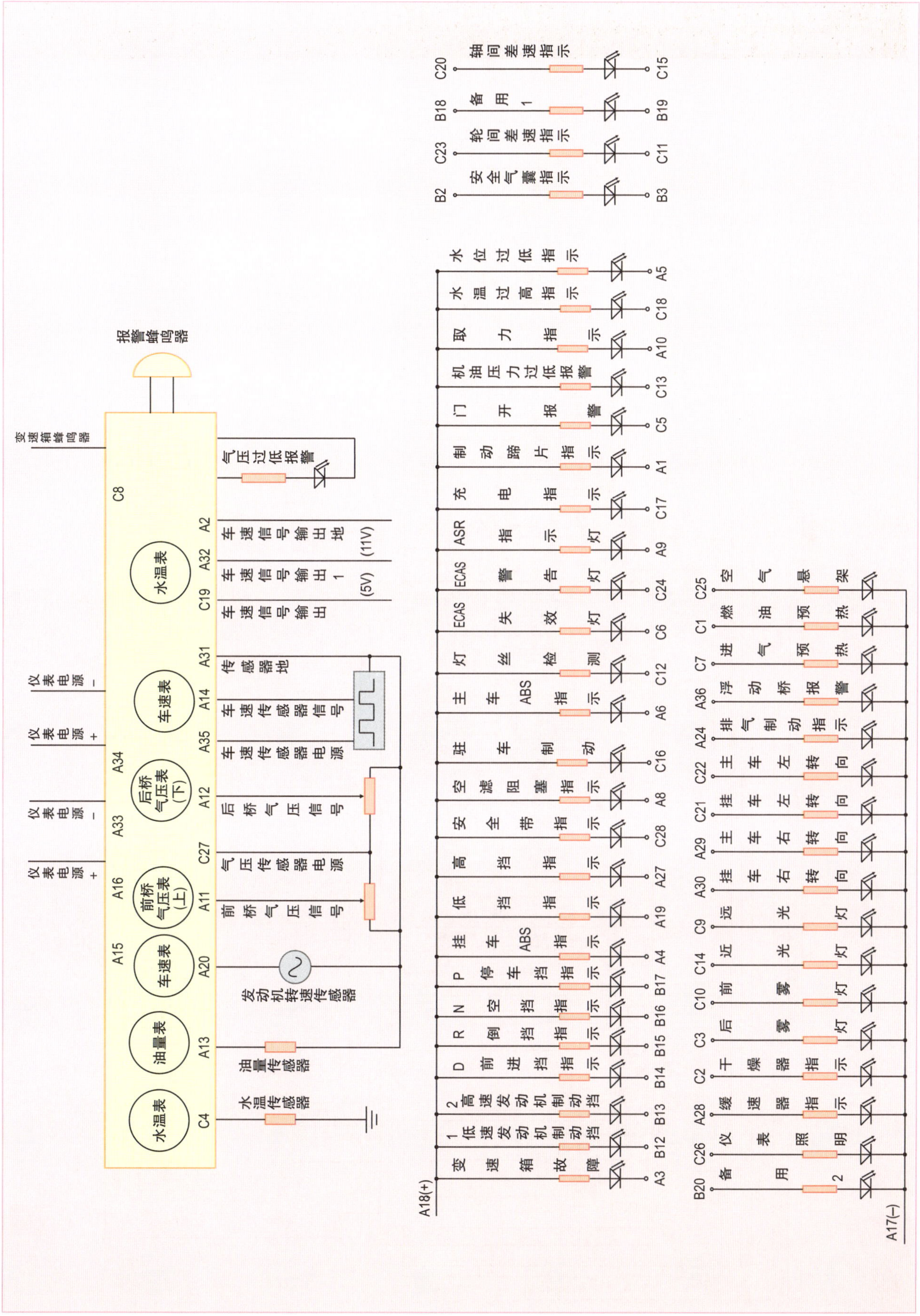

报警蜂鸣器
变速箱蜂鸣器
仪表电源+
仪表电源−
仪表电源+
仪表电源−
C8
水温表
油量表
车速表
前桥气压表(上)
后桥气压表(下)
车速表
水温表
C4
A13
A20
A11
C27
A12
A35
A14
A31
C19
A32
A2
A15
A16
A33
A34
水温传感器
油量传感器
发动机转速传感器
前桥气压信号
气压传感器电源
后桥气压信号
车速传感器电源
车速传感器信号
传感器地
车速信号输出
车速信号输出1
(5V)
车速信号输出地
(11V)
气压过低报警
A18(+)
A17(−)
变速箱故障
1低速发动机制动挡
2高速发动机制动挡
D前进挡指示
R倒挡指示
N空挡指示
P停车挡指示
挂车ABS指示
低挡指示
高挡指示
安全带指示
空滤阻塞指示
驻车制动
主车ABS检测
灯丝检测
ECAS失效灯
ECAS警告灯
ASR指示灯
充电指示
制动蹄片指示
门开报警
机油压力过低报警
取力指示
水温过高指示
水位过低指示
A3
B12
B13
B14
B15
B16
B17
A4
A19
A27
C28
A8
C16
A6
C12
C6
C24
A9
C17
A1
C5
C13
A10
C18
A5
安全气囊指示
轮间差速指示
备用1
轴间差速指示
B2
B3
C23
C11
B18
B19
C20
C15
备用2
仪表照明
缓速器指示
干燥器指示
后雾灯
前雾灯
近光灯
远光灯
挂车右转向
主车右转向
挂车左转向
主车左转向
排气制动指示
浮动桥报警
进气预热
燃油预热
空气悬架
B20
C26
A28
C2
C3
C10
C14
C9
A30
A29
C21
C22
A24
A36
C7
C1
C25

十二、东风DFL4251A2/DFL4251A3/DFL4251A7/DFL4251A10系列半挂牵引车整车电路图（适用康明斯欧Ⅲ发动机）

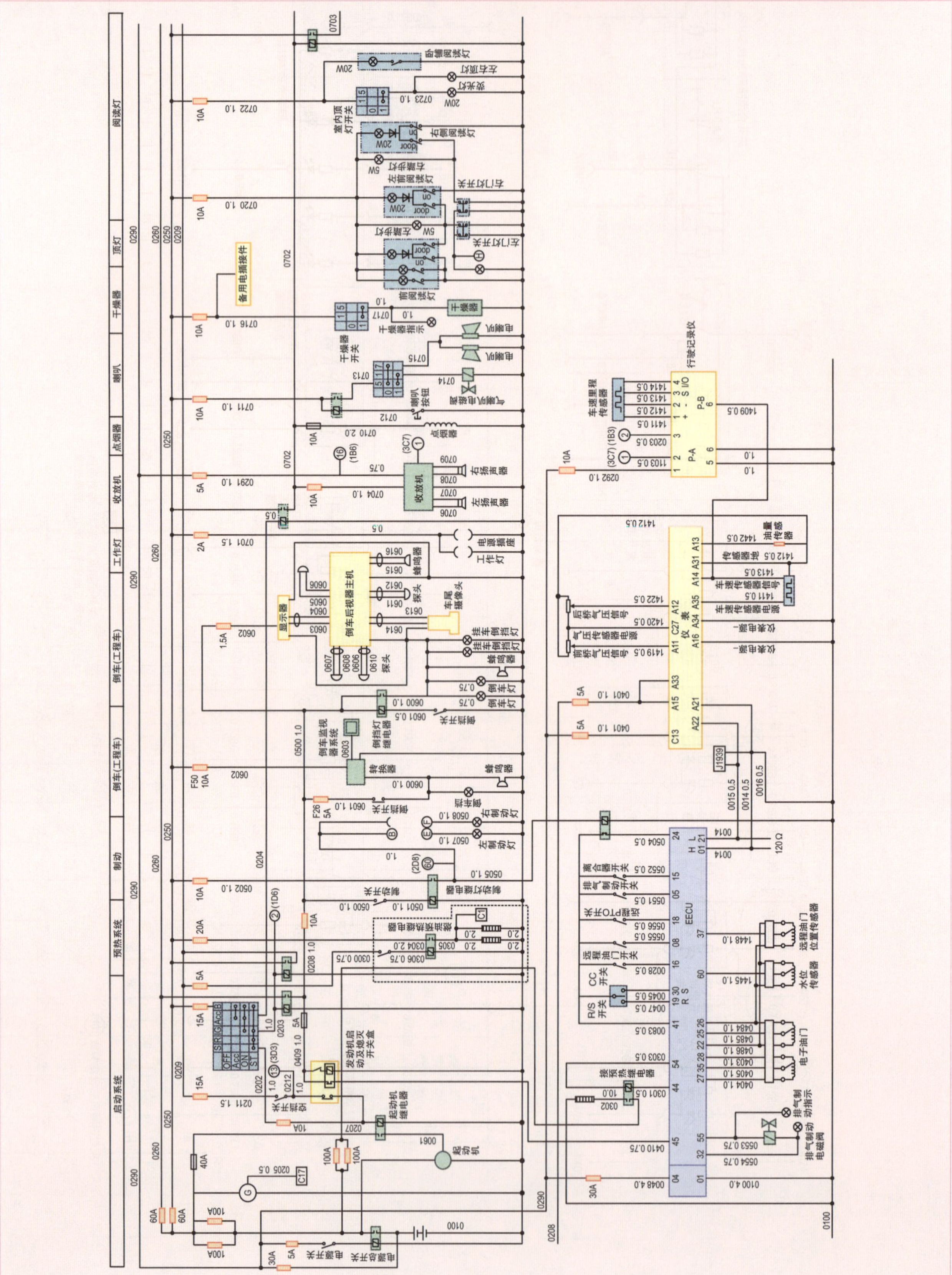

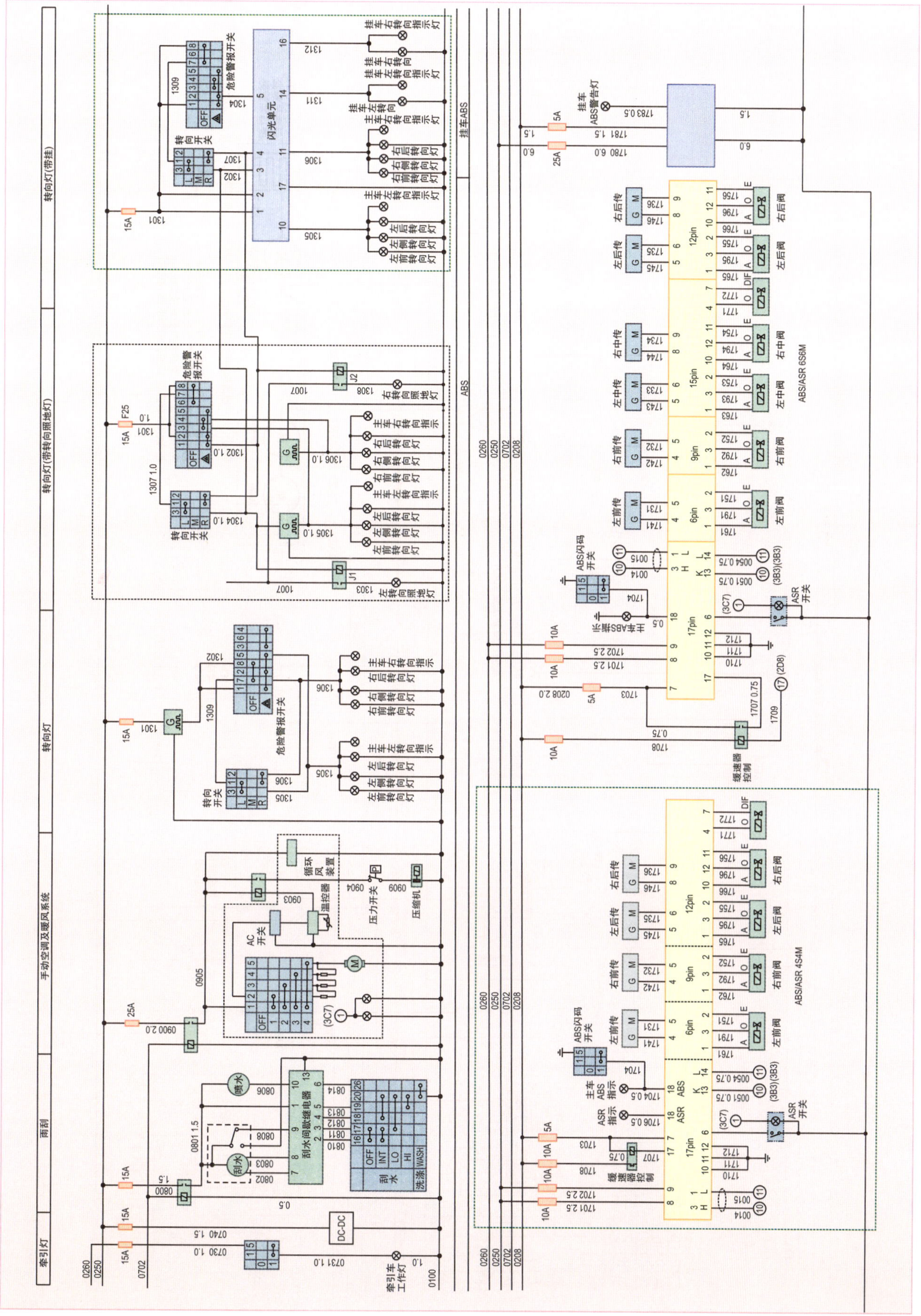

牵引灯
雨刮
手动空调及暖风系统
转向灯
转向灯(带转向照地灯)
转向灯(带挂)
ABS/ASR 4S4M
ABS/ASR 6S6M

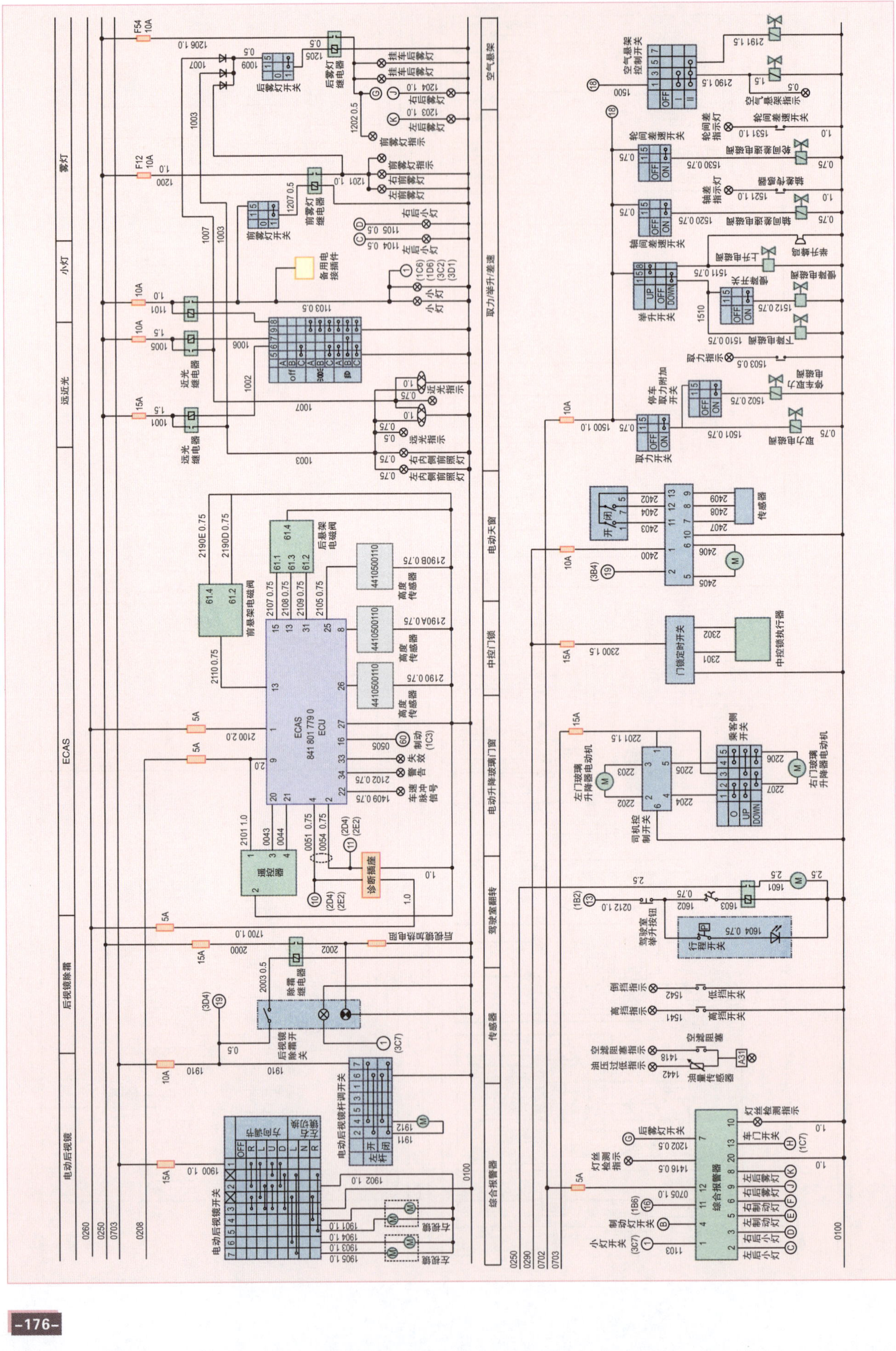

十三、东风DFL4160B 系列牵引汽车整车电路图

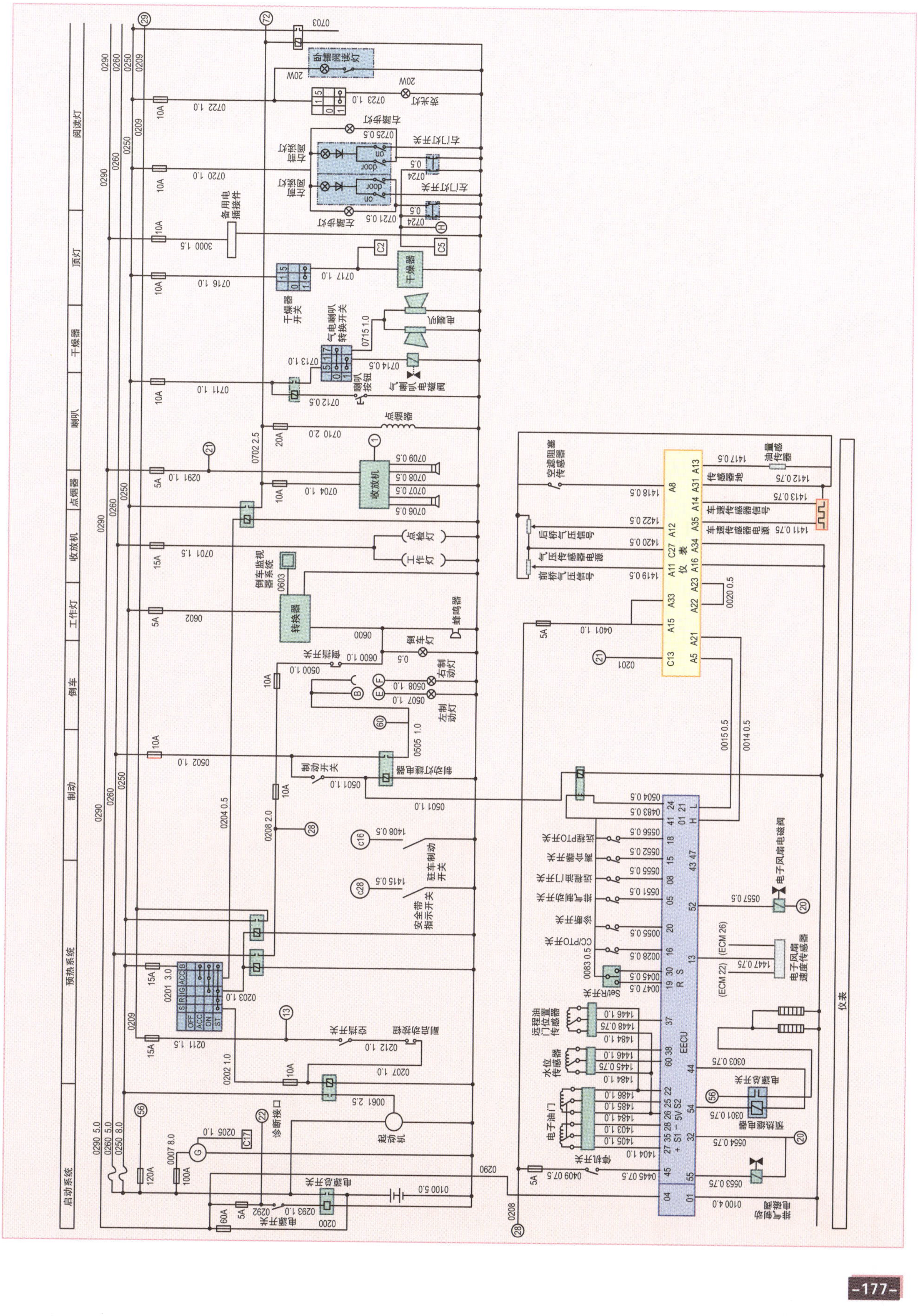

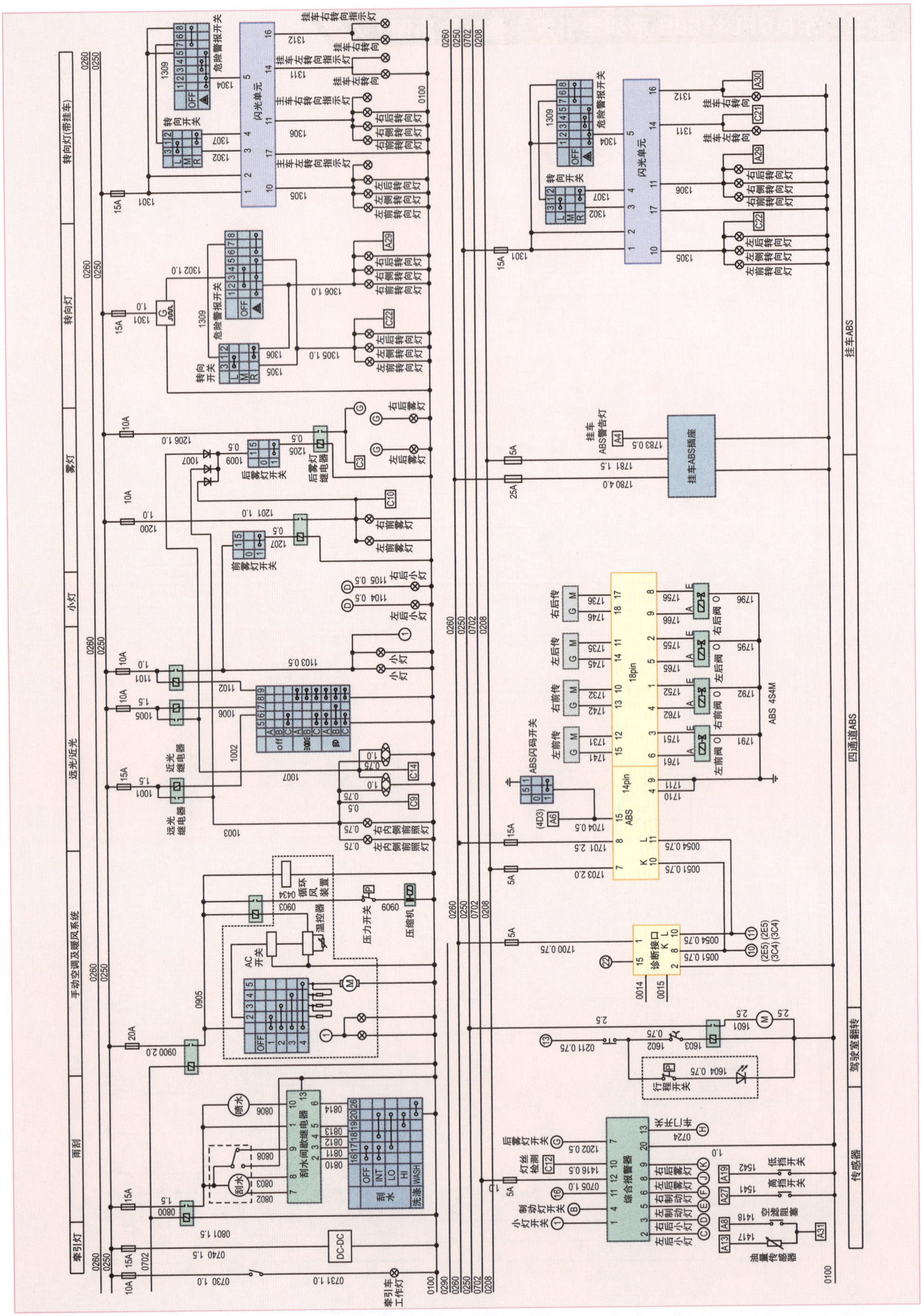
牵引灯
雨刮
手动空调及暖风系统
远光/近光
小灯
雾灯
转向灯
转向灯(带挂车)
传感器
驾驶室翻转
四通道ABS
挂车ABS

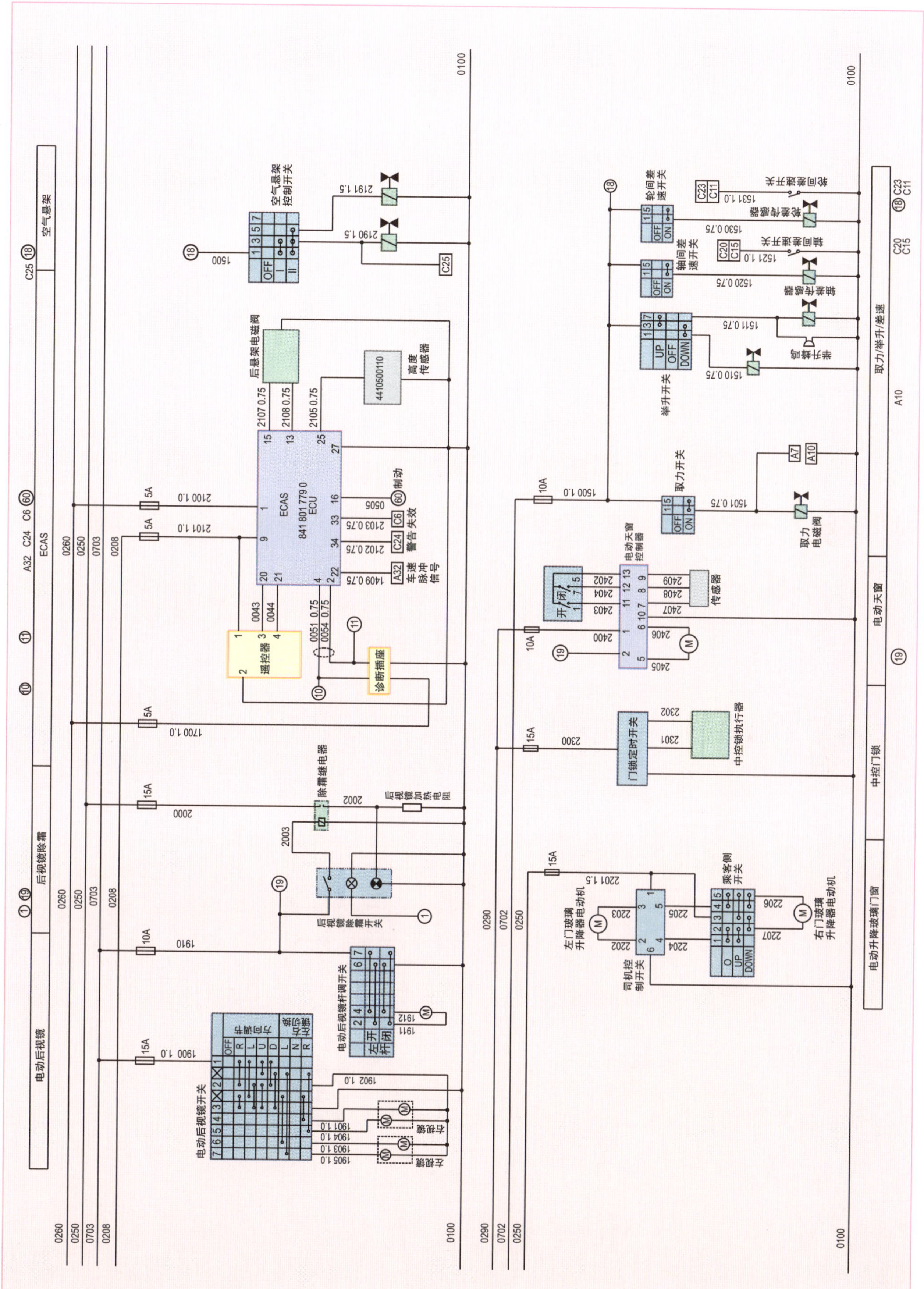
电动后视镜
后视镜除霜
ECAS
空气悬架
电动升降玻璃门窗
中控门锁
电动天窗
取力/举升/差速

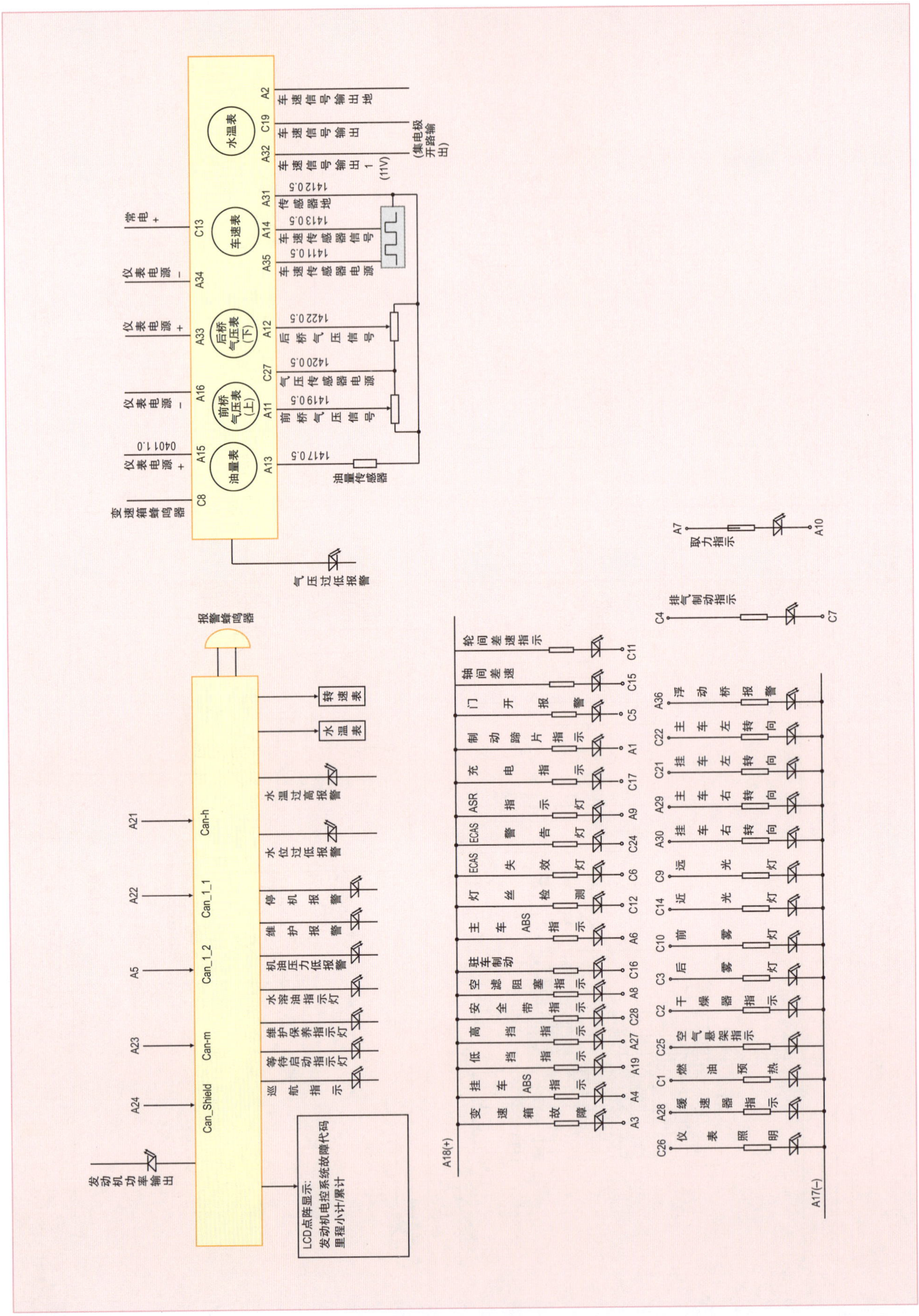
水温表
车速表
后桥气压表(下)
前桥气压表(上)
油量表
变速箱蜂鸣器
仪表电源+
仪表电源-
常电+
04011.0
车速信号输出地
车速信号输出
车速信号输出1(11V)
(集电极开路输出)
传感器地
车速传感器信号
车速传感器电源
后桥气压信号
气压传感器电源
前桥气压信号
油量传感器
气压过低报警
14120.5
14130.5
14110.5
14220.5
14200.5
14190.5
14170.5
A2
C19
A32
A31
A14
A35
A12
C27
A11
A13
C13
A34
A33
A16
A15
C8
报警蜂鸣器
转速表
水温表
水温过高报警
水位过低报警
停机报警
维护报警
机油压力低报警
水溶油指示灯
维护保养指示灯
等待启动指示灯
巡航指示
Can-h
Can_1_1
Can_1_2
Can-m
Can_Shield
A21
A22
A5
A23
A24
发动机功率输出
LCD点阵显示:
发动机电控系统故障代码
里程小计/累计
A18(+)
轮间差速指示
轴间差速
门开报警
制动蹄片指示
充电指示
ASR指示灯
ECAS警告灯
ECAS失效灯
灯丝检测
主车ABS指示
挂车制动
空滤阻塞指示
安全带指示
高挡指示
低挡指示
挂车ABS指示
变速箱故障
C11
C15
C5
A1
C17
A9
C24
C6
C12
A6
C16
A8
C28
A27
A19
A4
A3
取力指示
A7
A10
排气制动指示
C4
C7
浮动桥报警
主车左转向
挂车左转向
主车右转向
挂车右转向
远光灯
近光灯
前雾灯
后雾灯
干燥器指示
空气悬架指示
燃油预热
缓速器指示
仪表照明
A36
C22
C21
A29
A30
C9
C14
C10
C3
C2
C25
C1
A28
C26
A17(-)

十四、东风DFL4251A2/DFL4251A3/DFL4251A7/DFL4251A10系列半挂牵引车整车电路图
（适用dCi发动机、EDC7系统）

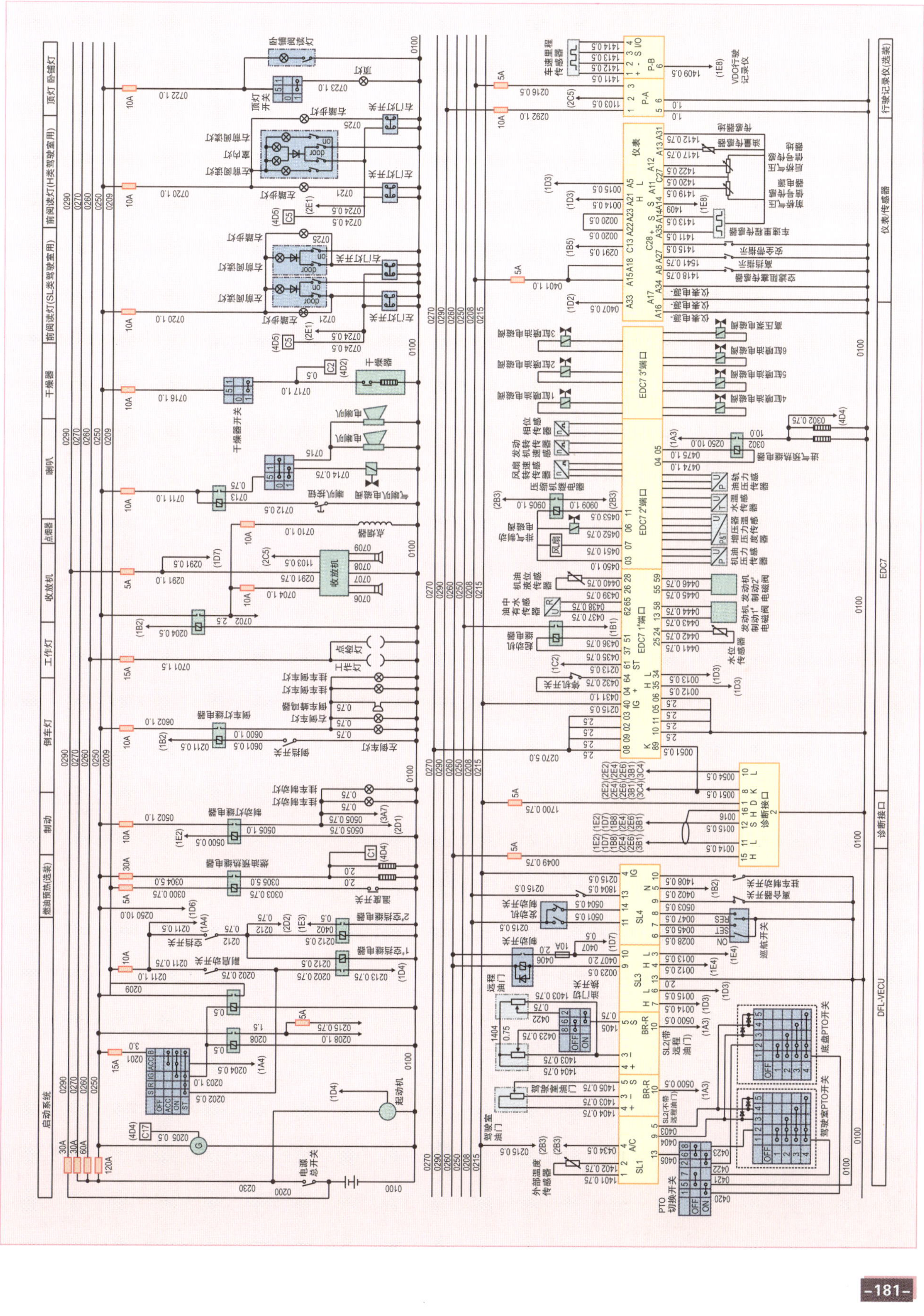

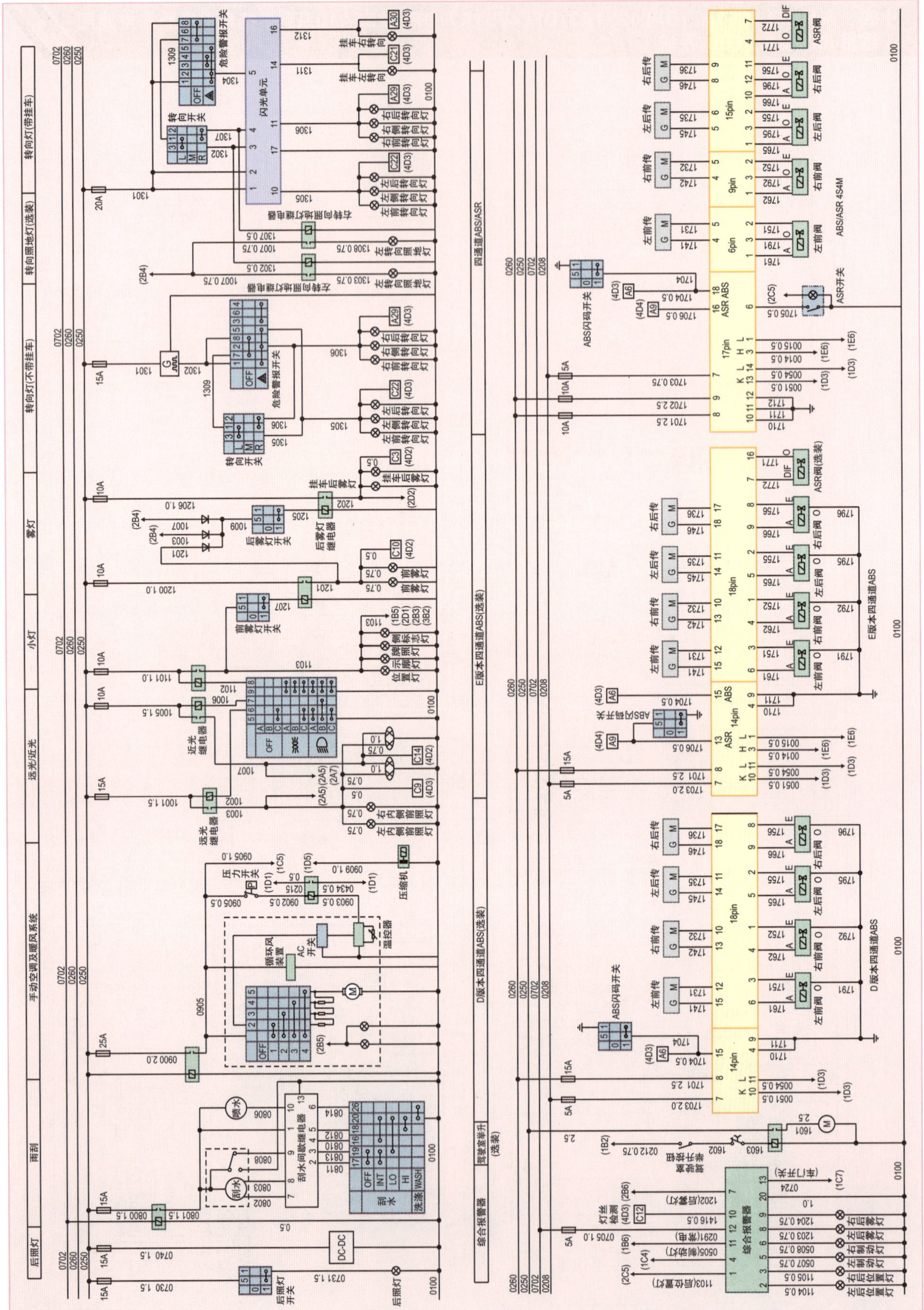
后照灯
雨刮
手动空调及暖风系统
远光/近光
小灯
雾灯
转向灯(不带挂车)
转向照地灯(选装)
转向灯(带挂车)
综合报警器
驾驶室举升(选装)
D版本四通道ABS(选装)
E版本四通道ABS(选装)
四通道ABS/ASR

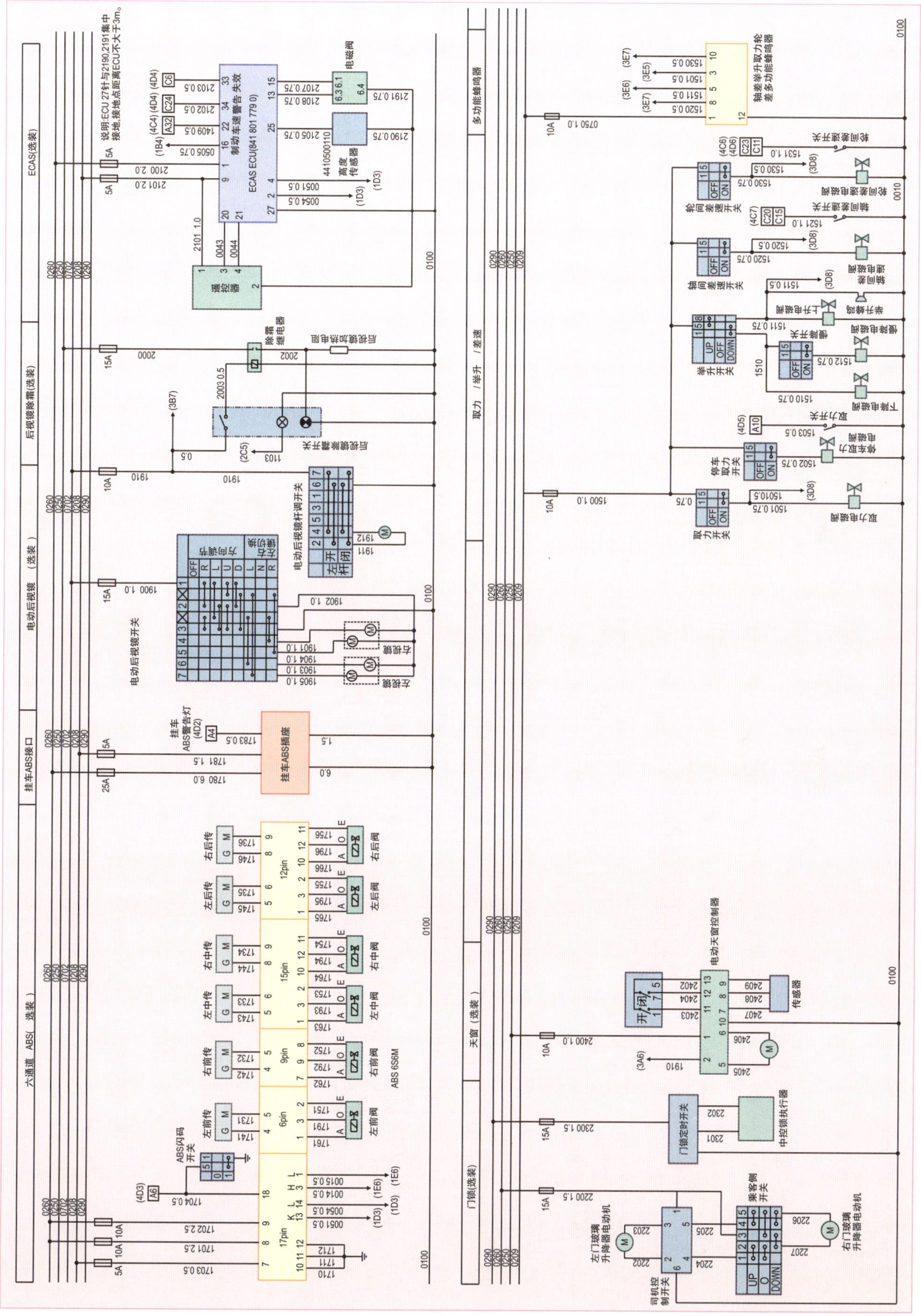
六通道 ABS(选装)
ABS 6S6M
挂车ABS接口
挂车ABS插座
电动后视镜(选装)
电动后视镜开关
电动后视镜杆调开关
后视镜除霜(选装)
ECAS(选装)
说明:ECU 27针与2190,2191集中接地,接地点距离ECU不大于3m。
制动车速警告 失效
ECAS ECU(841 801 779 0)
遥控器
电磁阀
高度传感器
门锁(选装)
门锁定时开关
中控锁执行器
左门玻璃升降器电动机
右门玻璃升降器电动机
司机控制开关
乘客侧开关
天窗(选装)
电动天窗控制器
传感器
取力 / 举升 / 差速
多功能蜂鸣器
轴差举升取力轮差多功能蜂鸣器

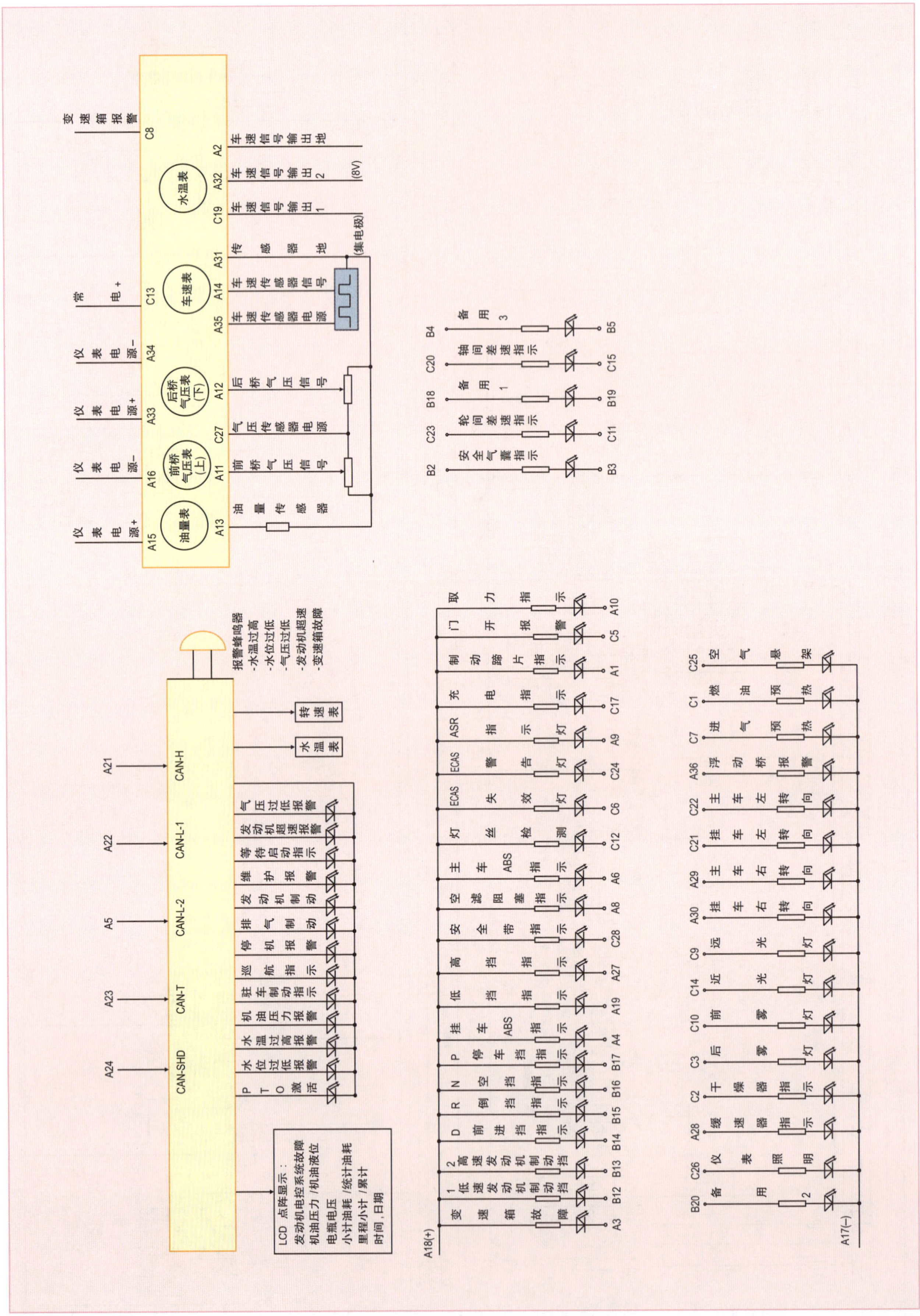
油量表
前桥气压表(上)
后桥气压表(下)
车速表
水温表
仪表电源+
仪表电源-
常电+
变速箱报警
油量传感器
前桥气压信号
气压传感器电源
后桥气压信号
车速传感器电源
车速传感器信号
传感器地
车速信号输出1
车速信号输出2
车速信号输出地
(集电极)
(8V)
安全气囊指示
轮间差速指示
备用1
轴间差速指示
备用3
报警蜂鸣器
-水温过高
-水位过低
-气压过低
-发动机超速
-变速箱故障
转速表
水温表
CAN-H
CAN-L-1
CAN-L-2
CAN-T
CAN-SHD
LCD 点阵显示：
发动机电控系统故障
机油压力/机油液位
电瓶电压
小计油耗/统计油耗
里程小计/累计
时间，日期
PTO激活
水位过低报警
水温过高报警
机油压力报警
驻车制动指示
巡航指示
停机报警
排气制动
发动机制动
维护报警
等待启动指示
发动机超速报警
气压过低报警
A18(+)
变速箱故障
1 低速发动机制动挡
2 高速发动机制动挡
D 前进挡指示
R 倒挡指示
N 空挡指示
P 停车挡指示
挂车ABS指示
低挡指示
高挡指示
安全带指示
空滤阻塞指示
主车ABS指示
灯丝检测
ECAS失效灯
ECAS警告灯
ASR指示灯
充电指示
制动蹄片指示
门开报警
取力指示
A17(-)
备用2
仪表照明
缓速器指示
干燥器指示
后雾灯
前雾灯
近光灯
远光灯
挂车右转向
主车右转向
挂车左转向
主车左转向
浮动桥报警
进气预热
燃油预热
空气悬架

十五、东风DFL4251A8/DFL4251A9系列半挂牵引车整车电路图

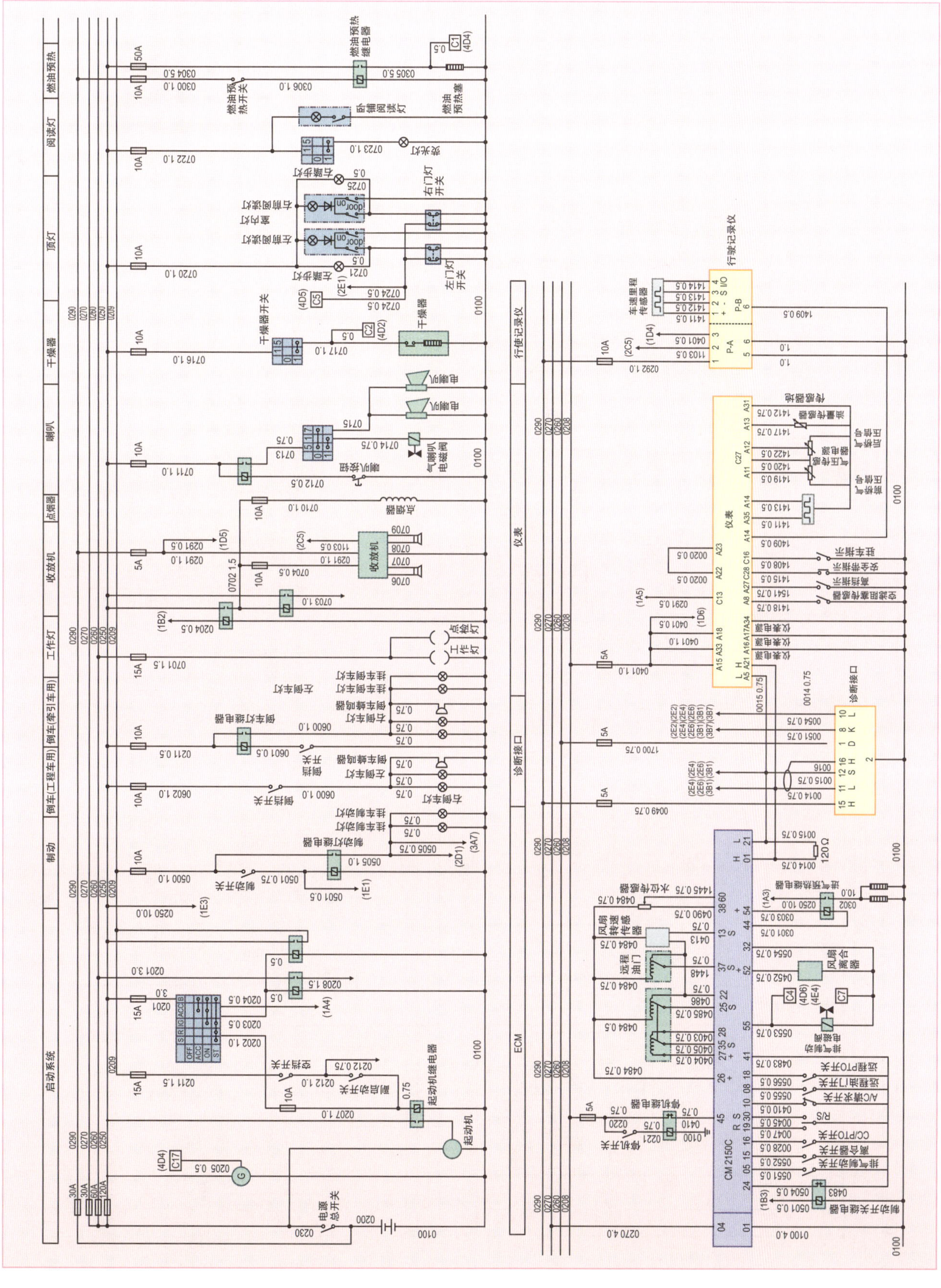

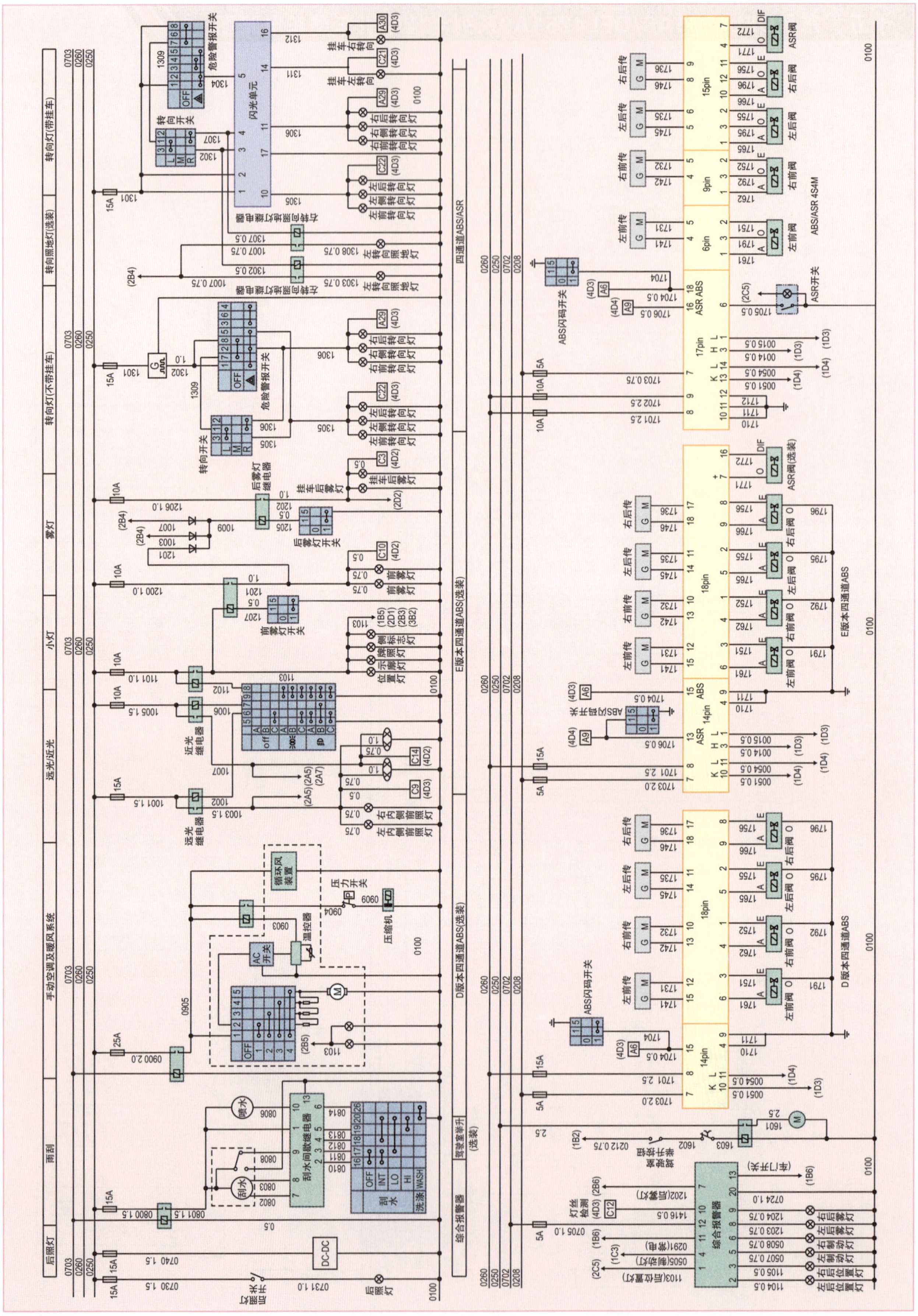
后照灯
雨刮
手动空调及暖风系统
远光/近光
小灯
雾灯
转向灯(不带挂车)
转向照地灯(选装)
转向灯(带挂车)
综合报警器
驾驶室举升(选装)
D版本四通道ABS(选装)
E版本四通道ABS(选装)
四通道ABS/ASR

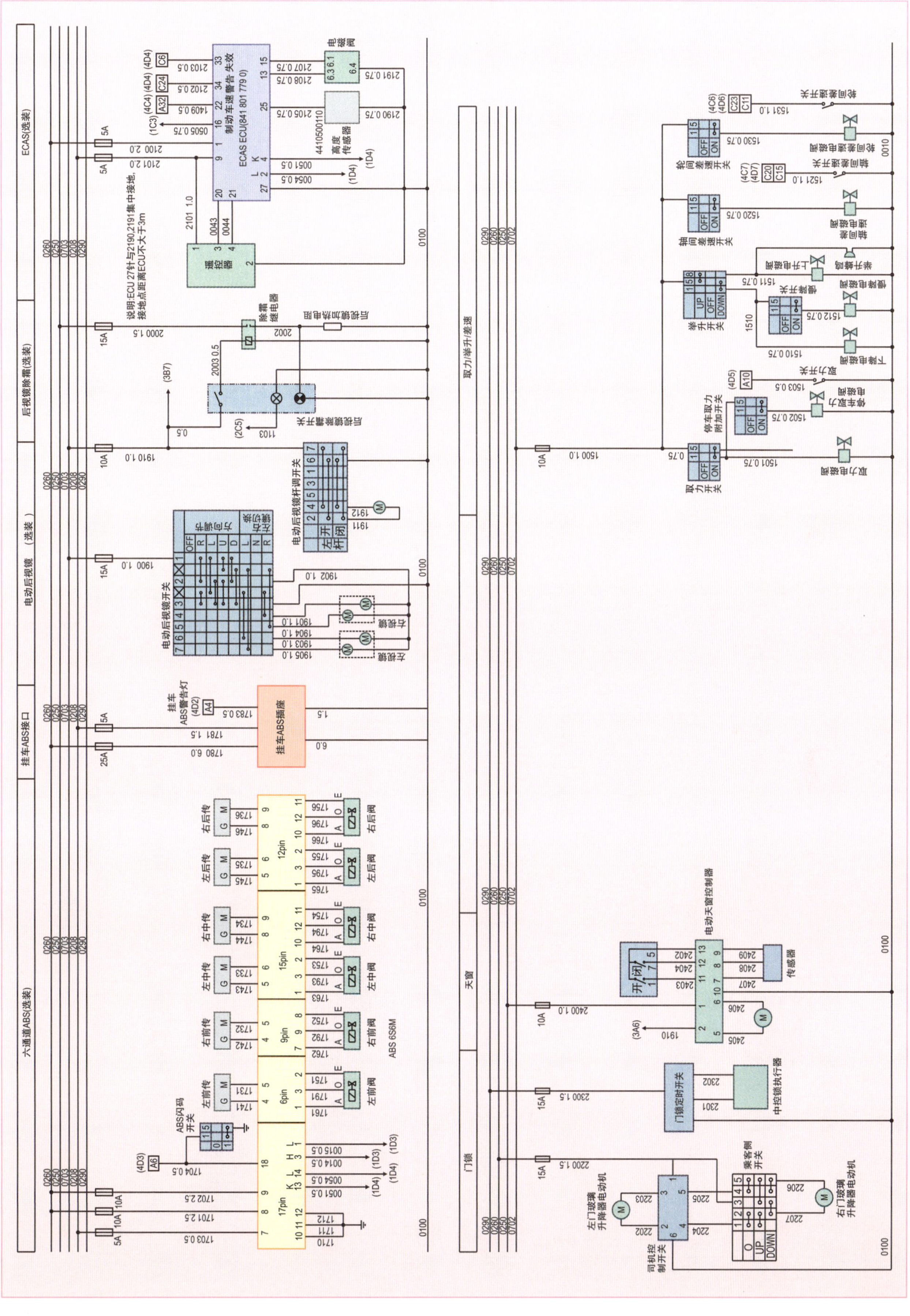
六通道ABS(选装)
挂车ABS接口
电动后视镜（选装）
后视镜除霜(选装)
ECAS(选装)
门锁
天窗
取力/举升/差速
ECAS ECU(841 801 779 0)
制动车速警告 失效
遥控器
高度传感器
电磁阀
说明:ECU 27针与2190,2191集中接地,接地点距离ECU不大于3m
除霜继电器
后视镜加热电阻
电动后视镜开关
电动后视镜杆调开关
挂车ABS插座
挂车ABS警告灯
ABS闪码开关
ABS 6S6M
左前传
右前传
左中传
右中传
左后传
右后传
左前阀
右前阀
左中阀
右中阀
左后阀
右后阀
门锁定时开关
中控锁执行器
电动天窗控制器
传感器
司机控制开关
乘客侧开关
左门玻璃升降器电动机
右门玻璃升降器电动机
取力开关
停车取力附加开关
举升开关
轴间差速开关
轮间差速开关

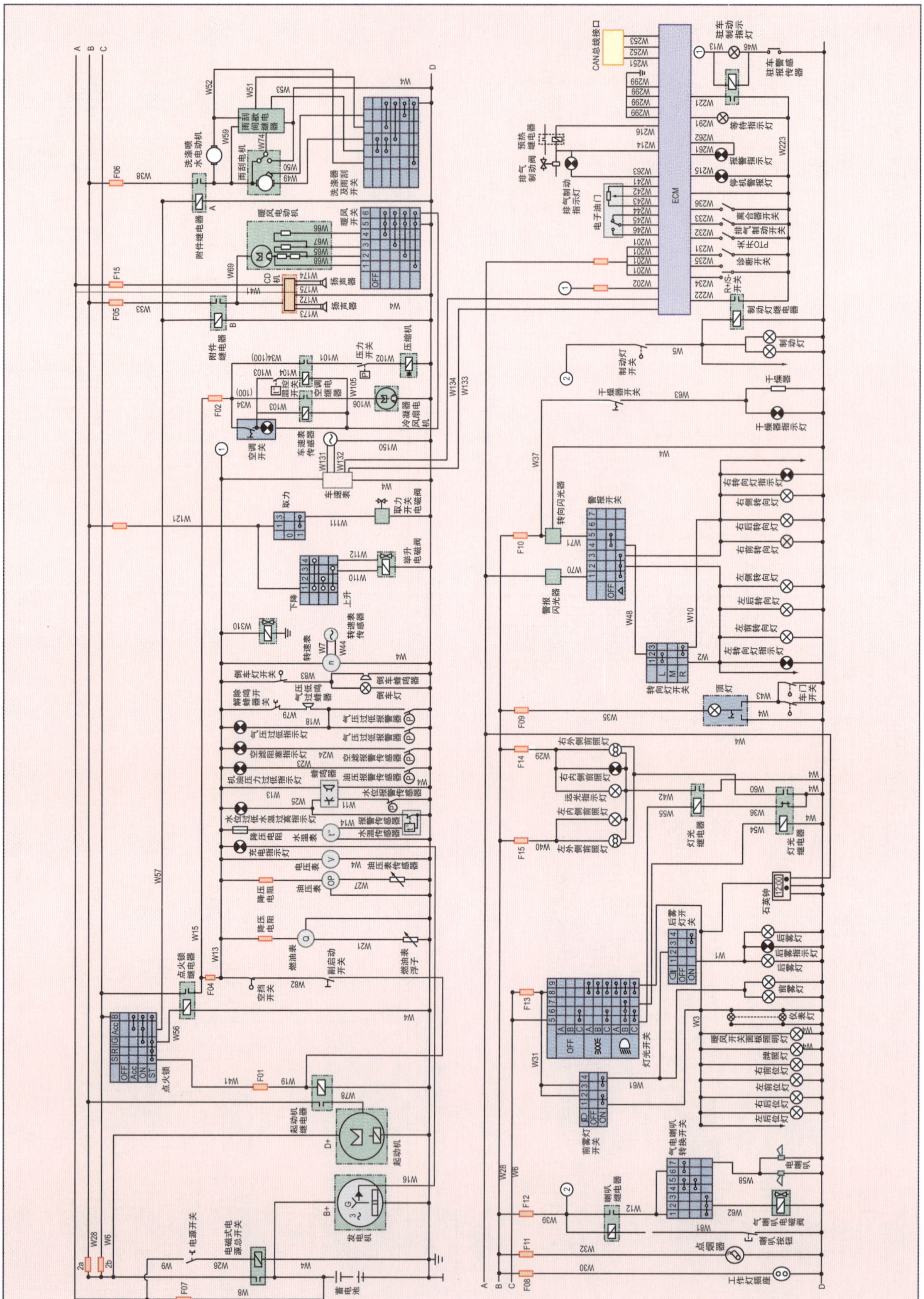

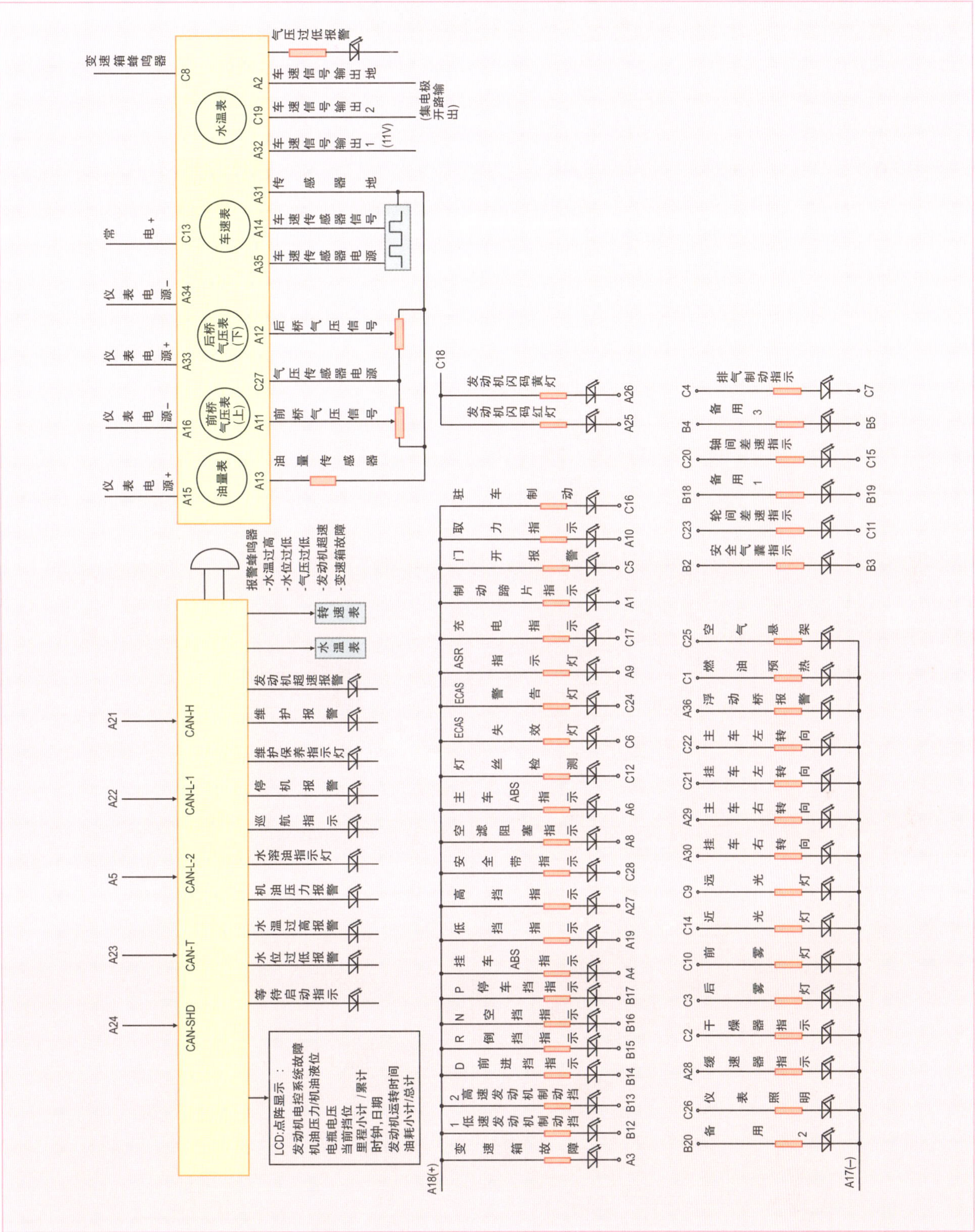

十六、东风DFL4251A/DFL4251A1/DFL4251A4系列半挂牵引车整车电路图

东风DFL4251A/DFL4251A1/DFL4251A4系列半挂牵引车整车电路图同东风DFL4251A2/DFL4251A3/DFL4251A7/DFL4251A10系列半挂牵引车整车电路图。

十七、东风EQ3141KJ系列汽车整车电路图

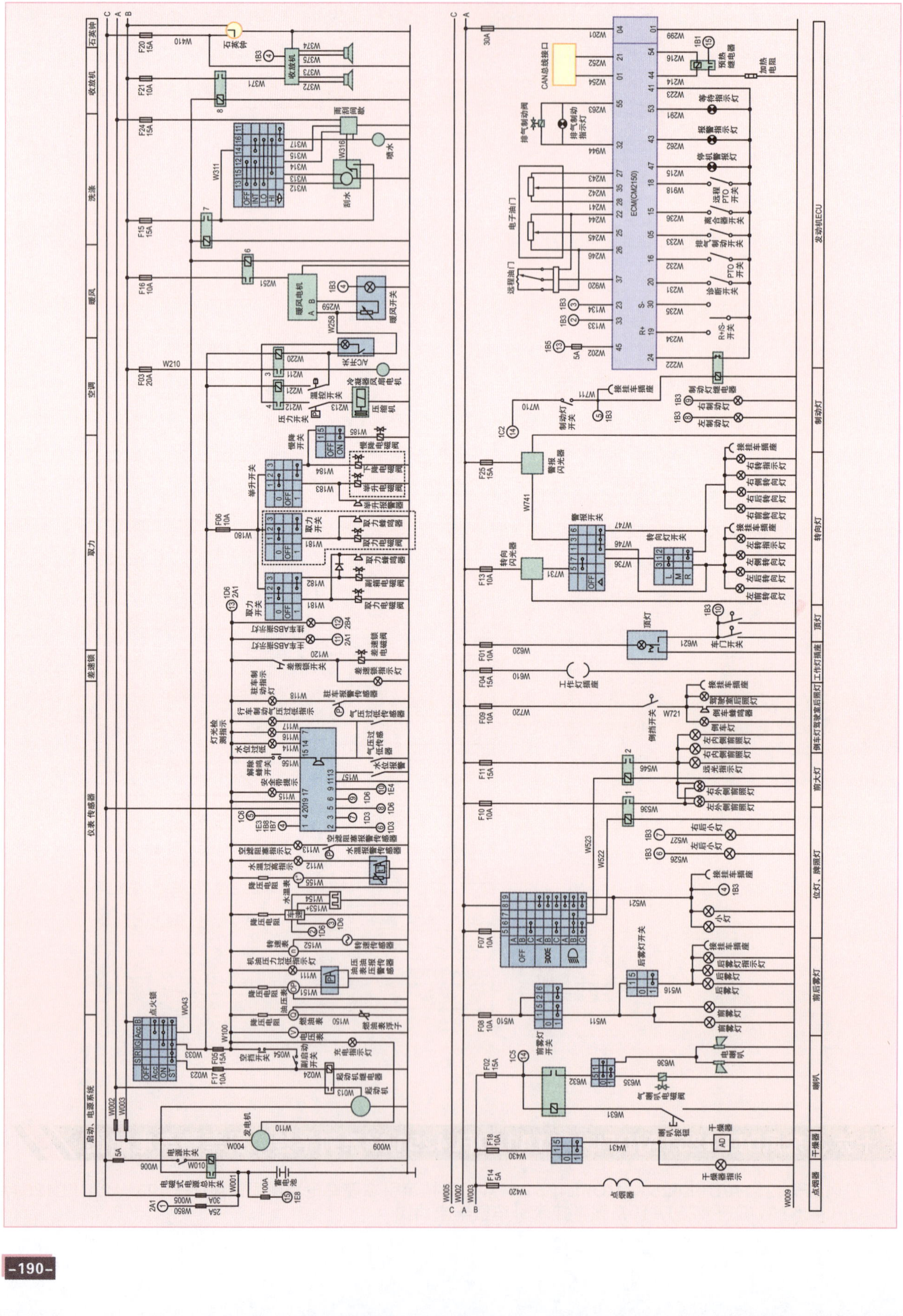

第四章 一汽

汽解放整车线束图（配备DENS共轨燃油喷射系统）

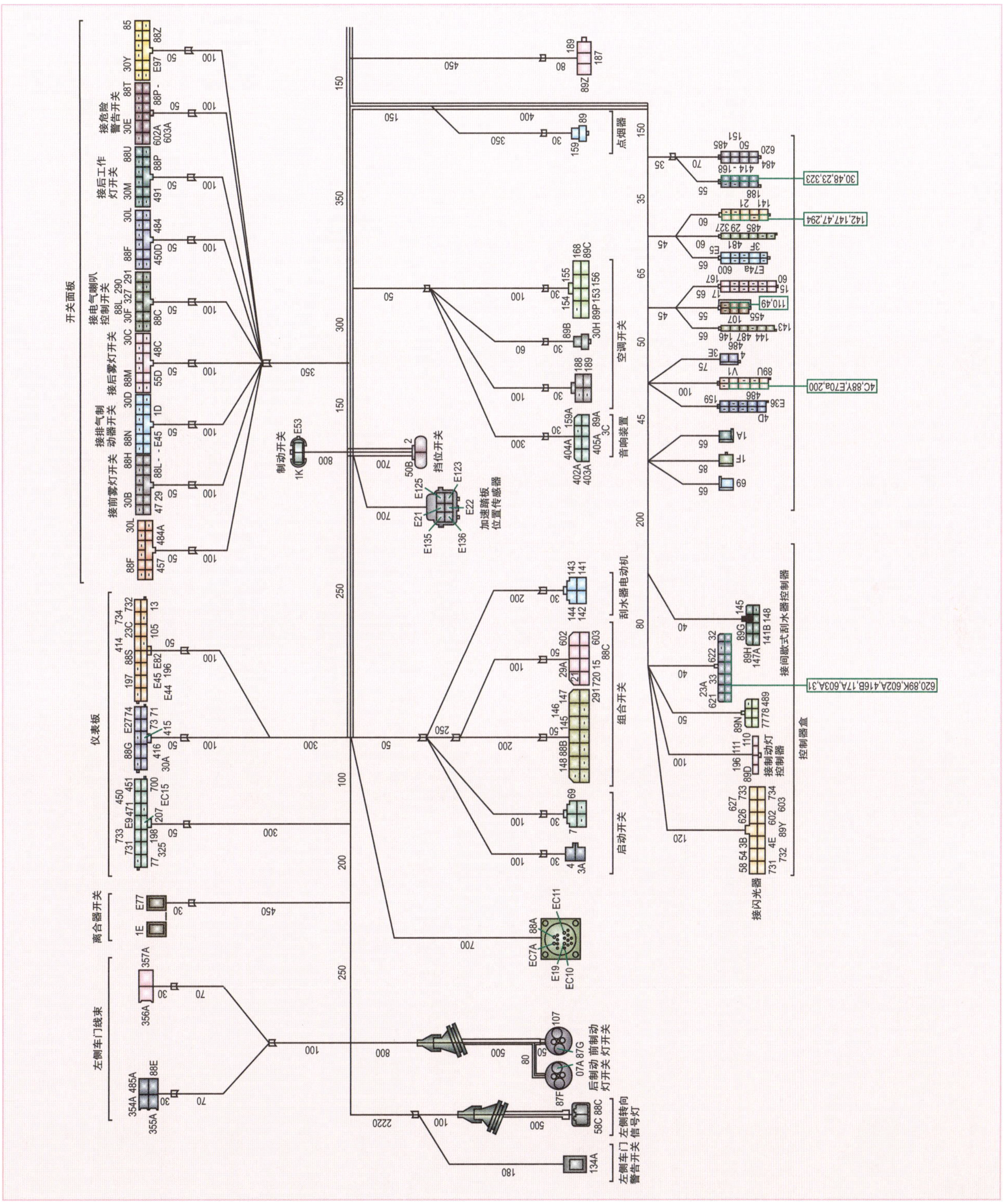

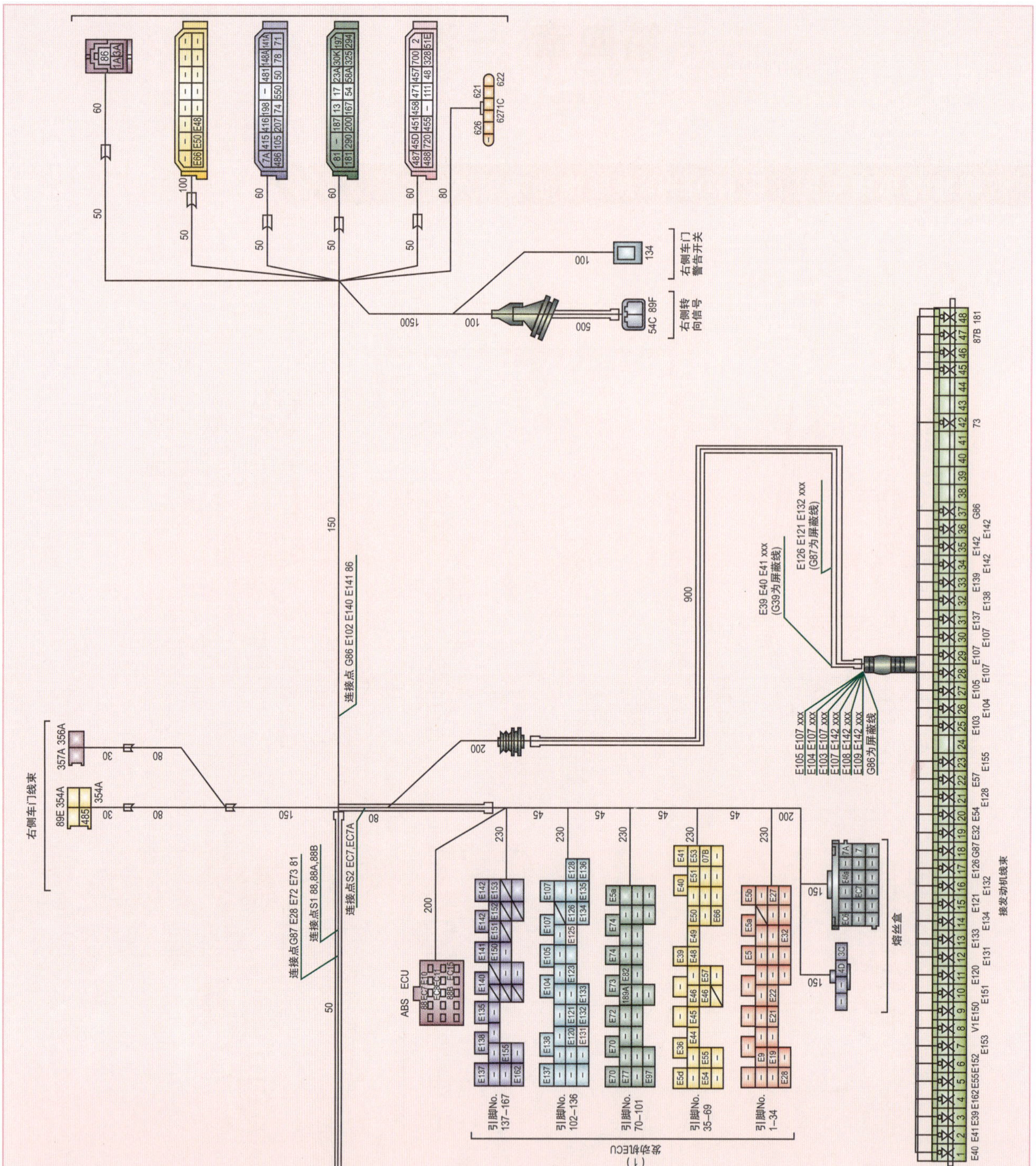
右侧车门警告开关
右侧转向信号
右侧车门线束
ABS ECU
发动机ECU（1）
熔丝盒
接发动机线束
车内灯线束

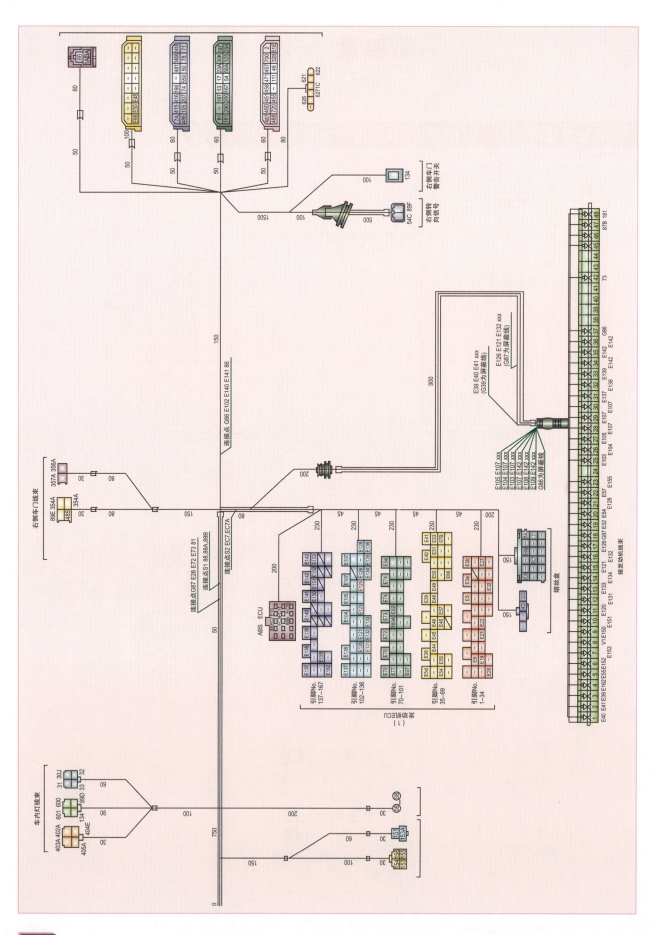